U0154552

集會遊行法
逐條釋義

李震山、黃清德、李錫棟、李寧修、陳正根、許義寶　著

五南圖書出版公司 印行

　　集會遊行自由（下稱集會自由）是保障人民得以集體行動方式和平表達意見的自由，不僅是可以防禦個人免受公權力侵害的古典自由權，也是廣義表現自由的一種形態，類似言論出版自由而具有滿足自我實現的價值，即塑造個人與發展自我思想和人格的權利，尤其被認為是保障想法不同的少數人集體表達意見的重要手段，從而被理解為「集體表達意見的自由」。

　　本於主權在民理念，集會自由也具有自我統治的價值，保障人民得基於自決自治原則，主動以集體的方式表達意見，並提供國民接觸各種意見和訊息，相互交流傳達意見與訊息，乃至與政府或社會進行溝通對話，並經由民主程序參與國家意思的形成，或影響、監督政策或法律的制定，係實施民主政治極為重要的權利。

　　國家為了確保人民的集會自由，在消極方面，基於防禦權的性格，應否認國家有強制個人參加或不參加集會遊行的權力；積極方面應提供適當集會場所，並保護集會、遊行的安全，使其得以順利進行。這種保障不僅限於外在的自由，亦應及於內在自由，俾使參與集會、遊行者在毫無恐懼的情況下進行。

　　基於集會自由具前述的性質和功能，規範集會自由的立法，其合憲性就應以嚴格標準審查。不過，集會是以多數人聚集於某處所為前提的表現活動，所以，在使用公共設施或公共場所進行公開集會時，就有可能與他人的權利、自由發生衝突。為了避免這種情況發生，並調節權利、自由之間的相互矛盾或衝突，應特別注意衡量二者的利益輕重。在開放作為自由表現的公共論壇的處所，集會自由的價值理應受到相當的重視，其限制也應受到嚴格的限制。

　　集會遊行法於民國77年制定時，容有諸多爭議，諸如事前許可是否合憲等，且先後經歷司法院釋字第445號、第718號解釋，行政院、立

法委員亦分別多次提出修正草案，本書作者皆已注意及此並於相關處介述之，預作與時俱進的準備。

　　本書作者各依其專精領域選定撰寫條文，寫作期間定期聚會，發表成果並交換意見，期能提升品質且使內容前後貫串，惟不盡如人意之處仍恐難免，尚請讀者不吝指教。最後，必須一併感謝國立中央警察大學提供場地、私立中國文化大學法律系舉辦相關學術研討會、林俊良先生熱忱協助，以及五南出版公司積極促成。

著者一同謹誌

2020年5月20日

作者撰寫內容一覽表

撰寫人	內容	作者學歷、現職
李震山	緒論	德國慕尼黑大學法學博士 司法院前大法官
黃清德	第1～4條	東海大學法律學研究所法學博士 臺灣警察專科學校交通管理科教授兼科主任
李錫棟	第5、23、29～34條	中正大學法律學研究所博士 中央警察大學法律學系教授
李寧修	第6～10、24、26條	德國慕尼黑大學法學博士 中國文化大學法律學系教授
陳正根	第11～17、19條	德國杜賓根大學法學博士 國立高雄大學法律學系教授兼法學院院長
許義寶	第18、20～22、25、27、28條	中正大學法律學研究所博士 中央警察大學國境警察學系教授兼系主任

目　錄

第一篇

緒論：從憲法觀點回顧臺灣的集會自由保障

前言

　　樂見李錫棟、李寧修、陳正根、許義寶與黃清德五位公法學者（依姓氏筆劃）合撰「集會遊行法逐條釋論」一書，爲共襄盛舉乃撰寫本文列於緒論。茲從憲法觀點先略論集會自由的「特別意涵」後，依序展開三個面向去回顧臺灣集會自由保障；首先是循時間軌跡的一般「歷史回顧」，其次，是以司法院釋字（或簡稱釋字）第445及718兩號有關集會自由解釋爲中心的「釋憲案回顧」，最後，則是個人見證集會自由保障理論與實務學思歷程的「個人回顧」。至於文中所表示的見解，自不應也無意拘束五位作者們的個別看法及多元的表意空間。

　　回顧往事有追本溯源、留存紀錄，進而記取教訓、避免重蹈覆轍的深刻意涵，尤其適值國際間施行民主遭逢困境與逆流，因而有很多人對威權與民粹產生嚮往的猶豫時刻，若能較細緻的回溯由前人犧牲奉獻得來不易的集會自由，以及它在自由、民主、法治、人權制度與生活方式中所扮演的重要角色，或可降低社會再返回人權發軔原初時點的風險。有回顧當然亦應有所展望，前瞻性的論述就期盼五位作者去發揮了！

壹、憲法保障集會自由的特別意涵

　　集會自由是憲法所保障的眾多基本權利之一，對其內涵的體系性分析，可循剖析其他基本權利脈絡的共同路徑，分別就集會自由的主體（主持者或參與者的適格性及權利能力），保障目的（自由與秩序、公益與私利的折衝）、保障範圍（內在與外在、核心與外圍及效力範圍）、功能（主觀與客觀、主動與被動、消極與積極）、與其他自由權利的競合（與言論、參政權）、衝突（與宗教信仰、營業自由等）、限制（要件與界限，法律保留、法律明確、平等原則與比例原則）、救濟

與課責[1]。另亦可從集會遊行規範的要件、程序、執行、制裁、救濟的面向探討，就如本書所採方式。本文未採前揭兩種論述框架，而是以問題導向觀點，舉出幾個相互關聯而足以凸顯集會自由特徵的特別意涵。不管從什麼面向切入，集會自由都不是抽象而空洞的概念，而是具體又切身的民主日常。

一、特別的表現自由

司法院釋字第445號解釋開門見山的指出：「憲法第十四條規定人民有集會之自由，此與憲法第十一條規定之言論、講學、著作及出版之自由，同屬表現自由之範疇，爲實施民主政治最重要的基本人權。」由此可證，集會自由與言論、講學、著作、出版等自由的核心內容雷同，皆與「表現」思想、人性尊嚴、人格發展等有密切關係[2]。其本身既是目的，亦係爭取、捍衛其他例如平等、工作、結社（勞動權中的罷工權）[3]、救濟（請願、訴願、訴訟）等自由權利的手段。但在形式外觀上，集會自由相較其他表現自由，至少會有以下特別之處。

（一）集體性

集會自由與憲法第11條所保障之自由既然「同屬表現自由範疇」，爲何不列入同一條文，而與結社權並置而列於憲法第14條，應係凸顯是由多數有意表達類同意見者臨時聚集，以達成參與或影響公共意見形成目的之集體表現自由形式，因而亦被稱爲「行動公投」，具直接民主的

---

1 李震山（2020），《人性尊嚴與人權保障》，5版，頁321-339，台北：元照。
2 日本國憲法第21條將集會自由納入表現自由而規定：「集會、結社、言論、出版及其他一切表現自由，應保障之。」曾任德國聯邦憲法法院法官兼院長的Herzog教授曾指出：「實不必再將集會標準鎖定於共同意見形成及意見表示之既有政治取向模式，而是應強調集會是以集體形式保障人格發展（Personlichkeitsentfaltung）的意義上，以擴大集會自由權之保障範圍。」Herzog in: Maunz/Duerig, Grundgesetz Kommentar, Art.8, Rdnr.13 und 49 ff. BVerfGE 69,315(343).
3 行政院勞委會編印（2007.6），〈罷工糾察線作爲預防犯罪的警察權發動對象—警察法觀點〉，《勞資爭議行爲論文集》，頁761-782。

特徵。美國憲法增修條文第1條則將集會與請願權合併規定：「國會不得制定關於下列事項之法律：一、……三、剝奪人民和平集會及向政府陳述救濟之請願權利。」至於憲法與集會遊行法所指涉的集會自由範圍有些許差別，但不影響其集體性[4]。

（二）公共空間性

集會遊行法第2條規定：「本法所稱集會，係指於公共場所或公眾得出入之場所舉行會議、演說或其他聚眾活動（第1項）。本法所稱遊行，係指於市街、道路、巷弄或其他公共場所或公眾得出入之場所之集體行進（第2項）。」顯見集會自由需積極爭取利用特別的公共空間與地點，經由「共同走上街頭」的行動，直接展現民意並擴大其話語權。因為集會自由所欲使用的空間與地點，往往與其所欲表現或爭取的自由有密切關係，而司法院釋字第445號解釋所稱：「國家為保障人民之集會自由，應提供適當集會場所，並保護集會、遊行之安全，使其得以順利進行。」即說明集會自由與公共空間利用間的密切關係。再從解除管制的觀點言，集會自由所凸顯的公共性與空間性，具有部分「空間解嚴」的意象[5]。

公共空間與地點的使用，涉及行政法上公物利用關係，其已從初始的使用人僅有「反射利益」的保守觀點，轉化為法律上的權利（地方制度法第16條第1項第3款參照），進而提升至與遂行基本權利有關（例如

---

[4] 憲法第14條所保障之集會自由不限於室外集會尚包括室內集會，此外，與意見表達及參與政治意見形成目的無直接關係的聚眾活動，譬如：民俗、體育、藝術活動等亦屬憲法所保障之集會。而集會遊行法則以「室外集會」為規範對象，從集會自由限制層面言，集會遊行法本諸「憲法委託」精神，係為保障集會自由而存在，於例外有必要情形時，才得以作為限制集會自由依據之法律。因此，集會遊行法所未限制之集會遊行，仍由憲法予以保障。故不論從「舉重明輕」或「舉輕明重」的法理，集會自由在憲法與集會遊行法下，皆應受相同的保障，此乃實質法治國家強調法位階，追求實質法正義下「法無明文禁止者，皆應受允許」理念之闡揚。

[5] 空間解嚴意味著將不義遺址、威權建築、紀念威權人物的碑、柱、圖像及其墓園，從公共空間移除或轉型他用，此與追求轉型正義相互連動。集會自由常利用具威權性象徵的空間或地點，亦有突破禁忌的空間解嚴意義。

表現自由、集會自由）的憲法層次問題[6]。惟與集會遊行採許可制互爲表裡的取得路權現行制度下，使「把街道還給人民」的訴求有口號化的傾向，因爲掌握公權力者對於鬆綁政治言論表達的公共空間（禁止區、安全距離）仍抱著投鼠忌器的小心翼翼態度[7]，距離眞正空間解嚴尚有一段距離[8]。

二、特別的參政權

憲法第17條規定：「人民有選舉、罷免、創制及複決之權。」其與憲法第十二章（第129至136條）規定，共同保障人民的參政權。此外，人民尚可透過憲法第18條規定：「人民有應考試服公職之權。」[9]以及第14條規定：「人民有集會及結社之自由。」等途徑參與或影響公共意見形成，而達到實質參政之目的。

就以集會自由與創制複決權行使之公民投票關係爲例，皆屬人民基於自治自決原則，主動以集體方式表達意見，與政府或社會進行溝通對

6 　李震山（1995），〈論集會自由與公物使用間之法律問題—以集會遊行場所選用爲例〉，《東海大學法學研究》，第9期。

7 　司法院釋字第734號解釋謂：「廣告兼具意見表達之性質，屬於憲法第十一條所保障之言論範疇（本院釋字第四一四號、第六二三號解釋參照），而公共場所於不妨礙其通常使用方式之範圍內，亦非不得爲言論表達及意見溝通。系爭公告雖非屬限制人民言論自由或其他憲法上所保障之基本權利而設，然於具體個案可能因主管機關對於廣告物之內容及設置之時間、地點、方式之審查，而否准設置，造成限制人民言論自由或其他憲法上所保障之基本權利之結果。主管機關於依本解釋意旨修正系爭公告時，應通盤考量其可能造成言論自由或其他憲法上所保障之基本權利限制之必要性與適當性，併此指明。」

8 　有學者舉中國海協會會長陳雲林率團來臺灣進行第二次江陳會談爲例指出：「舉例來說，在協和專案執行期間，軍警以超越必要範圍之程度，恣意封鎖包括機場、公用道路、人行道、飯店等公共空間，無異於剝奪人民行動自由和使用公共空間之權利，也明顯逾越必要之程度，違反憲法比例原則。」「該期間所發生的公權力現象，是公共空間戒嚴的典型代表作。」劉靜怡（1999），〈臺灣民主轉型的「人權保障」未竟志業—「言論自由」和「集會遊行自由」往何處去〉，《臺灣民主季刊》，6卷3期，頁29。

9 　司法院釋字第546號解釋稱：「服公職之權，則指人民享有擔任依法進用或選舉產生之各種公職，貢獻能力服務公眾之權利。」有論者主張「應考試服公職權」旨在保障人民有「經由公開競爭之程序」，以取得公部門職位，參與行使國家統治權力的權利，故與參政權有關。見湯德宗大法官釋字第715號解釋部分協同暨部分不同意見書。

話參與國家意思之形成，並影響、監督政策或法律之制定，只不過集會遊行是走上街頭的「行動公投」，自可被理解為直接民主的縮影或直接民權的展現，亦可補代議政治的不足。尤其是傳統大眾傳播媒體、現代網路媒體或自媒體無法正確反映特定民意時，為踐行促進思辯、尊重差異、實現憲法兼容並蓄精神之民主政治，直接走上街頭毋寧是參政權的具體化，自可與司法院釋字第445號解釋所稱「實施民主政治最重要的基本權利」一語相互輝映。

三、弱勢者不可或缺的集體權

憲法所謂的集體權，係指得由多數人或需由多數人共同主張之權利，而該多數人至少應依一般特徵可確定或可得確定[10]。這種集體表現自由的特點若依附在弱勢團體，則更能彰顯集體自保的功能，再就美國政治哲學家John Rawls一再宣稱「最弱勢者的最大利益」與追求正義的正面關係言，將集會自由視為特別為弱勢者存留的集體權亦不為過[11]。

（一）強者固不必走上街頭，但強者也有轉為弱者的時候

在民主國家中，政治、經濟、社會、文化的強勢階級、族群或團體，往往與民意代表及政府官員之間存在著充分有效的接觸溝通管道，為保障其既有或欲有的權益，也可透過遊說、關說、政治獻金、掌握媒體等手段達成，其偶亦會有聚眾造勢之情況，但大多以聯名刊登鉅額廣告、召開聯合記者會等方式表達其訴求，不太會倚賴「聚眾走上街頭」的集會遊行手段去表現自我，唯獨升斗小民、手無寸鐵的弱勢團體，才會特別依賴集會自由作為「集體自保」的手段。

---

[10] 李震山（1997），《多元、寬容與人權保障—以憲法未列舉權之保障為中心》，2版，頁297-301，台北：元照。
[11] 有關弱勢者應受憲法特別保護，請見李震山（2019），〈從保障人權觀點論「認真善待新移民」〉，《民主法治的經驗與見證：江義雄教授七秩晉五華誕祝壽論文集》，頁17-19，台北：新學林。

　　本屬政經社文的強者，並不排除因政黨輪替、階級流動、社會變遷、環境生態轉變而經時間淘洗成為弱者的可能性，屆時集會自由就成為其「集體自保」的手段之一，換言之，不管怎麼「物換星移」，集會自由對弱者永遠展開歡迎的雙臂，在誰都不知道那一天會成為自己口中的弱勢情況下，更能彰顯集會自由的中立性與恆常性。然從對集會自由的需求而言，也會映照出人類自利的天性與窘態，就以政黨為例，當其處於弱勢時，大都力主鬆綁集會自由的管制，當成為強者時，針對昔日主張，輒顧左右而言其他，甚至利用不同的弱者或民粹者為馬前卒或代罪羔羊。不論如何，當強者轉為弱者，多數成為少數（政黨輪替），物故人非而榮景不再後，集會自由不致即以「現世報」為理由而不予理睬，而仍會為弱者或少數而存在。

　　於網路發達號稱「自媒體」的時代，人人固可透過網路與行動裝置連結功能，快速聚集人群或形成公共論壇，太強調弱勢保障似乎不太合時宜。但政經社文的弱勢者，往往有接近、使用、利用媒體的困境，也極可能會因資訊不平等、中介媒體的利益取向，使他們成為「資訊不對稱下的弱者或被操控者」的高風險群，仍需回到最原始的「自己站出來」以走上街頭直接民主方式吸引媒體，才能保障其參與政治意見形成的可能性，就以今日民主、科技先進的歐美國家為例，仍有層出不窮因階級對立、貧富不均、資源分配不公、氣候變遷、反集權統治而聚眾抗議，包括法國「黃衫軍」、香港「反送中群眾」所訴求者，皆不是在網路上聚氣、聚量所可解決的，必須走上街頭。因此，能確實以弱者為念的集會自由，重視代議制度下被忽略的多元而少數的一群人，保障他們走上街頭的權利才是減緩社會階級對立，促進社會和諧，構成多元包容民主社會所不可或缺者。

（二）應以不幸者的角度去看待集會自由

　　俄羅斯文豪列夫‧托爾斯泰（Lev Tolstoy, 1828-1910）在其名著

《安娜・卡列尼娜》一書的開場白：「所有幸福家庭都是相似的，而不幸的家庭卻有各自不幸的面貌。」用以詮釋生命中發生的各種歧異境況，若用這隱喻來推敲演繹「集會自由」，幸福的人大多不需行使集會自由，不必親自走上街頭，甚至還會對聚眾活動產生違和的排斥感。殊不知，不幸或不自由的人們需要用千姿百態的方式去抵抗這個世界，而能聚眾集氣走上街頭發聲的「集會自由」，毋寧是他們追求幸福或翻轉命運的重要工具。如果曾觀賞法國大文豪雨果（Victor Hugo Quotes, 1802-1885）名著《悲慘世界》（Les Miserables）改編同名音樂劇中，社會低層人士聚集街頭高聲合唱「Do you hear the people sing」而質問統治者，是否聽進不願再為奴隸者心聲的動人一幕，就可理解示威遊行對弱者的深層意涵，無怪乎雨果會留下：「當獨裁成為事實，革命就成為權利。」（When dictatorship is a fact, revolution becomes a right.）的警世金句。幸福的人們若能體會苦難人的心聲，方能萌生設身處地的同理寬容心，甚至激發出以道德、公義去對抗不公不義的勇氣！

　　人民以集體行動而利用道路、公共空間向政府或社會表達意見，其溝通的面向多元，不會侷限於選舉、參政、主權等政治議題，尚會擴及庶民的生存、工作、財產、人格、尊嚴等社、經、文多種議題。重視共同意見形成之政治取向模式，固與民主轉型中統治者對政權鞏固疑懼之大環境有互為因果的關係，然以對待大型政治性抗爭為框架與預設的集會遊行法刻板思維，強加於弱勢團體或非政府組織公益團體（NGO）之聚眾活動上，復以許可制中盤根錯節的限制規定，極易狹化弱勢人民集體人格的發展並激化對立，是當權者應隨時警醒與反思的課題。許可制及其相關限制規定究否能通過憲法法律保留原則、法律明確性原則、正當法律程序、平等原則以及比例原則之檢驗，仍有待進一步釐清。

四、「民主之善」與「必要之惡」共生的權利

　　集會自由與其他自由權利同，有一定的雙刃性、矛與盾的對立性及

光與影的附隨性，有人頌揚其「民主之善」，認為保障集會自由會衍生諸多善與美的「民主紅利」回饋給社會與人民，進而鞏固深化民主，澤及後代。但也有人不能忍受它附隨的惡害，包括對交通、環保、秩序、投資等形成的不利，並將之放大到因噎廢食的狀況。然而，善與惡甚難區辨，需經慎思、明辨及反覆驗證的過程，或許才能沉澱出所謂的共識[12]。

（一）「民主之善」與「必要之惡」

藉集會遊行管道參與國家或公共意見形成之「精神意見」交換，可使「少數」有機會打破意見壟斷，進而成為「多數」，亦可破除政治人物過度重視多數決而迎合「最多數人的最大幸福」的功利主義迷思，更可避免逼使相對弱勢者採取偏激、極端、不理性解決問題之方法，進而能化解制度性革命之危機，堪稱為政治安全瓣（safety valve）或民主壓力鍋的排氣孔，能產生此種「民主之善」或稱「政治紅利」，是其他自由權利行使未必都能有的特徵。更重要的是，集會自由作為基本權利，具有客觀法原則之規範功能，成為相關法秩序的「價值判斷之原則性規範」，立法、行政、司法等國家機關之權力行使皆應受其拘束，僅得於保護相對等其他法益時，於嚴格遵守比例原則下，方得加以限制。再從集會自由作為人民爭取各項自由權利的手段以觀，實不必再將集會自由功能侷限於共同意見形成及意見表示之既有政治取向模式，因為集會自由之善已朝向強調以集體形式保障人格發展（Personlichkeitsentfaltung）的意義上繼續前進。

---

[12] 獲諾貝爾文學獎的法國作者卡謬（Albert Camus, 1913-1960）在其名著《瘟疫》一書中說：「世界上所有的惡，永遠都來自無知，而善意，假如缺乏理解的話，也會跟惡意一樣，造成同樣嚴重的損害。就整個而言，人是善多於惡的；但是，這不是真正的要點。他們多多少少有點無知，而這才是我們所謂的惡德或美德；最難矯正的惡德，就是那種自以為無所不知，因而自命具有生殺之權的無知。謀殺者的靈魂是盲目的；假若沒有最高度的『明辨』，就不可能有真正的善與愛。」卡謬著，周行之譯（2011），《瘟疫》，新潮文庫32，再版，頁146，台北：志文。該段話有批判死刑制度的隱喻。

　　集會自由本就有反權力、反體制的性格，包括反制公權力、第四權或巨大資本體制的宰制。為撼動既有的不義秩序，群眾情緒難免激化甚至演變為暴力衝突，附隨而來的往往是直接間接對交通、營業、安寧、秩序、衛生等產生負面影響，也可能成為扼止經濟發展的間接殺手，也難免製造社會對立、耗費行政與司法資源等，該等「必要之惡」是集會自由付出的社會成本與代價。

　　很值得慶幸的是，我們已從避免「必要之惡」而完全壓制「民主之善」的管制心態，逐漸學習並轉型到將「民主之善」提升至憲法層次，而將「必要之惡」定位於法律層次，從鞏固民主的健康心態去擇定彼此的優先順序，使集會遊行的正面能量能獲釋放。

（二）善惡拉鋸之間挑起「防衛性民主」的敏感神經

　　在多元價值社會，一方心中的善往往是他方心中的惡（例如同婚、死刑議題），需要集體溝通與相互包容。對前述「必要之惡」若無一定程度容忍的民主體制，集會自由將無所附麗，而該必要容忍的寬度與廣度，亦是民主刻度的展現。事實上，為了社會、國家的民主發展，本來就應該給予各種不同意見的團體，有自由表現的空間與環境，並從中思考逼使人民不得不採取走上街頭、示威抗議的背後因素。從短期「社會成本」與長期「政治紅利」的取捨之決定，或可區辨政客與政治人物，專制獨裁與自由民主。對集會自由深化後的認知，固可作為鏡子讓群魔現形，但魔鬼總是藏在細節裡，挑戰隨時都在。最不希望看到的場景與結局是，集會遊行演變成警民衝突而模糊了集會遊行的動機與原因，警察成為國家施政錯誤的代罪羔羊，而集會遊行的發起人、現場指揮人常被列為首謀者課罪，成為歸咎卸責的對象。若周而復始，表示集會自由的天空仍布滿陰霾。

　　集會自由權的保障不僅及於外在形式自由部分，亦及於實質內在的集會自由（Innere Versammlungsfreiheit），易言之，即無恐懼的遂行

集會權之決定自由。國家不得以逾越一定程度措施或可能不利處分，監視威嚇行使集會自由權，使之心生恐懼不願合法行使集會自由，因為，集會自由需賴此內涵才能生生不息[13]。執法人員若扭曲「消弭犯罪於無形」之概念，濫用權力以嚇阻人民參與集會遊行，將嚴重戕傷集會自由之保障功能，進而瓦解自由民主的重要基石。就這一點而言，確是調和「民主之善」與「必要之惡」應有的執法素養。

　　集會自由的行使也常發生「濫用基本人權」、「打著民主反民主」、「以自己的言論表現自由打壓他人相同的自由」、「製造暴力衝突」、「散布仇恨、種族主義、歧視貶低少數言論或行為」、「強者利用弱者」等，成為民主破口的現象。至於引發以行使和平抵抗、市民不服從、國民抵抗權為由的聚眾活動，亦會產生憲法上的爭議[14]。若處理不慎，容易挑起憲法「防衛性民主機制」的敏感神經，是必須共同面對與正視的嚴肅議題。

貳、憲法保障的集會自由在臺灣發展之回顧

一、歷史回顧

　　以下的歷史回顧，係以適用於臺灣的中華民國憲法施行日為起算點[15]，再以司法院釋字第445號解釋公布日為分水嶺，前後區分成三個

---

[13] Vgl. BVerfGE 65, 1(43), 69, 315(349).
[14] 薛智仁（2015），〈刑法觀點下的公民不服從〉，《中研院法學期刊》，第17期，頁131-204。針對該文的討論與回應，詳見同期刊第19期（2016），頁159-252。
[15] 臺灣1895至1945年受日本國統治五十年，是值日本國舊憲法施行期間（1890年施行），該欽定憲法固有保障人民權利的規定，但在內地延長主義為原則，卻例外叢生的「一國兩制」下，殖民法律幾可任意限制人民的自由與權利，因而很少容許和平的室外集會遊行活動，迫使很多群眾示威活動都是以抗日非法活動收場，包括著名的噍吧哖事件（1915）、二林事件（1925）、霧社事件（1930）等，其中的治警事件則是放棄武裝對抗而與請願結社有關（1923）。參見吳豪人（2017），《殖民地的法學者－「現代」樂園的漫遊者群像》，頁138-155，台北：國立臺灣大學出版中心。另請參王泰升

階段分別說明集會自由保障在我國實踐的狀況：一、集會遊行法制定前集會自由遭禁錮的時期（1947年12月25日至1988年1月20日）；二、集會自由限制緩解後至司法院釋字第445號解釋公布時期（1988年1月21日至1998年1月23日）；三、司法院釋字第445號解釋公布後迄今的時期（1998年1月24日之後）。

（一）憲法集會自由遭法令禁錮與扭曲的漫長時期（1947年12月25日至1988年1月20日）

中華民國憲法在臺灣適用不到半年後，隨即就因政治環境而被動員戡亂時期臨時條款（1948年5月10日公布）鎖住咽喉，並於1949年5月19日宣布臺灣戒嚴，憲法權力分立相互制衡及基本權利保障大打折扣，特別是與統治權威信與存立有密切關係的集會自由，更是徒具形式，一直到解除戒嚴（1987年7月15日）制定動員戡亂時期集會遊行法（1988年1月20日）後，才獲得緩解。

1. 以特別法令凍結憲法規定的非常態憲政狀態

臺灣在長達三十八年軍事管制戒嚴的人權黑暗時期（1949年5月19日至1987年7月15日），人民集會結社自由的管制，被戒嚴法列為戒嚴地域內最高司令官應執行的首要職權之一，因為那是維繫威權統治命脈不惜代價應採的維穩工具，亦是執政者深沉恐懼之所在。依戒嚴法第11條規定，戒嚴地域內最高司令官有執行權之首要事項為：「得停止集會結社及遊行請願，並取締言論講學新聞雜誌、圖畫、告白、標語暨其他出版物之認為與軍事有妨害者。上述集會、結社及遊行、請願，必要時並得解散之（第1款）。」再依1949年5月27日臺灣警備總司令部所訂「臺灣省戒嚴期間防止非法集會結社遊行請願罷課罷工罷市罷業等規定

（1999），《台灣日治時期的法律改革》，台北：聯經。1945年12月25日後的國民政府接收統治時，則是五五憲草（1936年公布）時期，憲草第16條規定：「人民有集會結社之自由，非依法律不得限制。」並成為兩年後憲法第14條內容的一部分。

實施辦法」，致戒嚴法前開規定中「得停止」的裁量空間幾乎「萎縮至零」，換言之，一般的聚眾活動皆不難被評價為「非法」，而在禁止範圍內。以戒嚴法或冠名「動員戡亂時期」的特別法令去凍結憲法規定的「法令位階倒置」現象，是不正常憲政體制下的特徵，遭到長期禁錮的憲法第14條之集會自由規定，只堪稱為寫在紙上而無法實踐的基本權利。

2. 凡走過必留下的痕跡

在前述年代裡，政府厲行黨禁、報禁、箝制言論自由、中央民意代表長期不改選等壓制民主、自由的政策，人民失去以走上街頭集體發聲批判或抗拒的機會。在那滿布荊棘且動輒得咎爭取集會自由的迢迢長路上，臺灣社會發生幾起影響集會自由深遠的重大政治事件，包括1947年血腥屠殺形成往後三十餘年反政府聚眾活動成為社會禁忌之一的228事件。1977年11月19日的中壢事件，則是人民藉選舉不公而宣洩集體情緒的事件；1979年1月22日橋頭事件，是臺灣史上第一次正式而公開的政治示威活動，接踵而至的1979年12月10日（國際人權日）國際矚目的美麗島事件[16]（或稱為高雄事件）。

社會除為前揭事件付出極大的代價外，立法院也制定了二二八事件處理及賠償條例、戒嚴時期人民受損權利回復條例、戒嚴時期不當叛亂暨匪諜審判案件補償條例、促進轉型正義條例等回應，是政府經民主程序自承過咎而形同「恥辱柱」的法律，其中尚不包括國家元首的多次公開道歉，及依赦免法頒布特赦令等等。由上可知，在動員戡亂時期集會遊行法制定之前（1988年1月20日）是戒嚴、戡亂、白色恐怖交疊，而被促進轉型條例第3條第1款規定稱為威權統治時期（1945年8月15日至1992年11月6日），也是臺灣集體記憶中的集會自由桎梏期。

---

[16] 1971年10月25日臺灣退出聯合國，1979年1月1日與美國斷交，亦發生政治示威活動，但皆是從維護主權、國格及統治權角度出發而被默許的聚眾活動。

（二）集會自由解禁到司法院釋字第445號解釋公布的轉型時期（1988年1月21日至1998年1月23日）

1. 集會自由的天空中仍盤旋著大片詭譎的烏雲

　　「動員戡亂時期集會遊行法」制度後的集會遊行主管機關，由臺灣省警備總司令部之軍事機關轉為內政部下的警政機關。該法內容相當程度反映時代背景，除承接非常態憲政體制的遺緒外，仍受安全秩序優於人權保障的思考脈絡所支配，包括採許可制、設禁制區、諸多以不確定法律概念為要件之限制規定，以及採刑事處罰規定等。之後，為配合動員戡亂時期終止之宣告（1991年5月1日）第一次修正集會遊行法（1992年7月27日），除摘除「動員戡亂時期」名稱，並將不切實際的第4條中之「集會遊行不得違反憲法」規定刪除外，仍原地踏步，反倒是加重集會遊行負責人之法律責任（第18條、第22條、第27條、第28條等參照），將本應由政府承擔的責任，以及集會自由附隨「必要之惡」的風險與後果，轉由私人承受並課罰責，實質更限制了前曾述及的「內在集會自由」，走了民主的回頭路。

　　在該段期間，治安機關執行集會遊行事件，大都在形式上打著「保障合法，取締非法」、「立法從嚴，執法從寬」、「打不還手，罵不還口，不衝突，不流血」等，似是而非、語意彼此予盾且含寬泛裁量空間的口號，高唱入雲的「依法行政」，實質上大多「依政治風向」執法，人民對集會遊行執法者的中立性，大都抱持懷疑的態度。至於大眾傳播媒體或輿論則常有意無意的將走上街頭的人民與「滋事者或暴民」劃上等號，從而將執法的保安警察稱為「鎮暴警察」，法院也難免隨著立法意旨及政治氛圍，將所謂集會遊行的社會成本，判由集會遊行的負責人（代理人或主持人）或首謀者承擔，滿足彌漫社會的非理性報應式正義感。法院裁判內容中偶有比例原則的理性思考，卻較少針對集會遊行所產生的揭弊、促使政府反思人民走上街頭成因、形成政治改革壓力的「民主紅利」等有充分的論據。整個集會自由無情的天空中，仍滿布

飄忽不定的抑制、威嚇與衝突的詭譎烏雲，是公權力仍恐懼集會自由所生的反效果。當然，也有很多人將各該現象歸咎於集會遊行法，將之評價爲「惡法」，對「依法行政」或「依法審判」的後果大都難以甘服。

2. 司法院釋字第445號解釋在集會自由暗夜天空中散放出些許光芒

　　1993年10月4日，臺北縣環保聯盟爲了抗議臺北市政府違法將公共建設的廢土傾倒在臺北縣，向臺北市政府警察局申請集會遊行，市警局以未依集遊法規定於6日前申請爲由予以駁回。10月9日該聯盟至臺北市政府「定點請願」，經警方多次舉牌要求立即解散未果，聯盟理事長等人乃遭主管機關移送檢方並起訴且判有罪確定後，於1995年向司法院大法官聲請釋憲，主張法院判決所適用集會遊行法諸多規定違憲。司法院於1998年1月23日作出釋字第445號解釋，針對集會遊行的許可制、政治言論自由、禁止區、法律明確性、首謀者處行政刑罰等作出解釋，其雖不具大破大立的格局，但以當時的政治環境及氛圍而言，已屬難能可貴而具有階段性意義的里程碑解釋，在集會自由的暗夜天空中，散放出些許星光。就該解釋的回顧，詳待後述（貳、二、（二））。

（三）司法院釋字第445號解釋迄今的盤整期（1998年1月24日迄今）

　　司法院釋字第445號解釋後的四年半才迎來集會遊行法的第2次修法（2002年6月26日），修正的條文包括第6條、第9條、第11條、第15條、第16條、第25條等；且另將「各國駐華使領館、代表機構、國際組織駐華機構及其館長官邸」，增列爲禁止集會遊行地區。令人意外的是，該次修法並未刪除已被宣告違反憲法保障言論自由而形同政治雞肋的第4條規定：「集會遊行不得主張共產主義或分裂國土。」[17]此外，

---

[17] 司法院釋字第445號解釋的六年後，大法官作成釋字第644號解釋（1998年6月20日）稱：「人民團體法第二條規定：『人民團體之組織與活動，不得主張共產主義，或主張分裂國土。』同法第五十三條前段關於『申請設立之人民團體有違反第二條……之規定者，不予許可』之規定部分，乃使主管機關於許可設立人民團體以前，得就人民『主張共產主義，或主張分裂國土』之政治上言論之內容而爲審查，並作爲不予許可設立人民

被大法官評價屬「立法形成自由」範圍的許可制則仍紋風不動，因不符與時俱進的期待，在集會自由的波心不斷激起爭議的漣漪，頻頻向外擴散歷久不衰，風起雲湧的結果，匯集成「廢除集遊惡法」的風向，並引起再向司法院大法官探路的共識，最終則獲得司法院釋字第718號解釋「司法自抑」式的回應。

1. 集會自由保障不一樣如初一與十五的月亮，執法公正性引起疑慮

　　集會遊行法第二次修法，並未觸及與許可制有關的諸多規定，使司法院釋字第445號解釋所稱的「準則許可制」更成為執法機關的護身符與擋箭牌：「集會遊行法第十一條規定申請室外集會、遊行，除有同條所列情形之一者外，應予許可。從而申請集會、遊行，苟無同條所列各款情形，主管機關不得不予許可，是為準則主義之許可制。」即當人民從實務層面質疑執法的警政機關同時擁有許可權及執行權，有球員兼裁判不中立情形，而要求至少應修法改採報備制作為緩解時，該段話就被轉換為，人民申請集會遊行主管機關原則上皆會准許，非常少的例外情形下方不予准許，因此現制與報備制相去不遠，這虛與實間的爭辯乃成為本時期的核心議題。

　　其實，「準則許可」仍是「許可制」，該話術確替賦予執法機關更寬廣的裁量空間鋪路，從而隱藏恣意的危機，就如同披著羊皮的狼及靜水中潛伺的鱷魚，總有露出猙獰臉孔及浮出水面的時候，只是時機的問題。即當集會遊行之內容、目的、訴求嚴重挑戰當政者意識型態或政治利益的「紅線」時，平時備而不用的許可制，一夕間成為可以揮舞的大刀，而殺雞可用的牛刀不只一把。人民針對此種「有備無患」的「準則許可」治安思考，甚為疑慮，就前舉「紅衫軍聚眾事件」（1996年8月12日至9月20日）、「陳雲林事件」（1998年11月1日至11月8日）、

團體之理由，顯已逾越必要之程度，與憲法保障人民結社自由與言論自由之意旨不符，於此範圍內，應自本解釋公布之日起失其效力。」

「太陽花學運事件」（2012年3月18日至4月10日），以及少數學生抗議高學費事件等例，執法就有依「政治風向」、視抗議對象而定的多套「收放自如」的標準，許可或管制與否，執法的強度與密度，往往莫衷一是，「收與放」或「鬆與緊」之裁量，常繫於主管機關一念之間，正中抱持「準則許可制」者下懷，所造成行政、司法作為，皆讓人民有撲朔迷離的感覺，執法不公的疵議，此起彼落。

以前述「陳雲林事件」為例，集會遊行法一夕之間就搖身一變成為箝制集會自由的利器，令人印象深刻[18]。又例如將主管機關或法院針對眾所矚目「紅衫軍事件」對比「少數學生抗議高學費事件」之處理，即有遇強則弱，遇弱則強的兩套標準，凸顯準則許可制係「留一手」，使「依法行政」有高度不可預測性[19]。如果換個執政或執法者，原來的許可亦可能轉變成不許可，隱藏著「制度性」的危機，成為孕育「人治」的沃壤，是為法治主義所不許，無怪乎集遊法常被評價為不顧多元價值而有違社會正義的惡法。

由於制度之惡與人為之惡交叉運用，進一步坐實人治凌駕法治之批評，引來把街頭還給人民，廢除集會遊行惡法，回歸由一般行政法管制的強烈呼聲。例如當時行政院人權保障推動小組委員就主張：「現行集遊法特別管制『政治性』的室外集會遊行，對憲法所保障的集會自由

---

[18] 事實經過與法律觀點之評析，詳見李建良（2008），〈為「笨總統」上一堂憲法實例課—1106圓山事件案〉；黃榮堅（2008），〈問題不在暴力，問題在正當性〉，《臺灣法學雜誌》，第117期，頁1-13。劉靜怡（1999），〈臺灣民主轉型的「人權保障」未竟志業—「言論自由」和「集會遊行自由」往何處去〉，《臺灣民主季刊》，6卷3期，頁29。

[19] 是「平等對待」的標準問題，舉有關紅衫軍案的判決為例：「……此集會（紅衫軍）雖屬未經許可，且或有造成其他民眾之些許不便利，但其等訴求在當時確實引起許多民眾迴響，且警方已能充分掌控此等情況，並未造成維持秩序之虞慮，又無任何明顯且立即之危險發生，可見此等不便利，仍在民主社會人民所得以忍受之範圍，如前所述，國家自應予以尊重，給予其等表達意見之自由空間。」（節錄自臺灣臺北地方法院96年矚易字第1號刑事判決）（法官許泰誠、陳君鳳、郭顏毓）引起質疑的是，有關紅衫軍集會遊行被判無罪的理由，可否比照適用於弱勢的集會示威行為。

充滿疑懼與敵意。我國已有各種規範人民使用道路或室外場地之法規，警察維持秩序及治安的法律也相當齊全。政府應該培訓警方如何用管理『道路場地』的『一般法律』，來保障與處理集會遊行；另以專法來妖魔化憲法所保障的權利，實無必要。」（摘自聯合報2009年5月5日）。又，臺灣社會研究季刊社成員則主張：「集遊法應即刻廢止，並與藍綠之間的政治惡鬥徹底劃清界限。」「集會遊行之規範應回到道路交通管理、場地管理、安全保障等一般既有法規，不必另設特殊管理法令。」（摘自聯合報2009年5月7日）皆是有代表性的時代觀點。

2.「只聞樓梯響未見人下來」的集會遊行法制改革

國內不分黨派、政治人物及性質彼此殊異的民間團體，皆有志一同具體主張應重新檢討集會遊行法，從限制的本質轉移為保障的宗旨，特別將焦點集中在許可制上，並透過2012年4月總統府人權諮詢委員會，向國人及國際提出「公民與政治權利國際公約執行情形」報告，正式向全世界宣示將許可制修正為報備制之決心，以及願與先進民主國家主流見解接軌的意願。行政院與立法院均分別將刪除許可制的集遊法修正草案依程序提交立法院審議[20]，地方法院的判決書也出現「目前社會意見似以主張採取報備制為多數」的有關論述[21]，學術界人士與各社運團體

---

[20] 行政院於2012年5月28日送請立法院審議之修正草案，則將現行第8條第1項本文，移列為第4條第1項本文，草案規定：「室外集會、遊行，應依本法規定向主管機關報備。」亦即均揚棄許可制，改採報備制。立法委員鄭麗君、林世嘉、邱議瑩等30人2012年3月14日，及台聯黨團於同年4月18日，各自所提出之集遊法修正草案，均將現行第8條第1項本文刪除。參《立法院議案關係文書》，院總第1430號、委員提案第13016號，2012年3月14日印發；院總第1430號、委員提案第13261號，2012年4月18日印發；院總第1430號、政府提案第13177號，2012年5月30日印發。

[21] 臺灣臺北地方法院96年度矚易字第1號刑事判決，是針對眾所矚目的「紅衫軍」大型集會遊行案，除所有被告皆獲判無罪外，判決理由中指出：「是可知我國集遊法之規定，係採取許可制，集遊法第八條第一項及第十一條對於室外集會遊行應經主管機關許可之規定及無須經過許可之例外規定，業經大法官會議解釋並無違憲，亦無特別貶抑政治性言論應經過事前審查之規定，故被告等辯稱集遊法第八條第一項及第十一條規定集會遊行採許可制違憲云云，要非可採。……故集遊法採取許可制之相關規定是否違憲，仍應由大法官會議予以解釋，並非普通法院所得越權審理，被告等所辯普通法院應就集遊

所提出的廢除集遊法、刪除許可制改採強制報備制，或自願報備制等不一而足的具體主張，皆有所本而並非如「把街頭還給人民」的選舉口號，亦非純屬政治或民粹語言，而是經時空環境劇變，從無數事件反思沉澱所提出的開放而接近憲法精神主張。

再就與國際人權規範接軌部分，2012年4月總統府人權諮詢委員會基於履行國內人權規範與國際人權體系接軌的國家重大承諾，所提前揭報告中記載著：「集會遊行權利與落實人民發表言論與政治意見的權利，有重大關係。」「集會遊行法第29條規定集會、遊行經該管主管機關命令解散而不解散，仍繼續舉行經制止而不遵從者，首謀者處二年以下有期徒刑，其理由僅因集會遊行違反警察之命令解散及經制止而不遵從作為處罰要件，應檢討改進以符合《公約》保障和平集會之權利。包括：(1)將許可制修正為報備制；(2)限縮警察命令解散權，並應符合比例原則；(3)刪除刑罰規定，回歸普通刑法；(4)放寬報備時限；(5)限制行使命令解散；(6)刪除連續處罰規定；(7)行政罰鍰，降低上限，刪除下限。政府應持續加強推動相關修法程序，俾強化對人民集會遊行權利之保障。」[22] 而依據聯合國規格受邀之國際專業審查學者專家來進行審查後公布的報告則表示：「政府已承認集會遊行法第29條違反公民與政治權利國際公約第21條，並已宣示會將許可制修正為報備制、限縮警察命令解散權並應符合比例原則、刪除集會遊行法中之刑罰規定、放寬報備時限、行政罰鍰降低上限刪除下限，然所提出之修正草案於立法院

法是否違憲逕行審查並予以拒絕適用云云，要非可採。惟集會遊行究竟採取許可制或報備制何者為佳，學界及實務界爭執多年。」經分析許可制與報備制利弊得失後認：「惟許可制可能對意見內容進行事前實質審查，使集會遊行之許可流於執政者主觀恣意之判斷，違反憲法保障基本人權之精神，且採取許可制使偶發性之集會遊行在理論上成為不可能，且很難釐清請願、宗教、民俗等團群眾活動與集會遊行間模糊之關係，衍生滋擾，並製造衝突對立，反而破壞集遊法為調和保障基本人權及維持社會秩序之立法意旨，故目前社會意見似以主張採取報備制者為多數。」

22 《「公民與政治權利國際公約」執行情形，簽約國根據「公約」第40條提交的初次報告》，總統府人權諮詢委員會，2012年4月，頁65-66，第267段。

2011年12月會期結束後，並未完成修法，但仍可見政府大幅放鬆有關集會遊行法令的執行，採取較有利於人權保障之態度。僅管如此，本專家學者團仍然堅信，在執法層面的改變之外，集會遊行法之抑制性設計仍應刪除，因此建議立法院應儘速修法以符公約第21條，並鼓勵民間向司法院挑戰集會遊行法有牴觸疑義之行政措施與刑事處罰等規定之正當性。」[23]當時國內外主流見解有相當一致性，確是改革集會遊行法制的大好時機。

3. 水波不興的司法院釋字第718號解釋之水下，仍隱伏著難測的暗流

在前述氛圍中與諸多事件爭議，引致臺灣臺北地方法院、桃園地方法院法官及林柏儀分別聲請的三件集會遊行法釋憲案，由司法院併案審理後於318學運（又稱太陽花學運）發生後的第三天公布釋字第718號解釋（2014年3月21日）。該號解釋重點是回應釋字第445號解釋所稱：「惟集會遊行法第九條第一項但書規定：『因天然災變或其他不可預見之重大事故而有正當理由者，得於二日前提出申請。』對此偶發性集會、遊行，不及於二日前申請者不予許可，與憲法保障人民集會自由之意旨有違，亟待檢討改進。」作出：「集會遊行法第八條第一項規定，室外集會、遊行應向主管機關申請許可，未排除緊急性及偶發性集會、遊行部分，及同法第九條第一項但書與第十二條第二項關於緊急性集會、遊行之申請許可規定，違反憲法第二十三條比例原則，不符憲法第十四條保障集會自由之意旨，均應自中華民國一〇四年一月一日起失

23　《國際獨立專家團審查臺灣政府實施國際人權公約狀況之初步報告總結觀察與建議》(Review of theInitial Reports of the Government of Taiwan on the Implementation of the International Human RightsCovenants, Concluding Observations and Recommendations Adopted by the International Group ofIndependent Experts)，台北，2013年3月，第75段即就公約第21條集會自由 (Freedom of Assembly) 之意見。審查意見中，有關「鼓勵」之部分原文爲"At the same time the Experts encourage civil society toinvoke the jurisdiction of the Judicial Yuan to challenge the legitimacy of the offensive provisions of the Act." 其當然包括向司法院大法官聲請解釋。

其效力。本院釋字第四四五號解釋應予補充。」至於釋憲聲請人針對集會遊行許可制合憲性質疑，該號解釋則以「非本件原因案件應適用之規定，或非確定終局判決所適用之規定」爲由，一概不予受理。至於「另就原因案件應適用及確定終局判決所適用之第二十五條第一項第一款、第二項、第二十九條，與確定終局判決所適用之第二條第一項規定聲請解釋部分，聲請意旨尚難謂已提出客觀上形成確信法律爲違憲之具體理由，或於客觀上具體敘明究有何違反憲法之處。」亦賞予閉門羹，頗令改革者失望。

相對於釋字第445號解釋引進「重要關聯性理論」所產生的燦爛火花，本件解釋顯得平淡無奇，除狗尾續貂之「補充」成果外，仍將潛在已久的問題留待日後處理，顯現司法消極的立場與態度。而該號解釋與立法院通過「公民與政治權利國際公約及經濟社會文化權利國際公約施行法」應遵守的公民與政治權利國際公約第21條規定：「和平集會之權利，應予確認。除依法律之規定，且爲民主社會維護國家安全或公共安寧、公共秩序、維持公共衛生或風化、或保障他人權利自由所必要者外，不得限制此種權利之行使。」以及總統府向國際及國人提出的執行報告，與國際學者專家的審查報告，猶如兩條平行線河水不犯井水，堪稱保守。

綜上，國家政、經、社、文等環境的歷經二十六年劇變，集遊法雖經二度修法，基本架構卻仍維持「事前許可」、「事中管制」、「事後刑罰」不變，且在政府與人民有共識，戮力追求人權保障與國際接軌而人心思變的「憲法時刻」，釋字第718號解釋仍自甘以見樹不見林之態度虛應，再度爲許可制「背書與加持」，在司法處境日益困頓的時刻，未把握良機提升釋憲及人權保障的品質以爭取人民信賴，實令人扼腕不已！就該解釋的回顧，詳待後述（貳、二、（三））。

二、釋憲案回顧——從司法違憲審查者所持積極或消極態度的觀點切入

除前述一般「歷史回顧」外，本文另從司法院釋字第445及718兩號解釋中，回顧違憲審查者對集會自由保障所持態度究屬積極或消極面向探討之。

審理憲法「困難案件」（hard cases）是檢證釋憲者立場的最佳場域，當憲法規定欠明確而需審理有關死刑存廢、墮胎、安樂死等生命權議題；有關統獨、公投、自決、轉型正義的重大政治爭議；有關追求代際正義、永續經營、非核家園等環境生態問題；面對生物科技之基因食品、複製人、資訊科技的大數據、物聯網、人工智慧的資訊自由與隱私、假訊息與言論自由、新聞自由關係，甚至有關性取向的同性婚姻與多元成家問題等難題時，皆會面臨憲法的價值與秩序應經由民主多數或司法少數決定，以及應如何有效調和民主的量與質以免人性尊嚴與人格自主被掏空，形成多數暴力與忽略少數及弱勢保護之價值衝突等困境。

（一）以面對「抗民主多數決困境」之態度作為定性指標

憲法既作為人民最高意志的表徵及人民權利的保障書，為避免其成為紙上、唯名、空洞或擺飾的憲法，當國家及其機關有適用憲法發生疑義或爭議，或其所制定的法令有牴觸憲法疑慮時，應設有一定的機制，擔負定分止爭、一槌定音的權責，以達成守護憲法的目的。因而賦予未具充分民主正當性的司法權，得針對具高度民主正當性的國會及行政機關所制（訂）定的規範為合憲性審查為例之「抗民主多數決」是制度存立的正當性基礎，亦是憲政主義去腐生新、自我療癒，以及避免產生「形式法治國」現象的必要機制，是違憲審查制衡立法權的「天命」，而它的「天敵」就是相對上具民主正當性的立法權，甚至是行政權。

申言之，民主既需尊重多數，並強調多元參與的正當程序，民主的運作除由人民自己直接決定外，大都以定期改選而具高度民主正當性

的民意代表或民選首長馬首是瞻。惟憲法卻又設立違憲審查機制，容許少數不需隨時向國會負責的違憲審查者，以「司法獨立不受干涉」之名，去制衡立法與行政權，甚至否定立法之不法。此種既尊重「民主至上」，又恐「民主恣意」的司法違憲審查制度，先天上就存在著「抗民主多數決困境」（counter-majoritarian difficulty）。以上的「天命」，伴著如影隨形的「天敵」，即是「抗民主多數決的困境」，是制度原生的問題[24]。

本文初步認爲，傾心於維護「民主多數決」與「民主正當性」價值者，較願捍衛或鞏固政治部門而維持現狀，屬司法消極者。至於認同捍衛「抗民主多數決」的司法制衡價值者，較願改變政治部門原先的決定，屬司法積極者。因此，本文以前揭兩號解釋爲對象，探求「多數違憲審查者」針對「抗民主多數決困境」的態度。但評價違憲審查者究採司法積極或消極立場，容有不同的切入點，當會採取成各異的標準[25]。

1. 司法積極的舉例

「司法積極主義者」大多贊成「活的憲法」且較支持以抽象的道德、正義原則對抗相違的實證法而以「制衡政治部門」爲職志。因此，

---

[24] 黃舒芃著，張之萍譯（2009），〈再訪「抗多數困境」—從Dworkin憲法理論的角度檢視Bickel的司法審查理論〉，《民主國家的憲法及其守護者》，頁391以下，台北：元照。

[25] 就個案解釋結果言，可分別從應受理而未被受理案件的理由、受理案件處理的工作天數長短、公布解釋及意見書所持見解與政治部門意見的契合度、個別大法官的意見書、解釋宣告方式諭知救濟的類型等角度切入。就個案性質而言，得以案件係釋憲（疑義、爭議、牴觸）、抽象規範審查或具體規範審查、統一解釋法令或終審法院審判權爭議爲區分。亦得以案件是權力分立或基本權利保障屬性，若屬前者，可分析其較尊重政治部分或較重視司法制衡，若屬後者，究涉及何種自由與權利（例如人身自由、平等權、訴訟權等），究係消極的著重侵害防禦、不法除去與過度禁止，或積極的重視給付面向的保護義務及保護不足之禁止等，皆可成爲再切入點，不一而足。至於一般人則往往會側重或輔以不同時期的不同政治情況，包括總統制、內閣制、半總統制，以及政黨輪替間的完全執政、朝小野大、大法官由那位總統提名、由誰擔任司法院院長或大法官會議主席，以及大法官解釋與「政治原則問題」（political question doctrine）或政治權力運作（例如與修憲的互動關係）等因素，去定性司法的消極或積極。在此林林總總的思維與觀點下，自會形成各異的標準。

就選案上，採程序從寬盡可能受理；在審查對象選擇上，可透過裁判重要關聯性、實質援用、憲法原則重要性等理論，寧寬勿窄；審查內容不必完全受原因案件的拘束，而及於通案；在審查密度上，從立法事實、立論基礎及論證理由，皆需一一交代，避免籠統帶過或語帶保留；就審查寬嚴上，若事涉自由民主憲政秩序及基本權利保障，寧嚴勿寬。

　　舉實例言：(1)創設法官聲請釋憲制度（釋字第371、572、590號解釋）、補充解釋（釋字第148、156、439、742號解釋）、暫時處分（釋字第585、599號解釋）、將憲法規範列屬違憲審查對象（釋字第499、721號解釋）等制度；(2)擴充審理範圍（釋字第445、530、535號解釋）、確認解釋效力（釋字第177、184、188、193、725、741號解釋）；(3)積極介入重要政治性爭議問題（釋字第31、261號解釋）；(4)藉憲法規定承接並具體化法律保留（釋字第289號解釋）、比例原則（釋字第194號解釋）及正當法律程序（釋字第384號解釋）等憲法原則；(5)依憲法第22條解釋接納新興基本權利（資訊隱私權、契約自由、人格權等），間接取代修憲者角色；(6)過渡到裁判違憲審查制度的解釋（釋字第242、656、665、736號解釋），雖然部分採用合憲性限縮的解釋宣告方式，亦是司法積極的表現。以上成果往往受到司法極大化、司法擴權、型塑司法國等司法欠缺自我節制的負評。

　　當代自由民主憲政國家大都是三權分立的法治國家，由立法機關「依憲立法」、行政機關「依法行政」、司法機關「依法審判」，並藉權力「自我修復與完善」與「彼此制衡」，以確保國會所制定的法律與相應的下位規範「合於憲法意旨」並能「與時俱進」，更期望在此良性循環下，共同達成維護自由民主憲政秩序、保障基本權利的目的。然上述理想面常受到「規範違憲審查」的挑戰，從產生民意代表的「選罷法」到人民權利的「救濟法」；從最上層的「憲法」到最下位階的「命令」內容，皆潛藏牴觸憲法的因子，形成「惡法亦法」的惡性循環，屢見不鮮。以我國近年違憲審查涉「規範審查」案件為例（扣除統一、補

充、憲法疑義等不涉合憲性解釋），每5件中至少有3件是宣告系爭「法令」違憲，具體的呈現違憲審查者「未尊重民主多數決」的現實與積極面向！

2. 司法消極的舉例

採司法消極立場的違憲審查者，通常信奉「國會至上」、「法律至上」，從而較重視「權力相互尊重」，特別是尊重「立法自律」、「立法形成自由」或擴張「重要政治問題」的範圍，而以司法極簡、司法謙抑、信守憲法文本與原意自許，原則上較支持「法實證主義」。具體展現在選案上，就重大爭議案件會盡可能採不受理的態度，將問題留待由具有民主正當性之國會或其他政治部門以民主思辯方式解決之[26]。就一般案件上往往會以一般訴訟程序要件強加於憲法訴訟案件上，提高選案門檻，並避免成為所謂「第四審」。若受理而審查時，在就審查對象（客體、標的）之選擇，寧窄勿寬；在審查密度與寬嚴上，寧疏與寬。

舉例而言：(1)尊重議會自律（釋字第342、381、435等號解釋）；(2)形式上以尊重立法形成自由為由，包括立法裁量（釋字第228號解釋）及立法政策（釋字第289號解釋），實質上以立法者的眼睛觀察解釋憲法，而非以憲法的精神與視野去檢視法律，且往往未就立法形成若涉基本權利限制是否違反比例原則、保障是否合於「禁止保護不足」原則等理由詳為論證，即得到合憲結果（釋字第596、617等號解釋）；(3)重要政治問題不予介入（釋字第328、419號解釋）；(4)在合憲與違憲依違兩可情況下，寧選擇合憲推定解釋、諭知檢討改進（釋字第579、623號解釋）、合憲性限縮解釋（釋字第656、665等號解釋）或警告性裁判（釋字第445、637號解釋）等方式。司法消極往往被指摘，披著「司法謙抑」外衣，實係不願積極面對憲法困難棘手案件的藉

---

[26] Cass R. Sunstein著，商千儀、高忠義譯（2001），《司法極簡主義，一次一案的精神與民主政治》，台北：商周。

口，該等案件大多封存在九成五左右不受理案件的冰山之中，使「司法自抑」與「司法恣意」界限模糊，致遭詬病而流失人民對司法信賴感之虞。

3. 介於兩者之間

　　介於司法積極與消極間的司法唯（務）實者，較重視解釋時政治或輿論主流，能彈性且動態的調整自己的折衷立場。例如選擇對社會影響較有利者為解釋結果之「結果解釋論」[27]；或依系爭事務領域特性，衡諸各國家機關制度功能，來決定個案管轄權或優先權的歸屬之「功能最適論」；或將諸多現實政治與國家行為，整合為公平、合理之「整合理論」等。因而常在解釋宣告中採「模稜兩可」的立場（釋字第419號解釋）、既宣告法令合憲但又諭知儘速改善、定期檢討等警告性裁判（釋字第637號解釋）[28]、既宣告法令違憲同時諭知改進、定期失效（釋字第445、725、741號解釋）等。惟其須以甚多法社會學或法實證研究成果佐證，若折衷不當，同樣會受到「騎牆派」或「民粹」之批評，亦將

---

[27] 後果考量通常被看作一種廣義的目的性解釋，此種解釋法乃在反思法律所預設的目的，檢視該等目的是否將導致無法接受的附隨後果，蓋目的解釋的正當性並非來自立法者的權威，而是來自於結果的有益性。因此，不僅作為目的論解釋基礎之目的本身必須被證明為有益且公平，且法解釋更必須避免解釋的結果抵銷該目的所帶來的正面效果。假若法律的適用者一味追求單一之目的，而忽視該解釋結果所招致的其他後果，恐怕是極度危險的。簡士淳（2016），〈私人逮捕現行犯之客觀前提要件—由德國刑事訴訟法第127條暫時逮捕之規定出發〉，《臺北大學法學論叢》，第98期，頁137-227。

[28] 作者在司法院釋字第637號解釋所提意見書中稱：「本院向來解釋中，宣示法規與憲法『尚無牴觸』之意旨，但同時諭示立法者『應從速檢討修正』、『應檢討修正』、『宜予（應）通盤檢討修正』或『宜檢討改進』者，不在少數。在憲法及法律均無明文情況下，考量既得權益之保障及對立法形成自由之尊重，本院自行創設解釋宣告模式，自有其價值與貢獻，本號解釋亦採此種模式。」「採以上解釋宣告模式，立法者若能本於解釋意旨，在不具修補義務或未附期限下，據以檢討修正系爭規範，應予肯定。若立法者怠於作為，本院解釋之內容又不足以提供法院審判標準，甚至對現存歧異見解之解決幫助不大，針對法官聲請而作成解釋之意義與功用就失色不少，此乃本席特別關心之焦點。在有此顧慮情形下，釋憲者若能在系爭規定『尚屬合憲』之意旨下，揭示『應如何……方符憲法意旨』之見解，或較能發揮大法官以憲法解釋法律之警示與闡明功能。此種解釋宣告模式本院於釋字第五三五號、第五八四號解釋中皆曾運用過，且因解釋文或解釋理由書較充分地闡明憲法意旨，因而獲致所期待之結果。」

影響人民對司法的信任。至於在同一案件中或前後類似相關案件中，也可能同時存在消極與積極的面向，此亦發生在本文所論及的釋字第445號解釋中。

　　以宣告法律合憲後復揭示警示或籲請立法者（Appell an den Gesetzgeber）改進內容之「警告性裁判」（Appellentscheidung）為例[29]。就其警示應檢討部分，立法者於裁判公布後負有「修補義務」（Nachverbesserungspflicht）。若修補期間有權聲請者依法提起類似之釋憲案件，系爭規定即應承受嚴格審查，甚至可能獲違憲宣告之結果，此乃警告性解釋使「修補義務」不致淪為訓示性質之必要配套措施[30]。從權力分立相互制衡之觀點而言，此種宣告模式會是一種可以彰顯憲法之最高性，並踐履立法與司法皆受憲法解釋拘束之方法[31]。但也可能是司法消極態度的障眼法或煙幕彈。至於警告性解釋，在解釋文仿判決主文之簡化趨勢下，應如何表示宣告，及應否以法律明定其要件暨可能效果，藉以增加可預見性，以及是否或如何附加立法者修補期限，則屬另

---

[29] 許宗力大法官於司法院釋字第583號解釋部分不同意見書中提及：「未盡相符之宣告也無法與本院過去作過的警告性解釋類比，因為在警告性解釋的情形，系爭法律還是合憲，只是環外在環境變化，未來可能變成違憲，故立法者有密切配合時勢發展，適時修正法律之義務，……。」依學者楊子慧就德國法上警告性裁判之研究指出：「警告性裁判者，有下列兩種情況：其一為『規範於裁判之時已屬違憲之警告性裁判』（Appellentscheidungen auf der Grundlage einer bereits verfassungswidrigen Norm），於此種情形，聯邦憲法法院鑑於宣告受審規範違憲無效或單純違憲所可能導致的後果考量，僅於裁判理由中指陳該規範於裁判當時之違憲情況，而未於裁判主文對該規範為無效或單純違憲之宣告。其二係『規範於裁判之時尚未違憲之警告性裁判』（Appellentscheidungen auf der Grundlage einer noch nicht verfassungswidrigen Norm），於此種情況，儘管聯邦憲法法院認為受審規範有瑕疵，並非毫無保留完全合憲，或是認其未來可能有違憲之疑應，然因其違憲性尚非重大到必須立即裁決其為違憲之地步，因而僅於裁判之時積極的確認或宣告受審規範合憲。」楊子慧（2016），〈淺論德國法上之警告性裁判，法律哲理與制度—公法理論〉，《馬漢寶教授八秩華誕祝壽論文集》，頁528-529，台北：元照。

[30] 參作者於司法院釋字第637號解釋所提部分協同意見書。又司法院諸多解釋宣告「應檢討修正」，也或預示未來可能的違憲狀況，例參釋字第578號、第579號解釋末部分之意旨。

[31] Vgl. Schlaich/Korioth, Das Bundesverfassungsgericht, 7.Aufl., 2007, Rdnr. 435, 437.

外之問題。

　　以案件應否受理為例，有先消極後積極者，例如同性婚姻案。司法院釋字第748號解釋（2017年5月24日）前，釋憲聲請人祁家威已以同樣的理由聲請，卻於2001年5月以其聲請並未具體指明法院所裁判的法律或命令有何牴觸憲法之處而未被受理，是司法消極的表現。該號解釋則展現司法積極的立場：「本件聲請涉及同性性傾向者是否具有自主選擇結婚對象之自由，並與異性性傾向者同受婚姻自由之平等保護，為極具爭議性之社會暨政治議題，民意機關本應體察民情，盱衡全局，折衝協調，適時妥為立（修）法因應。茲以立（修）法解決時程未可預料，而本件聲請事關人民重要基本權之保障，本院懷於憲法職責，參照本院釋字第五八五號及第六〇一號解釋意旨，應就人民基本權利保障及自由民主憲政秩序等憲法基本價值之維護，及時作成有拘束力之司法判斷。爰本於權力相互尊重之原則，勉力決議受理，並定期行言詞辯論，就上開憲法爭點作成本解釋。」

　　反之，則有先積極後消極者，例如死刑存廢爭議案。司法院釋字第194、263、476、512（2000年9月15日）號皆受理作成解釋，倒是兩公約施行法公布施行（2009年12月10日）後以新理由聲請之案件，皆不被受理。若從保障生命權抗民主多數決的觀點言，受理與否亦涉及司法消極或積極的評價。

4. 小結

　　由於以上定性並不能作為優劣或是非的評價，而是為更瞭解違憲審查的一種學術分類，因為個別大法官所堅持的理念各有所本，常於重大爭議事件發生情況下產生意見對立，且會因時空因素而生鐘擺效應。而大法官隨著解釋公布同時所提出多元風貌的意見書，正是大法官「選自不同背景」、「尊重多元價值」、「服從多數尊重少數」的體現，顯見樹立司法威信，不能依恃單一價值，或以「一言堂」宣示專業權威，應

尊重憲政價值觀的表達態度。既以個案為取向，就不太能從人的立場，
驟然評定某位大法官、某屆大法官、某院長任內的大法官或某總統提名
的大法官的整體立場。不過在尊重多元價值的同時，必須積極面對並闡
明問題與觀點，避免顧左右言其他或避重就輕的取巧態度，經深切溝通
所累積的司法文化底蘊，方是獲取人民信賴與尊敬的基礎。

（二）兼具司法積極與消極面向的司法院釋字第445號解釋

1. 採「重要關聯性理論」審查政治言論自由的保障，展現司法積極面向

　　本號解釋採「重要關聯性理論」而認為：「大法官解釋憲法之範
圍，不全以聲請意旨所述者為限」，並稱：「惟人民聲請憲法解釋之制
度，除為保障當事人之基本權利外，亦有闡明憲法真義以維護憲政秩序
之目的，故其解釋範圍自得及於該具體事件相關聯且必要之法條內容有
無牴觸憲法情事而為審理。」充分表現司法積極的態度，且列舉釋字第
216、289、324、339、396、436等號解釋作為佐證[32]。而其所指涉的是
政治言論的故障，意義尤為深遠。

　　就政治言論自由言，司法院釋字第445號解釋稱：「集會遊行法第
十一條第一款規定違反同法第四條規定者，為不予許可之要件，乃對
『主張共產主義或分裂國土』之言論，使主管機關於許可集會、遊行以
前，得就人民政治上之言論而為審查，與憲法保障表現自由之意旨有
違。」間接淡化了憲法增修條文前言「為因應國家統一前之需要」規定
的片面性，因此，集會自由中主張共產主義或三民主義、統一或獨立，
皆屬言論自由保障範圍，自非不可討論的民主禁忌。是繼1999年5月17

---

32 「本院解釋歷來以『重要關聯性』為由，將聲請人原未聲請解釋之法規，一併納入審
查者，其關聯之態樣約有四種：一、與（確定終局）『裁判』相關聯（參見本院釋字
第535號、第569號、第576號解釋）；二、與（系爭）『事件』相關聯（參見本院釋字
445號、第580號解釋）；三、與（系爭規定之）『適用』相關聯（參見本院釋字第664
號、第709號、第739號解釋）；四、與（系爭規定）『意涵』相關聯（參見本院釋字第
737號、第747號、第776號解釋）。」摘自湯德宗司法院釋字第776號解釋部分協同意見
書。

日廢除訂有唯一死刑的「懲治叛亂條例」及1992年5月15日修正刑法第100條「預備內亂罪」等嚴重箝制人民言論自由規定後，再次由釋憲者予以肯認，就深化政治言論自由的根基有積極的意義。另司法院釋字第644號解釋（2008年6月20日）就人民團體法第53條前段規定重複指出：「關於『申請設立之人民團體有違反第二條……之規定者，不予許可』之規定部分，乃使主管機關於許可設立人民團體以前，得就人民『主張共產主義，或主張分裂國土』之政治上言論之內容而為審查，並作為不予許可設立人民團體之理由，顯已逾越必要之程度，與憲法保障人民結社自由與言論自由之意旨不符，於此範圍內，應自本解釋公布之日起失其效力。」惟迄今已歷經三度政黨輪替，集會遊行法第4條之具文仍然紋風不動，是立法懈怠之垢記[33]。

　　本號解釋採「重要關聯性理論」，可說是呼應「活的憲法」而非「憲法文本」主義，而司法院就有關「刑訴法檢察官羈押權」作成釋字第392號解釋，就詮釋「活的憲法」在違憲審查的重要性：「總之，憲法並非靜止之概念，其乃孕育於一持續更新之國家成長過程中，依據抽象憲法條文對於現所存在之狀況而為法的抉擇，當不能排除時代演進而隨之有所變遷之適用上問題。從歷史上探知憲法規範性的意義固有其必要；但憲法規定本身之作用及其所負之使命，則不能不從整體法秩序中為價值之判斷，並藉此為一符合此項價值秩序之決定。人權保障乃我國現在文化體系中最高準則，並亦當今先進文明社會共同之準繩。作為憲法此一規範主體之國民，其在現實生活中所表現之意念，究欲憲法達成何種之任務，於解釋適用時，殊不得不就其所顯示之價值秩序為必要之

---

[33] 曾有立法委員意識到此問題，在集會遊行法修正遲滯不前時，提案先刪除集會遊行法第4條，理由即為：「依大法官會議第四四五號解釋，集會遊行法第四條有違憲之虞；亦因主權在民，人民亦有思想與言論自由。依此，第四條應予刪除，以保障人民的基本權利。」參劉建國等17人之提案，《立法院議案關係文書》，院總第1430號、委員提案第15510號，2013年10月23日印發。再者，國家安全法第2條及人民團體法第53條相同之規定，已分別於民國100年11月23日及同年6月15日刪除。

考量。」[34]

前述說理與美國聯邦最高法院法官霍姆斯（Oliver W. Holmes, 1841-1935）被傳誦的名言：「法律的生命向來不是邏輯，而是經驗。」（The life of the law has not been logic, it has been experience.）若合符節。當時提名霍氏爲大法官的美國總統羅斯福（Theodore Roosevelt, 1858-1919）亦採類似觀點：「哲學家與教育家的全部職責在於根據現時的條件而不是過去條件將眞理、善良與正義的永恆理想付諸實用。生長與變化是一切生命的法則。昨日的答案不適用於今日的問題—正如今天的方法不能解決明天的需求一樣。永恆的眞理如果不在新的社會形勢下賦予新的意義，就既不是眞理，也不是永恆的了。」[35]

2. 就「法律明確性原則」採開放積極的態度

針對集會遊行不予許可規定的明確性問題，該號解釋稱：「集會遊行法第十一條第二款規定：『有事實足認爲有危害國家安全、社會秩序或公共利益之虞者』，第三款規定：『有危害生命、身體、自由或對

---

34 作者於釋字第655號解釋所提意見書中贊成適當運用「重要關聯性理論」：「查本院歷來受理聲請之案件，大多循一般訴訟法『除另有規定外，法院不得就當事人未聲明之事項爲判決』之法理（民事訴訟法第三百八十八條、行政訴訟法第二百十八條等規定參照），決定其解釋範圍，盡可能避免『訴外裁判』或『聲請外解釋』。此固係依不告不理原則衍生而成之程序制約，但基於我國憲法解釋之性質屬抽象審查，有別於一般訴訟法係針對具體個案之審判，因此該程序制約除於一般訴訟程序本即可能有所例外之外，於憲法解釋更應非一成不變或蕭規曹隨，否則將生削足適履之弊。本院解釋亦曾揭示：『聲請解釋憲法之制度，主要目的即在闡明憲法眞義，以維護憲政秩序及促進整體法規範合於憲法之理念與精神，故其解釋之範圍自得及於該疑義或爭議相關聯且必要之其他法條內容而併爲審理之。』因此，大法官解釋憲法之範圍，不全以聲請意旨所述者爲限（本院釋字第四四五號、第五三五號、第五五八號、第五七六號等解釋參照）。換言之，當前揭程序制約有礙於維護憲政秩序或促進整體法規範合於憲法理念與精神時，即有退讓及調整之必要，且該等退讓與調整並非漫無標準，除以『重要關聯性理論』作爲橋樑及界限外，尚需視其是否具憲法上原則重要性而定，以取得解釋之正當性。如此，方可避免釋憲受制於一般訴訟程序思維之框架，並避免如本件解釋隨聲請意旨起舞，因小而失大。」

35 這是羅斯福總統1940年9月20日在賓夕凡尼亞大學建校200週年紀念會的演講用語，石幼珊譯，張隆溪校（1988），《名人演說一百篇》，頁436-437，台北：臺灣商務印書館。

財物造成重大損壞之虞者』，有欠具體明確，對於在舉行集會、遊行以
前，尚無明顯而立即危險之事實狀態，僅憑將來有發生之可能，即由主
管機關以此作為集會、遊行准否之依據部分，與憲法保障集會自由之意
旨不符，均應自本解釋公布之日起失其效力。」其並未逕採稍早公布的
釋字第432號解釋的謹慎保守見解：「法律明確性之要求，非僅指法律
文義具體詳盡之體例而言，立法者於立法定制時，仍得衡酌法律所規範
生活事實之複雜性及適用於個案之妥當性，從立法上適當運用不確定法
律概念或概括條款而為相應之規定。有關專門職業人員行為準則及懲戒
之立法使用抽象概念者，苟其意義非難以理解，且為受規範者所得預
見，並可經由司法審查加以確認，即不得謂與前揭原則相違。」從而宣
告系爭規定違憲，顯現出司法制衡立法的積極立場[36]。

3. 肯認「立法自由形成」所隱含的司法消極態度

　　立法形成自由本是立法經憲法委託，就憲法保留以外事項行使
「立法裁量」之當然，惟裁量權行使是否逾越、濫用或怠惰，致不符憲
法保障自由民主憲政秩序或基本權利的本旨，仍屬違憲審查範圍。若非
針對顯而易見或理所當然之情形，解釋中僅提出「屬立法自由形成範
圍」的結論而未詳細附具理由，即表示充分尊重立法權而自行抑制「抗
民主多數決」的權限，就有評價為司法消極的可能性[37]。

(1) 就許可制部分

　　釋字第445號解釋稱：「集會遊行法第八條第一項規定室外集會、
遊行除同條項但書所定各款情形外，應向主管機關申請許可。同法第

---

[36] 作者於司法院釋字第702號解釋中就「教師行為不檢有損師道不得聘任為教師」規定的
　明確性爭議上，提出不同意見書，針對「苟其意義非難以理解，且為受規範者所得預
　見，並可經由司法審查加以確認」的法明確原則子原則的詮釋路徑有所針砭，認為有需
　再斟酌方能充分發揮制衡立法及保障人權之功能。

[37] 有關基本權利與立法形成自由之關係，參黃舒芃（2013），〈立法者對社會福利政策的
　形成自由及其界限—以釋字第649號解釋為例〉，《框架秩序下的國家權力》，頁332以
　下，台北：新學林。

十一條則規定申請室外集會、遊行除有同條所列情形之一者外，應予許可。其中有關時間、地點及方式等未涉及集會、遊行之目的或內容之事項，爲維持社會秩序及增進公共利益所必要，屬立法自由形成之範圍，於表現自由之訴求不致有所侵害，與憲法保障集會自由之意旨尚無牴觸。」其固已提出「立法形成自由」範圍與界限的輪廓，但未細究該段文字可有兩迥異的詮釋與解讀空間：其一，集會遊行之時間、地點及方式，本就不涉表現自由之目的或內容，從而與言論自由保障無涉，自得以「立法自由形成」爲理由，從寬審查。其二，集會遊行之時間、地點及方式，未必就不涉及表現自由之目的或內容，惟就涉及與言論之內容有關部分，自非立法權得以自由形成的範圍，就其事前抑制仍應從嚴審查[38]。許志雄大法官對解釋中採「立法形成自由」爲據有如下的批評：「肯定室外集會遊行許可制的合憲性，漠視內容中立規制對表現自由的危害性，以及輕率引進立法裁量論，導致理論內部矛盾、解釋內容前後不一貫，爲其最大敗筆。」[39]

詳言之，該號解釋並未就時間、地點、方式之表現是否爲「言論不可或缺的要件」，以及是否屬「表達、溝通意義的行爲」等事項而爲進一步區分或審查，若貿然的下「不涉表現自由之目的或內容」定論，恐與事實有未盡相符之處，因爲很顯然地，集會遊行之舉行時間若選在2月28日具哀悼意義的國定紀念日，地點擇於具高度政治與空間象徵意涵的總統府前凱達格蘭大道，方式採取介於和平與強制間灰色地帶的「靜坐封鎖」、「蒙面化妝」或更激烈的「絕食靜坐」、「臥軌抗爭」，或

---

[38] 依林子儀前大法官主張，自由表達言論乃個人發展自我、成就自我之重點，集會自由對時間、地點、方式選擇的自我決定權，若「與民主程序有關者，Stone大法官舉例如選舉權、言論自由、結社自由與集會自由等，則法院應採嚴格的審查標準審查所涉政府的立法或其他措施是否合憲。」若是如此，恐不能不分情形，逕以「立法自由形成」爲寬鬆審查。林子儀（1999），〈言論自由的限制與雙軌理論〉，《言論自由與新聞自由》，頁151，台北：元照。

[39] 許志雄（1998），〈集會遊行規制立法的違憲審查基準（上）（下）〉，《月旦法學雜誌》，第37期，頁127、130，第39期，頁108。

者穿著特定制服或攜帶特別旗幟標語等方式，在在都與集會遊行訴求之目的與內容產生合理正當且緊密的關聯。若僅以前述「雙軌理論」試圖一網打盡，再籠統地以立法裁量遮掩，以偏概全或掛一漏萬，就在所難免。

該號解釋公布後，我曾投書媒體提到：「惟就室外集會遊行採許可制是否合憲部分，大法官持肯定見解，令人有為德不卒、欠缺遠慮之感覺。表面上，解釋的結果是幫警察的忙，是為整體治安著想。究其實，卻可能使警察暨無法從容成為保護人民集會自由的尖兵，又須始終在質疑的眼光下執行集會遊行法，恐將陷警察於不義。」（中國時報1998年1月26日）若從「許可制之立法形成自由」中心迄今所不斷激起的漣漪觀察，前述批評雖不中亦不遠矣。該解釋固針對立法形成自由範圍與界限有所交代，卻干犯以偏概全、以虛掩實之忌，致模稜兩可所形成的灰色地帶，成為許可制合憲性爭議的沃壤，應可評價為司法消極。

(2) 首謀者得處刑罰部分

司法院釋字第445號解釋稱：「集會遊行法第二十九條對於不遵從解散及制止命令之首謀者科以刑責，為立法自由形成範圍，與憲法第二十三條之規定尚無牴觸。」刑罰具有最後手段的特質，基於刑法謙抑原則，立法者只有在所有的制裁手段均難有效制止不法行為時，評析「行為質與量」、「應刑罰性」後，始考慮動用刑罰手段。其固是在民主多數決體制下不得不爾之結果，但仍應就立法政策提出具專業品質的理由。

該號解釋續稱：「對於首謀者科以二年以下有期徒刑或拘役，乃處罰其一再不遵從解散及制止之命令。如再放任而不予取締，對於他人或公共秩序若發生不可預見之危險，主管機關亦無從適用刑事訴訟法之規定為必要之處分。至於社會秩序維護法第六十四條第一款規定之妨害安寧秩序須『意圖滋事，於公園、車站、輪埠、航空站或其他公共場所，任意聚眾，有妨礙公共秩序之虞，已受該管公務員解散命令，而不解散』為要件，刑法第一百四十九條規定之公然聚眾不遵令解散罪則須

『公然聚眾，意圖為強暴脅迫，已受該管公務員解散命令三次以上，而不解散者』為處刑之對象。不論主觀要件與客觀要件，均與集會遊行法第二十九條規定之內容，有輕重之分，即不得指其違反憲法第二十三條規定之必要原則。」其就比例原則中之法益衡量，側重於「相關法律無法作為處罰依據必須要有系爭規定處罰，否則就會失衡」，並未從前述集會自由係「民主政治最重要基本人權」，以及集會自由主持者、發動者對民主社會貢獻及所生政治紅利等「民主之善」的角度去衡平思考，而寬鬆的承認立法形成權的合比例性，仍可評價為司法消極[40]。

(3) 就集會遊行禁制區部分

　　司法院釋字第445號解釋指出：「又集會遊行法第六條係規定集會、遊行禁制區，禁止集會、遊行之地區為：一、總統府、行政院、司法院、考試院、各級法院。二、國際機場、港口。三、重要軍事設施地區。其範圍包括各該地區之週邊，同條第二項授權內政部及國防部劃定之。上開地區經主管機關核准者，仍得舉行。禁制區之劃定在維護國家元首、憲法機關及審判機關之功能、對外交通之順暢及重要軍事設施之安全，故除經主管機關核准者外，不得在此範圍舉行集會、遊行，乃為維持社會秩序或增進公共利益所必要，同條就禁制地區及其週邊範圍之規定亦甚明確，自屬符合法律明確性原則，並無牴觸憲法情事。」其僅簡略的就系爭規定的明確性說明，完全未針對前述集會遊行的公共空間性或空間解嚴等意涵為表述，亦未以比例原則檢證之，等同充分尊重立法形成自由，本解釋就此部分應可評價為採消極立場。

4. 立場模糊的「亟待檢討改進」諭示

　　集會遊行法第9條第1項但書規定：「因天然災變或其他不可預見

---

[40] 司法院釋字第517號解釋中指出：「按違反行政法上義務之制裁究採行政罰抑刑事罰，本屬立法機關衡酌事件之特性、侵害法益之輕重程度以及所欲達到之管制效果，所為立法裁量之權限，苟未逾越比例原則，要不能遽指其為違憲。」其中，「事件特性」與質有關，「侵害法益之輕重」與量有關，固屬立法裁量範圍，但不得違反比例原則。

之重大事故而有正當理由者，得於二日前提出申請。」司法院釋字第
445號解釋稱：「對此偶發性集會、遊行，不及於二日前申請者不予許
可，與憲法保障人民集會自由之意旨有違，亟待檢討改進。」法律規定
既與「憲法保障人民集會自由之意旨有違」，即屬違憲，又何需畫蛇添
足的指出「亟待檢討改進」，司法權欲言又止式的尊重立法權，似給政
治部門誤傳有自行決定改進的時間與空間之訊息，造成立法者怠於修
法，進而引起依法行政或法院裁判之困擾，就不足為奇。也因如此，才
會有司法院釋字第718號彌補立法懈怠之失的解釋，以「補充」釋字第
445號解釋為名，其實是再次宣告前揭規定違憲。由上可知，本部分的
解釋是司法立場模糊的結果，社會也為此付出沉重的代價。

（三）偏向司法消極立場的司法院釋字第718號解釋

　　依司法院釋字第445號解釋所認可的集會遊行許可制，將使無發起
人或負責人的所謂「偶發性集會遊行」（Spontanversammlung）之舉
行，在理論上成為不可能，至於事起倉卒非即刻舉行無法達到目的之
「緊急性集會遊行」，亦難期待取得許可後才舉行。該等因突發事件中
基於公義或權益受損直接反應所採取之集會，是人類最自然、最原始且
最需保護之集會自由權，基於事先許可的事實上不能，縱於事後違反規
範而有一定作為或不作為，實難遽認其具有責性與可罰性，若超越當事
人義務界限而強課其責與罰，恐侵及集會自由之本質內容而與比例原則
精神不符。再就今日資訊科技發達，社群媒體普及，彈指之間即能聚眾
於公共場域表達意見，該等沛然莫之能禦的需求，已非許可制所可因
應，頂多只能課予「緊急性集會」之可辨識出的負責人，於其所通告集
會遊行時間之同時，進行報備。就以2019年6月起香港發生「反送中」
群眾遊行為例，就是一個沒有特定發起人的抗議示威運動，香港政府難
以找到有效溝通的對象，此種情況下，執法機關唯有強化機動應變能
力，方能兼顧保障人民集會、遊行之自由與維持社會秩序的目的。至於

本件解釋僅是再確認釋字第445號解釋「亟待檢討改進」部分，說是搭便車的順水推舟消極性解釋並不為過，卻恰巧給才開始進行的318學運提供有力的憲法依據。

1. 持續鞏固釋字第445號解釋司法消極面向的成果

本號解釋首先針對釋憲聲請人要求有關許可制規定之審查，皆不予受理。不受理之理由謂：「聲請意旨尚難謂已提出客觀上形成確信法律為違憲之具體理由，或於客觀上具體敘明究有何違反憲法之處。」無視本案之偶發性、緊急性集會問題癥結即是具「重要關聯性」的許可制，採堅壁清野的二分方式，是典型的「鋸箭療法」僅鋸除本質上無從事前許可的集會遊行事件，而將「許可制」的箭頭仍留存在被釋字第445號解釋稱為「實施民主政治最重要基本人權」的體內，且仍繼續服用「立法自由形成」的藥方規避根本病灶，既消極且保守。

其他不受理部分則稱：「聲請人等併聲請就集會遊行法第二條第二項、第三條第一項、第四條、第六條、第八條第二項、第九條第一項前段、第十一條第二款、第三款、第十二條第一項、第三項、第十四條至第十六條、第十八條、第二十二條、第二十四條、第二十五條第一項第二款至第四款、第二十八條及第三十條規定解釋部分，或非本件原因案件應適用之規定，或非確定終局判決所適用之規定；另就原因案件應適用及確定終局判決所適用之第二十五條第一項第一款、第二項、第二十九條，與確定終局判決所適用之第二條第一項規定聲請解釋部分，聲請意旨尚難謂已提出客觀上形成確信法律為違憲之具體理由，或於客觀上具體敘明究有何違反憲法之處。以上聲請解釋之部分，與本院釋字第三七一號、第五七二號、第五九〇號解釋意旨或司法院大法官審理案件法第五條第一項第二款規定不符，應不受理，併此指明。」其實前揭不被受理之規定，大多與集會遊行許可制有密切關係，本號解釋已無如釋字第445號解釋高舉「重要關聯性」的大旗去守護憲法的豪氣，反而

是展現司法消極主義的堅持。

釋字第445號解釋確有瑕疵而亟待治癒，就猶如在憲政血脈中發現有血塊凝結的癥兆，不善用機會加以清除，終將釀禍。但本件解釋多數意見仍以「不輕易變更前解釋以維持大法官解釋威信」、「釋字第445號解釋以來，情勢並無重大變更」等似是而非的理由迴避之，而僅願就緊急性、偶發性集會部分予以補充，以不變應萬變的方式，間接鞏固釋字第445號解釋消極面向的成果。至於司法院歷來的解釋，固是維繫自由民主憲政秩序與保障人權穩定力量的來源，不容輕易變更。但它的公信與權威，自非植基於「不可變動性」，反之，以憲法闡明應予變更的理由，更有助於建立解釋的權威。此從諸多變更前解釋的例子，即可獲得證明[41]。至於變與不變之間，並非即興式的選擇，而是繫乎憲法理由的闡明。

2. 未顧及憲法保障集會自由的整全性——以許可制為例

本件解釋指出：「室外集會、遊行需要利用場所、道路等諸多社會資源，本質上即易對社會原有運作秩序產生影響，且不排除會引起相

---

[41] 司法院大法官受理聲請而變更前解釋者，為數不少。最為人熟知者，即為釋字第31號解釋認為國家發生重大變故，事實上不能依法辦理次屆選舉，故第一屆立法委員、監察委員繼續行使職權，由釋字第261號解釋變更為應於1991年12月31日以前終止行使職權，並適時辦理全國性之次屆中央民意代表選舉。其次則屬釋字第382號解釋針對學校之措施，認為足以改變身分之退學或類此處分，因對受教育權利有重大影響，學生得提起訴訟救濟，由釋字第684號解釋變更為大學之措施如侵害受教育權或其他基本權利，即使非屬退學或類此之處分，學生均得提起行政爭訟，無特別限制之必要。而釋字第784號解釋則將訴訟權主體擴大到「各級學校學生」，不再偏限於釋字第684號解釋所指涉的「大專院校學生」。其他則如釋字第68號與第129號解釋認為參與叛亂組織者，在未經自首或有其他事實證明其確已脫離組織以前，自應認為係繼續參加，由釋字第556號解釋變更為繼續參加之舉證責任應由檢察官負擔，而如有事實足以證明確已脫離犯罪組織，即不能認為尚在繼續參與。又如釋字第211號解釋認為海關緝私條例要求聲明異議須事先繳保證金或提供擔保，係為防止受處分人藉救濟拖延或逃避稅款及罰鍰之執行，並不違反憲法第7條及第16條，由釋字第439號解釋變更為係對人民訴願與訴訟權利所為不必要之限制，與憲法第16條所保障之人民權利意旨牴觸。復如釋字第347號解釋認為自耕能力證明書之給與，關於申請人住所與所承受農地或收回農地之位置有所限制，並不違憲，由釋字第581號解釋變更為部分限制之規定，影響實質上具有自任耕作能力者收回耕地之權利，對出租人財產權增加法律所無之限制，與憲法不符。

異立場者之反制舉措而激發衝突，主管機關為兼顧集會自由保障與社會秩序維持（集會遊行法第一條參照），應預為綢繆，故須由集會、遊行舉行者本於信賴、合作與溝通之立場適時提供主管機關必要資訊，俾供瞭解事件性質，盱衡社會整體狀況，就集會、遊行利用公共場所或路面之時間、地點與進行方式為妥善之規劃，並就執法相關人力物力妥為配置，以協助集會、遊行得順利舉行，並使社會秩序受到影響降到最低程度。在此範圍內，立法者有形成自由，得採行事前許可或報備程序，使主管機關能取得執法必要資訊，並妥為因應。此所以集會遊行法第八條第一項規定，室外之集會、遊行，原則上應向主管機關申請許可，為本院釋字第四四五號解釋所肯認。」此段話令人費解者，係一再強調應以溝通、協調方式協助集會、遊行順利進行，這不正是要以報備制取代許可制的主要理由？另外又稱：「在此範圍內，立法者有形成自由，得採行事前許可或報備程序，使主管機關能取得執法必要資訊，並妥為因應。」既然肯認許可制是立法者有形成自由的結果，排斥報備制在先，何又同樣以立法自由形成為理由，改口允許報備制？會產生此種表裡不一的兩面討好手法，想必是未誠實從憲法民主觀點認真區分許可制與報備制意涵後的結果。

　　從限制自由權利制度光譜以觀，由寬至嚴可粗分為事後追究之追懲制、與事前抑制的預防制兩種。若以集會遊行舉辦之申報事宜為例，追懲制是指事前不必申請亦無須報備，但活動中有違法情形，得為下令、禁止、解散或懲罰，此制大都僅適用於室內集會或緊急性與偶發性集會。預防制下，集會遊行之發起人則須事先告知主管機關活動之梗概，以便其踐行提供適當集會場所、採取有效保護集會之安全措施的「國家保護義務」。再依預防制規範強度與密度又可分許可制與報備制，前者要求室外集會遊行者，原則上應須履行事先經同意或許可之義務，係將集會遊行之行為列屬一般禁止之行為，由主管機關以許可處分為解除禁止。至於報備制，又稱為申報制或登記制，須報備之事項原屬得自由行

使而不受禁止之範圍，之所以仍須報備，主要目的是事先讓主管機關知悉而有所準備，除非有明顯事實足認為對公共安全、社會秩序有顯然急迫危害之不和平集會遊行，方有保留預防性禁止（Präventivverbot）之可能性。對同屬預防制的許可制與報備制，須再從以下憲法的民主意義去體認，否則只能停滯在「兩者並無太大差異」的陷阱與圈套中，也就只能順水推舟地以尊重立法裁量收場。因此，有必要再不厭其煩的釐清報備制與許可制在憲法上民主意涵的異同。

其一，許可制係「原則禁止，例外同意」（Verbot mit Erlaubnisvorbehalt），也就是附許可保留之禁止，表示集會自由須經政府的同意，並非人民本就應享有的「基本」權利。反之，報備制係「原則同意，例外禁止」（Erlaubnis mitVerbotsvorbehalt），或附禁止保留的許可（Anmeldung mitVerbotsvorbehalt, Verbot mit Anzeigvorbehalt）[42]，表示集會自由本屬於人民，報備只是便於主管機關踐行保護與給付義務，包括維持安全秩序及提供必要公共空間等。依「例外之解釋應從嚴」之法理，兩制之執行將展現出雲泥有別的迥異風貌。

其次，在許可制支配下的集遊法規範或執行，主管機關與人民間是上下從屬關係，須上命下從，易將人民視為客體、工具，甚至予以敵視或歧視，不會重視集體人格型塑問題。報備制下，主管機關與人民間處於對等溝通合作關係，將人民視為目的，重視人民自治自決及其尊嚴，人民自得展現作為國家主人應有的格局，民主意義下的主僕定位，天差地別。

其三，在許可制支配下的規範面，不必太講求憲法嚴格意義的法律保留、法律明確性、正當法律程序、比例原則或平等原則。反之，報備制的規範，除對等、公開、透明外，以上憲法原則皆是最低門檻要求。

---

[42] Hartmut Maurer, Allgemeines Verwaltungsrecht, 18.Aufl., 2011, §9, Rdnr. 54.

縱然許可制與報備制規範採相近的要件，許可制在精神上會引領行政與司法人員，於適用法律時偏重於社會秩序，而忽略集會自由權之保障，一旦將人民馴化爲威權統治下的沉默順民，民主的災難就不遠了。況在許可制下，很難釐清請願、宗教、民俗等聚眾活動與集會遊行間之模糊關係，反而製造緊張對立關係，並因不易執行而踐踏集遊法之尊嚴，報備制則可緩解以上關係。

其四，集遊法若採報備制，仍須課予籌辦集會遊行者提供相當資訊之義務，除非是緊急或偶發性質，仍應先知會執法機關，以利事前溝通而協助提供場地與維持秩序，因此係預防性質的「義務報備制」而非追懲式的自願報備制，前者與正當法律程序之關係展現在合作誡命（Kooperationsgebot）[43]。質言之，主管機關通知當事人陳述意見，並請當事人協力與提供資訊，並據此作爲行政機關與人民合作溝通之基礎，甚至舉行公聽引進專家意見等。反之，許可制下主管機關得片面要求人民提供資訊，未必釋出本身所掌有資訊與決策過程，在資訊不對稱狀況下，極易造成黑箱作業且因不信賴而形成緊張關係。

其五，在法律效果上，未經許可之室外集會遊行即屬違法，制裁處分附隨而至。至於未經報備而舉行的集會遊行，包括緊急性、偶發性，若屬和平集會，雖有可能違反路權、場地使用、禁制區等規定，或發生少數零星暴力之情形，並非當然附隨解散之強制，尚須視集會遊行中發生影響公共安全與秩序情節分別依比例原則，審酌其是否仍在保障範圍之內。德國行政法學者Maurer教授之描敘頗爲傳神：「應報備之事，未遭禁止，則爲合法。應許可之事，未經許可，則屬非法。」[44]因違反報備義務的相關制裁，原則上不會重於違反許可義務的制裁。

---

[43] 詳見Alfred Dietel/Kurt Gintzel/Michael Kniesel, Versammlungsgesetz, 17.Aufl., Carl Heymanns Verlag, 2016, §14, Rdnr. 103ff.

[44] 原文：Das anzeigepflichtige Vorhaben ist zulässig, wenn es nicht verboten wird; das erlaubnispflichtigeVorhaben ist unzulässig, wenn es nicht erlaubt wird. Hartmut Maurer, Allgemeines Verwaltungsrecht,18.Aufl., 2011, §9, Rdnr. 54.

其六，在法庭審判過程中，許可制下，通常側重由公權力要求集會遊行者，證明其行為是正當；在報備制下，則是人民要求公權力證明其干預集會自由的正當理由。德國聯邦憲法法院亦曾指出：「於基本法自由民主中，基本權利位階極高。公權力干預基本權利時，應證明其理由正當，而不是要求行使基本權利者，證明其行為係正當。」[45]除主管機關與被告間舉證責任分配不同外，不同的制度也會影響法官就集遊法第26條有關比例原則之衡量。本件解釋針對集遊法許可制的合憲性再次「加持」，相信對法官審判心理上應會有深遠的影響。

綜上，報備制相較於許可制，就行政程序之簡繁、法律效果之寬嚴、行政處分限制與負擔附款之添加、人民與政府合作溝通之對等性，以及對人民舉行集會、遊行內在自由之限制等，對集會自由之侵害皆屬較小。縱然集遊法許可制與報備制規範要件雷同，但因執法心態不同，其顯現在支配司法審判與行政執法之實質意義非常可觀，執法結果亦會大異其趣[46]。因此，空泛主張報備制與許可制「本質上並無不同」者，有粗疏率斷之嫌。本件解釋迴避釐清報備制與許可制在憲法上民主意涵異同的根本問題，既錯失改革機先又增強保守主義的力道。

三、個人回顧

以下針對個人親炙集會自由理論與實務的學思歷程，略作見證性的回顧。1985年底我從德國留學返國，投入母校中央警官學校（中央警

---

[45] 原文：In der freiheitlichen Demokratie des Grundgesetzes haben Grundrechte einen hohen Rang. Der hoheitliche Eingriff in ein Grundrecht bedarf der Rechtfertigung, nicht aber benötigt die Ausübung des Grundrechts eine Rechtfertigung, NJW 2007, 2167.

[46] 執法心態與立場的改變，主要會先從「限制」調整為「保障」，卸除首要心防後，會使「排斥挑戰政府施政而施壓」轉化為「抗爭有利施政改善而樂觀其成」；從「上命下從、高高在上」成為「地位平等、積極溝通」，使憲法平等、比例、正當程序原則馴化空泛且僵化的「依法行政」口號。該氛圍漸濃後，所謂禁制區、首謀者刑罰等問題，都能迎刃而解。因此，在集會自由保障的這場障礙賽上，「許可制」是首須跨越的障礙，而集會自由限制的骨牌效應下，「許可制」也是最需推倒的一張。

察大學前身）教學行列時，國內的政（含軍、警、特）經、社、文圈正處於解除長期軍事戒嚴前時代劇變的焦躁不安與疑懼徬徨的氛圍中。對成長在國權重於人權的國家團體威權主義環境，並接受黨國半軍事化教育的我，本應沒有太大調適或轉型的困擾，但拜德國修習公法之賜，有機會較完整冷靜的去理解探索德國納粹政權與臺灣當時政治狀況的類似性，及受戰爭重創浴火重生的艱困歷程[47]。再因以保障人身自由作爲博士論文題目，更能從德國基本法中生命、身體、人性尊嚴、人格等基本人權規定，以及權力分立相互制衡、司法獨立等立憲主義精神切入，去反省並對照臺灣的制度，確實發現許多不公不義的事實，大大的衝擊自己的思想人生，而萌生使自己生長的土地能脫困的強烈使命感。在這得來不易的蛻變自己思維重新「思想武裝」的命運安排下，當遇到與「統治權基礎關係密切」的集會自由理論與實務問題時，我並沒有選擇站在統治權的一方，或採「識時務者爲俊傑」的明哲保身的中庸態度，而是毫無懸念的立於學術良知及人權保障的一方，牢牢的抓住保障集會自由的信念，對三十多年前的明確抉擇，至今仍無怨無悔。

（一）投入相關學術研究與公共論壇

從1987年起我開始致力於集會遊行法問題的研究，除積極譯介德國、奧地利集會遊行法規定[48]並撰寫學術論文[49]外，還經常投書媒體

---

[47] 近年來有國人觀察德國二次大戰後轉型歷程，撰寫專業文學著作而值得參考者，例如花亦芬（2016），《在歷史的傷口上重生─德國走過的轉型正義之路》，台北：先覺。蔡慶樺（2019），《美茵河畔思索德國》，台北：春山。

[48] 例如李震山（1987），〈奧地利集會法〉，《新知譯粹》，3卷3期，中央警官學校。李震山（1987.12），〈示威活動實例二則之評釋〉，《警學叢刊》，18卷2期，中央警官學校，頁96-104。李震山（1988.12），〈西德集會自由權之演進與現況〉，《臺大中山學術論叢》，第8期，臺灣大學法學院三民主義研究所，頁215-247。李震山（1990.12），〈集會遊行之報備〉，《新知譯粹》，6卷5期，中央警官學校。李震山（1990.12），〈集會遊行之禁止與解散〉，《警學叢刊》，21卷2期。前揭譯文很多是出自現已第17版（2016年）的Dietel/Gintzel/Kniesel, Versammlungsgesetze, 17.Auflage, Carl Heymanns Verlag, 2016一書。

[49] 李震山（1991.4），〈非常體制轉變後集會遊行法應有之興革〉，《戡亂終止後法制

以書生之見參與當時有限的公共論壇（public forum），為保障集會自由而發聲[50]，或因而引起當時行政院研考會的注意，主動委託我主持為期8個月（1990年12月至1991年7月）的「我國集會遊行法執行之研究」，研究團隊除致力於探知集會自由基本理念與理論外，還重視執法機關的看法與意向，而走訪各重要警察執法機關實地座談並製作問卷，研究成果報告並由委託機關於1991年7月出版專書對外發行，且經再版[51]，書中的很多觀點與主張，迄今都未必過時[52]，這必須感謝當時參與研究者的前瞻視野與求真精神。有了那次難得的自我提升機會後的六、七年間，我持續發表多篇相關學術論文與譯著[53]，並於公共電視台製播的集會遊行法專輯，擔任諮詢協助工作，共同見證戒嚴近四十年後

重整與法治展望論文集》，中國比較法學會（臺灣法學會前身），該文後被收錄於李念祖編著（1991.11），《從動員戡亂到民主憲政》，民主基金會，頁229-248。李震山（1991.6），〈集會遊行時警察攝（錄）影之法律問題〉，《警政學報》，第19期。

50 例如李震山（1988.3.8），〈允執厥中伸張公權力—處理群眾事件警方不該束手〉，《聯合報》。李震山（1990.9.8），〈群眾事件中強勢警察作為之妥當性〉，《自立晚報》。李震山（1991.5.8），〈非常體制轉變後集會遊行法應有之變革〉，《聯合報》。李震山（1992.5.10），〈洛城警察動粗不足為訓〉，《中國時報》。

51 我國集會遊行法執行之研究，行政院研究發展考核委員會，研究主持人：李震山，研究員：鄭善印、馬振華、許文義、蔡庭榕、林漢堂，研究助理：許呈傑、蔡進閱，1991年7月。

52 就以集會自由應採許可制或報備制為例：「……我國集會遊行法若能毅然修法改採報備制，既不影響實質執法，卻可改善警察形象，同時化解許可制先天既存之困境，一舉數得。惟從問卷顯示執法人員與一般民眾尚習於『事先核准』，為調和理想與現實，本研究經分析利弊後，提出兩種解決方案。其一，將集會遊行之許可與執行，分別交由不同機關掌理，仍維持許可制。其二，將許可制改為報備制，仍由警察機關受理，惟於例外需禁止集會遊行時，應送交一客觀超然之委員會複審之。該兩方案，旨在揉合許可與報備兩制，使之符合國情，並使警察執法獲得中立空間。……」摘錄自前揭「我國集會遊行法執行之研究」報告書之頁5、186。

53 李震山（1991.6），〈集會遊行時警察攝（錄）影之法律問題〉，《警政學報》，第19期。李震山（1991.12），〈集會遊行中攜帶防衛性武器或蒙面偽裝〉，《警學叢刊》，22卷2期。李震山（1991.12），〈集會遊行舉辦之申請制度與集會自由之保障〉，《警政學報》，第20期。李震山（1992.6），〈德國集會自由之發展〉，《新知譯粹》，中央警官學校。李震山（1992.9），〈集會遊行之和平原則與集會自由權之保障〉，《警學叢刊》，23卷1期。李震山（1995.9），〈論集會自由與公物使用間之法律問題—以集會遊行場所選用為例〉，《東海大學法學研究》，第9期。

所爆發的社會力，並留下諸多珍貴的紀錄[54]。

（二）間接、直接參與釋憲工作

司法院大法官第一次以集會遊行法之規定為審查客體，作出釋字第445號解釋前約一個半月，召開憲法法庭舉行言詞辯論（1997年12月5日），我應邀以學者身分蒞庭提出鑑定報告[55]，並全程聆聽釋憲聲請人及政府機關代表的論辯，由於我在庭上針對集會自由保障所提之見解，與警政機關或執政當局主張有根本歧異，以我當時身分與職位所激起的陣陣漣漪，以及事後學術生涯的轉折，迄今仍印象鮮明[56]。也由於我的鑑定報告所持見解與論述，部分被該解釋所採用，姑且自認為曾間接參與釋憲工作。

釋字第445號解釋公布後，在我多元的研究面向與議題中，仍不忘關心集會自由保障問題[57]，再經過十六年餘的歲月，司法院第二度以集會遊行法之規定作為審查標的而迎來釋字第718號解釋（2014年3月21日）時，我已擔任釋憲工作六年半，親身參與討論並見證該號解釋，並主筆提出部分不同意見書（蒙葉百修、陳碧玉、陳春生三位大法官加入），綜合表現了我對集會遊行法制問學的心得，其是經盱衡國內憲政

---

[54] 1992年間公共電視製播多輯集會遊行專題，製編者皆事先將內容、用語等以傳真方式請我一一審視並表示意見。

[55] 該報告以〈民主法治國家與集會自由—從許可制、言論自由及行政刑罰觀點探討〉為名，收錄於《「罪與刑」—林山田教授六十歲生日祝賀論文集》。解釋公布翌日我投書媒體：〈警察應跳脫許可制窠臼〉，《中國時報》，1998年1月26日。並應邀撰寫兩篇學術論文：〈民主法治國家與集會自由—許可制合憲性之探討〉，《全國律師》，1998年1月。〈民主法治與集會自由—從言論自由及行政刑罰觀點探討〉，《警大法學論集》，第3期，1998年3月。

[56] 解釋公布當年的8月1日，我因機緣從任教十餘年的母校中央警察大學，轉至我已兼任行政法教席三年的文化大學法律系服務。回想這個轉校的毅然決定，確定是與那場憲法法庭辯論的「漣漪」脫不了關係。故當堅持專業良知、追求學術自由、擴大人格自我型塑空間的信念，已內化為學術生命的核心價值時；當有可追求更多元價值環境的機會來敲門時，面臨抉擇與取捨就較無懸念。如今，回顧這段對我職業生涯發展具關鍵性影響的轉折，感受格外的深切。

[57] 這段時間較具代表性的論文是，〈論集會自由之事前抑制〉，《政治思潮與國家法學：吳庚教授七秩華誕祝壽論文集》，2010年1月，頁207-226，台北：元照。

狀況並參酌國際人權規範、民主先進國家相關法治及結合國內主流見解後，所提出之批評，僅取其中兩段如次，盼能概括其他。

首先，今日我國的人民，對於政治、經濟、社會、文化、種族等相對弱勢者，藉由集會遊行表達意見、與政府對話或監督政府、或爭取自身權益，已更能寬容與認同，此與過去將走上街頭的異議人士污名化為暴力分子、社運流氓，幾不可同日而語。難怪不分黨派及其政治人物皆有志一同具體主張，應重新檢討許可制。2012年4月總統府人權諮詢委員會基於履行國內人權規範與國際人權體系接軌的國家重大承諾，乃向國人及國際提出之「公民與政治權利國際公約執行情形」報告，正式向全世界宣示我國保障人權之決心與作為，並慎重其事首度依據聯合國規格引進國際專業審查，受邀國際學者專家來我國進行審查後公布的報告表示：「建議立法院應儘速修法以符公約第21條，並鼓勵民間向司法院挑戰集會遊行法有牴觸疑義之行政措施與刑事處罰等規定之正當性。」但當「挑戰」真正以聲請釋憲的方式來臨時，司法院釋字第718號解釋卻在無堅強憲法立論下，仍堅持許可制的信念，一夫當關地站在「國家人權報告」的對立面。可能的理由是，將該報告評價為「單純諮詢意見」與「國家人權政策與努力的目標」，釋憲者仍須本於職權自行審酌並決定。姑不論此種特別的憲法道德情操，能否說服多數參與研討製作報告的委員及外國學者專家，本件解釋並未提出具體有力論據，陷國家於「言行不一」的不義，就我國對外力求外交突破爭取國家形象，對內極力挽回人民對司法信賴的流失，應有害無益。

其次，行政院與立法院均分別將刪除許可制的集遊法修正草案依程序提交立法院審議。大法官解釋在無「抗民主多數決」（counter-majoritarian）的堅強理由時，對具高度民主正當性之立法意向的尊重，與司法院釋字第445號解釋宣稱應尊重的「立法自由形成」意旨，應不相悖。惟本件解釋仍堅持獨立於「政治之外」行使職權，千山我獨行，設若主管機關日後以本件解釋的意旨，去質疑、非難總統府的人權諮詢

報告或立法院的修法版本，將會是何種政治倫理的景象，殊難想像。憲法是最具政治意涵的上位規範，集會自由在憲法中的政治民主分量甚高，皆係立憲主義下公認的事實，而違憲審查於此時欲凸顯「憲法政治潔癖」，恐怕是表錯情的成分居多，實令人難以索解。再者，地方法院的判決書都出現「目前社會意見似以主張採取報備制為多數」的有關論述，學術界人士所提出的廢除集遊法、刪除許可制改採強制報備制，或自願報備制等皆有所本不一而足的主張，自不能輕忽，更遑論各種性質殊異社運團體的相關主張，皆是司法民主化或社會化的活水，但似都難以進入違憲審查的「純淨」空間。司法獨立固然非常重要，釋憲亦無須媚俗或追隨輿論風向，但前述各項具體主張，並非如「把街頭還給人民」的選舉口號，亦非純屬政治或民粹語言，而是經時空環境劇變，從無數事件反思沉澱較開放而接近憲法精神的主張，與司法要求理性或追求貼近民意的社會化，並無相違。在無具說服力的憲法論證，或光以「爾愛其羊；我愛其禮！」空泛說辭下的司法獨立，既非司法品質的保障，恐更陷司法於孤立的泥淖與風險中。如果多數意見有意將此燙手山芋留給他人善後，而自求多福，恐低估民心向背而未透悟「福兮禍所伏」之理。換言之，事理與大勢甚明之下的「司法自抑」，反而有「司法恣意」之虞。

前揭解釋公布迄今又過了六年，但對我而言，流失的歲月並未使這段參與釋憲的往事，如煙散去[58]。

---

58 這段時間所發表而涉及集會自由的大多屬回顧與反思性質的文章：李震山（2015.6），〈人權發展與警察職權—以司法院大法官解釋為例〉，《中央警察大學學報》，第52期，警察政策研究所，頁1-13。該文經修改，轉載於《警察法學》，第18期，內政部警政署編印，2019年7月，頁1-23。李震山（2016.10），〈警察保障或抑制集會自由的一念之間—司法院大法官釋字第718號解釋個人意見書摘節〉，《中央警察大學80週年警政管理論文選輯》，頁1-14。

（三）始終堅持保障集會自由的信念——以主張報備制為例

對照前曾述及行政院研考會委託執行的研究計畫：「我國集會遊行法執行之研究」中之意見（1991年7月），與前開部分不同意見書中（2014年2月19日）的主張，保障集會自由的基本信念未因二十餘年時空環境而變異思遷。再擷取意見書中指摘「準則許可制」幾已成為捍衛許可制的「反動修辭」（rhetoric of reaction）的論述為證（見意見書貳、一）。

釋字第445號解釋稱：「集會遊行法第十一條規定申請室外集會、遊行，除有同條所列情形之一者外，應予許可。從而申請集會、遊行，苟無同條所列各款情形，主管機關不得不予許可，是為準則主義之許可制。」該見解應係採自主管機關於言詞辯論庭的主張，包括行政院認為：「各國立法例對於集會、遊行之管理方式有採報備制者，有採許可制者，集會遊行法所採，雖為許可制，惟其性質非屬特許而近準則主義。」內政部及內政部警政署則主張：「集會遊行法第八條、第十一條所採實係準則許可制，其與報備制之差別僅在行政程序有異，兩者在本質上並無不同。」該種說法之外，再輔以官方不予許可比率甚低的統計數字，大大擄獲贊成事前抑制者的芳心。因為「準則許可制」既然與報備制相去不遠，又可有備無患應不時之需，一舉數得，何樂而不為？其實，此種障眼法易生魚目混珠、馮京當馬涼的效果，有諸多可議之處，借此機會予以辨明。

首先，從制度面言，將一般民事、財經、行政事件上的事前許可，與和政治性言論或表現自由有關集會遊行事件的事前許可相比，本質上就有點不倫不類，若再含混地套用，其荒謬結果，不難想見。因為「準則主義」的概念與用語，並不會影響「許可制」事前抑制的「本質」，也不會因集遊法第11條中出現「應予許可」一詞，即推斷集遊法所採者形同報備制。「準則許可」，只是為賦予執法機關更寬廣的裁量

空間鋪路，從而隱藏恣意的危機，就如同披著羊皮的狼，總有露出猙獰臉孔的時候，只是時機的問題。即當集會遊行之內容、目的、訴求嚴重挑戰當政者意識型態或政治利益的「紅線」時，平時備而不用的許可制，一夕間成為可以揮舞的大刀，而殺雞可用的牛刀不只一把，民間對於2008年11月「陳雲林事件」就留下「準則許可制」猶如一泓平靜池水中，鱷魚潛伺的深刻印象。維持集會自由的制度，搖身一變成為箝制集會自由的制度，隱藏著「制度性」的危機，成為孕育「人治」的沃壤，是為法治主義所不許，違憲審查者似乎對此共同生活經驗毫無警覺。

其次，從執行面言，依行政裁量理論，集遊法第11條共6款規定，範圍鋪天蓋地，實際上「應予許可」之空間已遭壓縮至極小，反之，不許可空間極大，屬典型「裁量萎縮至零」（Ermessen-schrumpfung auf Null）。且該條之執行在「收與放」或「鬆與緊」之裁量，常繫於主管機關一念之間，諸多遇強則弱，遇弱則強的實例，例如：將主管機關或法院，針對眾所矚目的「紅衫軍事件」與本件解釋原因案件之一的「少數學生抗議高學費事件」之處理對比，即有兩套標準、執法不公之訾議，凸顯準則許可制係「留一手」，使「依法行政」有高度不可預測性。如果換個執政或執法者，原來的許可亦可能轉變成不許可，無怪乎集遊法常被評價為不顧多元價值有違社會正義的惡法。

其三，從統計數字的迷思面言，由於許可制精神下的法律規定與制度設計，本質上就與使人民願意且在毫無恐懼的情況下行使集會自由，有先天上的矛盾，因不信任公權力而不申請、因懼怕遭刁難不去申請、因確信不會被許可而逕行舉行或自信和平集會無須申請等，就成為許可制對「集會內在自由」制約的必然結果與代價。而那些未申請且在許可制統計數上極具意義的案件，是官方統計數據上所無法呈現的「黑數」，管制愈嚴格，「黑數」比率愈高。反之，在諸多被許可的集會、遊行案件中，究有多少是主管機關觀察輿論風向球或接受政治指導，並非制度本身開放性下的合義務性裁量，而是以「行政自我約束」為由自

我開脫的結果，官方之統計數字亦無法正確反映。退一步言，既然強烈標榜集會遊行之申請不予許可的比率極低，何不逕採無違憲疑慮的「報備制」，豈不皆大歡喜？很顯然地，緊抱以「準則許可」為皮，許可制為骨而有違憲疑慮的現行制度不放，表示對以開放、對等為基礎的報備制相當恐懼與排斥，足見兩者本質上必有相當差距，否則無須一再拒斥合乎憲法意旨的報備制。

其四，從警察實務面言，現行「準則許可制」與「報備制」並非完全一致。依學者的研究稱：「可以從警察將那些未經許可之集會遊行者的標語或旗、牌，強行取走的案例看出，警察為何可以將未經申請許可者的標語及旗、牌強制取走，待事後再歸還？原因應該是在『該集會遊行未經許可，故不准有訴求出現』。倘若是報備制，則警察即無理由取走訴求標語或旗、牌等，即使集會遊行者違法，亦不能取走其訴求物，這才是所謂原則上許可言論表達的自由，只有例外將出現騷亂之虞時，才會被制止的報備制，換句話說其所謂原則與例外，其實是有先後次序，並非在同一個層面。」[59] 淺白的舉例，道出了問題的底蘊。

最後，當主管機關沉醉於「準則許可制」並將之玩弄於股掌之間，而遭受選擇性執法或執法不公的嚴厲批評時，與其譴責或歸責於不幸成為政治工具的執法代罪羔羊，不如從憲法檢討導致人治凌駕法治的集會遊行許可制，方能協助執法機關走出執法中立的困境，挽回其職業尊嚴。綜上，「準則許可制」的悖論，儼然成為捍衛許可制而滲透力與渲染力十足的「反動修辭」，不能不慎思而明辨之。

（四）小結──變與不變之間

對集會自由的保障，迄今三十年未改變初衷，究竟是令人慚愧的冥頑不靈性格所導致的一成不變，或是因「真理不會因時空因素自相矛

---

[59] 鄭善印（2009.11），〈集會遊行法修正之研究〉，《警察法學》，第8期，頁18。

盾」，而無改變的空間？我曾爲此撰寫一篇短文，僅摘文中兩段話表明心跡[60]。

我忝爲一個以維護憲法基本權利爲重心的學術工作者，較容易親炙自由、民主、法治與人權的核心價值，所堅持的信念也較趨近普世價值，從而有幸能在主觀與客觀上，較有條件去與政治或政策的變革保持一定的距離，言行舉止也相對有較大的獨立自主空間。因此，若聽到如下的問候語，就眞會感到赧然而黯然：「你現在的觀點與信念跟以前相比已改變很多，既能從善如流，又能與時俱進，眞是識時務的俊傑！」如果這是法學訓練讓我不願偏向「實踐理性」面而形成的傲慢與偏見的結果，我也必須無憾的承擔[61]。

眞理不會因時間或空間之因素而自相矛盾，它會超越所有人造的規範，潛藏於大多數人心之深處。眞理固然常遭蒙蔽，但會適時的以「良知」爲橋梁，揭露邪惡與黑暗的本質。較需與時俱進並調整的是規範、策略或措施，絕不是眞理或信念[62]。因此，在「銳變」或「蛻變」的時空環境中，應自我淬礪的是，培養辨明、解讀、詮釋、闡揚眞理的心智能力，並伴以堅持理想的毅力，方能不斷的自我成長，進而有功於世。

---

[60] 李震山（2017.2）〈大環境「蛻變」中「不變」的核心價值〉，《警大雙月刊》，第189期，頁14-18。

[61] 這使我聯想起美國Kansas合唱團唱紅的Dust in the Wind歌詞：「我們所有人都是風中之塵，哦、呵、呵，莫再堅持，除天與地外，世間萬物皆非永恆。」（All we are is dust in the wind, Oh Ho Ho, Now, Don't hang on, Nothing lasts forever but the earth and sky.）所流露出宿命式的灑脫因子，與我的心性有一定的距離，但無關善惡或優劣。

[62] 鑽研法規範者，經常頌揚韓非子：「法與時轉則治，治與世宜則有功。」的經典名句。該理念用於評價形而下的治國牧民之標準，藉以辨明究屬有道或無道的「治術」上，確可奉爲圭臬。但若以之作爲品評形而上追求眞理、信守良知的模範，用以剖析究屬有德或無德的「心術」上，就有類比錯誤的可能，必需相當審慎。當人的價值與信念需「與時而轉」，若非處於價值失序的狀態，因失去方向從而團團轉的不知所終外，極有可能是在強大外在壓迫下所形成，譬如：價值隨著政治意識形態掛帥下所化約的法令、教條、口號而流轉，其縱然出現「治而有功」的現象，相信會是短暫的。而憲法所保障的「學術」自由，即以維護其科學、客觀、求眞與公義的「心術」爲核心，學術中的「治術」分量一旦過重且凌駕「心術」之上，難免偏離學術倫理而失根，就不太可能造就出文明、進步且有希望的永續社會。因此，「與時轉則治」是爲人類的進步、文明與幸福，或是爲統治上的「維穩」、慣習的遵守等，就必須慎思而明辨之。

參、展望

一、使集會遊行法成為「保障」而非「限制」集會自由的「憲法執行法」

集會遊行法是為保障而非為限制集會自由而存在，若廢除集會遊行法而改適用一般行政法（治安、交通、環保、衛生、營業等），勢必形成多頭馬車與多重管制，光是道路或公共場所主管機關之「路權許可」，就可輕易的阻擾集會遊行的舉辦，何況還有廢棄物、噪音、營業等限制，皆可作為拘束集會自由的「依法行政」依據。換言之，若讓「一般法律」優先適用於專為集會自由所制定的「憲法執行法」，就可能再度回到「安全秩序凌駕人權」之上的老路，集會自由不會再是「實施民主政治最重要的基本人權」，而很可能淪為「政客的玩物」。

二、透過積極合作、溝通去避免非和平集會遊行

集會遊行舉行前之相互溝通，有促成主管機關與集會遊行者對話的功能，契合憲法正當法律程序的理念。德國聯邦憲法法院1985年在「布洛克朵夫」（Brokdorf）反核示威遊行憲法訴訟案中，創設所謂「友善合作原則」（Grundsatz demonstrationsfreundlicher Kooperation）[63]，要求主管機關和集會遊行負責人雙方必須在集會前及早接觸，依誠信原則相互交換資訊以建立信任合作基礎，特別是彼此提供暴力發生可能原因包括濫用公權力形成的國家暴力、可能施暴之人員及團體、共同尋求確保集會遊行和平進行的措施，防止惡意滋事分子對集會遊行的騷擾，以減少暴力流血事件。該判決所強調者為，集會遊行之負責人愈能與主管機關溝通合作，愈有可能減少治安機關之干預，尤其是在群眾特性與心

---

[63] BVerfGE Beschluss vom 14.5.1985. BVerfGE 69,315 - 372 (Fall Brokdorf)。中譯詳見劉孔中譯（1999.12），〈關於「人民集會遊行權」之判決（布洛克朵夫案）〉，《德國聯邦憲法法院裁判選輯（2）》，司法院，頁23-70。

理不易掌握的大型示威活動中，就事前防制與孤立暴力行為，以及化解警察與參與集會遊行者之對立，有其獨特功效。

　　友善合作原則既然只是憲法法院的要求，被要求的雙方又處於對等關係，也只能讓拒絕溝通合作的一方負擔可能的行政或司法不利後果。例如，集會遊行負責人不願或拒絕溝通，警察採取干預措施之可能性會增高。執法機關不願溝通，則事後司法審查對其所作決定、裁量、判斷或措施，皆從嚴審酌[64]。若主管機關對未充分履行合作要求的人民，以法律規定予以制裁，依德國聯邦憲法法院的見解，這對於資訊掌握不易且不可能完整預測相關風險的人民之集會自由已形成過當的限制，非屬合憲[65]。

　　我國憲法雖未如世界人權宣言第20條第1項、公民及政治權利國際公約第21條第一句，以及德國基本法第8條第1項規定，揭示集會遊行的和平要求（Friedlichkeitsgebot），作為集會自由之客觀內部限制

---

[64] Vgl. BVerfGE 65, 155.

[65] 德國聯邦集會遊行法「邦法化」後，Bayern邦率先於2008年10月1日頒布施行集遊法，惟該法公布前的1個月，就有13個團體指摘該集遊法草案諸多規定侵害憲法所保障的集會自由而違憲，包括第3條第3項、第4條第3項、第7條第2項、第13條第1項與第2項，以及違反該等規定裁處罰鍰之第21條第1款、第2款、第7款、第13款及第14款規定。此外，又主張該法草案第9條、第10條、第13條第5項及第6項侵害憲法保障之資訊自決權，於該法公布施行時，即向聯邦憲法法院聲請暫時處分（einstweilige Anordnung），請求命暫停該法施行。聯邦憲法法院受理之，並於2009年2月17日頒暫時處分令（1 BvR 2492/08），命第21條罰鍰規定中的第1款、第2款、第7款、第13款及第14款規定，以及第9條第2項及第4項有關警察偵監措施規定，暫停適用，已釋出內容有合憲性疑慮的重要訊息。該裁定內容與該院先前所作成Brokdorf判決比較，同樣具有震撼（legendär）力。其中第21條第1款規定，得處未踐行告知義務之集會遊行負責人3,000歐元以下罰鍰（Geldbuße）之規定，同條第2款、第7款、第13款及第14款之罰鍰，以及第9條第2項與第4項有關以攝錄影為一般蒐證的規定，應暫時停止適用。顯然，聯邦憲法法院並不樂見集遊法邦法化後，朝向更嚴格的管控集會自由方面前進，而對德國各邦的集遊法草案敲出憲法的鑼聲（Verfassungsrechtlicher Paukenschlag），警示不可有如Bayern邦之立法倒退情形。中譯詳見李寧修（2018），〈巴伐利亞邦集會遊行法部分暫停適用裁定〉，《德國聯邦憲法法院裁判選輯（16）》，司法院，頁67-86。Bayern邦集遊法因此於2013年4月22日修正公布。Vgl. Klaus Weber, Grundzüge des Versammlungsrechts unter Beachtungder Föderalismusreform, Carl Link Kommunalverlag, 2010, S.1-5。另參李寧修（2016.1），〈國家蒐集集會遊行資料的憲法界限：德國聯邦憲法法院「巴伐利亞邦集遊法部分暫停適用」裁定之反思〉，《東吳法律學報》，27卷3期，頁151-182。

（sachlich immanente Schranke）。但從集遊法第5條及第23條禁止強暴、脅迫、攜帶危險物品等具體化規定可知，集會遊行應以和平方式進行，而只要是和平的集會遊行，國家即有義務排除其他困難與障礙，使之順利進行。集會遊行違反法律或刑法並非即構成違反和平要求，必須是集體地以強暴、脅迫、煽動暴力、攜帶攻擊或防禦性武器等非和平之行為，對他人自由權利、執法人員或公益產生立即重大危險之情形方屬之[66]。因此，集會遊行整體上是否構成非和平性質（unfriedlicher Charakter），涉及應否同意報備，應慎重依個案具體認定之，必要時尚可考慮設置中立之爭議處理機制解決之[67]。將憲法對集會自由之所謂「和平要求」落實在法律之上，作為主管機關例外事前介入集會遊行之操作槓桿。若無明顯證據顯示前揭不和平情形者，則應尊重有意舉辦集會遊行者之意願，該等集會遊行縱然會妨害交通、違反行政法之其他安全秩序規定或少數零星暴力，基於追求民主價值的重要性，仍應優先保障之。

三、莫自陷於許可制的泥淖中

集會遊行採許可制的正當性，應係建構於「重國權、輕人權」的保守心態上，若一方面坐享前人依集會遊行爭取人權後的甜美果實，另一方面卻因缺乏同理心，對當今以集會遊行爭取人權者不願多加寬容，「國家是為人民而存在」的憲法核心理念，在這塊土地上實難有真正落實的一天。至於在現代民主憲政國家，本就屬於人民「基本」權利的集會自由，緊箍其上的「許可制」，若立法者不克盡其責，尚須翹首期待

---

[66] Pieroth/Schlink, Grundrechte Staatsrecht II, 24.Aufl., 2008, Rdnr.98ff.

[67] 例如主管機關初步認定集會遊行有煽動、鼓吹、暴亂或非和平之違法行為時，但其嚴重性與急迫性是否已構成「明顯而立即之危險」尚難確定，即得將案件逕送審議委員會議決定之。該委員會成員之聘任應兼顧多元與中立性質，警察代表為當然成員，並以能承擔政治責任者為委員會主席，藉此杜絕球員兼裁判而有欠中立以及現行申復制度不符正當程序要求之批評，並落實責任政治。該委員會之組織、議決之程序及效力等，以法律定之。對委員會決議不服，得向行政法院提起救濟，特別是運用暫時權利保護機制。

釋憲者的「恩賜」才能有機會改制，就真不知今夕究竟是何夕了！

至盼及早從「許可制」的桎梏與糾纏中解脫，改採能扭轉公權力對集會自由的負面心態，且能創造國家、人民、集會遊行者三贏空間的「義務報備制」。之後才有餘裕積極面對集會自由的和平要求（Friedlichkeitsgebot）與界限、濫用基本權利的禁止、和平抵抗權、國民抵抗權彼此交錯而與「防衛性民主機制」有關的憲政問題，以利鞏固得來不易的自由、民主、法治、人權等珍貴價值與資產。

最後，特別衷心感謝負責綜理、聯繫及編輯本書的李錫棟教授、作者們的通力合作，以及五南出版公司的付出與貢獻。

第二篇

逐條釋義

第1條（立法目的）
為保障人民集會、遊行之自由，維持社會秩序，特制定本法。
本法未規定者，適用其他法律之規定。

壹、立法目的

　　為保障人民集會、遊行之自由以及維持社會秩序，我國於1988年1月21日制定「動員戡亂時期集會遊行法」，第1條明文規定：「動員戡亂時期為保障人民集會、遊行之自由，維持社會秩序，特制定本法。本法未規定者，適用其他法律之規定。」規定集會遊行法的立法目的在「保障人民集會、遊行之自由與維持社會秩序」，第2項規定集會遊行法的法律定位。為配合1991年我國宣告終止動員戡亂時期，1992年7月27日修正「動員戡亂時期集會遊行法」，刪除「動員戡亂時期」六字，修正為「集會遊行法」，並將第1條修正為：「為保障人民集會、遊行之自由，維持社會秩序，特制定本法。本法未規定者，適用其他法律之規定。」

貳、我國集會遊行法立法回顧

　　關於我國集會遊行法制，以下分為「一般法令」與「集會遊行專法」加以說明。「一般法令」指的是散在各種法令中，關於集會遊行的相關法令規定，大部分都是限制集會遊行之規定；「集會遊行專法」則是指專為規範集會遊行之法制。這些集會遊行相關法制，大都強調安全優先於集會遊行自由，性質上多屬限制人民集會遊行之權利。

一、一般法令
（一）刑事法
1. 陸海空軍刑法第120條[1]：「違背職守而秘密結社集會，處五年以下有期徒刑。」

2. 懲治叛亂條例[2]第5條：「參加叛亂之組織或集會者，處無期徒刑或十年以上有期徒刑。」

（二）行政法
1. 請願法

請願法第6條：「人民集體向各機關請願，面遞請願書，有所陳述時，應推代表為之；其代表人數，不得逾十人。」第11條：「人民請願時，不得有聚眾脅迫、妨害秩序、妨害公務或其他不法情事；違者，除依法制止或處罰外，受理請願機關得不受理其請願。」

2. 道路交通管理處罰條例

道路交通管理處罰條例第5條：「為維護道路交通安全與暢通，公路或警察機關於必要時，得就下列事項發布命令：一、指定某線道路或某線道路區段禁止或限制車輛、行人通行，或禁止穿越道路，或禁止停車及臨時停車。二、劃定行人徒步區。」

3. 傳染病防治法

傳染病防治法第37條第1項：「地方主管機關於傳染病發生或有發生之虞時，應視實際需要，會同有關機關（構），採行下列措施：一、管制上課、集會、宴會或其他團體活動。二、管制特定場所之出入及容納人數。三、管制特定區域之交通。四、撤離特定場所或區域之人員。五、限制或禁止傳染病或疑似傳染病病人搭乘大眾運輸工具或出入特定

1　本條於2001年9月28日修正時予以刪除。
2　本法於1991年5月22日廢止。

場所。六、其他經各級政府機關公告之防疫措施。」

4. 戒嚴法

戒嚴法第11條第1款：「戒嚴地域內，最高司令官有執行左列事項之權：一、得停止集會結社及遊行請願，並取締言論講學新聞雜誌圖畫告白標語暨其他出版物之認為與軍事有妨害者。上述集會結社及遊行請願，必要時並得解散之。」

5. 國家總動員法[3]

國家總動員法第23條：「本法實施後，政府於必要時，得對人民之言論、出版、著作、通訊、集會、結社，加以限制。」

6. 動員戡亂時期國家安全法

動員戡亂時期國家安全法第2條[4]：「人民集會、結社，不得違背憲法或主張共產主義，或主張分裂國土。前項集會、結社，另以法律定之。」

7. 臺灣省戒嚴時期防止非法集會結社遊行請願罷工罷課罷市罷業等規定實施辦法[5]

依據戒嚴時期防止非法集會結社遊行請願罷工罷課罷市罷業等規定實施辦法規定，集會遊行、集體請願罷工均原則禁止，相關管理由警備

---

[3] 本法於2004年1月7日廢止。

[4] 動員戡亂時期國家安全法於1992年7月29日修正名稱為「國家安全法」，本條於2011年11月23日刪除，理由為：「依司法院釋字第445號、第644號解釋，因主張共產主義或分裂國土，即禁止集會遊行，與憲法保障集會自由及表現自由之意旨有違。又依公民與政治權利國際公約第19條第1款、第21條及第22條第1款規定，人人有保持意見不受干涉與和平集會及自由結社之權利，原第1項規定與前揭司法院解釋及公約規定有違，又集會遊行法第4條與第1項有相同之規定，行政院業於送請立法院審議中之『集會遊行法』修正草案中檢討刪除，爰刪除第1項。關於集會、結社事項，已另制定有集會遊行法及人民團體法等法律，第2項亦無規定必要，爰併予刪除。」

[5] 1949年5月19日，政府頒布「戒嚴令」，臺灣進入戒嚴時期，為有效管理社會，以「戒嚴令」為依據，並於5月27日公布「戒嚴期間防止非法集會結社遊行請願罷課罷工罷市罷業等規定實施辦法」。

總司令部督導、各戒嚴司令部指導，縣市政府會同軍憲警執行，嚴格限縮人民組黨、集會遊行等權益。

8. 臺灣省各級人民團體組織實施辦法

臺灣省各級人民團體組織實施辦法第12條第2項：「人民團體違反前項規定擅自集會者，視其情節輕重分別予以警告、停止活動或依法調整。倘有觸犯臺灣省戒嚴時期防止非法集會、結社、遊行、請願、罷課、罷工、罷市、罷業等規定實施辦法之情事者，依該辦法第八條之規定懲處之。」

9. 社會秩序維護法

社會秩序維護法第64條第1款：「有左列各款行為之一者，處三日以下拘留或新臺幣一萬八千元以下罰鍰：一、意圖滋事，於公園、車站、輪埠、航空站或其他公共場所，任意聚眾，有妨害公共秩序之虞，已受該管公務員解散命令，而不解散者。」

上述法令規定有些屬平常時期法令規定，例如請願法、道路交通管理處罰條例、社會秩序維護法等；有些則屬非常時期的法令，例如動員戡亂時期國家安全法、國家總動員法、戒嚴法等，這些涉及人民集會遊行權利的法令充斥著不確定的法律概念，行政機關如果沒有深刻認識集會遊行權的本質，恐將恣意解釋，對於集會遊行權利之限制如同布下天羅地網！

二、集會遊行專法

（一）內政部申請室外集會遊行許可規定[6]

為因應解嚴後可能愈來愈多街頭抗議，填補集會遊行法律空窗期，內政部1987年7月14日，也就是宣布解嚴的前一天，公告申請室外

6　1987年7月14日內政部公告。

集會遊行許可規定，人民在室外集會遊行，應於3日前填具申請書並附相關資料，向所在地警察局申請許可；1988年9月內政部並函頒「警察機關維護集會、遊行執行計畫」，採取「保障合法、制約非法」執行原則。

（二）動員戡亂時期集會遊行法[7]

　　為保障人民集會、遊行之自由，維持社會秩序，我國於1988年1月21日公布施行「動員戡亂時期集會遊行法」，全文共35條。學者認為該法顧名思義是威權體制下非常時期的法制，內容欠缺人權保障[8]，從其中規定的許可制、設置禁制區，以及諸多的不確定法律概念為要件的限制規定，仍受到安全秩序優於集會自由的思考脈絡[9]。主要內容如下：

　　第4條規定：「集會、遊行不得違背憲法或主張共產主義，或主張分裂國土。」第6條規定：「集會、遊行不得在左列地區及其週邊範圍舉行。但經主管機關核准者，不在此限：一、總統府、行政院、司法院、考試院、各級法院。二、國際機場、港口。三、重要軍事設施地區。前項第一款、第二款地區之週邊範圍，由內政部劃定公告；第三款地區之週邊範圍，由國防部劃定公告。但均不得逾三百公尺。」第9條規定：「室外集會、遊行，應由負責人填具申請書，載明左列事項，於七日前向主管機關申請許可。但因天然災變或其他不可預見之重大事故而有正當理由者，得於二日前提出申請……。」第11條規定：「申請室外集會、遊行除有左列情事之一者外，應予許可：一、違反第四條、第六條、第十條之規定者。二、有事實足認為有危害國家安全、社會秩序或公共利益之虞者。三、有危害生命、身體、自由或對財物造成重大損

7　1988年1月21日公布施行，全文共35條。

8　許志雄等（2012），〈防制衝突或製造衝突？集會遊行法立法與執行之檢討〉，《臺灣法學》，第117期，頁69。

9　李震山（2009），〈從憲法觀點回顧並展望集會遊行法〉，《中央警察大學集會遊行與警察執行集會遊行法國際學術研討會論文集》，頁6。

壞之虞者。四、同一時間、處所、路線已有他人申請並經許可者。五、未經依法設立或經撤銷許可或命令解散之團體，以該團體名義申請者。六、申請不合第九條規定者。」

（三）集會遊行法[10]

為因應動員戡亂時期終止，動員戡亂時期法令適用至1992年7月31日止，1992年7月27日公布施行「集會遊行法」，除配合動員戡亂時期終止，將法律名稱之「動員戡亂時期」文字刪除，並將第4條三原則之「集會遊行不得違反憲法」刪除之外，只在枝微末節的小細節作小幅度修正，沒有作大幅度修正，尤其大多在加重集會遊行負責人責任的規定[11]，無法彰顯修法者為人民集會遊行權利的決心。此次修法主要內容約如下：

第1條：「為保障人民集會、遊行之自由，維持社會秩序，特制定本法。本法未規定者，適用其他法律之規定。」第4條：「集會遊行不得主張共產主義或分裂國土。」第9條：「室外集會、遊行，應由負責人填具申請書，載明左列事項，於六日前向主管機關申請許可。但因天然災變或其他不可預見之重大事故而有正當理由者，得於二日前提出申請：一、負責人或其代理人、糾察員姓名、性別、職業、出生年月日、國民身分證統一編號、住居所及電話號碼。二、集會、遊行之目的、方式及起訖時間。三、集會處所或遊行之路線及集合、解散地點。四、預定參加人數。五、車輛、物品之名稱、數量。前項第一款代理人，應檢具代理同意書；第三款集會處所，應檢具該處所之所有人或管理人之同意文件；遊行，應檢具詳細路線圖。」第18條：「集會、遊行之負責人，應於集會、遊行時親自在場主持，維持秩序；其集會處所、遊行路

---

10 1992年7月27日公布施行。
11 李震山（2009），〈從憲法觀點回顧並展望集會遊行法〉，《中央警察大學集會遊行與警察執行集會遊行法國際學術研討會論文集》，頁7。

線於使用後遺有廢棄物或污染者，並應負責清理。」第22條：「集會、遊行之負責人，宣布中止或結束集會、遊行時，參加人應即解散。宣布中止或結束後之行為，應由行為人負責。但參加人未解散者，負責人應負疏導勸離之責。」第27條：「經許可集會、遊行之負責人或代理人違反第十八條規定者，處新臺幣三萬元以下罰鍰。」第30條：「集會、遊行時，以文字、圖畫、演說或他法，侮辱、誹謗公署、依法執行職務之公務員或他人者，處二年以下有期徒刑、拘役或科或併科新臺幣六萬元以下罰金。」第31條：「違反第五條之規定者，處二年以下有期徒刑、拘役或科或併科新臺幣三萬元以下罰金。」

　　從以上規定可知，1987年解嚴之前，於1948年5月19日公布的戒嚴法第11條規定，戒嚴地域內，最高司令官有停止集會、遊行的權力，1949年5月27日臺灣省警備總司令部訂定「臺灣省戒嚴期間防止非法集會結社遊行請願罷課罷工罷市罷業等規定實施辦法」，一般集會遊行皆輕易的被評價為「非法」而遭禁止。

　　直到1987年7月15日解除戒嚴令後，1988年1月20日制定的「動員戡亂時期集會遊行法」，是非常憲政體制轉型陣痛下的典型產物，主管機關由臺灣省警備總司令部之軍事機關轉為警政機關。該法規範的內容反映時代背景，仍受安全秩序優於集會自由之思考脈絡所支配。其所採許可制、設禁制區，及諸多以不確定法律概念為要件之限制，以及刑罰制裁等規定，甚多是承繼威權政治的遺緒。配合1991年宣告動員戡亂時期終止，集會遊行法於1992年7月27日第一次修正，除摘除「動員戡亂時期」名稱，並將第4條規定的三原則中之「集會遊行不得違反憲法」刪除外，但反而課予集會遊行負責人更重之責任，例如第18條、第22條、第27條、第28條等規定。

　　1998年1月23日公布的司法院釋字第445號解釋，固然對集會遊行法帶來一定衝擊，但仍維持「許可制」主軸，於公布後經過四年半，1992年6月26日集會遊行法才作了第二次修法，修正條文大多是經宣告

違憲者，包括第6條、第9條、第11條、第15條、第16條、第25條等；並未刪除第4條，而且事前管制的「許可制」仍然維持，紋風不動。另增列「總統、副總統官邸」、「各國駐華使領館、代表機構、國際組織駐華機構及其館長官邸」為禁制區。2014年3月21日司法院釋字第718號解釋，指出集會遊行法第8條第1項規定，室外集會、遊行應向主管機關申請許可，未排除「緊急性」及「偶發性」集會遊行部分，以及同法第9條第1項但書與第12條第2項關於緊急性集會、遊行之申請許可規定，違反憲法第23條比例原則，不符憲法第14條保障集會自由之意旨，均應自2015年1月1日起失其效力。為因應司法院釋字第718號解釋，內政部警政署於2014年12月29日發布「偶發性及緊急性集會遊行處理原則」，規定「偶發性」集會、遊行原則上無須申請許可；「緊急性」集會、遊行之申請，主管機關應於收受申請書即時核定，並以書面通知負責人，用以因應集會遊行法尚未修法前之執行。

參、集會遊行法之性質與定位

一、集會遊行法為警察行政作用法

集會遊行法規範人民集會遊行時，警察於事前、事中、事後得行使的職權，及其所得採行的各項必要措施，其內容涉及警察及人民間權利義務的關係，對警察「保障人民集會遊行之自由」、「維持社會秩序」相當重要，屬警察法中之作用法性質。德國學者認為集會遊行法作為一種特別警察法，任務在防止集會遊行對公共秩序的危害，因為參與集會遊行活動參與人數眾多，也會對參與集會遊行以外之人發生一些作用可能發生一些衝突；集會遊行法不僅可保障人民集會遊行自由，也可以衡

平其他人與集會遊行衝突的自由權利[12]。

二、集會遊行法爲「執行憲法之法律」

　　集會遊行法屬於「執行憲法之法律」，直接保障人民集會遊行的基本權利，在實質位階上高於以保障法律上權利爲主的法律[13]。例如，集會遊行法的遂行必然附隨著影響交通秩序或一定的聲響，但不能因集會遊行將有礙交通秩序，就予以限制，甚至禁止。否則，光憑地方政府依據路權的自治條例，就足以封殺集會遊行，讓屬於法律層級的路權，例如公共用物使用的申請，凌駕憲法層次的集會權，矮化集會自由，恐有合憲性疑慮。如果沒有一部直接保障集會遊行的法律，任何維護安全、秩序、環保、衛生等非以保障集會遊行爲目的之法律，都可能成爲限制集會遊行的有力依據[14]。雖然集會遊行法第1條第2項規定：「本法未規定者，適用其他法律之規定。」但在適用時需審愼考慮集會遊行法爲具有「執行憲法之法律」的位階與功能，係具有保障人民集會遊行最低標準的統合意涵，在實質位階上高於法律，當集會遊行法保障集會遊行的規定標準低於其他法令規定時或保障不足時，方有適用其他法令規定，並非集會遊行法未規定者，皆適用其他法律的規定，以避免其他法律都可以成爲限制集會遊行的依據，集會遊行法的規定才具有實益。集會遊行法既係規範人民集會遊行權利的特別法，則對集會遊行法的限制實應以此法作主要及最大來源的法律依據，方可凸顯其「特別法」之地位，而其他法律僅具集會遊行法的「補充」作用，以避免「喧賓奪主」，造成集會遊行權利遭群法競相限制的後果[15]。

---

[12] Pieroth/Schlink/Kniesel, Polizei-und Ordnungsrecht mit Versammlungsrecht, 9.Aufl., 2016, S.355.

[13] 李震山（2016），《警察行政法論—自由與秩序之折衝》，4版，頁298，台北：元照。

[14] 李震山（2016），《警察行政法論—自由與秩序之折衝》，4版，頁298，台北：元照。

[15] 黃清德（1991），《論集會遊行之限制與禁止》，中央警官學校警政研究所碩士論文，頁32-33。

　　我國集會遊行法的體例大多仿效自德國集遊法，主要差別是，我國採「許可制」，集會遊行法第8條規定，室外集會、遊行，應向主管機關申請許可。而德國採「報備制」[16]。2006年德國國會修憲，將本屬「聯邦與邦競合立法事項」中的集會自由，改為「邦之立法權限」，迄今邦的新立法皆仍採報備制[17]。

肆、集會遊行自由與其他基本權衝突

　　由於集會是以多數人聚集於某處所為前提的表現活動，所以，在使用公共場所或公眾得出入之場所進行公開集會的情形，就有可能與他人的權利、自由產生衝突。例如，一般人使用道路、公園的要求發生衝突，也有可能因為時間地點的重疊、雙方相互競爭而造成混亂的局面。因此，為了避免這種情況發生，並調節權利、自由之間的相互矛盾或衝突，儘管集會自由是人權目錄中具有高度價值的權利，也有必要使其受

---

[16] 司法院釋字第718號解釋，李震山大法官提出，葉百修、陳春生、陳碧玉大法官加入部分不同意見書。

[17] 德國國會本於憲法委託精神所制定的聯邦集會遊行法（Gesetz uber Versammlungen und Aufzuge）第14條規定：「(1)有意舉辦露天公共集會或遊行者，至遲應於所通告集會遊行時間前48小時，向主管官署報告集會遊行之內容。(2)報備時應指明負責之集會遊行主持人。」德國於2006年進行所謂聯邦主義改革（Föderalismusreform），盡可能將權限由聯邦下放至邦，踐行由下而上的民主，遂於同年8月28日修改德國基本法第74條第1項第3款，將原屬由「聯邦與邦競合之立法事項」中之集會自由之立法事項刪除，因而成為「邦之立法權限」。詳參德國聯邦主義改革法（Föderalismusreformgesetz, BGBl, IS, 2034, 200, 2008年8月28日），其將聯邦法律地方化之修憲重大變革方向，除具有落實地方自治的高度憲法意涵外，更使集會遊行法有續造及現代化的機會。據此，各邦乃進行其集會遊行法草擬工作，在未完成邦立法之前，仍適用聯邦集會遊行法。迄2016年有Bayern、Berlin、Niedersachsen（2008年制定、2013年修正）、Sachsen（2008年12月8日）及Sachsen-Anhalt（2009年12月3日），Schleswig-Holstein自行制定集會遊行法，Sachsen及Sachsen-Anhalt集會遊行法內容幾乎完全採用聯邦集會遊行法內容規定，Niedersachsen、Schleswig-Holstein制定許多符合自己需求的集會遊行法規定。Vgl. Pieroth/Schlink/Kniesel, Polizei-und Ordnungsrecht mit Versammlungsrecht, 9.Aufl., 2016, S.355.

到與言論、出版自由不同的特別規定。換句話說，使集會自由受到必要的最小限制，以保護其他更高價值的合法利益，是內在於集會自由所固有的約束，集會自由的合憲性，應比照言論、出版自由的嚴格標準來審查。

　　集會與交通等一般社會生活上所不可或缺的利益間的衝突，應特別注意衡量二者的利益輕重，前者的利益未必重於後者，後者的利益也未必重於前者，仍需依個別的具體情況而為衡量。例如作為意見表達自由的集會遊行，已長期大範圍占用重要的公共道路數月，甚至數年之久，大眾傳播媒體也以大量的報導，而將其所要表達的意見充分地向公眾的社會清楚表達，如此該集會遊行所要達到的目的已經成就，而使該集會本身的價值遞減，如果再繼續長期而大範圍占用重要的公共道路，恐怕就有超出用以表達意見的集會自由的範圍，而有強制公眾接受其意見之嫌，其合法性不無討論的空間。

伍、集會遊行自由保障的眞諦

　　集會自由具有主動參與權的功能，係保障人民得基於自治自決原則，主動以集體行動的方式表達意見，與政府或社會進行溝通對話參與國家意思的形成，並影響、監督政策或法律的制定，係本於主權在民理念，為實施民主政治以促進思辯、尊重差異，實現憲法兼容並蓄精神的重要基本人權。集會自由本質內容，可從精神及物理兩層面加以分析：一、就精神層面，一般係由國民主權中公民自我決定特質所衍生的溝通基本權出發，結合集會自由與言論自由的民主功能。當管制相關規範導致主管機關完全宰制精神溝通程序時，即構成集會自由本質內容的侵害，例如，採取許可制的事前限制即有此疑慮；二、就物理層面，係從空間分配的觀點切入，若許可制規定肇致主管機關扮演集會遊行空間的

分配者，使有意參與集會遊行者無法或相當不易參加，就侵及集會自由的本質內容。集會自由的保障，應該兼及於形式上的外在自由與實質上之內在自由，亦即保障人民毫無恐懼的逐行集會遊行的決定自由[18]。

　　我國於2009年通過「公民與政治權利國際公約」及「經濟社會文化權利國際公約」（以下合稱兩公約）施行法，其中第2條明確指出「兩公約所揭示保障人權之規定，具有國內法律之效力」而觀諸公民與政治權利國際公約第21條：「和平集會之權利，應予確認。除依法律之規定，且為民主社會維護國家安全或共安寧，公共秩序，維持公共衛生或風化，或保障他人權利自由所必要者外，不得限制此種權利之行使。」的規定，應可同時作為解讀我國集會遊行自由內涵的重要參考。

陸、法律問題

> 問題（一）：車站、月台或火車上得否作為集會遊行之場所？如人民提出申請時應如何處理？

　　依內政部警政署函釋，車站、月台或火車上不得作為集會遊行之場所，如有申請警察機關均不予受理[19]。至於公司員工為自身權益集體至中央或地方有關機構請願時，自當依請願法有關規定辦理；惟請願活動中，如有構成集會、遊行之事實，或涉嫌妨礙交通、妨害自由、妨害公務及暴力行為時，則仍可依據集會遊行法及有關法令之規定處理。

---

[18] 李震山（2016），《警察行政法論—自由與秩序之折衝》，4版，頁298，台北：元照。
[19] 內政部警政署（77）警署保字第46125號函。

問題（二）：遊行路線旁住家之民眾，得否主張其權益因主管機關許可集會遊行而受損害，透過行政訴訟請求救濟？

　　依臺北高等行政法院97年度訴字第1148號判決意旨，集會遊行法係國家為保障憲法第14條規定人民集會之自由，提供適當集會場所，並保護集會、遊行之安全，使其得以順利進行。其規範對象為申請及參與集會遊行者，以及同一時地路線之其他申請集會遊行者等。至於遊行路線旁住家及民眾之安寧僅係集會遊行法所要保護法益之反射利益，尚難認遊行路線旁住家之民眾亦係集會遊行法保障之特定人，得主張其權益因主管機關許可集會遊行而受損害，自不得透過行政訴訟請求救濟[20]。

20　臺北高等行政法院97年度訴字第1148號。

第2條（集會遊行的意義）
本法所稱集會，係指於公共場所或公眾得出入之場所舉行會議、演說或其他聚眾活動。
本法所稱遊行，係指於市街、道路、巷弄或其他公共場所或公眾得出入之場所之集體行進。

壹、立法目的

憲法第14條規定人民有集會之自由；集會遊行法第2條第1項規定「集會」的意義；第2項規定「遊行」的意義。集會遊行法所規範的集會、遊行，均係以在公共場所或公眾得出入之場所為一定活動者為限，集會、遊行均有一定的目的，遊行則除在各種公共場所外，尚需有集體行進的行為及以集體行動顯現其目的之意思，故如學生在校園的活動，朋友的結伴而行等，因為並非以集體行動顯示其意圖或力量者，均非集會遊行法第2條所稱的遊行。

保障集會遊行是普世價值，許多國際公約保障都明文保障人民有集會的權利，例如：公民與政治權利國際公約第21條規定：「和平集會之權利，應予確認。除依法律之規定，且為民主社會維護國家安全或公共安寧、公共衛生或風化、或保障他人權利自由所必要者外，不得限制此種權利之行使。」世界人權宣言第20條第1項規定：「人人有和平集會結社自由之權。」歐洲人權公約第11條規定：「任何人享有和平集會之自由及他人自由結社之權利，包括成立及加入保護其利益之貿易組織。除法律明定且須為民主社會所必要，基於國家安全、領土完整性或公共安全之利益，為預防動亂或犯罪，維護健康或道德，或保護他人之權利及自由，不得限制上述權利之行使。對於上述權利之合法限制，本條不排除以國家軍隊、警察及行政之人員執行之。」美洲人權公約第15條規

定：「不攜帶武器之和平集會權利，應被承認。除符合法律規定，且在民主社會中為國家安全、公共安全或公共秩序，或保障公共衛生或道德或他人之權利或自由所必要者外，不得對集會權利之行使，課以任何限制。」從以上這些國際公約規定得知，皆以確保「和平集會」為規範的核心訴求。

貳、憲法的「集會自由」

憲法第14條規定人民有集會的自由，與憲法第11條規定的言論、講學、著作及出版之自由，同屬表現自由的範疇，為實施民主政治最重要的基本人權。國家為保障人民的集會自由，應提供適當集會場所，並保護集會、遊行的安全，使其得以順利進行。本於主權在民的理念，人民享有自由討論、充分表達意見的權利，方能探究事實，發見真理，並經由民主程序形成公意，制定政策或法律。因此，表現自由為實施民主政治最重要的基本人權。國家所以保障人民此項權利，乃以尊重個人獨立存在的尊嚴以及自由活動之自主權為目的。其中集會自由主要係人民以行動表現言論自由；至於講學、著作、出版自由係以言論或文字表達其意見，對於一般不易接近或使用媒體言論管道之人，集會自由係保障其公開表達意見的重要途徑。

雖然憲法並未規定如何保障集會自由，但司法院釋字第445號解釋及第718號解釋皆已經指出，集會自由與憲法第11條規定的言論、講學、著作及出版之自由，同屬表現自由的範疇，為實施民主政治最重要的基本人權。憲法第14條規定人民有集會之自由，旨在保障人民以集體行動的方式和平表達意見，與社會各界進行溝通對話，以形成或改變公共意見，並影響、監督政策或法律的制定，係本於主權在民理念，為實施民主政治以促進思辯、尊重差異，實現憲法兼容並蓄精神的重要基

本人權。國家為保障人民的集會自由，應提供適當集會場所，並保護集會、遊行的安全，使其得以順利進行。以法律限制集會、遊行之權利，必須符合明確性原則與憲法第23條的規定。

　　從前述大法官解釋，可以肯認國家在消極方面應保障人民有此自由而不予干預；積極方面應提供適當集會場所，並保護集會、遊行的安全，使其得以順利進行。尤其集會自由的保障，不僅及於形式上外在自由，亦應及於實質上內在自由，俾使參與集會、遊行者在毫無恐懼的情況下進行[21]。欲以法律限制集會、遊行之權利，除應遵守憲法第23條必要性原則外，尚須符合明確性原則，使主管機關於決定是否限制人民之此項權利時，有明確規定其要件之法律為依據，人民亦得據此，依正當法律程序陳述己見，以維護憲法所保障之權利[22]。憲法所保障的集會自由，不僅限於集會遊行法所指的集會，集會遊行法所未限制的集會遊行，仍是受到憲法所保障，例如文化、經濟、宗教、運動或商業的公共集會活動，通常皆非屬集會遊行法第2條所稱的集會、遊行，然而，這些活動並不被排除於憲法層次的集會之外。因此，集會遊行法第2條的「集會」比憲法第14條的「集會」範圍較為狹窄[23]。

參、集會遊行法的「集會」「遊行」

　　依據集會遊行法第2條對於集會遊行的立法解釋，所謂「集會」係指於公共場所或公眾得出入之場所舉行會議、演說或其他聚眾活動。「遊行」則指於市街、道路、巷弄或其他公共場所或公眾得出入之場所之集體行進。集會自由係以集體方式表達意見，作為人民與政府間溝通

---

[21] 李震山（2016），《警察行政法論—自由與秩序之折衝》，4版，頁307，台北：元照。
[22] 司法院釋字第445號解釋理由書參照。
[23] 李錫棟（2020），〈集會遊行法與案例研究〉，蔡震榮（等著），《警察法學與案例研究》，頁257，台北：五南。

的一種方式。人民經由此方式，主動提供意見於政府，參與國家意思之形成或影響政策的制定。

所謂「公共場所」，係指供不特定多數人共同使用或集合的場所，如公園、道路、廣場、公署等。惟如公署已劃出一部分為職員眷屬居住，若另闢有出入門戶，不與該公署同一門禁者，則不能謂為公共場所。至於「公眾得出入之場所」，係指不特定人得隨時出入的場所，例如餐廳、旅館、酒樓、百貨公司等。法務部函釋認為，旅館房間於出租給旅客時，該旅客對於該房間即取得使用與監督之權，此時該房間於客觀上即不失為住宅之性質，惟該房間究否屬於公共場所或公眾得出入之場所？仍應就具體個案，衡酌當時該房間之使用情形而定，如旅客將其租用之旅館房間供多數人共同使用或聚集，例如供作開會之場所，或以之供作不特定多數人，隨時得出入之場所，則仍應視為公共場所或公眾得出入之場所[24]。集會遊行法所規範的係室外的集會遊行，與前揭出租旅館房間的性質無涉。

「集會」一般係指特定或不特定的多數人暫時聚集在某個地方，形成具有共同目的之集體意思的活動。其目的可能是諸如政治、宗教、經濟、學術、藝術科學和社交等各式各樣的目的，其聚集的處所可能是公園、廣場、道路等戶外的處所，也可能是室內的場所。集會原則上是預先決定好組織和計畫的聚會，因偶發事件而聚集的人群，即使是事前沒有通知而碰巧聚集的觀眾或人群，如果形成集體的意見，並發表其共同的意見，甚至發起行動，例如進行遊行示威，仍可能是「集會」。「遊行」係指多數人具有共同目的之暫時性的集體行進的表現形式。與集會的不同，在於空間的變換，即動態與靜態的差別。學說上將「遊行」視為「動態的集會」，亦即認為集會雖然是以某一個特定的處所為前提，

---

[24] 法務部（83）檢字第08316531號函。

但所謂的特定處所也包括集體行進（遊行）所行經的一定場所[25]。憲法第14條雖未明定「遊行」，但因遊行與上述集會的目的同為集體性的意見表達，實屬移動式的集會（Fortbewegende Versammlung）型態，故亦應為憲法集會自由的保障範圍所涵蓋。

集會遊行法第2條規定：「本法所稱集會，係指於公共場所或公眾得出入之場所舉行會議、演說或其他聚眾活動。本法所稱遊行，係指於市街、道路、巷弄或其他公共場所或公眾得出入之場所之集體行進。」惟集會並不以舉行會議、發表演說或其他類似活動為限，只要是為了共同目的而聚集人群或靜止一處或集體行進就是一種表達意願的方法，就是所謂的集會。場所也無限制，在非公眾得出入的地方聚眾或在私人莊園聚集，仍然是集會的一種。由此可知，集會遊行法第2條的解釋性規定，與學理上集會遊行的定義並不完全一致。

肆、爭議問題

> 問題：工會依法宣布罷工所舉行集會、遊行，需否向主管機關申請許可？集會遊行法第6條公告之集會遊行禁制區，得否排除勞資爭議處理法第54條第1項之合法罷工舉行[6]？

「工會非經會員以直接、無記名投票且經全體過半數同意，不得宣告罷工及設置糾察線。」為勞資爭議處理法第54條第1項所明定。而設置糾察線之定義及應注意事項，依行政院勞工委員會101年8月20日勞資3字第10126744號令核釋：「一、罷工糾察線，指工會為傳達罷工之訴求，於雇主之營業處所之緊臨區域設置罷工糾察線，勸諭支持罷工。

---

[25] 李錫棟（2020），〈集會遊行法與案例研究〉，蔡震榮（等著），《警察法學與案例研究》，頁250，台北：五南。

[26] 法務部（105）法律字第10503512340號函。

故糾察線之設置為罷工之附隨行為，非單獨之爭議行為。二、工會設置罷工糾察線，得以言語、標示、靜坐或其他協同行為等方式進行。三、工會設置罷工糾察線時，應指派足以辨識身分之糾察員維持現場秩序。四、工會設置罷工糾察線時，應注意人身安全、公共秩序、交通安全及環境衛生之維護，並遵守相關法律規定。」是工會依法宣布罷工，為傳達罷工之訴求，於雇主營業處所之緊臨區域設置糾察線，以言語、標示、靜坐或其他協同行為等集會方式進行勸諭支持罷工，雖係依法令規定所舉行之集會、遊行，而無需向主管機關申請許可（集會遊行法第8條第1項但書第1款規定參照），惟仍應遵守集會遊行法第6條規定，即除經主管機關核准者外，不得在集會、遊行之禁制區（如國際機場）舉行，以兼顧公共利益及社會秩序之維持。

第3條（主管機關）
本法所稱主管機關，係指集會、遊行所在地之警察分局。
集會、遊行所在地跨越二個以上警察分局之轄區者，其主管機關為直轄市、
縣（市）警察局。

壹、立法目的

　　集會遊行法第3條明定集會、遊行的主管機關。所謂主管機關係指實際負責執行法律的機關。集會遊行法所稱主管機關，係指集會、遊行所在地之警察分局。惟如集會、遊行所在地跨越二個以上警察分局之轄區者，其主管機關為直轄市、縣（市）警察局。

貳、警察的意義與範圍

　　警察的意義具有強烈時空性，因時空的不同，「警察」這兩個字都將賦予不同的內涵，因為各國文化、政體、民情互異，彼此之間對警察意義必然有不同的詮釋，傳統警察概念的界定，有其困難。邇來，探究警察意義，大都從廣義與狹義、實質與形式、功能（或作用）與組織、學理與實定法等對立概念之比較上著手。廣義的警察意義，所指者即為實質上、功能上、學理上或作用法上之警察意義。狹義的警察意義，則係指形式上、組織上或實（制）定法上之警察意義。茲論述如下：

（一）廣義的警察意義

　　廣義之警察，即指「實質意義」、「功能上」、「學理上」或「作用法上」之警察概念。傳統從學理上詮釋警察之意義者，係將凡具有以維持社會公共安寧秩序或公共利益為目的，並以命令強制（干預、

取締）爲手段等特質之國家行政作用或國家行政主體，概稱之爲警察。中外許多警政學者，賦予警察定義，皆屬學理上之警察意義，又稱爲廣義警察或實質的、功能的警察意義。有些學者認爲警察爲作用之主體，有些學者，則主張警察爲作用之本身。

依學者陳立中教授之研究，以警察爲作用之主體者，其代表性的看法爲：「國家爲保護公益，以強制力限制人民之自由，而行使其行政行爲者爲警察，如無強制之必要，則不得謂爲警察。」或「限制人民之身體財產，以防止國家及人民安全幸福之危害爲目的之行爲者，即爲警察。」易言之，警察是某種實質行政作用主體之象徵，其得以自然人或法人，個人或機關形式表現之。以警察爲作用之本身者，如日本學者美濃部達吉氏謂：「警察者，以維持社會安寧，保全公共利益爲直接目的，基於國家一般統治權，命令或強制人民之作用。」林紀東氏謂：「警察者，以保護公共利益，爲其直接目的，基於國家之統治權，以命令強制人民之作用。」梅可望氏則稱：「警察是依據法律，以維持公共秩序，保護社會安全，防止一切危害，促進人民福利爲目的，並以指導、服務、強制爲手段的行政作用。」德國學者Vogel教授認爲：「警察係防止公共安全與公共秩序危害任務之謂。」以上各氏認爲，警察即是某種實質行政作用。

學理上的警察究係一種功能作用，或係功能作用的主體，舉凡行政機關中以維持社會公共安寧秩序或公共利益爲目的，且不排除使用干預、取締之手段者皆屬之，其目的著眼於國家秩序功能的發揮與達成，因此，並不限於機關之名義須有「警察」頭銜。除一般所理解的警察機關及其人員外，治安行政的情報、海巡、移民機關，法務行政中具有刑事訴訟法上司法警察身分的調查局人員與廉政署人員、檢察事務官，以及行政執行官、監獄官、司法行政中的法警皆屬之。除此之外，普通行政的建管、環保、衛生、交通、消防、戶政等秩序機關及其人員，甚至有可能行使強制干預權力的社政、醫政機關及其人員。

　　學理上的警察，將行使廣義警察權者皆納入，涵蓋面極廣，頗足以闡明國家行政中警察作用的特質。司法院釋字第588號解釋文，提及警察機關的意義，認為憲法第8條第1項所稱的「警察機關」，並非僅指組織法上之形式「警察」之意，凡法律規定，以維持社會秩序或增進公共利益為目的，賦予其機關或人員得使用干預、取締的手段者均屬之，即指廣義的警察。因此，廣義的警察是指除警察機關人員外，尚包括秩序機關之人員[27]。

（二）狹義的警察意義

　　狹義的警察，係指「形式意義」、「組織法上」或「實定法上」意義的警察。實定法上所用警察一語，應可從組織法觀點詮釋，不論從內涵或形式上，組織法應可再分為組織及人員兩部分。因此，以警察機關及其人員，合稱為警察，是所謂狹義或形式上、組織上的警察意義，即依其組織各別屬於中央或地方警察機關，依其組織條例、組織規程所成立的警察組織。換言之，是以警察組織形式，賦予警察定義，而不再以警察的任務或作用為界定警察的標準。警察法施行細則第10條第1項即規定：「本法第九條所稱依法行使職權之警察，為警察機關與警察人員之總稱。」警察職權行使法第2條第1項亦規定：「本法所稱警察，係指警察機關與警察人員之總稱。」因此，狹義的警察，包括「警察機關」與「警察人員」[28]。由此可見，警察法及警察職權行使法所規定之「警察」，包含警察機關與警察人員之總稱，而為狹義「警察」之概念，亦即為一般所理解之「警察」。

---

27 蔡震榮、黃清德（2019），《警察職權行使法概論》，4版，頁105，台北：五南。
28 蔡震榮、黃清德（2019），《警察職權行使法概論》，4版，頁105，台北：五南。

參、警察機關

一、警察機關的意義

依行政程序法第2條第2項規定：「行政機關指代表國家、地方自治團體或其他行政主體表示意思，從事公共事務，具有單獨法定地位之組織。」行政機關係國家或地方自治團體所設置的獨立組織體，於行政權範圍內的管轄分工，有行使公權力並代表國家或地方自治團體為各種行為的權限，其效果則歸屬於國家或該地方自治團體。實務上認為「行政機關」須具備以下的要件：（一）有無單獨的組織法規；（二）有無獨立的編制與預算；（三）有無印信。亦即其組織須有法令的依據、其有設置人員的法定編制與機關預算、依印信條例保有機關印信及具有行文能力。「行政主體」則指在行政法上享有權利、負擔義務，具有一定職權且得設置機關以便行使，並藉此實現其行政任務的組織體；「內部單位」則係基於組織的業務分工，於機關內部設立的組織，並沒有辦法獨立為法律行為，因此其為一個行政行為後，必須以行政機關的名義對外，而此法律效果是歸屬於行政主體。行政機關、行政主體與內部單位三個概念應加以區別。

行政組織法為分配各行政主體相互間的權能及各行政主體所屬機關相互間的權限分配，以此作為其主體的規範事項。警察機關係多數警察人員為達成警察任務而組成之結合體，是指組織內各部門及相互關係，造成一個有機能的整體，必須以組織法規定之[29]。警察機關的性質為行政機關，為實施國家公權力、行政處分或裁罰權的機關。為達成警察任務，防止危害與逮捕犯罪，國家必須設立專責的機關與人員，始得完成。

---

[29] 陳立中著，曾英哲修訂（2017），《警察法規（一）》，6版，頁240，台北：臺灣警察專科學校。

二、警察機關的範圍

　　警察機關有其法定任務與權限，依各該機關的編制員額，設置有各別的警察人員，以執行任務、行使職權。一般所稱的治安機關，主要為指警察機關而言。因其任務特性，有關其機關設置、人員任用、指揮監督等，均與一般行政機關有很大不同。依警察法第4條規定，內政部為中央警政的主管機關，並指導監督各直轄市警政、警衛，縣（市）警衛的執行。

　　依警察法規定的警察機關有，內政部警政署、直轄市警察局、縣市警察局等。其他各種專業警察機關，則依各該警察業務定其名稱，如刑事警察局、航空警察局、國道公路警察局、鐵路警察局、國家公園警察大隊、保安警察各總隊等。符合上述規定的警察機關，除警政署、專業警察局如刑事警察局、鐵路警察局等外，尚包括直轄市、各縣市警察局。

　　構成警察機關的要件，即凡有組織法規依據的中央警察機關，皆屬之。直轄市、縣市「警察局」，依地方政府之組織自治條例授權規定，訂定警察局組織規程，其有組織法規作為依據，為行政機關自無問題。另，隸屬於警察局的各警察分局，其組織並無組織規程，不具有「單獨法定地位之組織」，則警察分局是否為警察機關？依嚴格行政機關的意義言，警察分局並非警察機關；但實務上警察分局的組織，為依據其訂定的「組織編制表」，該編制表具有一定法規範的效力，但其具有對外行文的權限，且若干警察法規授予警察分局單獨處分的權限，如集會遊行法、社會秩序維護法[30]等，且警察職權行使法第3條第3項也規定「警察分局長」為「警察機關主管長官」，第6條第2項規定「管制站設立之核准」以及第13條第1項「利用第三人蒐集資料之核准」等，「警察分局長」皆擁有權限，因此，警察分局屬「警察機關」應無問題，實務

---

[30] 社會秩序維護法第35條規定，警察分局依法對違反社會秩序維護法案件有裁罰權。

上也認為警察分局為行政機關，例如警察分局得否移送行政處分至行政執行分署執行？法務部認為各縣（市）警察局所屬分局（不含直轄市政府警察局所屬分局）得否為移送機關，原則上仍應以各縣（市）警察局為移送機關，但行政實務及司法判決皆承認其具有處分機關適格，亦得將其處分的案件移送執行，警察分局是否為機關，宜視具體個案就其組織法及作用法規定，尚難因該其人員編制及預算未完全獨立，而否定其為行政機關[31]；警政署也認為警察分局（或金門縣、連江縣警察所）雖未訂定組織規程及單獨編列表，但實務上違反社會秩序、集會遊行及道路交通管理事件之裁處及一般刑案之移送，均由其為之，故仍得以「機關」認定之[32]，而隸屬於警察分局之分駐、派出所，則為警察勤務機構，並非警察機關。

綜上，有關警察組織，我國的警察機關分成中央警察機關與地方警察機關；中央警察機關，有內政部警政署及其所屬的警察機關；地方警察機關有各直轄市、（縣）市政府警察局及其所屬之警察分局。

另依警察法施行細則第10條第1項第1款規定，警察命令得由內政部、直轄市、縣（市）政府發布。有職權發布警察命令者，依警察法第9條第1款規定為警察。基此，內政部、直轄市政府，或縣（市）政府是否屬於「組織意義上的警察」，值得討論，若持肯定見解，則與一般認知有所差距。以內政部為例，其掌理全國警察行政，並指導監督各直轄市、縣、市警政之實施，其下設警政署。警政署執行全國警察行政事務，掌理全國性警察業務，並統一指揮監督全國警察機關執行警察任務。內政部對警察具有指導監督權，但並非因此就被稱為警察機關，充其量，依法令文義解釋，內政部僅於其「發布警察命令」時，視為行使警察機關的職權。因此，各級行政首長雖對警察機關與其人員，具有指

---

[31] 法務部（105）法律決字第 0940044519號函。
[32] 內政部警政署（94）警署交字第0940152729號書函。

導監督權，或爲「學理意義上的警察」，但不宜視爲「組織意義上的警察」。同理，各事業主管機關，對各相關專業警察機關就其主管業務，雖有指導監督權，例如：經濟部對保安警察第二總隊、財政部對保安警察第三總隊、交通部對航空警察局、國道高速公路警察局、鐵路警察局等雖有專業指導監督權，但不能將其視爲組織意義上的警察。

肆、集會遊行的主管機關

集會遊行法採「狹義的警察」，符合警察法施行細則第10條：「本法第九條所稱依法行使職權之警察，爲警察機關與警察人員之總稱。」規定。集會遊行法第3條規定的警察局與警察分局皆爲警察機關，得代表國家、地方自治團體或其他行政主體表示意思，從事公共事務，隸屬於警察分局之分駐、派出所，則爲警察勤務機構，並非警察機關。集會遊行法的主管機關，係指集會、遊行所在地之警察分局。集會、遊行所在地跨越二個以上警察分局之轄區者，其主管機關爲直轄市、縣（市）警察局。實務上較具爭議的問題者，例如派出所所長，得否依據集會遊行法第25條第1項規定，對於集會遊行，予以警告、制止或命令解散？

伍、爭議問題

問題（一）：隸屬於各縣市警察局的警察分局是否爲行政機關？

法務部民國95年3月13日法律決字第0940044519號函釋，關於警察分局得否移送行政處分至行政執行處（分署）執行疑義，法務部認爲依行政執行法第4條第1項規定：「行政執行，由原處分機關或該管行政機

關為之。但公法上金錢給付義務逾期不履行者，移送法務部行政執行署所屬行政執行處執行之。」同法第11條第1項規定：「義務人依法令或本於法令之行政處分或法院之裁定，負有公法上金錢給付義務，有下列情形之一，逾期不履行，經主管機關移送者，由行政執行處就義務人之財產執行之：……。」所稱「原處分機關」之認定，要以實施行政處分時之名義為標準，並以處分書為執行名義，是以公法上金錢給付義務之執行，由原處分機關先行執行，逾期不履行時，並得將處分書及相關文書移送管轄行政執行處執行之（法務部90年3月15日法90律字第 005601號函）。關於各縣（市）警察局所屬分局（不含直轄市政府警察局所屬分局）得否為移送機關乙節，經提請行政執行署法規及業務諮詢委員會第69次委員會討論，作成決議略以，原則上仍應以各縣（市）警察局為移送機關，但行政實務及司法判決皆承認其具有處分機關之適格者，亦得將其處分之案件移送執行。行政程序法第2條第2項規定：「本法所稱行政機關，係指代表國家、地方自治團體或其他行政主體表示意思，從事公共事務，具有單獨法定地位之組織。」依此規定，行政機關乃國家、地方自治團體或其他行政主體所設置，得代表各行政主體為意思表示之組織。所謂「組織」，須有單獨法定地位，固以具備獨立之人員編制及預算為原則。惟實務上為避免政府財政過度負擔，及基於充分利用現有人力之考量，亦有由相關機關支援其他機關之人員編制，或由相關機關代為編列其他機關預算之情形，尚難因該其他機關之人員編制及預算未完全獨立，而否定其為行政機關（最高行政法院94年6月份庭長法官聯席會議決議參照），故警察分局是否為機關乙節，宜視具體個案就其組織法及作用法規定，參酌上開說明本於職權審酌之[33]。

---

[33] 法務部（94）法律決字第0940044519號函。

> 問題（二）：集會遊行分區指揮官派出所所長，未經過指揮官分局長事前告知要如何處理，事中也沒有指示，得否依據集會遊行法第25條第1項規定警告、制止及命令解散，集會活動？

依據臺灣高等法院民國101年2月23日101年度上易字第2號刑事判決[34]，集會遊行法第25條第1項所列各款情形之一者，集會地警察分局有權得予警告、制止及命令解散，集會活動主謀者，於主管機關命令解散而不解散，仍繼續舉行經制止而不遵從，始能以集會遊行法第29條規定相繩。派出所所長，執行勤務前，沒有跟分局長報告如何執行勤務，執行勤務時亦無跟分局長報告執行勤務的內容，當天執行勤務3次舉牌，分局長事前並無告知要如何處理，事中也沒有指示自行決定於何時舉牌警告及命令解散，其事先並未報告主管機關即分局長知悉，於執行舉牌警告及命令解散時，亦未取得主管機關即分局長之同意，尚難認分局長有何授權得決定何時舉牌警告、制止及命令解散之情形。另依當時客觀情形，該次集會並無暴力、違法等緊急情事，並無無法報請分局長指示之困難，其未經分局長指示，3次舉牌警告及命令被告解散之行政處分，即非無瑕疵可指。派出所所長，並非集會遊行法所稱之主管機關，其未經主管機關分局長指示或同意，即對被告等人該次集會活動為舉牌警告及命令解散集會之處分，尚難認上開舉牌警告及命令解散之處分係合法有效。新北地方法院102年度簡字第400號判決，亦認為警察分局長僅於事前概括授權派出所所長，視現場情形逕行決定下達警告、命令解散、制止之行政處分，難認該行政處分合法有效[35]。

---

[34] 臺灣高等法院101年度上易字第2號。
[35] 新北地方法院102年度簡字地400號。

第4條（集會遊行之限制）
集會遊行不得主張共產主義或分裂國土。

壹、立法目的

　　依動員戡亂時期國家安全法第2條規定，集會、遊行之必須遵守之基本原則。如有違反者則視情節依有關法律分別處理。1988年1月20日動員戡亂時期集會遊行法第4條規定：「集會、遊行不得違背憲法或主張共產主義，或主張分裂國土。」因為「不得違背憲法」原則，屬全民理所當然必須遵守之事項，任何法律違背憲法都屬無效，且在此一原則之下，很多修憲主張，在解釋上是否屬違背憲法，容易混淆不清，故1992年7月27日修正集會遊行法第4條：「集會遊行不得主張共產主義或分裂國土。」刪除「不得違背憲法」規定。

貳、言論內容管制──雙軌理論問題

　　言論自由限制的雙軌理論（two-track theory），係指針對言論自由的限制，從限制的對象可分為兩者，即「針對言論內容」的限制及「非針對言論內容」的限制。前者是指限制某一種類型的內容或某一觀點的言論，目的是針對言論傳播的影響力，例如，限制色情網站的接觸、檢查特定政治或宗教觀點的出版品等。後者並非直接針對言論的內容，而是針對言論表達的方法或管道，例如，報紙的張數限制、集會遊行的時間、地點管制，非針對內容之限制仍有可能會造成針對內容限制的效果。區分針對言論內容的限制、非針對言論內容的限制，即所謂的雙軌理論。在探討集會遊行事前限制與違憲審查時，最常見的莫過於分辨究

竟該限制是對集會遊行訴求內容為限制，或僅是規範其行使的時間、地點、方式而不牽涉表意內容。這種雙軌的判斷標準最早由美國聯邦最高法院在Cantwell v. Connecticut與Cox v. New Hampshire案發展而來[36]。「雙軌理論」將是否牽涉到言論內容予以分開處理，在違憲審查機制上亦劃分嚴格與中度等不同審查標準。對非關表意內容的方法上限制，理論上並不侵犯人民集會遊行表意內容，因此對人民權利侵害較小違憲審查的標準也較低。不過此也衍生出令人擔憂之問題，例如，以管制集會遊行時間、地點與方式之名，而達到打壓不受歡迎的集會遊行之實。

肆、雙軌理論與我國大法官解釋

一、司法院釋字第445號解釋

　　司法院釋字第445號解釋採雙軌理論，解釋文指出，憲法第14條規定人民有集會的自由，此與憲法第11條規定的言論、講學、著作及出版之自由，同屬表現自由之範疇，為實施民主政治最重要的基本人權。國家以法律限制集會、遊行之權利，必須符合明確性原則與憲法第23條之規定。集會遊行法第11條則規定申請室外集會、遊行除有同條所列情形之一者外，應予許可。其中有關時間、地點及方式等未涉及集會、遊行之目的或內容之事項，為維持社會秩序及增進公共利益所必要，屬立法自由形成之範圍，於表現自由之訴求不致有所侵害，與憲法保障集會自由之意旨尚無牴觸。集會遊行法第11條第1款規定違反同法第4條規定者，為不予許可的要件，乃對「主張共產主義或分裂國土」的言論，使主管機關於許可集會、遊行以前，得就人民政治上之言論而為審查，與

---

36 陳宗駿（2017），《美國憲法下集會遊行自由之界線—兼論我國集會遊行與公共秩序之折衝問題》，東吳大學法學院法律學系碩士論文，頁37。

憲法保障表現自由之意旨有違，與憲法保障集會自由之意旨不符，均應自本解釋公布之日起失其效力[37]。

解釋理由書指出，集會遊行法第11條規定申請室外集會、遊行除有左列情事之一者外，應予許可，第1款規定：「違反第四條、第六條、第十條之規定者。」按第4條規定：「集會遊行不得主張共產主義或分裂國土。」所謂「主張共產主義或分裂國土」原係政治主張之一種，以之為不許可集會、遊行之要件，即係賦予主管機關審查言論本身的職權，直接限制表現自由的基本權。雖然憲法增修條文第5條第5項規定：「政黨之目的或其行為，危害中華民國之存在或自由民主之憲政秩序者為違憲。」惟政黨的組成為結社自由的保障範圍，且組織政黨既無須事前許可，須俟政黨成立後發生其目的或行為危害中華民國之存在或自由民主之憲政秩序者，經憲法法庭作成解散之判決後，始得禁止，現行法律亦未有事前禁止組成政黨的規定。相關機關內政部以集會遊行法第4條與憲法增修條文第5條上開規定相呼應云云，自非可採。以違反集會遊行法第4條規定為不許可的要件，係授權主管機關於許可集會、遊行以前，先就言論的內容為實質的審查。關此，若申請人於申請書未依集會遊行法第9條第1項第2款規定，於集會、遊行的目的為明確的記載，則主管機關固無從審查及此，至若室外集會、遊行經許可後發見有此主張，依當時的事實狀態為維護社會秩序、公共利益或集會、遊行安全的緊急必要，自得依同法第15條第1項撤銷許可，而達禁止的目的；倘於申請集會、遊行之始，僅有此主張而於社會秩序、公共利益並無明顯而立即危害的事實，即不予許可或逕行撤銷許可，則無異僅因主張共產主義或分裂國土，即禁止集會、遊行，不僅干預集會、遊行參與者的政治上意見表達的自由，且逾越憲法第23條所定的必要性。又集會遊行法第6條係規定集會、遊行禁制區，禁止集會、遊行之地區為：（一）總

---

[37] 司法院釋字第445號解釋參照。

統府、行政院、司法院、考試院、各級法院；（二）國際機場、港口；
（三）重要軍事設施地區。其範圍包括各該地區之週邊，同條第2項授
權內政部及國防部劃定之。上開地區經主管機關核准者，仍得舉行。禁
制區的劃定在維護國家元首、憲法機關及審判機關的功能、對外交通的
順暢及重要軍事設施的安全，故除經主管機關核准者外，不得在此範圍
舉行集會、遊行，乃爲維持社會秩序或增進公共利益所必要，同條就禁
制地區及其週邊範圍之規定亦甚明確，自屬符合法律明確性原則，並無
牴觸憲法情事。

二、司法院釋字第644號解釋

　　司法院釋字第644號解釋係關於人民團體法對主張共產主義、分裂
國土之團體不許可設立規定是否違憲的解釋，解釋文指出，人民團體
法第2條規定：「人民團體之組織與活動，不得主張共產主義，或主張
分裂國土。」同法第53條前段關於「申請設立之人民團體有違反第二
條……之規定者，不予許可」之規定部分，乃使主管機關於許可設立人
民團體以前，得就人民「主張共產主義，或主張分裂國土」之政治上言
論的內容而爲審查，並作爲不予許可設立人民團體的理由，顯已逾越必
要的程度，與憲法保障人民結社自由與言論自由的意旨不符，於此範圍
內，應自本解釋公布之日起失其效力[38]。

　　解釋理由書指出，憲法第14條規定人民有結社的自由，旨在保障
人民爲特定目的，以共同的意思組成團體並參與其活動的權利，並確保
團體的存續、內部組織與事務的自主決定及對外活動的自由等。結社自
由除保障人民得以團體的形式發展個人人格外，更有促使具公民意識的
人民，組成團體以積極參與經濟、社會及政治等事務的功能。各種不同
團體，對於個人、社會或民主憲政制度的意義不同，受法律保障與限

38　司法院釋字第644號解釋參照。

制的程度亦有所差異。人民團體法第2條規定：「人民團體之組織與活動，不得主張共產主義，或主張分裂國土。」同法第53條前段規定：「申請設立之人民團體有違反第二條……之規定者，不予許可。」由此可知該法對於非營利性人民團體的設立，得因其主張共產主義或分裂國土而不予許可。

言論自由有實現自我、溝通意見、追求眞理、滿足人民知的權利，形成公意，促進各種合理的政治及社會活動的功能，乃維持民主多元社會正常發展不可或缺的機制，其以法律加以限制者，自應符合比例原則的要求。所謂「主張共產主義，或主張分裂國土」原係政治主張之一種，以之爲不許可設立人民團體的要件，即係賦予主管機關審查言論本身的職權，直接限制人民言論自由的基本權利。雖然憲法增修條文第5條第5項規定：「政黨之目的或其行爲，危害中華民國之存在或自由民主之憲政秩序者爲違憲。」惟組織政黨既無須事前許可，須俟政黨成立後發生其目的或行爲危害中華民國的存在或自由民主之憲政秩序者，經憲法法庭作成解散的判決後，始得禁止，而以違反人民團體法第2條規定爲不許可設立人民團體的要件，係授權主管機關於許可設立人民團體以前，先就言論的內容爲實質的審查。關此，若人民團體經許可設立後發見其有此主張，依當時的事實狀態，足以認定其目的或行爲危害中華民國的存在或自由民主的憲政秩序者，主管機關自得依1989年1月27日修正公布之同法第53條後段規定，撤銷（2002年12月11日已修正爲「廢止」）其許可，而達禁止的目的；倘於申請設立人民團體之始，僅有此主張即不予許可，則無異僅因主張共產主義或分裂國土，即禁止設立人民團體，顯然逾越憲法第23條所定的必要範圍，與憲法保障人民結社自由與言論自由的意旨不符，前開人民團體法第2條及第53條前段之規定部分於此範圍內，應自本解釋公布之日起失其效力。

司法院釋字第445號解釋與釋字第644號解釋都認爲對於人民「主張共產主義，或主張分裂國土」的事前管制，係對於言論內容採事前管

制的規定違憲，所不同者在於司法院釋字第445號解釋，區分言論內容與非言論內容雙軌理論違憲，只是集會遊行的時間、地點及方式，未必就不涉及表現自由的目的或內容，值得進一步思考。

肆、集會遊行管制與雙軌理論

美國聯邦最高法院在 Cantwell v. Connecticut 與 Cox v. New Hampshire 案宣告，只要政府機關沒有歧視性的差別待遇、非針對言論本身而為的「內容中立」的（content-neutral）管制，則其可對集會遊行舉行時間、地點與舉行方式等作合理限制或提供其他替代之發聲管道；並且由於治安機關可藉由集會遊行事前申請的資訊，決定對於集會遊行舉行中的警力維護配置、避開不同團體間遊行路線的衝突等，使得道路可作更有效率地規劃，再次確立集會遊行許可制的合憲性[39]。

集會遊行法第4條規定：「集會遊行不得主張共產主義或分裂國土。」司法院釋字第445號解釋指出，集會遊行法第4條規定為不予許可的要件，乃對「主張共產主義或分裂國土」的言論，使主管機關於許可集會、遊行以前，得就人民政治上的言論而為審查，與憲法保障表現自由的意旨有違，與憲法保障集會自由的意旨不符，均應自本解釋公布之日起失其效力。採區分言論內容與非言論內容雙軌理論違憲審查基準，在集會遊行案件仍有以下問題[40]：肯定見解認為，「雙軌理論」一方面乃為貫徹憲法保障言論自由的本旨，禁止對於言論內容為事前審查；他方面可符合「權力分立」相互制衡、並相互尊重的原則，就有關集會、遊行「時間、地點及方式」的限制，保留予政治部門一定的立法形成空

---

[39] 陳宗駿（2017），《美國憲法下集會遊行自由之界線—兼論我國集會遊行與公共秩序之折衝問題》，東吳大學法學院法律學系碩士論文，頁38。

[40] 司法院釋字第718號解釋，李震山大法官提出，葉百修、陳春生、陳碧玉大法官加入之部分不同意見書、陳新民大法官部分不同意見書。

間，堪稱正確的解釋原則。但仍有以下值得反思空間：一、集會遊行之時間、地點及方式，本就不涉表現自由的目的或內容，從而與言論自由保障無涉，自得以「立法自由形成」為理由，從寬審查；二、集會遊行之時間、地點及方式，未必就不涉及表現自由的目的或內容，惟就涉及部分若與言論的內容有關，自非立法權得以自由形成的範圍，就其事前抑制仍應從嚴審查。例如，集會遊行之舉行，時間若選在2月28日具哀悼意義的國定紀念日，地點擇於具高度政治與空間象徵意涵的總統府前凱達格蘭大道，方式採取介於和平與強制灰色地帶的「靜坐封鎖」或更激烈的「絕食靜坐」、「臥軌抗爭」，並穿著特定制服或攜帶特別旗幟標語等，在在都與集會遊行訴求之目的與內容產生合理正當且緊密的關聯。若僅以前述「雙軌理論」試圖一網打盡，再籠統地以立法裁量遮掩，以偏概全或掛一漏萬，就在所難免；三、集會遊行乃人民以集體方式行使其表達意見的權利。正如同意見自由不僅有內容創造的自由，亦有傳播的自由一般。對集會遊行自由權利的保障，不僅包括舉行的時間、地點與方式，亦包括自由決定內容的權利。兩者皆同受憲法保障，並無所謂雙軌論的區分。若能堅持比例原則，雙軌論實踐無立足之餘地，實屬多餘。

伍、爭議問題

問題：區分言論內容與非言論內容的「雙軌理論」違憲審查基準，在集會遊行案件會有何問題？

　　區分言論內容與非言論內容雙軌理論違憲審查基準，在集會遊行案件仍有以下問題：

　　肯定見解：一、「雙軌理論」一方面乃為貫徹憲法保障言論自由的本旨，禁止對於言論內容為事前審查；二、符合「權力分立」相互制

衡、並相互尊重的原則，就有關集會、遊行「時間、地點及方式」的限制，保留予政治部門一定的立法形成空間，堪稱正確的解釋原則。

　　以下值得反思空間：一、集會遊行之時間、地點及方式，本就不涉表現自由的目的或內容，從而與言論自由保障無涉，自得以「立法自由形成」爲理由，從寬審查；二、集會遊行之時間、地點及方式，未必就不涉及表現自由的目的或內容，惟就涉及部分若與言論的內容有關，自非立法權得以自由形成的範圍，就其事前抑制仍應從嚴審查。例如，集會遊行之舉行，時間若選在2月28日具哀悼意義的國定紀念日，地點擇於具高度政治與空間象徵意涵的總統府前凱達格蘭大道，方式採取介於和平與強制灰色地帶的「靜坐封鎖」或更激烈的「絕食靜坐」、「臥軌抗爭」，並穿著特定制服或攜帶特別旗幟標語等，在在都與集會遊行訴求之目的與內容產生合理正當且緊密的關聯。若僅以前述「雙軌理論」試圖一網打盡，再籠統地以立法裁量遮掩，以偏概全或掛一漏萬，就在所難免；三、集會遊行乃人民以集體方式行使其表達意見的權利。正如同意見自由不僅有內容創造的自由，亦有傳播的自由一般。對集會遊行自由權利的保障，不僅包括舉行的時間、地點與方式，亦包括自由決定內容的權利。兩者皆同受憲法保障，並無所謂雙軌論的區分。

第5條（妨害合法集會遊行之禁止）
對於合法舉行之集會、遊行，不得以強暴、脅迫或其他非法方法予以妨害。

壹、憲法有關集會自由之保障

憲法第14條規定：「人民有集會及結社之自由。」集會遊行法第5條（以下簡稱本條）規定：「對於合法舉行之集會、遊行，不得以強暴、脅迫或其他非法方法予以妨害。」同法第31條則規定：「違反第五條之規定者，處二年以下有期徒刑、拘役或科或併科新臺幣三萬元以下罰金。」刑法第152條也規定：「以強暴脅迫或詐術，阻止或擾亂合法之集會者，處二年以下有期徒刑。」凡此可以說是對於憲法所保障的集會自由以法律最直接的保障。此外，刑法第304、302條等有關妨害自由的規定，其保護的範圍也有可能及於集會、遊行之自由。

如上所列之規定，本條是禁止妨害合法集會遊行之規定，因此何謂合法的集會遊行就有探討之必要。換言之，所謂的集會、遊行所指涉的是什麼樣的概念？範圍如何？又什麼是合法的集會、遊行？應如何判斷其合法性？再者，本條所要保護的法益為集會、遊行的自由。因此，集會遊行自由的概念及範圍如何？其有需要予以保護的價值或理由為何？等均有加以探討之必要。

一、集會、遊行的概念

請參閱第2條之說明，茲不贅述。

二、集會、遊行自由的範圍──合法的集會、遊行

（一）集會遊行自由的發展與本質

1. 集會遊行自由的發展

　　集會自由一方面與結社自由一樣，都是不同於傳統言論和出版自由（狹義的表現自由）的獨立權利，另一方面，因具有與言論、出版自由相同的性質與功能，而可以當作廣義的表現自由來理解。[41]

　　具有這種性質的集會自由，主要是在18世紀的英國，與當時的政治衝突過程中的請願權有關，而被當作政治自由發展起來的。美國憲法第一修正案規定不得制定限制言論出版自由的法律，也不得規定「限縮人民和平集會，向政府請願的法律」，這是沿襲英國的傳統。此條文不僅規定了口頭的溝通連繫（言論）與寫成書面的言論（出版）思想表現，也包括集會、遊行請願等活動的思想表現，以這樣的形式來廣泛地保障「表現」的自由[42]。早在1876年的判例（United States v. Cruikshank, 92 U.S. 542）即曾明白的表示，這種廣義的表現自由是源自於英國法。該判決謂：「人民為了合法的目的而和平集會的權利是在美國憲法制定之前就早已存在。這種權利實際上是屬於在自由政府下的市民權利之一，一直到現在也常是如此。……因此這不是憲法所給予人民的權利，而是在美國政府成立時，就賦予聯邦政府有保障此權利的義務[43]。」換言之，在美國儘管在憲法上明文規定人民享有和平集會的權利，也被當作是不待明文規定的習慣法，而非實定法而已。

　　儘管如此，歐洲大陸各國，有關集會自由最初並不一定與請願權連結在一起。例如，法國有關集會自由的保障就沒有被放入1789年8月

41　芦部信喜（2002），《憲法学Ⅲ人権各論(1)》，增補版，頁476，日本：有斐閣。
42　T. Emerson, The System of Freedom of Expression, p. 293 (1970). 引自芦部信喜（2002），《憲法学Ⅲ人権各論(1)》，增補版，頁476-477，日本：有斐閣。
43　G. Abernathy, The Right of Assembly and Association, p. 14 (1961). 引自芦部信喜（2002），《憲法学Ⅲ人権各論(1)》，增補版，頁476-477，日本：有斐閣。

所頒布的人權宣言，而是依同年12月所頒布的政令，僅針對積極主動的市民，在和平且未持有武器的條件下予以保障，這種「公的集會是自由的」之規定一直到1881年6月才被以法律的形式規定，這種實定法上請願權的基本自由在法國可以說是在這樣的背景下流傳下來的[44]。

　　德國因受到法國大革命的衝擊，長期以來一直禁止集會自由[45]。以國家的層級將集會自由當作基本權利來保障者，是1919年的威瑪憲法與第二次世界大戰後的新憲法（德意志聯邦共和國基本法）[46]，這二部憲法所保障的集會自由，被理解為與法國一樣是與言論表現自由密切相關的權利，而與請願權的關係較為淡薄。關於這一點，值得注意的是，德國聯邦憲法法院於1955年作出的裁判（BVerfGE 69, 315）將集會自由理解為「集體表達意見的自由」[47]。

2. 集會遊行自由的性質與價值

　　集會自由中的「自由」是古典的自由權──即其可以防禦個人免受公權力的侵害，具有禁止公權力強制個人參加或不參加集會的意義。所謂集體表現的自由，基本上是保障個人的集會召喚及參加集會的自由，藉此以保障意見表達的自由。德國的判例（1985年的裁判）說：「保障集會自由的基本法第8條是保障想法不同的少數人對於舉行集會的地點、時間、形式、內容有自己決定權，同時否認國家有強制個人參加或

44　芦部信喜（2002），《憲法学Ⅲ人権各論(1)》，增補版，頁477，日本：有斐閣。

45　不過，德國在1848年3月爆發革命，以此革命為契機所制定的「關於德國國民基本權利的法律」，曾將集會自由以與言論、出版自由（第143條）、請願權（第159條）、結社自由（第162條）等並列的個別條文（第161條）來加以保障。但是，後來伴隨將此法律納入憲法而作成的所謂的「法蘭克福憲法」流產後，此法律也被廢除了。而後來1871年的德意志帝國憲法（所謂的俾斯麥憲法）也沒有權利章典。參照芦部信喜（2002），《憲法学Ⅲ人権各論(1)》，增補版，頁477-478，日本：有斐閣。

46　在邦的層級，則有諸如1850年的普魯士憲法，以個別的條款來保障集會、結社自由。

47　關於此判例，參照赤坂正浩（1996），〈基本法八条の集会の自由と集会法による規制〉，ドイツ憲法判例研究会編，《ドイツの憲法判例》，頁199。芦部信喜（2002），《憲法学Ⅲ人権各論(1)》，增補版，頁477-478，日本：有斐閣。

不參加公開集會的權力。」[48]

　　不過，集會自由並非取決於其作為典型、狹義的防禦權的性格。因為它是廣義的表現自由的一種形態，所以與傳統的言論、出版自由一樣，具有滿足自我實現和自我統治的這兩個價值。上述德國的判例就說明了集會自由具有個人的人格發展和維護民主國家的這二個重要的意義。在日本的判例也提到「集會是提供國民接觸各種意見和訊息，塑造和發展自我的思想和人格，並且相互傳達、交流意見和訊息等的場合，這是有必要的，此外，由於它是向外界表達意見的有效手段，所以日本憲法第21條所保障的集會自由，作為民主社會的重要基本人權之一，應特別加以尊重」[49]，可以說就是在闡明其具有這兩個價值。在德國，因為集會自由超越了防禦權的內容而具有「參與政治意思形成的權利」這種意義，所以也有基於這一點而將自己統治的功能稱為「民主參與權」（demokratisches Teilhaberecht）[50]。

　　關於是否以政治參與權的形式來理解雖然存有爭議，但是集會（包括集體行進等所謂的「動態的集會」）的自由是提供沒有辦法利用大眾傳播媒體的人可以表達思想，特別是新的意見，少數的意見，或與一般常規相違背的意見等的傳達所不可或缺的手段[51]，其作為這樣的手段，可以說在民主政治的過程中具有活化思想、文化的功能[52]。

---

48 關於此判例，參照赤坂正浩（1996），〈基本法八条の集会の自由と集会法による規制〉，ドイツ憲法判例研究会編，《ドイツの憲法判例》，頁201。芦部信喜（2002），《憲法学Ⅲ人権各論(1)》，增補版，頁480，日本：有斐閣。

49 最高裁判所大法庭平成4年7月1日判決，民事判例集，46卷5号，頁437。

50 Maunz-Dürig, Grundgesetz Kommentar, Art. 8, Rdn. 10 (Herzog, 1987); M. Kloepfer, Versammlungsfreiheit, in: Handbuch des Staatsrechts der Bundesrepublik Deutschland, Bd. VI, S. 743 (Hrsg. von J. Isensee u. P. Kirchhof, 1989)。引自芦部信喜（2002），《憲法学Ⅲ人権各論(1)》，增補版，頁480-481，日本：有斐閣。

51 不過，在行動通訊與網路發展的今天，人人可以隨時利用網路表達自己意見的情況下，集會自由的這種價值是不是還那樣具有不可替代性，則有待觀察。

52 佐藤幸治（1995），《憲法》，3版，頁544，日本：青林書院。芦部信喜（2002），《憲法学Ⅲ人権各論(1)》，增補版，頁481，日本：有斐閣。

（二）集會遊行自由的界限

1.憲法層次上的界限

　　集會自由之保障，不僅限於集會遊行法中所指之集會自由，集會遊行法所未限制之集會遊行，仍是憲法所應保障，例如：文化、經濟、宗教、運動或商業之公共活動，如戲劇及歌劇演出、電影上演、展覽、博覽會、音樂會、演講、彌撒、宗教遊行、足球賽、市集等，通常皆非集會遊行法第2條所稱的集會、遊行概念。然而，這些活動並不被排除於憲法層次的集會之外。[53] 此參考集會遊行法第2條及第8條可知。不過，即使在憲法層次上，集會遊行自由仍應受到一定程度的制約。

(1) 集會遊行自由與他人權利自由的衝突

　　如果考慮到上述集會自由的性質和功能，則規範集會自由的立法，其合憲性就應比照言論、出版自由的嚴格標準來審查。不過，集會是以多數人聚集於某處所為前提的表現活動，而且有時還會伴隨有集體行進等活動。所以，在使用公共設施或公共場所進行公開集會的情形，就有可能與他人的權利、自由發生衝突。換句話說，有可能與一般社會生活所不可或缺的要求發生衝突，例如與一般人使用道路，公園的要求發生衝突，也有可能因為集會時間地點的重疊、雙方相互競爭而造成混亂的局面[54]。因此，為了避免這種情況發生，並調節權利、自由之間的相互矛盾或衝突，儘管集會自由是人權目錄中具有高度價值的權利，也有必要使其受到與言論、出版自由不同的特別規定。換句話說，使集會自由受到必要的最小限制，以保護與集會自由具有相同重要價值甚至更高價值的合法利益是內在於集會自由所固有的約束。[55]

　　關於集會自由與交通等一般社會生活上所不可或缺的利益間的衝

53　李震山（2002），《警察法論—警察任務編》，1版，頁260，台北：正典。

54　芦部信喜（1974），《現代人權論—違憲判斷の基準》，頁105，日本：有斐閣。

55　芦部信喜（2002），《憲法学Ⅲ人權各論(1)》，增補版，頁482，日本：有斐閣。

突，應特別注意衡量二者的利益輕重，前者的利益未必重於後者，後者的利益也未必重於前者，仍需依個別的具體情況而為衡量，例如作為意見表達自由的集會遊行已長期大範圍占用重要的公共道路數月甚至數年之久，大眾傳播媒體也已大量的報導而將其所要表達的意見充分向公眾社會清楚的表達，如此該集會遊行所要達到的目的已經成就，而使該集會本身的價值遞減，如果再繼續長期而大範圍占用重要的公共道路，恐怕就有超出用以表達意見的集會自由的範圍，而有強制公眾接受其意見之嫌，其合法性即不無討論的空間。

司法院釋字第718號解釋理由書也認為：「室外集會、遊行需要利用場所、道路等諸多社會資源，本質上即易對社會原有運作秩序產生影響，且不排除會引起相異立場者之反制舉措而激發衝突，主管機關為兼顧集會自由保障與社會秩序維持，應預為綢繆，故須由集會、遊行舉行者本於信賴、合作與溝通之立場適時提供主管機關必要資訊，俾供瞭解事件性質，盱衡社會整體狀況，就集會、遊行利用公共場所或路面之時間、地點與進行方式為妥善之規劃，並就執法相關人力物力妥為配置，以協助集會、遊行得順利舉行，並使社會秩序受到影響降到最低程度。」

總之，即使在允許以法律來加以限制的憲法中，由於集會自由的限制受到嚴格限制，所以雖然集會是以聚集於某處所為前提的活動，而必須遵守該處所的所有權人或管理權人所定的使用規則或管理規則，但是在道路、公園等公共場所，因為這些地方是廣泛開放作為自由表現的公共論壇的處所，所以集會自由的限制，尤其是場所的拒絕使用或遊行的不許可，必須受到嚴格的限制。[56]

(2) 集會遊行的和平要求

德國基本法第8條，在第1項規定「所有的德國人，未經報備或許

---

[56] 芦部信喜（2002），《憲法学Ⅲ人権各論(1)》，增補版，頁484，日本：有斐閣。

可，在和平且未攜帶武器之情形下，有集會的權利」，在第2項規定「戶外集會，得依法或基於法律之根據限制之」。關於這兩項，德國憲法法院認為，鑑於集會自由是作為集體表達意見的自由，具有保障國民個人人格發展（自我表現）與參與政治意思形成的功能，所以立法者在制定規範時，尤其在保護與集會自由「具有同等重要的其他法益」時，必須嚴格遵守比例原則。基此，對於德國的集會遊行法（1978年）所規定的報備義務與集會的禁止、解散等限制，作了如下的限縮解釋[57]：

① 報備義務在自然發生集會的情況下，應免除「事前」報備的要件，在緊急集會（Eilversammlung）的情況下，即使沒有滿足「48小時前」報備的要件，只要於公布舉行集會的同時提出報備即可。違反報備義務並不會自動成為禁止或解散集會的根據。我國司法院釋字第718號解釋理由書似乎也是參照這樣的意旨，認為：「就事起倉卒非即刻舉行無法達到目的之緊急性集會、遊行，實難期待俟取得許可後舉行；另就群眾因特殊原因未經召集自發聚集，事實上無所謂發起人或負責人之偶發性集會、遊行，自無法事先申請許可或報備。……集會遊行法對於緊急性、偶發性集會、遊行，規定仍須事先申請許可，係以法律課予人民事實上難以遵守之義務，……與憲法第二十三條規定之比例原則有所牴觸，不符憲法第十四條保障集會自由之意旨。」

② 依比例原則的要求，禁止和解散只有在作為課予其他適當負擔的手段用盡之後的最後手段才可以被允許，主管機關在作最後決定時所被要求的利益衡量，必須經常考慮到集會自由是與意見表達自由並列的基本權。

③ 不論是室內還是戶外，「和平」被當作是所有集會自由的要件。所謂和平是指「不引發暴力或騷亂的結果」而言，所以如果預測到集會的主辦人及其支持者有意圖為暴力行為，或至少有容任他人為暴力

---

[57] 芦部信喜（2002），《憲法学Ⅲ人権各論(1)》，增補版，頁483-484，日本：有斐閣。

行為的高度可能性時，該集會就變成「非和平」的集會，而應被禁止。但是，如果只是個別參加集會者或（明白的）少數人有違反和平之行為，原則上對於整體的集會應不構成失去和平性的理由。

總之，只要是和平的集會遊行，國家即有義務排除其他困難與障礙，使之順利進行。若無明顯事實足以證明有以暴力、煽動暴動，攜帶武器等對他人自由權利或公益產生立即重大危險等違反和平原則之集會遊行，國家即應予保障。[58] 對於集會遊行，只要可以運用其他適當的負擔來維護公共安全或秩序，就不應禁止或解散集會遊行，在沒有被禁止或命令解散的情況下，就應該可以認為是合法的集會遊行。

2. 集會遊行法上的界限

集會遊行法第8條第1項規定：「室外集會、遊行，應向主管機關申請許可。」同法第25條第1項規定：「有左列情事之一者，該管主管機關得予警告、制止或命令解散：一、應經許可之集會、遊行未經許可或其許可經撤銷、廢止而擅自舉行者。二、經許可之集會、遊行而有違反許可事項、許可限制事項者。三、利用第八條第一項各款集會、遊行，而有違反法令之行為者。四、有其他違反法令之行為者。」

依現行集會遊行法之上述規定，應申請許可之集會、遊行而未經許可或其許可經撤銷、廢止者，應可認為不合法之集會、遊行。縱使對此等集會、遊行有所妨害，也不構成本條之違反。不過，緊急性、偶發性集會、遊行之事前申請許可，業經司法院釋字第718號解釋為違反憲法第23條之比例原則，已如前述。故此種情形之集會、遊行自應認為是不需申請許可的集會、遊行，不可因其未經申請許可而認為是違法的集會、遊行。

至於經許可之集會、遊行而有違反許可事項、許可限制事項或其他

---

58 李震山（2016），《警察行政法論—自由與秩序之折衝》，4版，頁293-294，台北：元照出版公司。

違反法令之行為；或不需申請許可之集會、遊行，而有違反法令之行為者，未必均可認為是違法的集會遊行，而應依個別具體的情況作綜合整體的判斷。例如只是個別參加集會者違反法令或違反許可事項，或少數人有違反和平的行為，對整體的集會遊行而言，未必即可認為是違法的集會遊行。

貳、刑法所禁止之妨害集會遊行行為

一、強暴、脅迫

（一）強暴

所謂強暴乃指施用體力，予他人現時的惡害，形成對於他人的強制作用或逼迫作用，而能妨害或制壓他人的意思決定自由或意思活動自由。換言之，即經由體力的強制作用，以克服他人的反抗，逼使他人就範，而任令行為人為其所欲為，或強迫被害人依行為人的意思而作為、不作為或忍受。[59]

強暴的行為人通常在事實上擁有較優越的力量，包括體力、武力等，才能以強暴的方法排除反抗，強制他人為其本不願為之事，或迫使他人不為其所欲為之事，或忍受行為人的行為。

所有以強暴作為強制手段的強制行為，都有侵害自我決定自由的後果，而自我決定自由的侵害，即為強制，強制即是自由的否定，自由即是沒有強制的存在。因此，所有妨害自由的行為，都有強制手段的使用。[60]妨害集會遊行，也是自由的妨害，當然也都有強制手段的使用，而強暴則是強制手段的一種。

---

[59]　林山田（2005），《刑法各罪論（上）》，增訂5版，頁169，台北：自印。
[60]　林山田（2005），《刑法各罪論（上）》，增訂5版，頁170，台北：自印。

　　行為是否該當強暴，必須就具體的行為情狀配合不法構成要件的規定而為整體判斷。時、空因素的具體情狀、行為人與被害人的個人情況，均必須參酌作為判斷的依據，包括行為人的攻擊或侵害行為的方式、強度、行為造成的強制作用等等。同時，並應就不法構成要件所預定的行為目的判斷行為是否具有當作強制手段的資格。[61]例如同樣都是為了妨害集會遊行而施強暴行為，即使強制的程度相同，其施強暴的對象是集會遊行的參加人，還是集會遊行的負責人，在是否構成妨害合法集會遊行的評價上就有顯著的不同。

　　其次，參加集會遊行者如果有暴力行為，在不妨害整體集會遊行的限度內，除另成立其他規範的違反，例如傷害罪、毀損罪或強制罪等之外，也不構成本條之違反。

（二）脅迫

　　脅迫是指通知一個會使一般人畏懼的惡害。告知對方要對其為殺害或傷害等犯罪行為即是一個典型的例子。脅迫必須「告知將予加害之意旨」，而且所通知之惡害必須是行為人所可以實現的惡害始可。[62]包括對於被害人所有的不利、壞處，可能是金錢或財物的損失，也可能是自己或親屬生命、身體、自由、名譽的損傷。[63]因此，單純的預告天災或其他不幸事件的發生並非脅迫。此外，所告知的惡害內容不必為犯罪之行為，只要是以加害相對人乃至其親屬之法益來恫嚇即可。[64]此外，用以脅迫的惡害可能是作為，亦可能是不作為。[65]

　　行為人的脅迫行為不只是放話，配以手勢或語調，也可能是具體的

---

[61] 林山田（2005），《刑法各罪論（上）》，增訂5版，頁170，台北：自印。
[62] 井田良（2007），《新論点講義シリーズ2—刑法各論》，初版，頁51，日本：弘文堂。
[63] 林山田（2005），《刑法各罪論（上）》，增訂5版，頁171-172，台北：自印。
[64] 井田良（2007），《新論点講義シリーズ2—刑法各論》，初版，頁51，日本：弘文堂。
[65] 林山田（2005），《刑法各罪論（上）》，增訂5版，頁171-172，台北：自印。

行動。至於行為人所嚇唬的惡害能否成眞，或行為人有無使其成眞的意思，均與脅迫的成立無關。行為人只要在客觀上若有其事或審愼而嚴肅地將未來的惡害告知被害人，而被害人會認為行為人的加害係屬可能發生之事，致產生強制效果，即為已足。[66]

由於脅迫是透過通知惡害，予被害人精神上之強制。[67]因此，脅迫能否成立，則與行為人的態度有關，行為人非常嚴肅的，或愼重其事的，而非以開玩笑的口吻，表示其加害的意思，致使他人認為這種加害的意思有實現的可能者，即為脅迫。[68]

脅迫通常是以附條件的形式出現，亦即行為人將未來惡害的通知附以特定條件的出現。此外，行為人可能對被害者本人，亦可能對第三人而為脅迫。若係對第三人的脅迫，則被脅迫者本人必須亦有惡害的感覺，始足以認定為脅迫。[69]

二、其他非法的方法

依本條之規定，用以妨害合法集會遊行的方法，除了強暴、脅迫之外，尙有「其他非法方法」。所謂「其他非法方法」為概括規定，在解釋上應限於與作為例示規定之強暴、脅迫性質相類似之行為，亦即至少須為強暴、脅迫所共同具備的具有強制作用的非法行為始可，並非所有的非法行為都可以被這裡的「其他非法的方法」所包括。例如以非法利誘或以違反噪音管制法的聲響如鞭炮、擴音器等方法，都可能是非法的方法。但是這些非法的方法都必須具備強制的作用始可認為是本條之違反。因為從解釋論來說，對於概括規定的解釋，必須受例示規定的拘束。否則，如果允許概括規定可以漫無限制，包括一切非法的方法，則

---

[66] 林山田（2005），《刑法各罪論（上）》，增訂5版，頁172，台北：自印。
[67] 梁恆昌（1988），《刑法各論》，12版，頁94，台北：自印。
[68] 林山田（2005），《刑法各罪論（上）》，增訂5版，頁172，台北：自印。
[69] 林山田（2005），《刑法各罪論（上）》，增訂5版，頁172，台北：自印。

何需強暴、脅迫等例示規定（因為有沒有強暴、脅迫等例示規定已經沒有什麼差別了）。反過來說，如果沒有強暴、脅迫等例示規定，而只有「其他非法方法」或「非法方法」等概括規定，則此概括規定即顯然違反明確性原則。尤其如果併同本法第31條處以刑罰之法律效果來看，更將違反刑法的罪刑法定原則，因為什麼非法的行為是本法第31條的犯罪行為，從法條上將完全看不出來，也無從預測。

再者，從刑法謙抑原則來看，所謂「其他非法方法」也不應漫無限制而可以包括一切非法的方法。因為為了保障人權，國家對人民的處罰不應輕易動用刑罰，而必須是沒有辦法的最後手段，將所有非法的方法都包括在內，顯然也已違反了刑法謙抑的原則。

基此，詐欺行為雖然在刑法第152條的妨害合法集會罪中被列舉為阻止或擾亂合法集會的方法，但在本條是否能被「其他非法的方法」所包括，即不無疑問。同理，在集會遊行現場為照相錄影、錄音等資料蒐集行為，即使違反個人資料保護法的資料蒐集規定，也未必即可認為是妨害合法集會遊行的「其他非法方法」。

此外，反制集會遊行者之非和平行為，固然可能是強暴脅迫的行為，而反制集會遊行者之和平行為，例如靜坐以阻擋遊行的路線，是否為以其他非法方法妨害合法集會遊行？在採許可制的我國，可能在申請許可時，主管機關即因「同一時間、處所、路線已有他人申請並經許可」（集會遊行法第11條第4款）而不予許可。但在不必申請許可的情況下，例如緊急性、偶發性的集會遊行，這種反制的情形未必完全不會發生。如果一方是合法的集會遊行，一方是違法的集會遊行，則違法的一方以靜坐阻擋遊行路線，如果被評價為具有強制的作用，而足以妨害合法的集會遊行，就可能構成本條之違反。如果雙方都是合法的集會遊行，則只要在和平的限度內，雙方都不應被評價為妨害合法的集會遊行。如果雙方都是違法，則無本條之問題，自不待言。

參、「予以妨害」是目的還是結果？

本條所謂「不得以強暴、脅迫或其他非法方法予以妨害」中之「予以妨害」，究竟是強暴、脅迫等行為所要達到的目的？還是其所造成的結果？不無疑問，之所以提出此問題，是因為如果是強暴、脅迫等行為所要達到的目的，則有可能只須該等行為足以達到妨害合法的集會遊行即可構成本條之違反；但如果是強暴、脅迫等行為所造成的結果，則必須在現實上已然造成合法集會遊行受到妨害的結果，例如實際上無法順利開始或順利進行，而且其間必須有因果關係才有可能構成本條之違反。

本條條文規定為「以強暴、脅迫或其他非法之『方法』予以妨害」，因此強暴、脅迫等行為應可認為是「予以妨害（即妨害合法集會遊行）」之方法行為。從這樣來看，所謂「予以妨害」似乎應理解為強暴、脅迫等行為所要達到的目的較為合理。換言之，「強暴、脅迫或其他非法方法」所要達到的目的就是「妨害合法的集會遊行」。基此，強暴、脅迫等行為所須達到的強制程度，似乎可認為至少必須達到在客觀上足以妨害集會遊行之順利開始或進行，始可構成本條之違反。

至於實際上有沒有達到妨害合法集會遊行的結果，則在所不問[70]，如此，當然也就沒有因果關係的問題。換言之，條文所稱「予以妨害（即妨害合法的集會遊行）」，並非指強暴、脅迫等行為所造成的結果，亦即並非指不法構成要件的結果，而是強暴、脅迫等行為所要達成的目的。其一方面是行為人主觀上所想要達成的目標，而為妨害合法集會遊行故意的欲意要素，另一方面是在客觀上作為量度強暴、脅迫等行為所須達到強制程度的標準。

---

[70] 實務上亦有判決不以有阻止或擾亂合法集會之結果為必要者，例如臺灣高等法院101年度上訴字第2209號判決；臺灣高等法院臺南分院91年度上易字第1148號判決。

　　因強暴、脅迫等行為未必要造成妨害合法集會遊行的結果，也就是對於集會遊行自由之法益未必要有造成實害的結果，而只要強暴、脅迫等行為的強制程度在客觀上足以妨害合法的集會、遊行即可認為是本條的違反行為。

第6條（禁止集會遊行地區及例外）

集會、遊行不得在左列地區及其週邊範圍舉行。但經主管機關核准者，不在此限：

一、總統府、行政院、司法院、考試院、各級法院及總統、副總統官邸。

二、國際機場、港口。

三、重要軍事設施地區。

四、各國駐華使領館、代表機構、國際組織駐華機構及其館長官邸。

前項第一款、第二款地區之週邊範圍，由內政部劃定公告；第三款地區之週邊範圍，由國防部劃定公告。但均不得逾三百公尺。第四款地區之週邊範圍，由外交部劃定公告。但不得逾五十公尺。

壹、立法目的與沿革

　　集會遊行法第6條關於禁制區之規定，於1988年制定公布時即可見，其立法理由指出，透過該條「明定集會、遊行之禁止舉行地區及其週邊範圍，並以但書將經主管機關核准者予以除外，以資周全實用」；同時於「第2項明定禁區劃定之權責機關及距離之限制」；而針對「有關地方政府機關或其他重要地區之維護事項，可依第13條及第14條第1、2、4款規定辦理」，給予地方主管機關得視具體情況彈性調整之空間（關於主管機關之認定，請參考第3條之說明）。

　　本條於2002年經微幅修正，始呈現現行條文之樣貌。該次修正主要將總統及副總統官邸（第1項第1款）以及外交代表之派駐地點及官邸（第1項第4款）增列為禁制區，其修正之理由指出，前者係考量「為維護總統、副總統安全及避免驚擾危害」；後者則係「基於給予外交代表保護及不得侵犯之規定」予以納入。而針對其週邊範圍之劃定，總統及副總統官邸部分依循既有規定，由內政部為之，但不得逾300公尺；另，配合第1項第4款之增訂，於第2項增訂「第4款地區之週邊範圍，由

外交部劃定公告」，但不得逾50公尺，以利執行。

　　禁制區之規劃，事實上係預設在禁制區及其週邊範圍舉行之集會、遊行，存在有高度之風險，而採行預防性之管制。然而，此一事前禁止集會、遊行舉行之規定，在認定時仍應符合比例原則之要求[71]（關於比例原則之操作，請參考第26條之說明）。

貳、要件

一、禁制區之概念及其範圍

　　所謂禁制區，即透過法律及命令明文規定，禁止舉行集會、遊行之區域，禁制區所欲維護者，主要屬各該機關之功能能力，及其所屬人員之心理上完整性，以使其得免於外界干擾，行使職權[72]。司法院釋字第445號解釋中，對於集會遊行法有關禁制區之規定，認：「集會遊行法規定集會遊行之禁制區，目的在於保護國家重要機關與軍事設施之安全、維持對外交通之暢通，……係為確保集會、遊行活動之和平進行，避免影響民眾之生活安寧，均屬防止妨礙他人自由、維持社會秩序或增進公共利益所必要，與憲法第23條規定並無牴觸。」[73]

　　集會遊行法第6條所規定之禁制區，包括特定地區及其週邊範圍。特定地區明定於集會遊行法第6條第1項中，包括：

（一）總統府、行政院、司法院、考試院、各級法院及總統、副總統官邸。

（二）國際機場、港口。

---

[71] Dürig-Friedl, in: Dürig-Friedl/Enders, Versammlingsrecht, 2016, §16S. 370-371.
[72] 李震山（2011），〈民主法治國家與集會自由〉，《人性尊嚴與人權保障》，4版，頁349，台北：元照。
[73] 司法院釋字第445號解釋第3段參照。

（三）重要軍事設施地區。

（四）各國駐華使領館、代表機構、國際組織駐華機構及其館長官邸。

　　而在週邊範圍之認定，集會遊行法第6條第2項授權交由行政機關再行劃定公告：針對總統府、行政院、司法院、考試院、各級法院及總統、副總統官邸、國際機場、港口之週邊範圍，由內政部劃定公告；重要軍事設施地區之週邊範圍，由國防部劃定公告，但均不得逾300公尺。各國駐華使領館、代表機構、國際組織駐華機構及其館長官邸之週邊範圍，則由外交部劃定公告，但不得逾50公尺。

　　然而，若進一步連結集會遊行法第14條為綜合觀察，其賦予主管機關於許可室外集會、遊行時，得就下列事項為必要之限制，其中包括「關於維護重要地區之事項（第1款）」、「關於防止妨礙政府機關公務之事項（第2款）」、「關於維持機關、學校等公共場所安寧之事項（第4款）」及「關於集會、遊行之處所、路線事項（第5款）」，因此，舉行集會、遊行之管制範圍，除了集會遊行法第6條所明定之管制區外，主管機關透過集會遊行法第14條，於許可程序中，仍不無再行擴大限制之可能性[74]（關於主管機關針對許可之限制事項，請參考集會遊行法第14條之說明）。

二、限制之解除：「經主管機關核准」

　　集會遊行法第6條第1項雖建立了集會、遊行不得在特定地區及其週邊範圍舉行之原則，惟其但書明定「但經主管機關核准者，不在此限」，開啟例外於禁制區舉行集會、遊行之可能性。而核准與否，應屬主管機關之裁量空間，裁量時自應將舉行集會、遊行可能致侵害之法益，以及集會、遊行之舉行所得維護之法益間進行妥適衡酌，特別是目的與手段間是否合於比例。若該集會、遊行之舉行，並不會導致所欲維

---

[74] 李震山（2016），《警察行政法論－自由與秩序之折衝》，4版，頁292-293，台北：元照。

護法益之限制或侵害，則亦可能產生裁量收縮至零的情形，而應予核准[75]，例如：總統於官邸邀宴外賓，人民對於特定外賓所屬國家相關政策不滿而發動之抗議，則其與集會遊行法第6條第1項第1款係考量「為維護總統、副總統安全及避免驚擾危害」而將總統、副總統官邸列屬禁制區之目的，即不當然有所衝突；或如於外國使領館前舉行抗議活動，但該駐外代表並未在館之情形，則禁止集會、遊行之手段，與集會遊行法第6條第1項第4款所欲維護「給予外交代表保護及不得侵犯」目的之達成，恐亦未必具有直接之關聯性，故是否得以舉行地點位屬禁制區，而一概不予核准，即有待商榷。而在核准程序上，主管機關應得就舉行集會遊行之申請，與可能影響特定地區之所屬機關共同衡量，取得共識後行之。

參、法律效果

由於我國現行法對於集會遊行之舉行，仍採行許可制（關於許可制，請參考集會遊行法第8條），對於在禁制區舉行集會、遊行，其向主管機關申請例外核准之程序，原則上即依循現行集會遊行法所要求之申請集會、遊行程序行之（關於集會、遊行許可之申請，請參考集會遊行法第9條之說明）。而違反集會遊行法第6條規定之法律效果，首見於集會遊行法第11條第1款：「申請室外集會、遊行，除有左列情事之一者外，應予許可：一、違反第六條或第十條規定者。」而未經許可而舉行之集會、遊行，主管機關即得依據集會遊行法第25條第1項第1款「應經許可之集會、遊行未經許可或其許可經撤銷、廢止而擅自舉行者」，予以警告、制止或命令解散（關於主管機關之警告、制止或命令解散，

---

[75] Dürig-Friedl, in: Dürig-Friedl/Enders, Versammlingsrecht, 2016, §16S. 372-373.

請參考集會遊行法第25條之說明）。然而，對於因特殊原因未經召集而自發聚集，且事實上無發起人或負責人之偶發性集會、遊行，以及因事起倉卒，且非即刻舉行無法達其目的之緊急性集會、遊行，延遲提出或是未提出申請之情形，實不難想像，而此種未經主管機關核准而於禁制區舉行遊行，若其並未同時具有其他依據法令應予限制之情形且確實具有申請核准之資格，而僅以延遲提出或是未提出申請，作為予以警告、制止或命令解散之單一理由，是否周延，恐不無疑義[76]。最後，主管機關不核准於禁制區舉行集會、遊行之決定，應屬行政處分，若有不服者，自應許其得提請救濟。

肆、展望

一、集會遊行地點所代表之意義

考量集會遊行往往作為表達意見之形式之一，若欲加以限制，其範圍及時點，皆應謹慎考量[77]。觀諸司法院釋字第445號解釋，其針對集會遊行法「其中有關時間、地點及方式等未涉及集會、遊行之目的或內容之事項，為維持社會秩序及增進公共利益所必要，屬立法自由形成之範圍，於表現自由之訴求不致有所侵害，與憲法保障集會自由之意旨尚無牴觸」，據上開解釋意旨，運用高度連結集會遊行自由與言論自由之演繹方式，將集會、遊行之保障事項，區分為集會、遊行之目的或內容，以及與其無涉之時間、地點及方式，並認定後者屬立法者得基於維持社會秩序及增進公共利益而享有立法形成空間之範圍，恐將因未細究集會遊行之時間、地點及方式與意見表述間可能具備之關聯性，而直接

---

[76] Dürig-Friedl, in: Dürig-Friedl/Enders, Versammlungsrecht, 2016, §16S. 373.

[77] 對於集會、遊行自由之保障範圍及其與言論自由之關係，請參考許宗力（2007），〈談言論自由的幾個問題〉，《法與國家權力（二）》，頁197，台北：元照。

推論「集會遊行之時間、地點、方式」與言論「一概無涉」，導致弱化對集會、遊行之時間、地點及方式保障之強度（關於言論自由之管制，請參考集會遊行法第4條之說明）。究竟「時間、地點、方式之表現是否為『言論不可或缺的要件』、是否具有『表達、溝通意義的行為』，以及是否屬『言論』或『行為』等事項」[78]，值得深入探討，尤其在緊急性與偶發性集會、遊行之情形，其舉行之時間與地點，往往與其訴求有高度關聯，例如欲對於立法院草率通過服貿協定表達不滿，而選擇在審議通過後，集結於立法院周遭之行為，該時間與地點之選擇，即與表意自由之目的或內容密切相關；另外，「集會遊行之舉行，時間若選在2月28日具哀悼意義的國定紀念日，地點擇於具高度政治與空間象徵意涵的總統府前凱達格蘭大道，方式採取介於和平與強制灰色地帶的『靜坐封鎖』或更激烈的『絕食靜坐』、『臥軌抗爭』，並穿著特定制服或攜帶特別旗幟標語等，在在都與集會遊行訴求之目的與內容產生合理正當且緊密的關聯」[79]。

集會、遊行作為表意之形式之一，但考量其地點及形式，均可能反應其欲表達之內容與達成之目的[80]，因此，將憲法言論自由之審查模式，套用至集會、遊行自由之作法，恐怕亦忽略了即便集會遊行之時間、地點、方式被評價為「無涉及言論之內容」，其仍屬憲法集會、遊行自由所保障之範圍，故對於集會遊行時間、地點及方式之限制，若未依序檢證其是否具備形式及實質正當性，而「想當然耳」地降低其保障之密度，恐將會逐漸侵蝕集會、遊行自由之保障內涵。

---

[78] 司法院釋字第718號解釋，李震山大法官提出部分不同意見書參照。

[79] 司法院釋字第718號解釋，李震山大法官提出部分不同意見書參照。

[80] 張維容（2013），〈德、日、韓集會遊行法制之研究〉，《警學叢刊》，44卷3期，頁88。

二、偶發性集會、遊行之考量

　　偶發性或緊急性集會、遊行，在現行管制之脈絡下，是否符合憲法保障集會遊行自由之意旨，於司法院釋字第445號及第718號解釋中，皆可見相關之闡釋。即便現行集會遊行法「固已放寬申請許可期間，但仍須事先申請並等待主管機關至長24小時之決定許可與否期間；另就偶發性集會、遊行，亦仍須事先申請許可，均係以法律課予人民事實上難以遵守之義務，致人民不克申請而舉行集會、遊行時，立即附隨得由主管機關強制制止、命令解散之法律效果」[81]，不符憲法第14條之意。為因應在尚未修法前，提供警察機關執行實有所依循，內政部警政署發布「偶發性及緊急性集會遊行處理原則」，其中，除對於「偶發性集會、遊行」及「緊急性集會、遊行」加以定義外[82]，並規定偶發性集會、遊行原則上無須申請許可[83]；緊急性集會、遊行之申請，主管機關應於收受申請書即時核定，並以書面通知負責人等。

　　然而，於偶發性及緊急性集會遊行處理原則第5點中，以同一時間、場所、路線已有他人舉行或即將舉行集會、遊行，作為不得舉行「因特殊原因未經召集而自發聚集」之偶發性集會、遊行之要件，是否可能？同理，若以此理由，進一步排除「事起倉促，且非即刻舉行無法達成其目的」之緊急性集會，是否妥適[84]？偶發性集會、遊行因屬臨時起意，難有事前完整的路線或明確的場所規劃；緊急性集會、遊行之舉行，其當下必須集會、遊行之理由，若與特定地點或時間有密切關連

81　司法院釋字第718號解釋參照。
82　偶發性及緊急性集會遊行處理原則第2點：「二、本原則用詞，定義如下：（一）偶發性集會、遊行：指因特殊原因未經召集而自發聚集，且事實上無發起人或負責人之集會、遊行。（二）緊急性集會、遊行：指因事起倉卒，且非即刻舉行無法達其目的之集會、遊行。」
83　偶發性及緊急性集會遊行處理原則第3點：「三、偶發性集會、遊行符合下列各款情形者，無須申請許可：（一）聚集舉行集會、遊行前，具有特殊原因。（二）因特殊原因而自發性聚集，事實上未經召集。（三）聚集舉行集會、遊行前，事實上無發起人或負責人。」
84　行政院版集會遊行法修正草案第15條第2項第2款參照。

性，未得於該時、地舉行，即無法達成集會之目的，此時若以同一時間、場所、路線已有他人舉行或即將舉行集會、遊行，作為禁止其舉辦之理由，等同於剝奪人民舉行偶發性或緊急性集會、遊行之權利[85]。主管機關基於保護義務之出發點，於前述情形發生時，實應先行與雙邊溝通協商，瞭解集會、遊行之性質、主張與規模，積極協助不同集會遊行順利舉行，或提供其他可能的路線或地點作為選擇，而非全面禁絕其舉行之可能性。而針對同一時間、場所、路線已有他人舉行或即將舉行集會遊行，是否即當然不得有其他集會遊行之舉辦，恐怕仍應視具體個案之情況為判斷，尤其當發生在後者，屬偶發性或緊急性集會、遊行之情況，包括原有集會遊行之規模、警力之動員及部署情況、對立激化之可能性等等，而並非完全禁絕同一空間中有不同集會遊行並存之可能性。

三、修法趨勢

由於禁制區之劃設，主要係出於對維持社會秩序之考量，而限制集會、遊行舉行場所及地點之選擇，但集會、遊行若未有適當之場所及地點，即無法發揮其功能，且有鑑於國家有「提供適當集會場所」之義務，故對於集會遊行法中禁制區之規定，是否有維持之必要，在行政院及立法院所提出的草案版本中，即有二類不同之表述：其一，係認為集會、遊行地點之選擇與集會、遊行自由之落實有密切關聯，故均主張刪除既有之禁制區規定[86]。其二，則大致延續現行法之規範方式，修正幅度較小，行政院版草案版本採之，其於第6條中規定：

「集會、遊行於下列機關（構）、地區之週邊舉行者，應於安全距

---

[85] 李永義（2016），〈我國集會遊行法之評述：以釋憲字第445號及釋憲字第718號〉，《樹德科技大學學報》，18卷2期，頁19-20。

[86] 在第9屆立法院的三個草案版本中，可見此一主張。請參考《立法院議案關係文書》，院總第1430號、委員提案第18356號，2016年3月2日印發；院總第1430號、委員提案第18530號，2016年3月9日印發；院總第1430號、委員提案第18793號，2016年4月6日印發。

離外為之。但經主管機關核准者，不在此限：

一、總統府、行政院、考試院及總統、副總統官邸。

二、司法院、各級法院及檢察署。

三、國際機場、港口。

四、重要軍事設施地區。

五、各國駐華使領館、代表機構、國際組織駐華機構及其館長官邸。

　　前項安全距離，由內政部會商有關機關劃定，並刊登政府公報公告之。第一款至第四款之安全距離不得逾三百公尺；第五款之安全距離不得逾五十公尺。」

　　前述行政院版草案中，對於集會遊行地點，更要求「集會、遊行應於報備之時間、場所、路線舉行，不得妨害鄰近道路、場所使用人之權益」（行政院版草案第15條第1項）。而對偶發性或緊急性集會、遊行，仍要求「不得於車道舉行，但對交通秩序無妨害者，不在此限；若同一時間、場所、路線已有他人舉行或即將舉行集會、遊行時，亦不得舉行偶發性或緊急性集會、遊行」（行政院版草案第15條第2項）。

　　另外，對於管制區之範圍，是否有擴張之必要，亦有不同主張，在行政院版草案第16條中，針對「於上課、各項重大入學考試期間之學校、設有病床之醫療院所或國家考試期間之考場週邊舉行之集會、遊行，使用擴音設備或其他器材，不得妨害安寧」；而立法院所提版本，亦得見將「醫療院所急診室及其週邊範圍」增列為禁制區之提議[87]。

---

[87] 《立法院議案關係文書》，院總第1430號、委員提案第18530號，2016年3月9日印發。

第7條（負責人）
集會、遊行應有負責人。
依法設立之團體舉行之集會、遊行，其負責人為該團體之代表人或其指定之
人。

壹、立法目的與沿革

集會遊行法第7條關於集會、遊行負責人之規定，於1988年制定公布時即可見，至今未經修正。其立法理由謂：「第一項明定集會、遊行應有負責人。第二項明定以團體名義舉行之集會、遊行之負責人。」由於我國集會遊行法現採許可制，故要求於集會、遊行舉辦前，即須載明集會、遊行之負責人，向主管機關申請許可。而由依法設立之團體所舉行之集會、遊行，即由該團體之代表人或其指定之人擔任集會、遊行之負責人。

貳、要件

集會遊行法第7條明定集會、遊行應有負責人，而針對集會、遊行係由依法設立之團體舉行者，則其負責人為該團體之代表人或其指定之人。集會、遊行負責人得指定代理人，並與其負相同權責，而關於集會、遊行負責人及其代理人之消極資格，則明定於集會遊行法第10條。由於「負責人」之概念於集會遊行法中並未加以定義，若將集會遊行法中，與負責人相關之條文加以羅列，可見：

一、填具集會、遊行申請書，申請室外集會、遊行（集會遊行法第9
　　條）。

二、集會、遊行負責人及其代理人之消極資格（集會遊行法第10條）。

三、主管機關對於該集會、遊行之申請結果，以負責人為通知對象（集會遊行法第12條）。

四、對於主管機關通知之事項有不服者，由負責人提出申復（集會遊行法第16條）。

五、集會、遊行時，應親自在場主持，維持秩序，並負責事後清理（集會遊行法第18條）；違反者，處3萬元以下罰鍰（集會遊行法第27條）。

六、集會、遊行之負責人因故不能在場時，得指定代理人，代理人與其負相同權責（集會遊行法第19條）。

七、指定糾察員協助維持秩序（集會遊行法第20條）。

八、宣布終止或結束集會、遊行，並疏導勸離（集會遊行法第22條）；違反者，處3萬元以下罰鍰（集會遊行法第28條第2項）。

九、禁止攜帶危險物品（集會遊行法第23條）。

十、集會、遊行不依主管機關命令解散，處集會、遊行負責人或其代理人或主持人3萬元以上15萬元以下罰鍰（集會遊行法第28條第1項）。

　　綜觀前列條文之內容可知，負責人應為集會、遊行的主辦者，對於集會、遊行之舉行，包括集會、遊行之目的、方式及起迄時間、路線及集合、解散地點、預定參加人數等，皆具有相當程度之掌控與決策能力。在集會、遊行之申請程序中，亦扮演著與主管機關溝通、協調之重要角色，包括提出申請、收受主管機關對於申請結果之通知，並於不服時提出申復等。而有鑑於負責人對於集會、遊行具有實質之影響力與控制力，集會遊行法進一步課以負責人相關之義務，包括於集會、遊行時親自在場主持並負責事後清理，維持秩序，宣布終止或結束集會、遊行，並疏導勸離，且不得攜帶危險物品等作為與不作為義務；並對於相關義務之違反，有相關之處罰規定。

參、展望

觀諸集會遊行法之規定，不難察覺立法者對於集會、遊行之負責人寄予高度的期待，其除作爲集會、遊行之申請人外，並依法負有維持秩序、回復原狀之責任。然而，究竟應如何認定集會遊行之負責人，因法律未有明確界定，判斷上可能致生爭議，尤其是於緊急性或偶發性集會、遊行中，負責人之認定可能會產生以下問題：首先，事前申請或報備集會、遊行之義務，係落在集會、遊行之負責人身上，負責人亦因此須擔負於集會、遊行過程中管理與控制之義務，但對於「因特殊原因未經召集而自發聚集，且事實上無發起人或負責人之偶發性集會、遊行」，究竟是否有履行事前義務之期待可能性？而又應由何人履行？其次，針對「因事起倉卒，且非即刻舉行無法達其目的之緊急性集會、遊行」，其雖有事前報備之可能性，然若未報備即舉行，則負責人應如何認定？均有待釐清。

針對前述集會、遊行負責人在實務上認定之問題，行政院版之修正草案將集會、遊行負責人之規定維持於第7條中，保留現行法第1項及第2項之規定，但考量修正草案改採報備制，因此「未報備舉行之集會、遊行，其負責人易滋生疑義，爰增訂第3項，以該集會、遊行活動之發起人、指揮人或主持人爲集會、遊行之實際負責人，以資明確」[88]。修正後之第7條條文爲：

「集會、遊行應有負責人。

依法設立之團體舉行之集會、遊行，其負責人爲該團體之代表人或其指定之人。

未報備舉行之集會、遊行，其實際負責人，指該集會、遊行活動之發起人、指揮人或主持人。」

---

[88] 行政院修法草案第7條修正理由一、參照。

　　然而，行政院版草案第7條第3項以集會、遊行之發起人、指揮人或主持人為負責人之規定，若未相應明確界定「集會、遊行之發起人、指揮人或主持人」之判斷標準，則此爭議恐仍無法杜絕。

　　另外，在立法院之草案中，則得見主張「依實務觀之，緊急性或偶發性集會，乃因重大政治社會事件所激發之突然性現象，難依一般程序之思維有其負責人。復大法官會議第718號解釋，亦闡明緊急性或偶發性集會之急迫性，且為避免公務機關『依法行政』，刻意尋求負責人一職，導致陷人於罪，自應增列本條之例外條款」，因此主張將緊急性或偶發性集會、遊行，排除在「應有負責人」規定之適用範圍外者[89]。

---

[89] 《立法院議案關係文書》，院總第1430號、委員提案第18793號，2016年4月6日印發。

第8條（室外集會遊行之申請）
室外集會、遊行，應向主管機關申請許可。但左列各款情形不在此限：
一、依法令規定舉行者。
二、學術、藝文、旅遊、體育競賽或其他性質相類之活動。
三、宗教、民俗、婚、喪、喜、慶活動。
室內集會無須申請許可。但使用擴音器或其他視聽器材足以形成室外集會者，以室外集會論。

壹、立法目的與沿革

　　集會遊行法第8條關於室外集會、遊行採事前許可制及其例外之規定，於1988年制定公布時即可見，本條文字至今未經修正。其「明定室外集會遊行應經主管機關許可。但依法令規定舉行者或係文化發展所必需者，或為宗教民俗等事實上需要者，均得不必申請許可」[90]，為現行集會遊行法所採事前許可制度之法律依據；另，「室內之集會雖可不經申請許可，惟如有第2項情形者，則以室外集會論，即應依法申請許可」[91]。

　　室外集會、遊行之事前許可制，係對於尚未舉辦之集會、遊行所發動之事前審查機制，亦屬預防性之作為，自會對人民依憲法所享有之集會自由，造成限制。司法院大法官針對集會遊行法所採事前許可之管制模式，指出：「對此事前行政管制之規定，判斷是否符合憲法第23條之比例原則，仍應就相關聯且必要之規定逐一審查，並非採用追懲制或報備制始得謂為符合憲政原則，採用事前管制則係侵害集會自由之基本人權」，並認為「於事前審查集會、遊行之申請時，苟著重於時間、地

---

[90] 集會遊行法第8條立法理由一、參照。
[91] 集會遊行法第8條立法理由二、參照。

點及方式等形式要件，以法律爲明確之規定，不涉及集會、遊行之目的或內容者，則於表現自由之訴求不致有所侵害。主管機關爲維護交通安全或社會安寧等重要公益，亦得於事前採行必要措施，妥爲因應」[92]；「在此範圍內，立法者有形成自由，得採行事前許可或報備程序，使主管機關能取得執法必要資訊，並妥爲因應」[93]，故並未認現行集會遊行法所採事前許可制，並未違憲。

貳、要件

一、原則：事前許可

　　集會遊行法第8條第1項明定，室外集會、遊行，應於舉行集會、遊行前，向主管機關申請許可。室內集會原則上無須申請許可，但若有使用擴音器或其他視聽器材，導致足以形成室外集會之情形，則以室外集會論，仍應於舉辦前向主管機關申請許可（集會遊行法第8條第2項）（關於申請書之提出及其申請期間，請參考集會遊行法第9條之說明）。

二、例外

　　集會遊行法第8條第1項但書下共有3款，明列無須事前申請許可之情形，包括：

（一）依法令規定舉行者。

（二）學術、藝文、旅遊、體育競賽或其他性質相類之活動。

（三）宗教、民俗、婚、喪、喜、慶活動。

　　然而，室外集會、遊行是否屬集會遊行法第8條第1項但書所定無

---

[92] 司法院釋字第445號解釋理由書第8段參照。
[93] 司法院釋字第718號解釋理由書第2段參照。

須事前申請許可之活動，其仍係交由主管機關判斷。實務上亦不乏針對此一規範之挑戰，例如於桃園地院98簡上111判決中[94]，即得見人民以舉辦民俗中之「牽亡魂」活動，並主張其屬集會遊行法第8條第1項第3款所列無須申請許可之民俗宗教活動，然究其實，則隱含政治訴求之主張與公眾意見之表達，與政治性言論密切關連，卻因考量集會遊行法第8條事前許可之規定，使人民須披著民俗活動之外衣，卑微地追求憲法基本權利之實踐；亦導致「國家應給予最大限度維護」之政治性言論，在法律上的評價恐竟不如民俗活動之結果[95]。

三、法律效果

針對應經許可但未經許可之集會遊行，集遊法第25條第1項第1款授權主管機關得予以警告、制止或命令其解散，上述權限依同條第2項甚至得以強制力為之（關於主管機關之警告、制止或命令解散，請參考集會遊行法第25條之說明）；考量其對人民之權利可能產生極大限制，故於同法第26條中明確要求主管機關為上述處分，均應遵循比例原則，「妥善衡量保障人民表現自由之權利及其所影響社會法益之價值，決定限制之幅度，以適當之方法，擇其干預最小者為之」；然若經主管機關命令解散而不解散，仍繼續舉行經制止而不遵從，集會遊行法第28條及第29條，分別對於負責人或其代理人以及首謀者，有行政罰或刑罰之處罰規定。

四、司法院釋字第718號解釋公布後之適用

司法院釋字445號解釋對於集會遊行法所採事前許可制，認「按集會、遊行有室內、室外之分，其中室外集會、遊行對於他人之生活安寧

---

94 李寧修（2015），〈保護抑或箝制？集會遊行之強制解散及其效果／桃園地院98簡上111判決〉，《臺灣法學雜誌》，第276期，頁144。

95 司法院釋字第718號解釋桃園地方法院刑事第6庭釋憲聲請書，頁40-41。廖元豪（2007），〈敵視集會遊行權之集會遊行法〉，《月旦法學教室》，第58期，頁6。

與安全、交通秩序、居家品質或環境衛生難免有不良影響。國家為防止妨礙他人自由、維持社會秩序或公共利益，自得制定法律為必要之限制。其規範之內容仍應衡量表現自由與其所影響社會法益之價值，決定限制之幅度，以適當之方法，擇其干預最小者為之。對於集會、遊行之限制，大別之，有追懲制、報備制及許可制之分。集會遊行法第8條第2項規定室內集會無須申請許可，同條第1項前段雖規定室外集會、遊行，應向主管機關申請許可，惟其但書則規定：一、依法令規定舉行者；二、學術、藝文、旅遊、體育競賽或其他性質相類之活動；三、宗教、民俗、婚、喪、喜、慶活動，則均在除外之列，可見集會遊行法係採許可制。對此事前行政管制之規定，判斷是否符合憲法第23條之比例原則，仍應就相關聯且必要之規定逐一審查，並非採用追懲制或報備制始得謂為符合憲政原則，採用事前管制則係侵害集會自由之基本人權」[96]。因此，對於集會、遊行申請之事前審查，若係重於時間、地點及方式等形式要件，並以法律為明確之規定，而與集會、遊行之目的或內容無涉，則於表現自由之訴求不致有所侵害。

　　然而，2014年公布之司法院釋字第718號解釋，對於集會遊行法之事前許可制，明確指出：「集會遊行法第八條第一項規定，室外集會、遊行應向主管機關申請許可，未排除緊急性及偶發性集會、遊行部分，及同法第九條第一項但書與第十二條第二項關於緊急性集會、遊行之申請許可規定，違反憲法第二十三條比例原則，不符憲法第十四條保障集會自由之意旨，均應自中華民國一○四年一月一日起失其效力。本院釋字第四四五號解釋應予補充。[97]」故集會遊行法第8條第1項規定，於緊急性及偶發性集會、遊行部分業已失其效力，而有賴立法者再行檢討修正。內政部警政署發布之「偶發性及緊急性集會遊行處理原則」中[98]，

---

[96] 司法院釋字第445號解釋解釋理由書第8段參照。
[97] 司法院釋字第718號解釋解釋文參照。
[98] 偶發性及緊急性集會遊行處理原則，http://www.rootlaw.com.tw/LawArticle.aspx?LawID=A040040111046500-1031229（最後瀏覽日：2020.3.5）。

除對於「偶發性集會、遊行」及「緊急性集會、遊行」加以定義外（第2點）；並明定偶發性集會、遊行無須申請許可（第3點）；而緊急性集會、遊行之申請，主管機關應於收受申請書即時核定，並以書面通知負責人（第4點），鬆綁偶發性及緊急性集會、遊行在事前許可制下所受到不合比例之箝制

參、展望

一、形式正當性之確認

　　針對偶發性及緊急性集會遊行之規範，至今雖有眾多對於我國集會遊行法制之建議，但似乎仍需朝野凝聚共識，修法程序亦仍有待最後一哩路。而在此「過渡時期」，對於偶發性及緊急性集會遊行，則係依內政部警政署發布之「偶發性及緊急性集會遊行處理原則」行之，以因應尚未修法前之執行。但司法院釋字第445號及第718號解釋均強調，若欲「以法律限制集會、遊行之權利，必須符合明確性原則與憲法第23條之規定」，因此，國家對於集會遊行自由，雖非不得加以限制，惟其限制仍應遵循一定之界限，其中，對於形式上正當性之要求，至少應符合憲法第23條「非依法律不得限制」之法律保留原則，建議宜由立法者制定法律為明確規範。

　　惟觀察現行修法草案，對於緊急性及偶發性集會、遊行之規範，並不完整，以採行「事前報備」制度之修法提案而言，行政院版本較完整地涵蓋了關於「緊急性及偶發性集會、遊行之定義（第4條）」、「排除偶發性集會遊行報備義務（第4條）」、「排除緊急性集會遊行報備期間限制（第8條第2項）」以及「緊急性及偶發性集會、遊行之負責人認定（第7條第3項）」之相關規定；而立法院所提之各修法版本中，僅有一版本對緊急性及偶發性集會、遊行應有負責人之要求，有排除適

用之規定[99]。對於緊急性及偶發性集會、遊行於報備制中，可能面臨的相關爭議，似乎並未有特別著墨。另，與民間團體所提版本相同之修法草案中，因採「自願報備制」，故對於「因情勢緊急，無法於事前報備者」，則有要求主管機關應於提出報備後，給予必要協助與保護之規定[100]。

　　為強化集會遊行法制之形式正當性，建議對於相關概念應有明確之界定，例如，「緊急性集會、遊行」、「偶發性集會、遊行」、「緊急性及偶發性集會、遊行之負責人」等，以利於個案之判別、相關規範之適用及責任之認定；另應考量緊急性及偶發性集會、遊行之特性，規劃通盤、完整之法律架構，並明定於法律中，避免再授權由主管機關訂定法規命令[101]。

二、保護模式之擇定

　　司法院釋字第445號解釋與第718號解釋對於集會遊行法究竟應採取何種管制模式，維持一貫以維護社會秩序所必要，且事前之審查並未觸及集會、遊行之目的及內容為由，給予立法者廣闊之形成空間。但綜觀集會遊行法之規定，事前許可制實得再連結至禁制區（集會遊行法第6條）、處所使用之同意，包括路權之取得（集會遊行法第9條第2項）、許可處分所附負擔（集會遊行法第14條）或附保留（集會遊行法第15條）等規定，對於集會、遊行從事前到事後所產生之連續性的限制，不可小覷[102]。

　　由於現行警察機關處理集會遊行之申請，多採較為「寬容」之態

99　《立法院議案關係文書》，院總第1430號、委員提案第18793號，2016年4月6日印發。
100　《立法院議案關係文書》，院總第1430號、委員提案第18356號，2016年3月2日印發。
101　實務亦曾提出，對於「政部警政署發布之法規命令『偶發性及緊急性集會遊行處理原則』，是否有違司法院718號解釋意旨仍有疑慮」，請參考臺灣桃園地方法院行政訴訟庭104年度交字第29號判決。
102　李震山（2016），《警察行政法論－自由與秩序之折衝》，4版，頁292-293，台北：元照。

度，審查重點置於「形式要件」而非「實質內容」，申請核准之比例達八成以上，是爲「準則性許可制」[103]。或有認與報備制相去不遠，對於集會遊行之保障應屬周延，但對於集會遊行法之適用，人民若沒有預期可能性，而須仰賴主管機關在法律解釋及適用上之「寬容」，方得獲致基本權利保障之效果，恐亦非法治國家之正途[104]。

　　與前述司法院大法官解釋相異者，係集會遊行法各修法草案之版本，皆相當「口徑一致」地對事前許可制提出批判，指出「在現行之『許可制』下，由於係由行政機關行使判斷之權限，往往造成『以法定之不許可理由爲藉口，對集會、遊行所欲表達之意見內容進行事前審查』之結果，同時亦欠缺即時有效之救濟途徑，嚴重侵害憲法保障集會、遊行自由之規範意旨。在臺灣之實踐經驗下，常有出現透過『時間、地點與方式』的許可控制，空洞化人民藉由集會、遊行所欲主張訴求之實質意義的現象」[105]；以及「我國憲法第14條保障人民有集會結社之自由，但現行法集會遊行法立法目的，乃是方便行政機關予以管制、甚或解散，實與憲法意旨相違。爲符合憲法意旨，並與行政機關之作業取得權衡，保障公益，宜從許可制改爲報備制」[106]，甚至是更爲寬鬆的

---

[103] 張維容（2013），〈德、日、韓集會遊行法制之研究〉，《警學叢刊》，44卷3期，頁87。翁萃芳（2013），〈集會遊行主管機關的執行困境與未來出路〉，《中央警察大學警政論叢》，第13期，頁183-186。

[104] 司法院釋字第718號解釋，羅昌發大法官於所提部分不同意見書中即指出：「由集會自由之性質而言：或謂事先許可制下之集會自由，如採準則許可制，則所有符合條件之申請人原則上均可獲許可，對集會自由之限制極爲有限；且以往集會遊行之申請，絕大多數均獲得許可，故集會遊行受影響之比例甚低。然不論採如何寬鬆之要件，且不論有如何高比例之許可，在許可制下，本質上均給予主管機關誤用或濫用否准許可之機會與恣意空間。且在許可制之下，將產生未獲許可者之和平集會，自始即構成不合法集會之結果；而在報備制之下，則不生自始即有不合法之和平集會。在許可制之下，和平集會者係經由許可始取得權利；在報備制之下，和平集會者則係自始即擁有權利，而非經主管機關透過發給許可而獲得權利。兩種制度對於人民集會自由內涵之界定與適用上確有本質上差異。」李震山（2016），《警察行政法論－自由與秩序之折衝》，4版，頁235，台北：元照。

[105] 《立法院議案關係文書》，院總第1430號、委員提案第18356號，2016年3月2日印發。

[106] 《立法院議案關係文書》，院總第1430號、委員提案第18793號，2016年4月6日印發。

「自願報備制」。

　　司法院釋字第718號解釋雖已針對偶發性或緊急性集會、遊行採事前許可制部分，宣告違憲，但即便是報備制，此類事前協力義務之履行，對於偶發性或緊急性集會、遊行，仍將產生滯礙難行之處。首先，事前申請或報備集會、遊行之義務，係落在集會、遊行之負責人身上，負責人亦因此需擔負於集會、遊行過程中管理與控制之義務，但對於「因特殊原因未經召集而自發聚集，且事實上無發起人或負責人之偶發性集會、遊行」，究竟是否有履行事前義務之期待可能性？而又應由何人履行？其次，針對「因事起倉卒，且非即刻舉行無法達其目的之緊急性集會、遊行」，其雖有事前報備之可能性，但報備之時限及未報備之效果為何？均有待釐明；最後，考量事前協力義務之重點，係在於要求集會、遊行者事先提供必要資訊，以便主管機關事先規劃，以保護集會遊行之舉行及避免混亂，而對於無法事前提供資訊之偶發性及緊急性集會、遊行，是否可能因此導致無形之阻礙？目前行政院版草案中，除將事前許可制，改為事前報備制，規定室外集會、遊行，應依本法規定向主管機關報備外，亦明文排除「因特殊原因未經召集而自發聚集，且事實上無發起人或負責之偶發行集會、遊行」之適用（行政院版草案第4條）[107]。

　　但不論是報備制或許可制，其皆著重於要求集會、遊行於舉行前必須事先提供必要資訊，以便主管機關事先規劃，以保護集會遊行之舉

---

[107] 行政院版本草案第4條：「室外集會、遊行，應依本法規定向主管機關報備。但有下列各款情形之一者，不在此限：

一、依法令規定舉行。

二、學術、藝文、旅遊、體育競賽或其他性質相類之活動。

三、宗教、民俗、婚、喪、喜、慶活動。

四、偶發性集會、遊行。

前項第四款所稱偶發性集會、遊行，指因特殊原因未經召集而自發聚集，且事實上無發起人或負責之集會、遊行。

室內集會使用擴音器或其他視聽材足以形成室外集會者，以室外集會論。」

行及避免混亂。但對於事前協力義務，似乎仍欠缺就偶發性或緊急性集會、遊行之特性為妥適考量，而致未來面對偶發性或緊急性集會、遊行之處理方式，仍留下了許多不明確的空白，在維持社會秩序之同時，仍應正視偶發性及緊急性集會、遊行，係人民憲法上基本權利之行使，且其具有客觀上急迫性之情形，為妥適權衡。

第9條（申請書應載事項及申請期間）

室外集會、遊行，應由負責人填具申請書，載明左列事項，於六日前向主管機關申請許可。但因不可預見之重大緊急事故，且非即刻舉行，無法達到目的者，不受六日前申請之限制：

一、負責人或其代理人、糾察員姓名、性別、職業、出生年月日、國民身分證統一編號、住居所及電話號碼。

二、集會、遊行之目的、方式及起訖時間。

三、集會處所或遊行之路線及集合、解散地點。

四、預定參加人數。

五、車輛、物品之名稱、數量。

前項第一款代理人，應檢具代理同意書；第三款集會處所，應檢具處所之所有人或管理人之同意文件；遊行，應檢具詳細路線圖。

壹、立法目的與沿革

　　集會遊行法第9條於1988年制定至今，一共經歷二次修正：

一、1988年制定公布

　　當時的集會遊行法第9條之立法理由指出：「明定集會、遊行之申請期限、申請書內容及應檢具之文件、圖面。並於第一項但書明定如因天然災變或其他不可預見之重大事故發生，並有臨時緊急集會遊行之正當理由者，則得由二日前提出申請，以應需要。」[108] 其內容為：

　　「室外集會、遊行，應由負責人填具申請書，載明左列事項，於七日前向主管機關申請許可。但因天然災變或其他不可預見之重大事故而有正當理由者，得於二日前提出申請：

（一）負責人或其代理人、糾察員姓名、性別、職業、出生年月日、國

---

[108] 集會遊行法第9條於1988年制定時之立法理由。

民身分證統一編號、住居所及電話號碼。

（二）集會、遊行之目的、方式及起訖時間。

（三）集會處所或遊行之路線及集合、解散地點。

（四）預定參加人數。

（五）車輛、物品之名稱、數量。

前項集會處所，應檢具該處所之所有人或管理人之同意文件；遊行，應檢具詳細路線圖。」

二、1992年之第一次修正

1992年修正時，「爲明確『代理人』責任，並杜絕事後爭議，修正本條第2項增列申請集會遊行時，『前項第1款代理人，應檢具代理同意書』，並酌作文字修正」[109]。同時，該次修正將第1項所定申請期限，由原先之7日，縮減爲6日。

三、2002年之第二次修正

於2002年時，「爲保障人民偶發性集會、遊行之自由，並配合司法院釋字第445號解釋，爰修正第1項序文之但書，使符合實務需要」[110]，對於因不可預見之重大緊急事故，且非即刻舉行，無法達到目的之集會、遊行，其不受6日前申請之限制，而形成現行集會遊行法第9條之樣貌。

---

[109] 集會遊行法第9條於1992年修正時之立法理由。

[110] 集會遊行法第9條於2002年修正時之立法理由。

貳、要件

一、申請人

　　由於我國集會遊行法現採許可制，故於舉辦集會、遊行前，須依法向主管機關提出申請。集會遊行法第9條明定，室外集會、遊行，應由負責人填具申請書，於集會、遊行舉行6日前向主管機關提出（關於負責人之概念，請參考集會遊行法第7條之說明）。

二、申請書應記載事項

　　室外集會、遊行之申請書，應載明下列事項：

（一）負責人或其代理人、糾察員姓名、性別、職業、出生年月日、國民身分證統一編號、住居所及電話號碼。

（二）集會、遊行之目的、方式及起訖時間。

（三）集會處所或遊行之路線及集合、解散地點。

（四）預定參加人數。

（五）車輛、物品之名稱、數量。

　　國家基於保護義務之實踐，若欲確保集會、遊行之順利進行，勢必須能取得執法必要資訊，方得妥為因應，故要求集會、遊行負責人應填具申請書，並明定應載明之事項。然而，國家保護義務之所由生，係以確保人民之集會、遊行自由實現為目的，故自不應以「適時提供主管機關必要資訊」之協力義務，作為國家履行保護義務之絕對前提，即便未充分提供相關資訊，主管機關仍得依職權採行相關措施，維護集會、遊行之安全。另外，申請書中必須記載之負責人或其代理人以及糾察員之個人資料部分，考量個人資料保護法第5條及第15條之規定[111]，個人資

---

[111] 個人資料保護法第5條：「個人資料之蒐集、處理或利用，應尊重當事人之權益，依誠實及信用方法為之，不得逾越特定目的之必要範圍，並應與蒐集之目的具有正當合理之關聯。」個人資料保護法第15條：「公務機關對個人資料之蒐集或處理，除第六條第一

料之蒐集應有特定目的，且不得逾越特定目的之必要範圍，而集會遊行法第9條第1項第1款要求應記載之個人資料，是否均屬必要，即有討論空間。

三、應檢具之文件

集會遊行法第9條第2項針對申請書中，關於代理人（集會遊行法第9條第1項第1款）、集會處所以及遊行路線（集會遊行法第9條第1項第3款），分別要求應檢具相關文件。若有記載集會、遊行負責人之代理人，則應檢具代理同意書；而就所載集會處所，應檢具處所之所有人或管理人之同意文件；遊行，則應檢具詳細路線圖。

四、申請期間

集會遊行法第9條原則上要求所有集會、遊行之負責人均應於6日前向主管機關提出申請書，申請許可。例外之情形，則僅就「因不可預見之重大緊急事故，且非即刻舉行，無法達到目的」之集會、遊行，方得不受6日前申請之限制。此一但書規定雖係於2002年因應司法院釋字第445號解釋之意旨而為修正，然而，2014年公布之司法院釋字第718號解釋明確指出：「集會遊行法第八條第一項規定，室外集會、遊行應向主管機關申請許可，未排除緊急性及偶發性集會、遊行部分，及同法第九條第一項但書與第十二條第二項關於緊急性集會、遊行之申請許可規定，違反憲法第二十三條比例原則，不符憲法第十四條保障集會自由之意旨，均應自中華民國一○四年一月一日起失其效力。本院釋字第四四五號解釋應予補充。」[112] 故集會遊行法第9條但書部分，已失其效

項所規定資料外，應有特定目的，並符合下列情形之一者：
一、執行法定職務必要範圍內。
二、經當事人同意。
三、對當事人權益無侵害。」
[112] 司法院釋字第718號解釋解釋文參照。

力，而有賴立法者再次檢討修正。

　　現則依據內政部警政署所發布之「偶發性及緊急性集會遊行處理原則」[113]行之：偶發性集會、遊行無須申請許可（第3點），故不受期間限制；而緊急性集會、遊行之申請，則要求主管機關應於收受申請書即時核定，並以書面通知負責人（第4點），免除偶發性及緊急性集會、遊行申請時間之限制。

五、法律效果

　　申請不合集會遊行法第9條規定者，主管機關得不予許可（關於集會、遊行不予許可之情形，請參考集會遊行法第11條之說明）。即便申請符合集會遊行法第9條之要求，若申請書中所載集會、遊行之時間、處所或路線已有他人申請並經許可時，亦可能作為主管機關不予許可之理由（集會遊行法第11條第4款）。

參、修法趨勢

　　對於我國集會遊行法現行所採行之事前許可制，司法院釋字第445號解釋與第718號解釋均曾闡明其將與偶發性或緊急性集會、遊行間產生扞格。針對集會遊行法對於集會、遊行之事前申請，定有期限，司法院釋字第445號即指明：「惟集會遊行法第九條第一項但書規定：『因天然災變或其他不可預見之重大事故而有正當理由者，得於二日前提出申請。』對此偶發性集會、遊行，不及於二日前申請者不予許可，與憲法保障人民集會、遊行自由之意旨有違，亟待檢討改進。」2002年修法時，雖針對集會遊行法第9條第1項所定「6日前」提出之期限，放

---

[113] 偶發性及緊急性集會遊行處理原則，http://www.rootlaw.com.tw/LawArticle.aspx?LawID=A040040111046500-1031229（最後瀏覽日：2020.3.5）。

寬對於緊急性集會、遊行之限制，但司法院釋字第718號解釋再指明：
「針對緊急性集會、遊行，固已放寬申請許可期間，但仍須事先申請並
等待主管機關至長二十四小時之決定許可與否期間；另就偶發性集會、
遊行，亦仍須事先申請許可，均係以法律課予人民事實上難以遵守之義
務，致人民不克申請而舉行集會、遊行時，立即附隨得由主管機關強制
制止、命令解散之法律效果。」不符憲法第14條之意旨。

　　而面對司法院釋字第718號解釋之指摘，現行各個修法草案皆積極
回應：首先，針對申請期間部分，行政院版本之草案，修正集會、遊行
為事前報備制，而報備書之提出，由現行法之6日前，改為「舉行之日
前30日內3日前」，偶發性集會、遊行無須報備，但「因事起倉卒，且
非即刻舉行無法達其目的之緊急性集會、遊行，應於舉行前報備，不受
前項期間之限制」（行政院版草案第8條）[114]。其次，就報備書所應記
載事項及應檢附文件部分，則定於行政院版草案第9條[115]中，分別規定
報備書應載明事項（第1項）、報備書應檢附下列文件（第2項）；並增
定規定主管機關受理報備書，應交付收件證明（第3項），以及對報備
書及所附文件不符應記載之事項或應檢附之文件而得補正者，主管機關

---

[114] 行政院版本草案第8條：「室外集會、遊行，負責人應於舉行之日前三十日內三日前向
　　主管機關提出報備書（第1項）。因事起倉卒，且非即刻舉行無法達其目的之緊急性集
　　會、遊行，應於舉行前報備，不受前項期間之限制（第2項）。」
[115] 行政院版本草案第9條：「前條所定報備書，應載明下列事項：
　　一、負責人或其代理人、糾察員姓名、性別、出生年月日、身分證明文件字號、住居
　　　　所、電話號碼。
　　二、集會、遊行之事由、方式。
　　三、集會場所、遊行路線、集合、解散地點及舉行日起訖時間。
　　四、預定參加人數及車輛數量。
　　前項報備書應檢附下列文件：
　　一、負責人及糾察員之身分證明文件。
　　二、有代理人者，代理人之代理同意書及身分證明文件。
　　三、集會者，集會場所所有人或管理人之同意文件。
　　四、遊行者，遊行之詳細路線圖。
　　主管機關收受報備書，應交付收件證明。
　　報備書及所附文件不符第一項、第二項規定而得補正者，主管機關應通知於一定期間內
　　補正；屆期未補正者，視為未報備。」

應通知於一定期間內補正，屆期未補正者，視為未報備（第4項）。其與現行集會遊行法第9條所定內容大致相同，但在應載明之個人資料部分免除「職業」之填列，並要求負責人、其代理人及糾察員應檢附身分證明文件，以利資格之查核（關於事前許可制之相關問題，請同時參考集會遊行法第8條之說明）。

第10條（負責人代理人或糾察員之消極資格）
有左列情形之一者，不得為應經許可之室外集會、遊行之負責人、其代理人或糾察員：
一、未滿二十歲者。
二、無中華民國國籍者。
三、經判處有期徒刑以上之刑確定，尚未執行或執行未畢者。但受緩刑之宣告者，不在此限。
四、受保安處分或感訓處分之裁判確定，尚未執行或執行未畢者。
五、受禁治產宣告尚未撤銷者。

壹、立法目的與沿革

　　集會遊行法第10條關於負責人、其代理人或糾察員消極資格之規定，於1988年制定公布時即可見，至今未經修正。其係「參考農會法、漁會法及工商業團體法等有關負責人消極資格上之規定，明定集會、遊行負責人或其代理人、糾察員之消極資格，防止利用集會、遊行機會，破壞社會秩序與公共安寧」[116]。

貳、要件

一、規範對象

　　集會遊行法第10條所拘束對象，包括集會、遊行之負責人、負責人之代理人以及糾察員。集會、遊行之負責人作為集會、遊行之申請人，對於集會、遊行之方式、時間、路線及預定參加人數等，皆應具有

---

[116] 集會遊行法第10條立法理由參照。

相當程度之掌控與決策能力外（請參考集會遊行法第9條）；並依法負有親自在場主持並負責事後清理，維持秩序，宣布終止或結束集會、遊行，並疏導勸離等義務（請參考集會遊行法第9條）。有鑑於負責人對於集會、遊行由發動至結束，皆具有實質之影響力，故對於擔任負責人之資格加以限制。

集會、遊行之負責人得指定代理人，若有代理人，應於申請書中記載之，同時檢具代理同意書，一併遞交主管機關，代理人於負責人因故不能親自在場主持或維持秩序時代理之，並與負責人具有相同權責（請參考集會遊行法第19條），因此，負責人之代理人，與負責人相同，不得有集會遊行法第10條所定消極資格。

集會、遊行之負責人，得指定糾察員協助維持秩序（請參考集會遊行法第20條），並應將糾察員之名單與相關資料，記載於申請書中（請參考集會遊行法第9條）。集會、遊行之參加人，應服從負責人或糾察員關於維持秩序之指揮，且糾察員得排除妨害集會遊行之人。糾察員於集會、遊行中主要扮演輔助負責人維持秩序之角色，其在場協助維持秩序時，並應佩戴「糾察員」字樣臂章。作為集會、遊行秩序之維護者，為「防止利用集會、遊行機會，破壞社會秩序與公共安寧」，故亦列入集會遊行法第10條之規範對象。

二、消極資格

集會遊行法第10條係以反面表列之方式，針對有下列情形之一者，不得擔任集會、遊行之負責人、負責人之代理人或糾察員：

（一）未滿20歲者。

（二）無中華民國國籍者。

（三）經判處有期徒刑以上之刑確定，尚未執行或執行未畢者。但受緩刑之宣告者，不在此限。

（四）受保安處分或感訓處分之裁判確定，尚未執行或執行未畢者。

（五）受禁治產宣告尚未撤銷者。[117]

前述消極資格之設定，應係考量集會、遊行之負責人、負責人之代理人及糾察員對於集會、遊行之影響力以及其依據集會遊行法所擔負之權責，而給予較高標準之資格要求。

關於集會遊行法第10條第2款應具備我國國籍之要求，值得附帶一提者為，若僅單純參與集會、遊行之人，而未擔任集會、遊行之負責人、負責人之代理人或糾察員，則集會遊行法並未設下此一資格限制，然而，入出國及移民法第29條明定：「外國人在我國停留、居留期間，不得從事與許可停留、居留原因不符之活動或工作。但合法居留者，其請願及合法集會遊行，不在此限。」其中但書限制得參與合法集會、遊行者，僅有取得「合法居留」，而排除「停留」之外國人，且未輔有任何其他要件予以認定。另外，臺灣地區與大陸地區人民關係條例第18條第1項第3款亦有針對進入我國之大陸地區人民，明定其不得從事與許可目的不符之活動或工作，但並未如入出國及移民法第29條但書，就請願及參與集會遊行之權利為鬆綁。而就香港、澳門居民，立法者則是於2015年修法時，將香港澳門關係條例第14條第1項原定強制出境事由中之「從事與許可目的不符之活動者」、「有事實足認為有犯罪行為者」以及「有事實足認為有危害國家安全或社會安定之虞者」，予以刪除，此對港、澳人士集會、遊行自由之保障，應屬正向之提升。但前述針對非本國人集會自由予以限制之法律，其與集會自由於憲法及公民與政治權利國際公約中，所具備人權之地位[118]，恐有所未符，而有進一步檢視

---

[117] 依據民法總則施行法第4條第2項之規定：「民法總則中華民國九十七年五月二日修正之條文施行前，已為禁治產宣告者，視為已為監護宣告；繫屬於法院之禁治產事件，其聲請禁治產宣告者，視為聲請監護宣告；聲請撤銷禁治產宣告者，視為聲請撤銷監護宣告；並均於修正施行後，適用修正後之規定。」配合禁治產制度之變革，於此亦應以是否受監護宣告進行認定。

[118] 司法院釋字第718號解釋理由書第1段即闡明：「憲法第十四條規定人民有集會之自由，旨在保障人民以集體行動之方式和平表達意見，與社會各界進行溝通對話，以形成或改變公共意見，並影響、監督政策或法律之制定，係本於主權在民理念，為實施民主政治

之必要[119]。

參、展望

　　行政院版之草案對於擔任集會、遊行之負責人、負責人之代理人或糾察員之消極資格，有所修正，針對集會遊行法第10條第1款以「具有中華民國國籍」為限，惟入出國及移民法第25條規定，外國人在我國合法連續居留一定期間並符合一定要件者，得申請永久居留，「考量本法有關集會、遊行之負責人、負責人之代理人或糾察員須負擔維持秩序等較重之責任並非單純參與集會、遊行者，爰於第2款後段增訂永久居留者，始得為應報備之室外集會、遊行之負責人、負責人之代理人或糾察員」[120]。

　　另外，集會遊行法第10條第5款部分，「配合2008年修正公布之民法修正條文第15條、第15條之1及第15條之2規定，將『禁治產宣告』修正為『監護宣告』，並增列『輔助宣告』；對於受輔助宣告之人，就特定法律行為，受有某種限制或保護。鑑此，本條規範主體如未具完全行為能力，勢將無法善盡指揮及維持活動秩序責任，甚至違反本法之處罰，難能追究責任。爰修正第5款為『受監護或輔助宣告尚未撤銷』」。

　　行政院版本草案第10條之規定修正如下：

　　「有下列情形之一者，不得為第四條第一項所定應報備之室外集

以促進思辯、尊重差異，實現憲法兼容並蓄精神之重要基本人權。」
[119] 就此，內政部及移民署均曾表示，集會遊行法並未限制在我國停留的外國人不得參與合法集會遊行；而為跟上國際潮流，保障合法停留的外國人參加合法集會遊行，將研議修入出國及移民法第29條，明定停留或居留在臺灣的外國人，皆可以參加合法集會遊行。https://www.immigration.gov.tw/5385/7229/153324/199147/（最後瀏覽日：2020.3.5）。
[120] 行政院版草案第10條修正理由二、參照。

會、遊行之負責人、負責人之代理人或糾察員：

一、未滿二十歲。

二、無中華民國國籍。但永久居留者，不在此限。

三、經判處有期徒刑以上之刑確定，尚未執行或執行未畢。但受緩刑之宣告者，不在此限。

四、受保安處分或感訓處分之裁判確定，尚未執行或執行未畢。

五、受監護或輔助宣告尚未撤銷。」

第11條（室外集會遊行不予許可之情形）
申請室外集會、遊行，除有左列情事之一者外，應予許可：
一、違反第六條或第十條規定者。
二、有明顯事實足認為有危害國家安全、社會秩序或公共利益者。
三、有明顯事實足認為有危害生命、身體、自由或對財物造成重大損壞者。
四、同一時間、處所、路線已有他人申請並經許可者。
五、未經依法設立或經撤銷、廢止許可或命令解散之團體，以該團體名義申
　　請者。
六、申請不合第九條規定者。

壹、導言

　　我國現行集會遊行法仍採行許可制，故依據規定集會遊行必須向主
管機關申請，故若遭主管機關不予許可，將影響人民集會遊行基本人權
甚鉅，此規定於該法第11條各款有關集會遊行不予許可之情形。而其中
各款所規定之不予許可情形，多所不確定法律概念，需要主管機關作行
政判斷，故深入探究有關在集會遊行不予許可中，針對不確定法律概念
之判斷。首先擬探究觀察整體性，有關司法審查與集會遊行，論述行政
判斷與行政裁量之概念等，並進一步探討行政判斷在集會遊行之適用。
另對於重要不確定法律概念予以論述探討，如此探究將以利於實施行政
判斷，例如國家安全、社會秩序、公共利益、危害概念、生命、身體、
自由與財物等。而針對現行集會遊行法實施後，相關重要實務問題與修
法，擬探討路權之重複與未合法團體之申請等問題，並探究配合報備
制，依據行政院版本草案，探討未來修法之方向，以提供理論與實務參
考。

貳、內容解析

一、司法審查與集會遊行

（一）概說

在法治國家依法行政原理下，任何國家重要行為應接受司法審查，在此集會遊行亦不例外，故集會遊行之主管機關針對行政判斷與行政裁量，必須審查行政判斷是否正確，而行政裁量是否逾越或怠惰。首先論述行政判斷與行政裁量之基礎理論，包括判斷餘地，並探討行政判斷在集會遊行之適用情形，以強化本文之論述理論基礎。

（二）行政判斷與行政裁量

針對本條第1項第2款有關國家安全、社會秩序或公共利益等不確定法律概念，主管機關必須行政判斷[121]。從行政適用法律，一般係指適用實證的法語句（die positive Rechtssätze），其為預設之構成要件與法效果的連結。專就行政適用法規範的順序言，就結構完整之法條，首先必須先判斷案件事實（Sachverhalt）與構成要件（Tatbestand）是否該當，方有產生法律效果之可能，而構成要件中往往會有不確定法律概念及事實認定。其次，在構成要件與事實相容時，法律若有就法效果授權裁量者，則進入行政裁量之階段，判斷與裁量皆屬行政適用法律時審酌或衡量之方法，兩者之區別在於：1. 判斷大多是利用解釋的方法將具體事件「涵攝」於法律構成要件中。裁量則是用選擇的方法決定是否及如何採取措施；2. 司法介入行政判斷之審查，較諸介入行政裁量之審查，在密度上與強度上都來得高。具體而言，行政裁量之結果，原則上不受司法審查，僅於逾越或濫用裁量權時，例外受審查，而行政判斷之結果原則上接受司法完全審查，例外有行政判斷餘地時，限制司法審查

---

[121] Vgl. Ehlers/Pünder, Allgemeines Verwaltungsrecht, 2015, S.332-342.

權[122]。

　　行政判斷大都與構成要件中之不確定法律概念及事實認定有關。將不確定法律概念，經過涵攝、解釋予以具體化之過程稱爲不確定法律概念之判斷[123]。就法律構成要件中之事實認定部分，是指依一般社會通念或經驗可以客觀方式加以確認，除數字、次數外，如雨天、天黑、汽車、駕駛人等，稱爲事實性、描述性或經驗性（faktische, descriptive Begriffe oder Erfahrungsbegriffe）的法律概念。而前述不確定法律概念則稱之爲規範性、價值性（Wertbegriffe）或有待價值塡補（wertausfüllungsbedürftiger）之法律概念。針對不確定法律概念，行政機關有權先加以判斷，判斷結果若符合當時普遍之價值觀時，宜受法院尊重。但遇有爭執，法院可就行政機關之判斷予以審查，最後則以法院見解爲依歸[124]。

　　在司法審查中，其與行政判斷之概念息息相關的是判斷餘地（Beurteilungsspielraum）。因法律使用之不確定法律概念，原則上是「無判斷餘地之不確定法律概念」，對於行政機關之解釋或適用此種不確定法律概念，行政法院可作完全審查，因爲正確的決定只有一個。如果法院之認定與行政機關不同，則以法院之認定爲準，行政機關之決定即屬違法，應予撤銷[125]。例外地承認「有判斷餘地之不確定法律概

---

[122] 李震山（2014），《行政法導論》，修訂10版，頁484，台北：三民。

[123] 翁岳生（1990），〈論不確定法律概念與行政裁量之關係〉，《行政法與現代法治國家》，11版，頁37-71，台北：台大。吳庚（2017），《行政法之理論與實用》，增訂15版，頁37-39，台北：三民。李惠宗（2010），《行政法要義》，5版，頁148-150，台北：元照。

[124] 李震山（2014），《行政法導論》，修訂10版，頁485，台北：三民。惟法院是否有能力或應該完全審查，引起討論，乃所謂判斷餘地，係指行政於針對不確定法律概念爲判斷時，有其活動空間，在該空間內行政有其自主性，司法審查應受限制。該自主性空間不限於概念本身，換言之，判斷餘地已擴大概念外圍之特定範圍，例如：考試成績之評定、高度科技性、專業性及屬人性之專業判斷，或者是由具有獨立性專家委員會作成之決定等。

[125] 林錫堯（2006），《行政法要義》，3版，頁266-269，台北：元照。

念」，即承認行政機關對此類不確定法律概念享有「判斷餘地」，法院僅能作有限度之審查，因為此類不確定法律概念之解釋或適用結果，容許有兩個以上決定均屬正確、合法的，故法院僅能在一定範圍內審查行政機關之決定是否合法，不能取而代之。此種判斷餘地，通常涉及行政機關之價值判斷，而由於判斷所依據之事態只出現一次或其他原因，法院無法作事後之追蹤，或因屬不固定的、法律外的標準，尤其預估未來的發展，已超越司法功能[126]。

　　而與行政判斷呈現相對應的，即是行政裁量的概念，行政裁量係行政處分的一種樣態，源自法律之授權（Ermächtigung），法律期望透過行政機關在個案上的充分斟酌，作成最佳化的法律效果（Rechtsfloge）之決定。因此，裁量的本質是：「先量」而「後裁」，行政機關應就法律所規範的構成要件事實明確認定後「先量」，始得由行政機關對法律效果再作決定「後裁」[127]。行政機關之裁量權內容不論為「決定裁量」或選擇裁量，皆屬對法律效果所作成的決定，而不存在於對法律要件所作之判斷[128]。法律賦予行政機關有裁量權時，其實乃是要求行政機關要作成「合義務性之裁量」。行政裁量旨在個案上實現法律之目的與價值，注重個案分配正義的實現。因此，行政裁量的要求是：「沒有作對，就算錯」，不是「沒有作錯，就算對」亦即行政機關有裁量並非意味著有「愛怎麼作，就怎麼作」的自由，毋寧須受到「法」的限制（rechtlicher Schranken）。若行政機關所為之處分，違反「法律」或「法」要求，即具有「違法性」[129]。

　　針對不確定法律概念之行政判斷與行政裁量，基本上有兩點不

---

[126] Vgl. Maurer, Allemeines Verwaltungsrecht, 19. Auflage, 2017, § 7 Rn.12 ff.

[127] Vgl. Steiner/Brinktrine (Hrsg), Besonderes Verwaltungsrecht, 2018, S.200-205.

[128] 翁岳生（1990），〈論不確定法律概念與行政裁量之關係〉，《行政法與現代法治國家》，11版，頁37-40，台北：台大。

[129] 李惠宗（2010），《行政法要義》，5版，頁 144-150，台北：元照。

同，首先在本質上有所不同，因不確定法律概念係特定具體事實是否符合法律構成要件的確認，屬於「事實的認知」問題，而不確定法律概念之判斷，是構成要件事實判斷，涉及「是或非」與「有或無」的問題，須依證據判斷。行政裁量是法律效果的決定與選擇，係屬「事實的評價」，旨在個案上實現法律之目的與價值，置重個案分配正義的實現。另一方面，在司法審查態度亦不同，不確定法律概念之判斷涉及到事實與法律規定是否合致的問題（涵攝），所以行政機關必須擔保判斷正確，因行政機關對構成要件判斷錯誤即屬「認事」不清，必導致「用法」不當。用法不當即屬違法，法院自可先予審查。而行政機關作成裁量，所選擇之法律效果若在法律所規定的範圍內，只發生是否適當的問題。是以原則上，行政裁量除有明顯之「裁量逾越」、「裁量濫用」及「裁量怠惰」等違法情形外，行政裁量通常推定具有合法性。亦可以說，行政法院對行政裁量之審查係採「消極審查」，但如果行政處分屬不確定法律概念判斷之問題，行政法院原則上仍須進行「積極審查」，只有在特殊案型，在行政機關有判斷餘地時，才例外不予審查[130]。

（三）行政判斷在集會遊行之適用

在集會遊行法中，立法者亦賦予許許多多不確定法律概念，故如前述，主管機關必須實施許許多多的行政判斷，而這些判斷都必須接受司法審查，已決定其判斷是否正確，從我國實務上看來，在集會遊行中，針對各類案件，我國司法院大法官並無解釋，在適用集會遊行法上之行政判斷，並無出現判斷餘地之空間[131]。

---

[130] 李惠宗（2010），《行政法要義》，5版，頁152，台北：元照。

[131] 陳正根（2018），《警察與秩序法（三）—任務與作用法制發展新趨勢》，頁193-196，台北：五南。最近的解釋為司法院釋字第718號解釋，亦無提到有關判斷餘地之問題，其解釋要旨為：「為保障集會遊行之自由，國家應在法律規定與制度設計上使參與集會、遊行者在毫無恐懼的情況下行使集會自由。主管機關就集會、遊行利用公共場所或路面之時間、地點與進行方式妥為規劃，並就執法相關人力物力妥為配置，以協助集會、遊行得順利舉行，並使社會秩序受到影響降到最低程度。在此範圍內，立法者

　　審視我國集會遊行法相關規定中，主管行政機關需要行政判斷之情況相當多，在此論述以重點為要，且對人民權益影響重大者更為重要。例如第4條規定，集會遊行不得主張分裂國土，在此若經主管行政機關之判斷，認為分裂國土係符合集會遊行法第11條第1項第2款規定：「有明顯事實足認為有危害國家安全、社會秩序或公共利益者。」其所申請之集會遊行，將不予許可。故針對不確定法律概念之判斷，在此影響人民基本人權甚鉅。同樣該法第5條規定：「對於合法舉行之集會、遊行，不得以強暴、脅迫或其他非法方法予以妨害。」若有此情形之相對人，主管警察機關可經由行政判斷，採取適當措施予以制止或其他因應[132]。

　　而整體觀察，在我國集會遊行法中，被認為最重要兩項之行政判斷，關係人民權利亦甚鉅，首先即為集會遊行法第11條規定，有關室外集會遊行不予許可之情形，主管機關必須針對各款，其中有些不確定法律概念，予以行政判斷。針對本條各款之行政判斷，在此亦是本文各章論述之重點。而另一項重要行政判斷，即為該法第25條規定，主管機關之警告、制止或命令解散，主管機關亦必須針對各款，其中有些不確定

有形成自由，得採行事前許可或報備程序，使主管機關能取得執法必要資訊，並妥為因應。此所以集會遊行法第八條第一項規定，室外之集會、遊行，原則上應向主管機關申請許可，為本院釋字第四四五號解釋所肯認。惟就事起倉卒非即刻舉行無法達到目的之緊急性集會、遊行，實難期待俟取得許可後舉行；另就群眾因特殊原因未經召集自發聚集，事實上無所謂發起人或負責人之偶發性集會、遊行，自無法事先申請許可或報備。為維持社會秩序之目的，立法機關並非不能視事件性質，以法律明確規範緊急性及偶發性集會、遊行，改採許可制以外相同能達成目的之其他侵害較小手段，故集會遊行法第八條第一項未排除緊急性及偶發性集會、遊行部分；同法第九條第一項但書與第十二條第二項關於緊急性集會、遊行之申請許可規定，已屬對人民集會自由之不必要限制，與憲法第二十三條規定之比例原則有所牴觸，不符憲法第十四條保障集會自由之意旨，均應自中華民國一○四年一月一日起失其效力。就此而言，本院釋字第四四五號解釋應予補充。聲請人等併聲請就集會遊行法相關規定部分，與本院釋字第三七一號、第五七二號、第五九○號解釋意旨或司法院大法官審理案件法第五條第一項第二款規定不符，應不受理，併此指明。」

132 陳正根（2018），《警察與秩序法（三）—任務與作用法制發展新趨勢》，頁200-202，台北：五南。

法律概念，亦須予以行政判斷，例如該條第1項第3款規定：「利用第八條第一項各款集會、遊行，而有違反法令之行為者。」故若主管機關針對此款情形，對相對人予以警告、制止或命解散，仍先對第8條第1項各款作行政判斷，而以該條項第2款為例，其規定：「學術、藝文、旅遊、體育競賽或其他性質相類之活動。」在此須針對「其他性質相類之活動」，如此的不確定法律概念，予以行政判斷。

　　而有關前述依據集遊法第25條規定，主管機關予以行政判斷後，再行政裁量，即「得予警告、制止或命令解散」，此為行政裁量與不確定法律概念之結合規定。在此，同一法規中，法律要件已有不確定法律概念，同時在法律效果方面亦授權行政裁量。此種情形，可分別就法律要件與法律效果予以判斷，當不生問題。但有時可能依法規規定在適用不確定法律概念時，就必須斟酌行使裁量之重要觀點，於此情形，如認已具備法律要件，在法律效果已全無再斟酌之必要，此際，裁量縮收為零，「得為規定」實際上已成為「應為規定」[133]。反之，亦有可能依法規規定，法律要件之不確定法律概念決定著裁量之範圍與內容，因而需納入行使裁量權一併考慮，此際，不確定法律概念已為行政裁量所吸收，失其獨立意義[134]。

　　另司法院大法官對於在集會遊行法中有關不確定法律概念之判斷，亦認為若集會遊行法規定不明確，此規定亦有違憲法保障人民集會遊行之基本人權。故司法院釋字第445號解釋認為：「集會遊行法（民國九十一年六月四日修正前）第十一條第一項第二款規定：『有事實足認為有危害國家安全、社會秩序或公共利益之虞者』，第三款規定：『有危害生命、身體、自由或對財物造成重大損壞之虞者』，有欠具體明確，對於在舉行集會、遊行以前，尚無明顯而立即危險之事實狀態，

---

[133] Vgl. Schenke, Wolf-Rüdiger, Polizei-und Ordnungsrecht, 10. Auflage, 2018, S.224-228.
[134] 林錫堯（2006），《行政法要義》，3版，頁278，台北：元照。

僅憑將來有發生之可能，即由主管機關以此作為集會、遊行准否之依據部分，與憲法保障集會自由之意旨不符，均應自本解釋公布之日起失其效力。」故修正後，將「事實」改為「明顯事實」，以利司法審查不確定法律概念之判斷[135]。

在此深入觀察司法審查與集會遊行，除了前述行政判斷與行政裁量等議題外，從整體違法性判斷而言，依法理亦有所謂超法規事由之阻卻違法，例如人民之集會遊行，其若被視為自然法所稱抵抗權之行使或市民之不服從，則即使行政機關針對不確定法律概念之判斷或行政裁量，均屬正確，在司法審查時，法院亦可依據上述抵抗權或市民不服從之法理，判決撤銷原處分或免除被告之責任，而形成阻卻違法之狀態情況[136]。抵抗權又可稱為反抗權，其就防衛的角度而言，包括防衛國家、政府、人民及行為人自己。後者最典型的情況，就是一個妨害公務的行為，對抗國家公權力的執行，並非當然成立犯罪，如果行為人有排除違法事由，仍然不成立犯罪。而市民之不服從亦有稱人民不服從，其與反抗權最大的不同點在於，此行為的特性是違反現行法規。人民不服從行為必須是基於政治道德上的動機，其所抗議的對象，必須是超越個人利益的，而且是屬於公共事務的事項。人民不服從行為是要使社會大眾知曉、注意，若要實現此功能，就必須以公開、公然的行動出現。一方面，喚醒公權力執行者之良心、正義感，在另一方面，促進社會大眾共識，形成人民力量，使執政者不得不修廢惡法與制度[137]。

（四）小結

從我國實務上看來，在集會遊行中，針對各類案件，我國司法院

[135] 參閱司法院釋字445號解釋。
[136] 楊智傑（2017），〈公民不服從作為阻卻違法事由：評台北地方法院104年度囑訴字第1號刑事判決〉，《臺灣法學雜誌》，第33期，頁65-67。
[137] 劉幸義（2015），〈法治國家、反抗權與人民不服從〉，《月旦法學雜誌》，第237期，頁112-115。Kaufmann, Rechtsphliosophie, 2.Auflage, 1997, S.211.

大法官並無解釋，在適用集會遊行法上之行政判斷，並無出現判斷餘地之空間。審視我國集會遊行法相關規定中，主管行政機關需要行政判斷之情況相當多。而整體觀察，在我國集會遊行法中，被認為最重要兩項之行政判斷，關係人民權利亦甚鉅，首先即為集會遊行法第11條規定，有關室外集會遊行不予許可之情形，此即為本文論述之主題。而另一項重要行政判斷，即為該法第25條規定，主管機關之警告、制止或命令解散，主管機關亦必須針對各款，其中有些不確定法律概念，亦須予以行政判斷。在此深入觀察司法審查與集會遊行，從整體違法性判斷而言，依法理亦有所謂超法規事由之阻卻違法，例如人民之集會遊行，其若被視為自然法所稱抵抗權之行使或市民之不服從，則即使行政機關針對不確定法律概念之判斷或行政裁量，均屬正確，在司法審查時，法院亦可依據上述抵抗權或市民不服從之法理，判決撤銷原處分或免除被告之責任，而形成阻卻違法之狀態情況。

二、重要不確定法律概念之探討

（一）概說

　　在集會遊行法中存在很多不確定法律概念，尤其針對本文主題有關集會遊行不予許可之情形規定，多所運用不確定法律概念，主管機關若不予許可，勢必針對不確定法律概念實施行政判斷。然而若要正確實施行政判斷，必須深入瞭解這些不確定法律概念之內涵，故本章針對此深入探討。在此，依據集會遊行法第11條第1項各款，重要不確定法律概念予以深入探討，在公共層面包括國家安全、社會秩序與公共利益（第2款），在個人法益部分，包括危害概念、生命、身體、自由與財物等（第3款）。

（二）國家安全、社會秩序、公共利益

　　本條第1項第2款所述：「有明顯事實足認為有危害國家安全、社

會秩序或公共利益者。」其中有關國家安全、社會秩序或公共利益之不確定法律概念，其內涵之理解，密切關係行政判斷之正確。而在警察法上，通常引用公共安全與公共秩序，尤其德國警察法在針對警察法核心概念之行政判斷，幾乎是以公共安全、公共秩序與公共利益三者為重點。在本條第1項第2款所稱國家安全與社會秩序，其與公共安全與秩序之內涵差別何在？是否係相當一致的概念？在此確有價值深入探討。在我國的行政法或警察法，時常提到國家安全與社會秩序，亦有常提及社會安全，然而並無深入比較，其與相近概念之探討。以國家安全與公共安全之區別，從法理邏輯而言，公共安全之範圍較大，包含國家安全。同樣，公共秩序之範圍較大，亦包含社會秩序。故在學理上，依據行政法與警察法理論，應以公共安全與公共秩序為主。

德國普魯士警察行政法第14條規定：「為防止公眾或個人遭受危害，且該危害已威脅公共安全或公共秩序時，警察機關在法律範圍內應依義務性裁量採取必要措施。[138]」在警察干預權限範圍內，必須是公共安全或公共秩序受到威脅或滋擾，且其程度不只是滋擾或僅是想像中之危害，必須是具體之危害[139]。因此在學理上，警察職權所要保障之法益即為公共安全與秩序。

依據傳統的解釋，公共安全（öffentliche Sicherheit）對於個人之保護包含生命、健康、自由、榮譽以及財產等方面[140]。經長時間的演進，公共安全之概念已有一公認之輪廓，只要個人生命、健康、自由、名譽與財產，以及國家機構之存在與功能中任何一狀況受到威脅（Drohung），則是公共安全受到威脅。德國Bremen邦之警察法第2條第1項第2款：「公共安全係指，法規、個人之權利與法益、國家或其他公權力主體設施與活動之存續，不可侵害性之謂。」而今日所理解之公

---

[138] Vgl. Götz, Volkmar, Vor 60 Jahren-Preußisches Polizeiverwaltungsgesetz, JuS 1991, S. 810 ff.
[139] Vgl. Drews/Wacke/Vogel/Marten, Gefahrenabwehr, S. 408 f.
[140] Vgl. Drews/Wacke/Vogel/Martens, a.a.O., S. 235.

共秩序（öffentliche Ordnung）概念則爲「包括所有不成文之個人公共
行爲規範，依通常道德、社會之觀念，遵守該規範是國民共同生活不可
或缺之要件」。由於公共秩序之定義範圍過廣，疑義滋生，公共秩序有
關之危害防止是否列入警察任務仍有爭議，其概念的確定，有賴法官審
判時，以其見解加以闡明[141]。

綜合而論，公共安全之主要內涵可大分爲三：1. 國家及其機關之
安全與存續。除國家之外尚包括其他公權力主體，保護範圍及於所有公
法上之權利主體與機關之外，尚包含設施，特別指的是公共營造物，如
戲劇院、博物館、圖書館，而國家及其機關所舉辦、進行之活動，亦在
受保護之列；2. 個人生命、身體、自由、名譽及財產之安全，主要是指
由公法所保護之個人主觀公權及法益而言；3. 所有法規之維護，法規係
指客觀意義之法，以成文之規範爲主，其係民主法治國家維繫其功能之
重要要素[142]。

然而由於公共秩序之定義範圍過廣，疑義滋生，無形中擴充警察
權，易侵犯人民權益。因此，較新修訂的布萊梅（Bremen）警察法，
就不再將與公共秩序有關之危害防止列爲警察任務，使公共秩序的字
眼從警察法概括條款上消失。然而仍有主張公共秩序概念應存在者，
其認爲公共秩序之概念，頗能顧及大多數人之共同看法（herrschende
Anschauung），合乎民主多數決原則，其不僅存在於警察法之概括條
款及許多特別法中，甚至在德國基本法第13條第3項及第35條第2項中都
有規定[143]。事實上，立法者不可能在所定法令中提出其價值判斷，因此

---

[141] 李震山（2016），《警察行政法論—自由與秩序之折衝》，頁178-180，台北：元照。
李震山教授引用德文文獻進一步指出，對一行爲是否違反公共秩序之判斷，應注意以下
幾點：一、該可能違反秩序之行爲是否已涉及一存在之非法律之社會規範；二、該規範
合乎特定區域人民之多數見解；三、對維持一有秩序的共同生活，該規範爲不可缺乏之
要件；四、該被判定之行爲是違反該社會規範。

[142] Vgl. Pieroth/Schlink/Kniesel, Polizei-und Ordnungsrecht, 2. Auflage, 2004, S. 124 ff.

[143] Vgl. Drews/Wacke/Vogel/Martens, a.a.O., S. 341.

公共秩序概念的確定，有賴法官審判時，以其見解加以闡明。若司法應有功能無法充分積極發揮，僅強調不確定法律概念在行政實務上之補漏作用，甚至力陳警察機關應有行政自制的能力，如此並無法保證人民之權益會得到充分保障[144]。

　　而公共安全的公共性僅存於公共利益的維護，公共利益乃相對於私人利益而言，當其運用、行使或保護由行政機關負責，而非由私人掌握時，公共利益的意義便顯現出來，例如：規範授權國家行使權限，國家即成為法律的持有者。公共安全的三種法益內涵因而彼此相互重疊，實際上法治國即是透過法律秩序創造國家、法秩序保護法益的兩個範疇，包括個人之生命、健康、自由、名譽和財產，以及國家和其他公共設施之存在，申言之，探究危害對於法秩序的不可侵犯性，等同開啓危害對於公共安全的檢視[145]。

　　從行政學觀點，所謂「公共利益」，係指行政機關的所作所為應有益於民眾福祉，是社會的未來發展能夠實踐先前的理想目標，例如：教育機會均等、充分就業等。有關公共事務的所有價值或期待，均可統含在公共利益概念之下。公共利益的四種功能：1. 凝聚功能：係指公共利益可當作一個統整性象徵，一個意氣相投的口號；在此口號下，不同的黨派、群體會調解彼此的差異，結成政治聯盟。因為它有模糊的符號作用，能吸引不同觀點的利益，同時各個利益團體也可由公共利益所隱含之規範、價值、道德中，謀取利益；2. 合法功能：係指政策規劃過程中各方利益的均衡要比純粹單方或少數利益的強勢勝利，來得更有價值。公共利益可使政策產出具備合法化基礎，提升政策執行力與民眾順服

---

[144] 李震山（2016），《警察行政法論—自由與秩序之折衝》，頁228-229，台北：元照。
[145] 陳英淙（2016.4），〈警察公共安全與公共秩序之探討〉，《軍法專刊》，62卷2期，頁6-8。在此進一步指出，公共利益之顯示，例如：規範授權國家行使權限，國家即成為法律的持有者，由於國家通常是法律履行的壟斷者，如刑法和社維法等相關法律，基於這種意涵，公共安全乃是所有公法法益保護的總和，各危害防止機關需依照法規範所賦予的任務，維護法秩序的保護利益。

度；3. 授權功能：係指公共利益的內涵缺乏準確，眾說紛紜莫衷一是，才能使立法機關架構一個模糊的彈性授權空間，讓行政機關在授權範圍內裁量使用，甚至更為精緻的運作；4. 代表功能：在此概念下，得以持續地提醒社會民眾及政府官員，在政治運作過程中仍有許多弱勢群體乃結構不良，組織鬆散，甚至無代言人為他們向政府爭取利益。公共利益可引導社會多數人眼光朝向經常受忽視的群體的利益[146]。

在行政學中，亦有公共利益的8項判別準則：1. 公民權利：是否有證據顯示新政策已將多種公民權利納入考量，而且不會侵犯這些權利？2. 倫理與道德標準：行政機關的新政策及其行動能否禁得起民眾之倫理與道德層面的檢驗？3. 民主程序：那些有話要說的人士是否已經表達意見？行政機關除了聆聽民眾意見外，是否已經盡可能地把相關意見納入對話過程？4. 專業知識：所作的建議是否考量專業意見？5. 非預期結果：所作的建議是否進行充足的分析，俾提供可能的長期效果說明？6. 共同利益：所作的建議是與特定利益較有關聯性，或是它可反映較大社群的利益？7. 輿論民意：對於社會爭論問題、媒體、公聽會所反映的議題所呈現出來的民意或輿論，是否試圖加以察覺並納入考量？8. 充分開放：在政策形成過程中，有關協商、決策、背景資料、專業意見等，是否可供外界監視[147]？

故公共利益為行政法與警察法中重要之概念，行政機關之作為受兩大因素影響：一係法律，二係公益。蓋行政作用須遵守法律之規定，與例外情形（如裁量行為）或可不受法律之拘束，但因無法免於公益之考慮。至於法律上所稱公益者，並非抽象的屬於統治團體或其中某一群人之利益，更非執政者、立法者或官僚體系本身之利益，亦非政治社會中各個成員利益之總和，而係各個成員之事實上利益，經由複雜交互影響

[146] 蔡良文（2018），《人事行政學：論現行考銓制度》，頁53-56，台北：五南。
[147] 蔡良文（2018），《人事行政學：論現行考銓制度》，頁67-70，台北：五南。

過程所形成理想整合之狀態。公益判斷是否正確，不能任憑國家機關之主觀，而應以客觀公正避免錯誤之認知爲之，在多元社會必要時尚須透過公開討論俾能形成共識[148]。

（三）危害概念、生命、身體、自由與財物

另者，在此亦可確認公共安全與秩序的憲法正當性，並認爲警察法之公共安全的內涵，係法治國透過法秩序創造國家，法秩序保護法益的範疇。而在警察法之任務概括條款中，除公共安全與公共秩序外，尚有一重要的不確定法律概念，即是危害。在此可以參考德國普魯士高等行政法院針對危害（Gefahr）所下的定義爲：「危害，是指若不加以阻止，則可能造成損害的一種狀況，亦即經外力之影響，將減損事實存在正常的生活利益之狀況。」以及德國學者Drews之見解，認爲危害係指：「因物之狀況或人之行爲於一般進展下，極有可能對公共安全與公共秩序造成損害之一種情況。[149]」

而生命、身體、自由與財物，深入研究，從法學觀點，往往應可先從憲法保障人權權益論起，因爲此乃大方向，而爲落實憲法基本權，當然係經由法律實踐，故在此應從憲法基本權與法律層面論述。在憲法所保障生命權方面，雖然我國並無明文規定，但仍可從憲法第22條概括基本權導出。我國憲法未明文保障人民之「生命權」（Recht auf Leben），此與某些國際人權規範或外國憲法之規定有別。例如世界人權宣言第3條明定：「人人享有生命、自由與人身安全。[150]」歐洲人權公約第2條第2項：「每個人的生命權應受法律保障。」又外國憲法中有明文直接保障生命權者，有德國基本法第2條第2項第1款規定：「每個人有生命權及身體不受傷害權。」我國憲法雖未見「生命權」一詞，但

---

148 吳庚（2017），《行政法之理論與實用》，增訂15版，頁67-69，台北：三民。
149 Vgl. Drews/Wacke/Vogel/Martens, a.a.O., S. 241.
150 丘宏達（1996），《現代國際法基本文件》，頁370-375，台北：三民。

國家不能以之作爲推辭保障人民生命權之理由，生命權是先於國家而存在，屬自然權、固有權或原權之一種，不待憲法明文規定即受保障，有些國家以明文列舉保障，則屬事後再「確認」的性質。

　　另我國憲法第15條針對生存權明文規定予以保障，我國司法院大法官於釋字第476號解釋中，明白將剝奪生命之死刑與生存權之保障相提並論，惟生存權是否即涵蓋生命權，大法官並未說明，實有討論之空間。而從人權之發生與演進而言，生命權毋寧是最原始的，有生命之後方有生存之意義。而生存權所強調者，係在社會國原則下，透過國家財力、物力之給付，保障人民至少應生活在經濟、環境、健康、工作、文化等最低標準之上。我國憲法將生存權與工作權、財產權並列，傳統上被稱爲受益權，因此生存權宜從經濟學、生態學考量，強調的是生存基本條件或最低限度生活權之保障。另一方面，生命權宜從生物學上、生理學層面考量，以其生命之存在爲論述重點。此兩項個別存在的基本權利，當遇有基本權利主體、保障範圍與功能、限制強度與密度、衝突與競合等問題時，詮釋上皆會有不同結果，區分實益因而顯著[151]。

　　憲法意義下的身體權，泛指身體的自主性與完整性，其至少應包括身體行動的人身自由、身體健康的健康權及身體不受傷害權。而我國憲法第二章有關權利之規範中，亦並未明文揭示人民「身體權」之保障。在國際人權規範中，涉及身體權之保障者，如世界人權宣言第3條規定：「人人有權享有生命、自由與人身安全。」歐洲人權公約第3條規定：「任何人不得加以酷刑或使受非人道的或侮辱的待遇或懲罰。」

---

[151] 李震山（2007），《多元、寬容與人權保障—以憲法未列舉權之保障爲中心》，頁99-101，台北：元照。在此進一步指出，依據通說，在憲法所保障個人自由權利則是優於國家保護義務（staatliche Schutzverpflichtung），僅僅在例外的時候，國家保護義務才優先於個人自由權利之發展，例如當立即生命危險（Lebensgefahr）已形成時，國家保護義務應優先存在，國家公權力措施必須立即介入以排除危害。所以當自我傷害的情況發生時，並不是在一種完全自由意志下所爲，則國家保護義務優先存在，致使警察與秩序機關必須採取適當措施，例如針對小孩以及少年，他們傷害自己之決定是因長輩或受不良團體之影響，則並非處於完全自由意志下，例如有人因爲酗酒以及吸毒而傷害自己。

在國外憲法中，以德國基本法第2條第2項第一句，最具代表性的規定：「任何人均有生命與身體之不受傷害權。」其中與警察致命射擊相關的基本權利，則以身體不受傷害權為討論重心，而身體不受傷害權也一直是國家針對遊民行使各項措施時，首先應考慮是否受侵害的基本人權[152]。

所謂身體不受傷害權（Recht auf körperliche Unversehrtheit），旨在確保人身體之完整性，包括外在之形體與內在之器官、組織。從人的物質（肉體）而言，是指每個人有權主張，其作為人生命之物理、生物基礎之肉體與健康應不受傷害。而從人的精神層面而言，是指人在心理、精神、靈魂上，對其身體完整性有不受外在操控之主體地位，此種身體自主性屬人格權中自我型塑表現形式，其不應受傷害。所以對身體構成傷害，是指直接或間接影響到身體本質，改變其特質。至於心理、精神受到傷害，必須已危及健康，方屬對人體造成傷害，於此，自需客觀科學判斷根據[153]。

在此有關自由權，當自由與生命、財產連結，依據法理，一般所指應係為人身自由，並不關係言論自由等範圍。人身自由（Freiheit der Person），又可稱人身不可侵犯權，指人民有「身體活動自由」（Körperliche Bewegungsfreiheit）的權利，不受國家權力的非法侵犯，防止國家非法的逮捕、拘禁，以及加諸在人身上的強制行為。由於人身自由代表人民是一個「自由人」，所以人身自由是一切自由權利的基礎。因此，人身自由的涵義其實很廣，憲法第8條規定的只是特別的人身自由，係指對抗國家的逮捕、拘禁、審問與處罰，即如何將有犯罪嫌疑的人民拘禁起來。但是對人身自由的侵害，除了憲法第8條的規定之

---

[152] 例如警察下令抽血檢驗酒精濃度值之干預措施，首先考慮的就是相對人可否主張身體不受傷害權。請參閱李翔甫（2007），〈警察下令抽血檢驗酒精濃度值正當性問題之探討（上）〉，《臺灣本土法學》，第92期，頁9-11。

[153] Vgl. Dürig, Günter, in: Maunz/Dürig, Kommentar GG, Art. 2, Abs. II. 42, 1. Auflage, 2003. Lorenz, Dieter, in: Isensee/Kirchhof, Handbuch des Staatsrechts, VI, § 128, 1989.

外，尚有許多其他不同的可能[154]。例如警察的臨檢或約談，亦即典型措施之盤詰、盤查身分、傳喚、管束或驅離等將產生限制人身自由的法律效果。

人身自由乃包括動靜坐臥的自由，此種自由主要是用以抵抗國家不法之任意逮捕，與憲法第10條居住遷徙自由比較，人身自由係屬一種消極的行動自由，亦即人身自由是不被支配的身體自由，只要制度中會使人民身體自由受到強制力支配之效果者，該制度即須有法律的明確規定始具有合法性。易言之，拘束人民身體自由不是其理由正當即為已足，縱使該作為限制人身自由之事由正當，該事由仍必須透過形式合法性以確立其規範地位，亦即須有法律的明文規定，始符合狹義法律保留原則[155]。

有關財產權，保障財產權之目的在於，確保個人在經濟上之基礎及一個個人自我私領域之存在。申言之，財產權就如同所有最基礎之基本權，確保基本權主體在財產法領域範圍內之自由，並使得個人生活能夠自我發展與自我負責[156]。因此財產權保障與個人自由存有內在關聯性，所以財產不是奢侈、不是享受，而是具生存確保及促進個人自我發展之意義。簡言之，財產創造個人之獨立性，依此財產權之保障卻在保障個人依財產之存續狀態行使其自由使用、收益及處分之權能，並免於遭受公權力或第三人之侵害，俾能實現個人自由、發展人格及維護尊嚴，此時財產權之保障目的不僅視為實現生存權之手段，而是亦具有實現個人自由、發展人格及維護尊嚴之作用[157]。就財產之定義而言，首先之特徵為可以為私人支配與利用。因此凡歸屬於私人可利用與支配者就為此基本權主體，為個人生存基礎，也是自我負責地使用支配私人利益之範

---

[154] 許育典（2008），《憲法》，頁183，台北：元照。
[155] 李惠宗（2004），《憲法要義》，頁129-131，台北：元照。
[156] 管歐（2006），《憲法新論》，頁119-121，台北：五南。
[157] 陳慈陽（2005），《憲法學》，頁601，台北：元照。

疇。簡言之，財產就是指所有現行法秩序下，被視為具有財產價值之權利及物體，為私人所使用支配者均屬之，例如動產、不動產及股份等，還包含無體物，如精神上之創作等。

而在法律層面，實踐上述基本權的法律，相關法規眾多，當然主要還是以法律為主。在保護生命方面，相關法律之實踐，大都以生命與身體不受侵害作為法益，故刑法規範殺人、傷害、強姦等罪，在特別法上有毒品防制條例、兒童及青少年性交易防制條例等等。另在警械使用條例規定，以比例原則以及勿傷及人致命部位等條款規範。在保障人身自由權，相關法律之實踐，有刑法妨害自由罪章規範，而提審法更是實踐保障人身自由最佳的工具規範。針對財物，則以民法物權之規範最為完整，另散在各海商、公司法領域中，保障財物之使用利益等均為重要規範。

（四）小結

今日所理解之公共秩序概念則為「包括所有不成文之個人公共行為規範，依通常道德、社會之觀念，遵守該規範是國民共同生活不可或缺之要件」。由於公共秩序之定義範圍過廣，疑義滋生，公共秩序有關之危害防止是否列入警察任務仍有爭議，其概念的確定，有賴法官審判時，以其見解加以闡明。而在警察法上任務概括條款中，除公共安全與公共秩序外，尚有一重要的不確定法律概念，即是危害。在此可以參考德國普魯士高等行政法院針對危害所下的定義為：「危害，是指若不加以阻止，則可能造成損害的一種狀況，亦即經外力之影響，將減損事實存在正常的生活利益之狀況。」

而生命、身體、自由與財物，深入研究，從法學觀點，往往應可先從憲法保障人權權益論起，因為此乃大方向，而為落實憲法基本權，當

然係經由法律實踐，故在此應從憲法基本權與法律層面論述[158]。而在法律層面，實踐上述基本權的法律，相關法規眾多，當然主要還是以法律為主。在保護生命方面，相關法律之實踐，大都以生命與身體不受侵害作為法益，故刑法規範殺人、傷害、強姦等罪，在特別法上有毒品防制條例、兒童及青少年性交易防制條例等等；另在警械使用條例規定，以比例原則以及勿傷及人致命部位等條款規範。在保障人身自由權，相關法律之實踐，有刑法妨害自由罪章規範，而提審法更是實踐保障人身自由最佳的工具規範。針對財物，則以民法物權之規範最為完整，另散在各海商、公司法領域中，保障財物之使用利益等均為重要規範。

參、實務問題

一、概說

有關本文針對行政判斷在集會遊行不予許可，其中在集遊法第11條第1項各款之探討，除了不確定法律概念判斷之重要問題外，仍有其他重要問題，需要深入探討，例如針對第4款有關「同一時間、處所、路線已有他人申請並經許可者」，針對此規定，衍生有關路權問題。另外，針對第5款規定「未經依法設立或經撤銷、廢止許可或命令解散之團體，以該團體名義申請者」，在此衍生未合法團體之問題，均需深入探討。又審視未來集會遊行法配合時勢之修正，將朝往報備制方向，故本條文有關不予許可要件之探討，其未來修法狀況如何，在此一併深入探討。

---

[158] Vgl. Amadeus Wolff/Decker, VwGO/VwVfG, 2012, S.133-136.

二、路權之重複

依據集會遊行法第11條第1項第4款規定：「同一時間、處所、路線已有他人申請並經許可者。」在此依據該法第9條規定，申請集會遊行須明確將時間、處所與路線載於申請書，亦為申請許可的必要條件。故本條與第9條相互關聯，在於集會遊行之申請，必須明確負責人、目的、方式、時間、處所、人數以及車輛物品等。針對本條進一步探究，若時間、處所與路線已有他人申請並經許可者，列為不予許可之要件事項。反面而言，除了時間、處所、路線不得重複相同，負責人、集會目的與方式應可重複[159]。

依據第9條第2項規定，有關第3款之集會處所，應檢具處所之所有人或管理人之同意文件。故在此可經由同意文件檢驗處所之重複情形審查，然而針對遊行之路線，似乎比較複雜，因並非一個點，而是移動的線，如何認定重複，在實務上常有爭議產生。在此路權的申請，係依據各地方政府訂行政命令而實施，例如臺北市政府訂定「臺北市申請使用道路集會要點」處理路權申請，第1點即規定：「臺北市政府工務局新建工程處（以下簡稱新工處）為核發集會遊行法第九條第一項第三款規定之集會處所使用道路同意文件，特訂定本要點。」依此規定，路權主管機關為臺北市政府工務局，並非警察機關。相較於本條針對集會遊行不予許可，其主管機關為警察機關，然而值得注意的是，臺北市政府訂此要點，其中第6點與本條密切相關，該條規定：「有下列情形之一

---

[159] 李建良（2014），〈集會自由與群眾運動的憲法保障—釋字第718號解釋〉，《臺灣法學雜誌》，第246期，頁14-16。在此進一步指出，本號解釋，強調室外集會、遊行的特性，顯無強化保障室內集會之用意。恰恰相反，本號解釋凸顯室外集會遊行的「衝突本質」，旨在為國家當然得以介入、限制，乃至於進行各種管控作理論上的鋪墊，並且置入「集會、遊行舉行者須適時提供主管機關必要資訊」之憲法上所無的協力義務，讓主管機關得以「就集會、遊行利用公共場所或路面之時間、地點與進行方式」作事前的管控，並且基於事中管控之需要，預先籌謀配置「執法相關人力物力」。主管機關是否真能「協助集會、遊行的順利舉行，並使社會秩序受到影響降到最低程度」，暫且不問，如此被置在公權力藩籠之中的室外集會遊行，何異於「室內」之集會遊行？

者，新工處得予駁回申請，申請人如有不服，得依法提起行政救濟：（一）申請使用時間、路段相同，後序申請者。（二）新工處認該道路不適宜辦理集會者。（三）未依第二點規定提出申請者。」在此規定，顯示臺北市政府工務局針對路權申請，依據該點第1項第1款，若「申請使用時間、路段相同，後序申請者」，可駁回其申請[160]。

由此，若申請集會遊行時，其集會遊行之路權重複者，即所謂申請使用時間、路段相同者，應該無法從主管機關工務局取得路權許可，既然無法取得路權許可，自然無法提出合格的申請書。因依據第9條第2項規定，針對集會處所，應檢具處所之所有人或管理人之同意文件，而遊行，應檢具詳細路圖。然而在此針對集會處所需要同意文件，而遊行路線並無規定，是否意味，即使未經路權申請許可，仍可申請集會遊行，在此有所矛盾。不過，另從前述臺北市申請使用道路集會要點第6條規定，對於申請使用時間、路段相同，後序申請者，得駁回申請。亦即，也有可能路線相同，工務局予以核准，故需本條之審查，針對路權重複，予以不許可之處分。不過整體而言，倘若依據市政府有路權之核可權，則應不需再由集會遊行之主管機關，警察機關重複審查，否則兩者有可能陷入如前述矛盾現象，故集會遊行法第11條第4款規定，是否有規定之必要性，值得檢討[161]。

由於路權的取得已成為集會遊行的必備要件，故各地申請集會遊行，都由各地方政府制定相關取得路權的程序規定，如前述臺北市申請使用道路集會要點等。在此有爭議，即是申請使用道路集會，應向市政府工務局申請，所以依此邏輯，申請集會遊行一定要申請路權，如此一來，許可集會遊行的關鍵機關就並非主管集會遊行的警察機關，而是市政府工務局。在此，由市政府工務局決定集會遊行，係將偏離集會遊行

---

[160] 參閱臺北市申請使用道路集會要點。
[161] 許育典（2014），〈緊急性及偶發性集會遊行須申請許可？〉，《月旦法學教室》，第146期，頁6-8。

許可制之目的意旨。既然集會遊行法明定主管機關爲警察機關，而實質上，申請路權或集會處所之同意文件卻是集會遊行的關鍵，故許可機關在此可能旁落在一般非警察機關。故前述臺北市申請使用道路集會要點第1點規定，本要點係爲核發集會遊行法第9條第1項第3款規定之處所使用道路同意文件，而第2點又規定，申請人應於使用道路集會日前8日（不含星期例假日、國定假日或其他休息日）至30日內以書面向新工處提出申請使用道路同意文件。故在此審查機關係爲臺北市政府工務局，並非是臺北市政府警察局。基於前述，有關集會遊行法之立法目的，配合集會遊行法第9條與第11條之審查，應於該要點明確規定，在申請人提出申請後，臺北市政府工務局之審查，應會同臺北市政府警察局一併審查，就道路工程與社會治安觀點，併同考量[162]。

在實務上，申請路權，包括廣義上有關集會處所使用道路同意文件，若遇到熱門時段或集會遊行場所，在工務局前，往往有看到排隊的申請人，針對所謂熱門時段地點，以搶得路權或優先獲得場所使用同意文件。在此，係因爲若依據臺北市申請使用道路集會要點第5點規定，人民或機關團體申請使用道路，同一路段、同一使用時間有二以上申請於同時申請者，以新工處收件時間排列優先順序。所以，工務局針對同一路段與同一時間提出申請，若有二申請人以上，其裁量標準係用提出申請時間的先後。尤其，在選舉造勢之場合，往往熱門路段與場所，各組人等爭取，故曾有漏夜排隊申請路權場所之情形。然而實務作法上，應由警察機關與主管縣市政府一同視當時社會治安狀況，作合義務性之

<hr>

[162] 朱金池（2018），〈我國警察集會遊行執法之爭議研究〉，《執法新知論衡》，14卷1期，頁30-32。在此進一步指出，警察是政府行政部門的一環，同時也是執法的一個部門，從憲政設計的理論言，警察應依法行政且保持中立的立場，以處理聚眾活動。警察則須預防危害及現場秩序控管與事件處理，亦應相對忍受侵擾及預防身體危險。但是，從警察的實際運作而言，警察在處理聚眾活動時，深深受到易變的政治權力結構之影響。由於政府的權力結構主要包括行政、立法及司法等部門。因此，警察在擬定處理聚眾活動的策略時，勢必受到警察的上級行政機關首長的政策指示、民意機關（立法機關）的課責監督，以及司法機關的判決案例等之影響。

裁量，對於關係重要人民權益之集會遊行，可優先考慮，准許予以取得路權與場所。

三、未合法團體之申請

依據本條第1項第5款規定，針對「未經依法設立或經撤銷、廢止許可或命令解散之團體，以該團體名義申請者」，申請集會遊行，將不予許可。在此「未經依法設立或經撤銷、廢止許可或命令解散之團體」稱未合法團體，在法律上雖未明文規定，顯示其與「非法團體」有所別，畢竟非法團體往往被視為違法犯紀或犯罪團體，故有所區分。在此所稱「未經依法設立」，從狹義觀察言，此法主要指得是人民團體法與政黨法，依常理舉辦集會遊行實踐意見表達自由之團體，除了一般人民團體，就是政治團體。而依法設立，係在人民團體法第二章規定，內容第8條至第12條，在第8條規定，必須申請經許可，並設有許可條件，在第9條規定組織籌備會及派員列席，第10條規定章程名冊等之立案核備，第11條規定核准立案後之登記及備查及第12條規定章程記載事項等[163]。

另外，從廣義言，所稱「未經依法設立」，亦可包括依據公司法或特別法，所成立之私法人或團體，例如公司企業或商店營利團體等，或者如依據公寓大廈管理條例，而設立之管理委員會，亦屬依法設立之團體。然而，在此觀察集會遊行法，實踐人民集會遊行之基本人權，應採取最廣的解釋，只要依上述公司法或特別法所成立之團體，應視為合法人民團體，亦即並非前述只限於依據人民團體組織法或政黨法。然而，再深入觀察，該款規定未經依法設立之團體，申請集會遊行，主管機關依法不予許可，此對人民之集會遊行權利影響不大。因即使不用團體名義申請，亦可以個人負責人為名義申請集會遊行，其間之差別僅在於，

---

[163] 王韻茹譯（2015），〈德國極右派集會遊行的法律問題〉，《國立中正大學法學集刊》，第47期，頁18-20。

若能用團體名義申請，針對集會遊行之目的，或許號召力量較能顯現，並且可與相關聯團體串聯，如此一來，其意見之傳達與表示，更能徹底完成。

四、未來修正立法之方向

由於為實踐集會遊行之基本人權，未來集會遊行法傾向採用報備制，以取代目前的許可制，而代表許可制，即本文所論述探討的集遊法第11條，有關集會遊行不予許可之要件，故未來方向則會刪除第11條。然而，在此並不意味在集會遊行法中，有關主管機關在集會遊行之行政判斷，即被視為無關緊要。依據行政院版（2016年2月1日）有關集會遊行法修正草案，雖已刪除第11條，在此顯示，該草案採取報備制，而廢除了許可制。然而縱使未來立法採行報備制，然而基於國家安全與社會治安，仍必須有所謂危害預防的有效手段[164]。故在該草案第12條規定：「室外集會、遊行，於舉行前有明顯事實將立即危害生命、身體、自由或對財物造成重大損壞或發生天然災變者，主管機關於必要範圍內應命其負責人變更其路線、場所、時間或加以限制，並指定應遵守之事項。」，其中有關「有明顯事實將立即危害生命、身體、自由或對財物造成重大損壞或發生天然災變者」等不確定法律概念，主管機關仍必須行政判斷，採取適當危害預防措施[165]。另該草案第14條規定：「集會、遊行之進行，應以和平方式為之，不得有下列行為：一、使用暴力。

---

[164] 參閱行政院版（2016年2月1日）集會遊行法修正草案總說明及草案條文對照表。

[165] 李寧修（2015），〈保護抑制或箝制？集會遊行之強制解散及其效果／桃園地院98簡上111判決〉，《臺灣法學雜誌》，第276期，頁142-144。在此進一步指出，對於「首謀者」之行政判斷，針對集會、遊行經該管主管機關命令解散而不解散者，集遊法第28條處集會、遊行「負責人或其代理人或主持人」3萬元以上15萬元以下罰鍰；與集遊法第29條，係對「首謀者」處以刑罰之規定，立法者於此似有意針對不同之規範對象，定以不同之構成要件，並課以相異之法律效果。所謂「首謀」應係指於集會現場指揮群眾，居於領導地位，而對該集會之聚集與否有相當影響能力之人，始足當之，此就具體集會遊行之情況為實質認定，而不得僅據某人於集會活動期間曾拿麥克風對現場群眾發表演說之行為，即認定其為該次集會活動之首謀。

二、攜帶足以危害他人生命、身體、自由或財產安全之物品。前項第二款之物品，不問屬於何人所有，均得扣留並依法處理。」在此，主管機關針對物品之扣留，必須就條文所規定之不確定法律概念，作行政判斷，才能採取措施，如「足以危害他人生命、身體、自由或財產安全」之規定。

觀察未來修法，針對前述路權場所重複與未合法問題，是否可以一併解決，惟依據行政院版草案，因已經廢除許可制條款，該草案第8條規定：「室外集會、遊行，負責人應於舉行之日前三十日內三日前向主管機關提出報備書。」故依此條款規定，實施報備制。在此，針對路權場所問題，該草案第9條第2項第3款規定，集會遊行之報備書應檢附集會者，集會場所所有人或管理人之同意文件。如此一來，倘若人民未取得同意文件，等於視同未報備，則依該草案第25條規定，集會、遊行活動負責人、負責人之代理人或實際負責人，未依第8條或第9條第1項、第2項規定提出報備或報備不實，將被處新臺幣3萬元以下罰鍰。在此，路權場所之取得並非取決於集會遊行之主管機關，則無法體現集會遊行受規範而保障合法集會遊行之基本人權，故應對路權場所之取得同意文件，在集會遊行法規定，仍可授權集會遊行主管機關會同地方縣市政府（路權場所主管機關）訂定詳細法規命令予以實施。另有關前述未合法團體申請集會遊行，在現行法上，將不被允許許可之情況，在未來修法上，並無規定，不過對於人民集會遊行權利，應影響不同，因即使未合法團體無法申請集會遊行，則現行作法或未來修法後，仍可以私人名義申請，並無問題[166]。

五、小結

工務局針對同一路段與同一時間提出申請，若有二申請人以上，其

---

[166] 李震山（2015），〈人權發展與警察職權—以司法院大法官解釋為例〉，《中央警察大學學報》，第52期，頁8-10。

裁量標準係用提出申請時間的先後。尤其,在選舉造勢之場合,往往熱門路段與場所,各組人等爭取,故曾有漏夜排隊申請路權場所之情形。然而實務作法上,應由警察機關與主管縣市政府一同視當時社會治安狀況,作合義務性之裁量,對於關係重要人民權益之集會遊行,可優先考慮,准許予以取得路權與場所。即使不用團體名義申請集會遊行,亦可以個人負責人為名義申請集會遊行,其間之差別僅在於,若能用團體名義申請,針對集會遊行之目的,或許號召力量較能顯現,並且可與相關聯團體串聯,如此一來,其意見之傳達與表示,更能徹底完成。

由於為實踐集會遊行之基本人權,未來集會遊行法傾向採用報備制,以取代目前的許可制。然而,在此並不意味在集會遊行法中,有關主管機關在集會遊行之行政判斷,即被視為無關緊要。縱使未來立法採行報備制,然而基於國家安全與社會治安,仍必須有所謂危害預防的有效手段。其中有關「有明顯事實將立即危害生命、身體、自由或對財物造成重大損壞或發生天然災變者」等不確定法律概念,主管機關仍必須行政判斷,採取適當危害預防措施。在此,路權場所之取得並非取決於集會遊行之主管機關,則無法體現集會遊行受規範而保障合法集會遊行之基本人權,故應對路權場所之取得同意文件,在集會遊行法規定,仍可授權集會遊行主管機關會同地方縣市政府(路權場所主管機關)訂定詳細法規命令予以實施。

肆、綜論

而整體觀察,在我國集會遊行法中,被認為最重要兩項之行政判斷,關係人民權利甚鉅,首先即為有關室外集會遊行不予許可之情形,此係本文論述之主題。而另一項重要行政判斷,有關主管機關之警告、制止或命令解散,主管機關亦必須針對各款,其中有些不確定法律概

念，亦須予以行政判斷。在此深入觀察司法審查與集會遊行，從整體違法性判斷而言，依法理亦有所謂超法規事由之阻卻違法，人民之集會遊行，法院亦可依據抵抗權或市民不服從之法理，判決撤銷原處分或免除被告之責任，而形成阻卻違法之狀態情況。而在重要不確定法律概念之探究下，今日所理解之公共秩序概念則爲「包括所有不成文之個人公共行爲規範，依通常道德、社會之觀念，遵守該規範是國民共同生活不可或缺之要件。」由於公共秩序之定義範圍過廣，疑義滋生，公共秩序有關之危害防止是否列入警察任務仍有爭議，其概念的確定，有賴法官審判時，以其見解加以闡明。

　　另生命、身體、自由與財物等概念，若深入研究，從法學觀點，往往應可先從憲法保障人權權益論起。在法律層面，實踐上述基本權係以法律爲主。在保護生命方面，相關法律之實踐，大都以生命與身體不受侵害作爲法益，故刑法規範殺人、傷害、強姦等罪，在特別法上有毒品防制條例、兒童及青少年性交易防制條例等等。另在警械使用條例規定，以比例原則以及勿傷及人致命部位等條款規範。在保障人身自由權，相關法律之實踐，有刑法妨害自由罪章規範，而提審法更是實踐保障人身自由最佳的工具規範。針對財物，則以民法物權之規範最爲完整，另散在各海商、公司法領域中，保障財物之使用利益等均爲重要規範。針對財物，則以民法物權之規範最爲完整，另散在各海商公司法領域中，保障財物之使用利益等均爲重要規範。

　　市政府工務局針對同一路段與同一時間提出申請，若有二申請人以上，其裁量標準係用提出申請時間的先後。然而實務作法上，應由警察機關與主管縣市政府一同視當時社會治安狀況，作合義務性之裁量，對於關係重要人民權益之集會遊行，可優先考慮，准許予以取得路權與場所。另即使不用團體名義申請集會遊行，亦可以個人負責人爲名義申請集會遊行。由於爲實踐集會遊行之基本人權，未來集會遊行法傾向採用報備制，以取代目前的許可制。縱使未來立法採行報備制，然而基於國

家安全與社會治安，仍必須有所謂危害預防的有效手段。其中有關「有明顯事實將立即危害生命、身體、自由或對財物造成重大損壞或發生天然災變者」等不確定法律概念，主管機關仍必須行政判斷，採取適當危害預防措施。在此，路權場所之取得並非取決於集會遊行之主管機關，則無法體現集會遊行受規範而保障合法集會遊行之基本人權，故應對路權場所之取得同意文件，在集會遊行法規定，仍可授權集會遊行主管機關會同地方縣市政府（路權場所主管機關）訂定詳細法規命令予以實施。

第12條（申請准駁之通知）
室外集會、遊行申請之許可或不許可，主管機關應於收受申請書之日起三日內以書面通知負責人。
依第九條第一項但書之規定提出申請者，主管機關應於收受申請書之時起二十四小時內，以書面通知負責人。
主管機關未在前二項規定期限內通知負責人者，視為許可。

壹、導言

　　依據集會遊行法第12條之規定，有關申請准駁之通知，係相對應於第9條第1項規定，室外集會遊行應於6日前向主管機關申請許可，另但書規定，因不可預見之重大緊急事故，且非即刻舉行，無法達成目的者，不受6日前申請之限制。故針對負責人依據集遊法第9條之申請予以規定主管機關應於收受申請日起3日內以書面通知負責人，而針對前述但書之規定提出申請者，應於24小時內，以書面通知負責人。而主管機關未在前2項規定限期內通知負責人者，視為許可。

　　針對負責人之申請，故關係主管機關對於申請案件之准駁，在行政法理論上，係為一種許可處分，在此首先論述許可處分之概念，尤其針對在行政程序法上所規定相關行政處分之概念，並針對其性質以及與特許之區分等予以深入論述。另其關係著在期限內作成之許可處分，針對在行政程序法等規定上，即行政機關對於人民依法規之申請均有處理期間等規定，在此作相關深入論述。又關係著不作為即視為許可處分，在此以擬制行政處分之概念予以深入論述。另因司法院釋字第718號解釋，認為有關緊急性及偶發性集會、遊行之申請與准駁通知等規定，均為違憲而失效，故針對實務上如何因應處理，在此亦深入探討。

貳、內容解析

一、許可處分

在此係關係著集會遊行法第9條，於集會遊行提出申請後，主管機關應於收受申請書之日起3日內以書面通知負責人。所謂申請，係指人民依法請求行政機關為特定行政行為為之公法上意思表示。人民提出申請，係因其依法對行政機關享有公法上請求權，得請求行政機關為特定行政行為，乃透過申請，為一種公法上意思表示，行使其權利。因此，申請與陳情、訴願、請願等之概念有所不同。由於申請係公法上意思表示，故除法規有特別規定外，應類推適用民法上意思表示有關規定。申請人所主張的權利，可能是實體法上權利，亦可能是程序法上權利。又原則上是為自己利益而申請，但法規有特別規定者，得為他人利益或公益而申請。所申請之內容，可能是授益性行政行為，但亦可能是使第三人負擔之行政行為[167]。

依據行政程序法規定，行政機關對人民作成單方具有法效果之行政行為，係為行政處分。然而有一種型態，即為人民必須主動申請，要求行政機關有所作為，而行政機關針對人民所為否准，亦為行政處分，在此學理上可稱許可處分與拒絕處分。在行政程序法上，申請之意義在於因申請而開始行政程序，並因而確定程序標的；在行政實體法上，有效且合法之申請係作成「須經申請之行政處分」之必要實質要件。此外，依法規規定內容，申請亦可能意指同意行政機關作某種行為或締結某種契約。申請程序，包括行政機關須經申請始得作成行政行為及行政機關得依職權或依申請作成行政行為兩種情形。此兩種情形，均以人民有申請權為前提，如人民無申請權，則已純屬職權程序之範圍，不論是由行政機關依職權裁量或依法規有義務開始行政程序，人民之申請，只是一

---

[167] 林錫堯（2006），《行政法要義》，頁231-233，台北：元照。

種動因，而非權利之行使。又前述行政機關得依職權或申請開始行政程序之情形，如人民未申請或撤回申請，仍得依職權開始或進行程序，此亦屬職權程序。

在行政處分之形成處分中，許可處分係行政機關將法令明定暫時禁止（vorläufiges Verbot）之事項於個案中予以解除（aufheben），屬具有行政預行控制（präventive Kontrolle）目的之預防性行政處分，就事務關聯性上亦稱爲事前同意。與行政許可行爲類似或相近者，例如例外准許（Ausnahmebewilligung, Dispens）、特許（Verleihung）、報備（Anmeldung）等行爲[168]。而在現行制度下之特許，大部分係基於社會之需要，對自由權、財產權予以高度的行政規制形態，或係將憲法上之生存權予以制度的具體化之行政措施，並非賦予無中生有之權利，因而所謂企業特許，乃指在基於保護人民而嚴格限制營業自由，致引發保障特定的營業占權之法制下，所爲之設權處分。換言之，仍然承認「特許」與「許可」之區別，端視依據法令所作成的行政處分之法律效果，對人民權利義務影響之程度而定，倘若行政處分之法律效果，僅係回復人民之憲法上自由權，則屬「許可」，反之，若其法律效果，依據現行法令判斷，已達設定權利，應予保障之程度，則屬「特許」[169]。由以上行政法理論，檢視本條主管機關所爲之處分，係關係憲法保障集會遊行之自由權，故本條之准許，以「書面通知」係爲許可，並非特許。

二、期限內之許可

依據集會遊行法第12條第1項規定，主管機關應於收受申請書之

---

[168] 李震山（2018），《行政法導論》，頁330-332，台北：三民。在此更細部之分類是在行政法個別領域專精化，例如：警察職權行使法第2條將警察處分類型化成許多典型措施，包括查證身分、鑑識身分、蒐集資料、通知、管束、驅離、直接強制、物之扣留、保管、變賣、拍賣、銷毀、使用、處置、限制使用、進入住宅、建築物、公共場所、公眾得出入場所或其他必要之公權力之具體措施。就諸多分類中，有關行政處分有無附款設定，可分爲無附款與有附款處分。

[169] 林錫堯（2006），《行政法要義》，頁233，台北：元照。

日起3日內以書面通知負責人，在此關係著人民向行政主管機關申請案件，行政主管機關應於何期限內作出准否決定。一般而言，依據行政程序法第51條規定：「行政機關對於人民依法規之申請，除法規另有規定外，應按各事項類別，訂定處理期間公告之。未依前項規定訂定處理期間者，其處理期間為二個月。行政機關未能於前二項所定期間內處理終結者，得於原處理期間之限度內延長之，但以一次為限。前項情形，應於原處理期間屆滿前，將延長之事由通知申請人。行政機關因天災或其他不可歸責之事由，致事務之處理遭受阻礙時，於該項事由終止前，停止處理期間之進行。」

　　行政機關對於人民依法規之申請均有處理期間。經分析，處理期間可分為三種：（一）法規特別規定處理期間；（二）行政機關於法規未特別規定時，應按各事項類別，自行訂定處理期間並公告之；（三）如無前述（一）（二）之處理期間者，其處理期間為2個月。行政機關對於人民依法規之申請，應於上述處理期間內處理終結，否則得於原處理期間之限度內延長一次，但應於原處理期間屆滿前，將延長之事由通知申請人。至於處理期間之計算，應以行政機關收受申請人有效之申請為前提，依行政程序法第48條規定計算。但如因天災或其他不可歸責行政機關之事由，致事務之處理遭受阻礙時，於該項事由終止前，停止處理期間之進行，亦即此種事由發生至終止之期間，不計算在處理期間之內，以求公平合理[170]。

　　集會遊行法第12條第1項規定主管機關應於收受申請書之日起3日內以書面通知負責人，係依據前述行政程序法第51條第1項規定：「行政機關對於人民依法規之申請，除法規另有規定外，應按各事項類別，訂定處理期間公告之。」在此集會遊行法，即針對集會遊行申請案件，訂定必須於3日內准否，並通知負責人。而另一種情形，針對緊急性與

---

[170] 林錫堯（2006），《行政法要義》，頁534-536，台北：元照。

偶發性集會之申請，則必須於24小時內准否。在此依據司法院釋字第
718號解釋[171]，已有不同詮釋，相關適用情形亦有所改變，將於本條實
務問題討論。

　　在此規定，集會遊行經審查，其許可或不許可，以書面通知負責
人，在此並未規定如何通知，故此項通知應與送達規定連結一起。在集
會遊行法並無規定送達，故應適用行政程序法，其相關規定即為第100
條有關行政處分之通知，其規定：「書面之行政處分，應送達相對人及
已知之利害關係人；書面以外之行政處分，應以其他適當方法通知或使
其知悉。[172]」從行政法理而言，若無特別規定，如何通知，則應適用送
達之規定，在此亦須觀察整體概念，通知與送達乃為一體之概念，因讓
申請當事人知悉結果，必須主動通知當事人，而集會遊行之申請乃為文
書要式之行為，故理應有送達之行為。針對此，本條第1項，僅規定以
書面通知負責人，並無送達規定，故應適用行政程序法有關送達的規
定。主要依據行政程序法第68條規定：「送達由行政機關自行或交由郵

---

[171] 參閱司法院釋字第718號解釋要旨：「為保障集會遊行之自由，國家應在法律規定與制
度設計上使參與集會、遊行者在毫無恐懼的情況下行使集會自由。主管機關就集會、遊
行利用公共場所或路面之時間、地點與進行方式為妥善之規劃，並就執法相關人力物力
妥為配置，以協助集會、遊行得順利舉行，並使社會秩序受到影響降到最低程度。在
此範圍內，立法者有形成自由，得採行事前許可或報備程序，使主管機關能取得執法
必要資訊，並妥為因應。此所以集會遊行法第八條第一項規定，室外之集會、遊行，原
則上應向主管機關申請許可，為本院釋字第四四五號解釋所肯認。惟就事起倉卒非即刻
舉行無法達到目的之緊急性集會、遊行，實難期待俟取得許可後舉行；另就群眾因特殊
原因未經召集自發聚集，事實上無所謂發起人或負責人之偶發性集會、遊行，自無法事
先申請許可或報備。為維持社會秩序之目的，立法機關並非不能視事件性質，以法律明
確規範緊急性及偶發性集會、遊行，改採許可制以外相同能達成目的之其他侵害較小手
段，故集會遊行法第八條第一項未排除緊急性及偶發性集會、遊行部分；同法第九條第
一項但書與第十二條第二項關於緊急性集會、遊行之申請許可規定，已屬對人民集會自
由之不必要限制，與憲法第二十三條規定之比例原則有所牴觸，不符憲法第十四條保障
集會自由之意旨，均應自中華民國一○四年一月一日起失其效力。就此而言，本院釋字
第四四五號解釋應予補充。聲請人等併聲請就集會遊行法相關規定部分，與本院釋字第
三七一號、第五七二號、第五九○號解釋意旨或司法院大法官審理案件法第五條第一項
第二款規定不符，應不受理，併此指明。」
[172] 蔡茂寅（2013），《行政程序法實用》，頁101-103，台北：新學林。

政機關送達。行政機關之文書依法規以電報交換、電傳文件、傳眞或其他電子文件行之者，視爲自行送達。由郵政機關送達者，以一般郵遞方式爲之。但文書內容對人民權利義務有重大影響者，應爲掛號。文書由行政機關自行送達者，以承辦人員或辦理送達事務人員爲送達人；其交郵政機關送達者，以郵務人員爲送達人。前項郵政機關之送達準用依民事訴訟法施行法第三條訂定之郵政機關送達訴訟文書實施辦法。」而其他送達之情形，如寄存送達、公示送達與不能送達等不同情況，仍得適用行政程序法有關送達之各條各項規定。

三、不作爲視同許可

依據集會遊行法第12條第3項規定：「主管機關未在前二項規定期限內通知負責人者，視爲許可。」針對此項規定，即爲若主管機關對於集會遊行之申請有所不作爲，則被視爲許可，申請人可依法集會遊行。若從行政法法理而言，此項規定，形成所謂擬制許可處分，然而在行政法上，仍爲一種特殊形態。在學理上，有所謂擬制行政處分，有稱「消極行政處分」或「準行政處分」。此係指訴願法第2條第1項規定：「人民因中央或地方機關對其依法申請之案件，於法定期間內應作爲而不作爲，認爲損害其權利或利益者，亦得提起訴願。」之規定。行政機關並無任何作爲，卻仍可「擬制」爲行政處分，係因行政機關基於人民之託付，有應作爲之義務存在，即行政機關已無「決定裁量」之餘地。此之「依法」，係指依具有保護規範性質之法規而言，若所之依法僅屬賦予行政機關之法規，即無消極行政處分存在之餘地[173]。

在此本條所謂擬制許可處分，依行政法理，同樣屬於行政機關針對申請案件，在一定期間無所作爲，而被視爲已有行政處分之存在，故稱爲擬制。然而，擬制許可處分可視爲擬制行政處分之一類，其最大區

---

[173] 李惠宗（2006），《行政法要義》，頁318-320，台北：元照。

別在法理上，很明顯的是，擬制許可處分係一種權利允許之擬制行政處分，而依訴願法所稱擬制行政處分，則被視爲未經許可之擬制行政處分，依此當事人針對此行政處分，可提起訴願，而擬制許可處分，既已自動形成權利允許之法律效果，就無訴願之要件，當然沒有訴願之權利與問題。

審視本條第3項之擬制許可集會遊行之處分，在法理上，係爲擬制行政處分概念之特別型態，通常擬制行政處分之內涵，應視爲不許可或拒絕之行政處分，故申請人據以提出行政救濟，然而本條之特別型態擬制處分，針對集會遊行而言，有關依據第9條各項所提出申請，究其本質，係爲實踐憲法集會遊行之基本權，考量集會遊行本係憲法保障之基本權，本法基於國家安全與社會治安，採行預防許可之方式，然並不能無故限制集會遊行之基本權[174]。基此，人民提出集會遊行之申請，若無前述國家安全與社會治安之重大理由，自不能任意否准，故進一步言，倘若對於申請集會遊行之主管審查機關若不作爲，依本條第3項之特別規定，不同於前述一般擬制行政處分之內涵，而視同爲擬制許可申請之處分，如此以彰顯憲法保障集會遊行之基本權。

參、問題探討

司法院釋字第718號，有關緊急性及偶發性集會、遊行之問題，認爲：「同法第九條第一項但書與第十二條第二項關於緊急性集會、遊行之申請許可規定，已屬對人民集會自由之不必要限制，與憲法第二十三條規定之比例原則有所牴觸，不符憲法第十四條保障集會自由之意旨，均應自中華民國一〇四年一月一日起失其效力。」故在實務上，依據第

---

[174] Vgl. Würtenberger/Heckmann/Riggert, Polizeirecht in Baden-Württemberg,5. Auflage, 2002, Rn. 278 ff.

9條第1項但書規定，即因不可預見之重大緊急事故，且非即刻舉行，無法達到目的，而提出申請者，相對於第12條第2項，主管機關應於24小時內否准等規定，均已失效。而目前依據前述司法院釋字第718號解釋之意旨，所修正之集會遊行法仍並未完成，故在此修法期間仍屬過渡時期[175]。針對行政院版草案，因採行報備制，並無申請以及申請准駁之通知等規定，均已刪除。主要因現行第9條有關申請，即改為報備制之規定，故新法草案，就無須有現行第12條有關申請准駁之通知規定。

然而在此修法過渡時期，雖然本條第2項已經失效，針對緊急性與偶發性集會已經沒有申請之情形，故亦無准駁之通知。而現行本條之實施，仍就針對一般室外集會規範，依據本條第1項規定，針對申請案，主管機關應於3日內以書面通知負責人。目前在實務上，從現行法規定觀察，似乎並無問題，因排除偶發性與緊急性室外集會，集會負責人仍應依照第9條第1項規定申請，而主管機關亦應依第12條第1項規定通知負責人，若未通知則適用第12條第3項規定，視同申請許可。不過，在此其關鍵問題，在於如何判斷偶發性與緊急性集會，係由人民自行判斷或者主管機關或執法機關，在現行實務上並無法規可遵循[176]。而目前修法期間，觀察行政院版本草案第4條第1項第4款規定：「所稱偶發性集

[175] 陳正根（2018），《警察與秩序法研究（三）—任務與作用法制發展之新趨勢》，頁191-193，台北：五南。依據釋字第718號李震山大法官部分不同意見書，本號解釋只針對緊急性及偶發性集會遊行排除許可制，其他一般集會遊行則認同現行制度，並以釋字第445號為基礎，以集會遊行法第8條第1項規定，室外之集會、遊行，原則上應向主管機關申請許可。一般集會遊行在實務上已趨報備制，是否就認定目前集會遊行法之許可制已受認同，有稱為現行許可制度屬於「準則主義之許可制」，然而「準則主義」的概念與用語，並不會影響「許可制」事前抑制的「本質」，也不會因集遊法第11條中出現「應予許可」一詞，即推斷集遊法所採者形同報備制。「準則許可」，只是為賦予執法機關更寬廣的裁量空間鋪路，從而隱藏恣意的危機，就如同披著羊皮的狼，總有露出猙獰臉孔的時候，只是時機問題。即當集會遊行之內容、目的、訴求嚴重挑戰當政者意識形態或政治利益的「紅線」時，平時備而不用的許可制，一夕間成為可以揮舞的大刀。維持集會自由的制度，搖身一變成為箝制集會自由的制度，隱藏著「制度性」的危機，成為孕育「人治」的沃壤，是為法治主義所不許，違憲審查者似乎對此共同生活經驗毫無警覺。

[176] Vgl. Schenke, Wolf-Rüdiger, Polizei-und Ordnungsrecht, 8. Auflage, 2013, S. 66 ff.

會、遊行，指因特殊原因未經召集而自發聚集，且事實上無發起人或負責人之集會、遊行。」在此雖可資參考，惟群眾集會型態相當繁多，未來仍有賴司法審查之判決資料或法理，才能明確判斷。

第13條（許可通知書應記載事項）

室外集會、遊行許可之通知書，應載明左列事項：

一、負責人姓名、出生年月日、住居所；有代理人者，其姓名、出生年月日、住居所。

二、目的及起訖時間。

三、集會處所或遊行之路線及集合、解散地點。

四、參加人數。

五、車輛、物品之名稱、數量。

六、糾察員人數及其姓名。

七、限制事項。

八、許可機關及年月日。

室外集會、遊行不予許可之通知書，應載明理由及不服之救濟程序。

壹、導言

　　許可通知書為一書面行政處分，但並非需要特定方式，僅需適用行政程序法第96條，在此探討其概念，尤其依據行政程序法相關規定深入探究。

　　依據集會遊行法第13條第1項規定通知書應載明事項，除了應可依據行政程序法第96條各款規定外，相對上，本條第1項各款係針對室外集會申請通知書所為特別事項，且各款記載亦因應針對申請書之各款而配合規定，在此針對內容詳述探討。另依據本條第2項規定：「室外集會、遊行不予許可之通知書，應載明理由及不服之救濟程序。」此針對不服室外集會遊行之不予許可通知書而言，綜合觀察，乃是一個行政處分，必須適用行政程序法之規定，應載明救濟方法程序等，在此深入探討此項教示規定，並針對實務問題一併探討研究。

貳、內容解析

一、書面行政處分

　　針對集會遊行之申請，主管機關以書面通知許可，乃運用書面通知書，此種通知行為係為書面行政處分。此種以通知書通知許可之行為，有別於實務上經常發生於行政機關之通知，其是否為行政處分引起爭議。其判別之標準在於，該通知本身是否屬事件過程之陳述，可有可無，若無亦不發生任何法律效果。若通知內容僅陳述前已發生法律效果之事務，並無行政處分[177]。此種通知係為通知觀念行為，觀念行為又稱為準法律行為，係指由行政機關就具體事實所作認知表示（Wiesenerklärung），有別於意思表示（Willenerklärung），此種以精神作用為構成要素而不發生具體的法律效果的行為約有：（一）僅係單純事實敘述或理由，並無對人民之請求有所准駁，例如函知聲請輔導就業之處理情形，對查詢事項提出諮詢意見等；（二）行政機關常將「正與各有關單位研議中，希靜候處理」等之回覆，認定為觀念通知，固非無理，但甚易與「怠於作為」或「拒絕行為」等發生規制效果之行為產生混淆。因為行政處分不以積極作為為限，消極不作為亦包含在內，是否構成後者之要件，仍須個別認定之。至於主管機關就人民檢舉之答覆行為，是否屬於行政處分，亦需就個案審酌其規制效果[178]。

　　行政處分因其意思表示之表達方式不同，可分為「要式處分」與「非要式處分」。依據行政程序法第95條第1項規定：「行政處分除法規另有要式之規定者外，得以書面、言詞或其他方式為之。」故行政處分以「非要式處分」為原則，即原則上得以書面、言詞或其他方式為之。但法規另有要式規定者，即為「要式處分」。在此涉及到行政處分

---

[177] 李惠宗（2006），《行政法要義》，頁319，台北：元照。
[178] 李震山（2018），《行政法導論》，頁322-324，台北：三民。

之法律效果是否發生的問題，針對要式行政處分，非具法定之方式，則屬無效之行政處分，例如以專利權之發給係屬要式行政處分，在發給專利證書前，尚不發生專利權之效力[179]。至於非要式行政處分，則不發生效力問題，只是應以特定方式證明，而未具備該方式者，該行政處分並非無效，而係違法而得撤銷[180]。

　　經由上述理論之探討，針對集會遊行之許可處分，乃為書面行政處分，但並非需要特定方式，僅需適用行政程序法第96條，針對書面行政處分之應記載事項之規定為：「行政處分以書面為之者，應記載下列事項：一、處分相對人之姓名、出生年月日、性別、身分證統一號碼、住居所或其他足資辨別之特徵；如係法人或其他設有管理人或代表人之團體，其名稱、事務所或營業所，及管理人或代表人之姓名、出生年月日、性別、身分證統一號碼、住居所。二、主旨、事實、理由及其法令依據。三、有附款者，附款之內容。四、處分機關及其首長署名、蓋章，該機關有代理人或受任人者，須同時於其下簽名。但以自動機器作成之大量行政處分，得不經署名，以蓋章為之。五、發文字號及年、月、日。六、表明其為行政處分之意旨及不服行政處分之救濟方法、期間及其受理機關。前項規定於依前條第二項作成之書面，準用之。」在此，本條有關室外集會遊行許可通知書應記載事項係為特別規定，當然應以本條適用為優先，至於其他有必要記載事項即可由前述行政程序法第96條補充之。例如本條僅規定許可通知書應記載事項，並未規定不予許可通知書，而不予許可記載事項，顯然應與許可有所不同，在此故應適用行政程序法規定，較為妥適。

---

[179] 參閱行政程序法第111條第2款規定。

[180] 李惠宗（2006），《行政法要義》，頁321，台北：元照。行政處分以書面作成為原則，例外始為口頭或其他方式，但書面並非此之所謂要式，必須法規定以特定格式為處分行為者，始足相當。例如授予學位應以學位證書之方式為之，又如自耕能力證明書依內政部發布之「自耕能力證明書之申請及核發注意事項」規定，亦有其一定格式，乃專為證明具有自耕能力設計之文書。

二、通知書載明事項之探討

　　本條第1項規定通知書應載明事項，除了應可依據前述行政程序法第96條各款規定外，相對上，本條第1項各款係針對室外集會申請通知書所爲特別事項，且各款記載亦因應針對申請書之各款而配合規定[181]。故第1款規定負責人姓名，係因依據本法第9條規定，室外集會遊行應由負責人塡具申請書，且申請書亦須載明負責人或其代理人，在此相對應行政程序法第96條，其所稱處分相對人，在集會遊行中，即是室外集會遊行之負責人，或者負責人可以指定代理人，故在此規定爲負責人或代理人，其姓名、性別、職業、出生年月日、身分證統一號碼等等，另在室外集會遊行中，有一特殊功能的人，即爲糾察員，在申請書上應記載其資料並與負責人、代理人並列，但在本條規定之通知書上，對於記載糾察員之資料，則另以該條項第6款規定，糾察員人數及其姓名，在此申請書與通知書有所區別。

　　本條第1項第2款規定通知書應記載目的及起訖時間，所謂應記載集會遊行之目的，目的爲何、有無限制範圍，在此所記載之目的，亦爲相對應於申請書所載室外集會遊行之目的。而在通知書所記載之目的應是經由主管機關審查之後所記載之目的，故當申請書提出室外集會遊行之目的，若經審查通過，則應會在通知書上記載。至於主管機關之審查，對於室外集會遊行之目的有無禁止或命令事項，在集會遊行法上並無規定。故在此認爲，此種審查即爲合憲層次的行政審查，故應從憲法保障集會自由之基本人權爲觀點，必須尊重申請人之意志，而此申請人應是集合所有參加者之意志。觀察參加者之意志以形成集會遊行之目的，首先從憲法第14條保障人民集會、結社之自由著手，而稱集會者，係指三人以上特定或不特定之人群，取向於共同特定目的，集合於一處，舉行會議或其他具有共同目的之行爲之謂。故集會遊行確應有其目

---

[181] 吳庚（2017），《行政法之理論與實用》，增訂15版，頁551-553，台北：三民。

的，若群眾偶然聚集，無特定目的，並非集會，如菜市場、市集、逛街之人潮，因其不具共同目的，非在憲法集會自由所保障之列，而屬一般人格發展自由。故集會遊行之人民應主觀表達目的，而此目的係爲實踐憲法保障人民之集會遊行基本權，至於所主張之態樣，則爲各式各樣，如政治、經濟、宗教、文化等內涵，至於明顯之目的係違法或違憲，則初步上，將不會被認爲是憲法所保障之集會遊行基本權範圍。

另在本條款規定通知書亦應記載起訖時間，亦即室外集會遊行何時開始，何時結束，在此明確規定應該有記載起訖時間，係在於在集會遊行舉辦活動期間，勢必會影響週邊民眾或一般民眾用路人之交通情形，若能有一明確舉辦期間，讓相關週邊民眾或相關機關單位能預料與準備[182]。然而檢視相關規定，從集會遊行法以及相關法令，並無規定如何訂定起訖時間之標準，例如集會遊行可從早上幾點開始，或者應該最晚到晚上幾點結束，並無明確。若從申請路權觀察，有關申請路權亦無明確規定，惟依據臺北市申請使用道路集會要點第3點規定：「申請使用道路最多以連續二日爲限，且同一申請人每月僅得申請一次。」在此規定僅有使用日數與次數之限制，亦無規定起訖時間如何。故若從法理，以使用室外集會遊行之道路爲例，在臺北市可以連續使用2日，但依民眾作息時間而言，應是以白天爲主，但是若是針對特殊集會遊行，起訖時間，主管機關應考量公共利益與社會安全等因素，行使裁量權，即使在夜間，尤其超過晚上10點之民眾作息時間而言，仍可在通知書載明。

另本條第1項第4款規定參加人數，第5款規定車輛、物品之名稱、數量。針對參加人數，在此應僅是預估，因爲室外集會遊行之地點均係爲公眾得出入之場所，除了申請負責人以及核心分子外，爲了集會遊行之目的，能夠號召更多人參與，應屬常態，故應難明確估算室外集會遊行參加之人數，故在許可通知書所記載之參加人數，原則上應與申請書

---

[182] Vgl. Tettinge/Erbguth/Mann, Besonderes Verwaltungsrecht, 10. Auflage, 2009, Rn.739 ff.

所載相同，而申請書所載即爲「預定參加人數」，雖然通知書所載參加人數係僅「參加人數」，但實際上，如上論述，仍應解釋爲「預定參加人數」。而第5款規定通知書應記載車輛、物品名稱、數量，針對車輛，並無任何限制規定，但若申請時，使用車輛有本法第11條所規定室外集會遊行不予許可之情形者，而構成不予許可，就無許可通知書。有關記載車輛之問題，尤其使用車輛，經判斷構成本法第11條第1項第2款：「有明顯事實足認爲有危害國家安全、社會秩序或公共利益者。」以及第3款：「有明顯事實足認爲有危害生命、身體、自由或對財物造成重大損壞者。」故倘若使用車輛經改裝爲攻擊工具或物品，進而可能造成危害，經主管機關行政判斷，依法針對室外集會遊行之申請，應不予許可[183]。

　　而通知書應載明物品之名稱與數量，針對室外集會遊行而言，顯然相當重要。因在本法對於舉辦室外集會遊行所使用之物品，並無明文規定，同樣的法理，仍然如同前述對於車輛之記載，在申請時，主管機關應作行政判斷，這些物品是否造成危害，而符合前述第2款有關國家安全、社會秩序或生命、身體、自由等等不確定法律概念，構成不予許可之情形，自然並無許可通知書，而係屬不予許可之通知書，就無須記載物品之名稱[184]。在此，物品之記載，包括影響社會安全與秩序相當關鍵的物品，應審視是否可能被使用爲攻擊之武器，如木棍或石塊等。而在室外集會遊行所攜帶物品，若屬違禁品或違法物品，如毒品、槍枝刀械

---

[183] Vgl. Pewestorf/Söllner/Tölle, Polizei-und Ordnungsrecht-Berliner Kommentar, 2009, S. 830 ff.

[184] 陳敏（2009），《行政法總論》，頁157-160，台北：新學林。本條第1項第2款所述：「有明顯事實足認爲有危害國家安全、社會秩序或公共利益者。」其中有關國家安全、社會秩序或公共利益之不確定法律概念，其內涵之理解，密切關係行政判斷之正確。而在警察法上，通常引用公共安全與公共秩序，尤其德國警察法在針對警察法核心概念之行政判斷，幾乎是以公共安全、公共秩序與公共利益三者爲重點。在我國的行政法或警察法，時常提到國家安全與社會秩序，亦有常提及社會安全，然而並無深入比較探討，其與相近概念之探討。以國家安全與公共安全之區別，從法理邏輯而言，公共安全之範圍較大，包含國家安全。同樣，公共秩序之範圍較大，亦包含社會秩序。故在學理上，依據行政法與警察法理論，應以公共安全與公共秩序爲主。

等，自屬不可攜帶，當然在通知書上不可能記載[185]。

有關通知書應記載事項，依據本條第1項第6款規定，應記載「糾察員人數及其姓名」，「糾察員」為舉行集會活動之主要幹部成員，負責整個活動秩序與安全之維護。集會遊行係為私人之活動，依法提出申請或向主管機關報備後，召集民眾舉行。多數人的聚集，行使其憲法所保障的基本權利。但另一方面，本項活動伴隨會產生對社會安寧秩序的影響，因此依法賦予負責人亦有維持秩序之責任。在此為考慮負責人須在場主持及負責相關聯絡事宜，因此規定得由負責人指定糾察員在場維持秩序。而負責人應選定糾察員之名冊，依據本法第9條規定，室外集會遊行申請書，應載明糾察員姓名，故須送至主管機關，且糾察員之資格，亦有法律規定不得屬於集會遊行法第10條規定之負面表列情形，其資格要求與負責人相同。其主要目的，在於考量集會安全，或避免糾察員有一些「行為能力」之欠缺問題[186]。由此，依據申請書所明載有關糾察員之人數與姓名，亦即為申請人所附送之糾察員名冊，經主管機關審查核可後，亦應記載於室外集會遊行許可通知書上。

另在本條第1項第7款規定，通知書應記載限制事項，而許可限制事項，在本法第14條則有特別規定，針對此在下一條釋義。而第8款規定有關許可機關及年月日，則亦應依行政程序法第96條第1項第4款規定，詳細記載，在此許可機關應為當地所在分局機關，而年月日則應依據相關規定使用中華民國紀元日期[187]。

三、教示規定

依據本法第13條第2項規定：「室外集會、遊行不予許可之通知

---

[185] Vgl. Thiel, Markus, Polizei- und Ordnungsrecht, 2. Auflage, 2013, S. 257 ff.

[186] 許義寶（2019），〈集會遊行中糾察員之行為與其相關法律問題〉，集會遊行法之回顧與前瞻學術研討會，頁3-5，台北：文化。

[187] 陳敏（2009），《行政法總論》，頁162-164，台北：新學林。

書，應載明理由及不服之救濟程序。」在此相對應於行政程序法第96條第1項第6款規定：「表明其爲行政處分之意旨及不服行政處分之救濟方法、期間及其受理機關。」故依據行政程序法前述規定，在行政處分之通知書中，應載明不服行政處分之救濟方法、期間及其受理機關。而針對不服室外集會遊行之不予許可通知書而言，綜合觀察，乃是一個行政處分，必須適用前述行政程序法之規定，應載明救濟方法程序等。惟本條第2項規定，針對不予許可通知書之教示規定，係爲特別規定，因依據行政程序法規定，行政處分應有教示等規定，且並無區分許可或不許可，在體例上，均註記不服處分之教示規定[188]。

教示係行政機關主動對人民說明事實或法律狀態，其與「一般說明」不同之處在於其說明之對象係特定人。其與「告知」或「勸告」不同點在於其係依職權爲之，而「告知」或「勸告」係依人民之請求爲之。法律規定之教示義務，例如教示救濟程序，原則上，行政機關無「一般的教示義務」，但視個案特殊情況，縱無法律明文規定，亦承認行政機關有教示義務。教示義務之內容爲何，應視個案而定，可能是特定的事實或法律規定，也可能是促其提出申請或撤回申請等。在訴願法亦有完整規定教示制度，係訴願決定書應附記，如不服決定，得於決定書送達之次日起2個月內，向行政法院提起行政訴訟（訴願法第90條）。而訴願人或參加人對受理訴願機關於訴願程序進行中所爲之程序上處置不服者，應併同訴願決定提起行政訴訟。在此若訴願決定書未依據訴願法第90條之規定附記，致原提起行政訴訟之人遲誤行政訴訟期間者，如自訴願決定書送達之日起一年內提起行政訴訟，視爲於法定期間內提起（第92條第2項前段）[189]。

然而本條有關許可通知書應載明之事項，並無教示規定。惟進一步

---

[188] 吳庚、張文郁（2018），《行政爭訟法論》，頁365-368，台北：元照。
[189] 黃俊杰（2013），《行政救濟法》，頁96-98，台北：三民。

觀察，申請相對人若對於許可通知書所載各項，不服所載內容，是否可提起救濟，依據本法第16條規定，針對許可限制事項等，申請人亦可提出申復，故在此認為，即使是許可通知書，亦應載明救濟教示規定，即使本條之通知書載明事項，並無教示救濟規定，然而在此依法理亦應適用行政程序法規定，無論許可或不予許可通知書，均應載明救濟教示規定。在此綜合觀察，集會遊行法所規定之救濟程序，故依據本法第16條規定，針對室外集會遊行之不予許可、許可限制事項、撤銷、廢止許可等事項，負責人可提起申復，乃為行政救濟程序之特別程序。然而雖為特別救濟程序，對於通知書，若未附救濟教示規定，在本條並未規定其法律效果，故應適用行政程序法第98條第3項規定：「處分機關未告知救濟期間或告知錯誤未為更正，致相對人或利害關係人遲誤者，如自處分書送達後一年內聲明不服時，視為於法定期間內所為。」

故若通知書未附記救濟教示，其法律效果，即是救濟期間自動延長為一年。然而，針對集會遊行之實務，有關不服許可或不予許可，重點在於時效性，故自動延長一年的救濟期間，其實在實務上並無實益，僅有在短時間提出救濟，才能達到救濟之目的。然而，若從行政訴訟之整體觀點，可能有不同的面向，若能提起確認訴訟，確認當時主管機關之作為係為違法，縱使對於室外集會遊行，有所緩不濟急，但若確認主管機關之處分係違法，在此即有確認訴訟之利益，包括回復名譽或預防下一次之違法行為，並可作為提出損害賠償之法律基礎。

參、問題探討

有關集會遊行起迄時間，在實務上，比較重要的是，有關室外集會遊行連續時間舉行，尤其過夜舉行之問題，依據集會遊行法第13條第1項第2款規定，許可通知書應記載起迄時間，但並無詳細規定是否可以

連續過夜之集會遊行。前述認為，若從法理，以使用室外集會遊行之道路為例，在臺北市可以連續使用2日，但依民眾作息時間而言，應是以白天為主。故縱使負責人取得2日或多日之路權，其使用於集會遊行，是否包含過夜時間，從行政慣例而言，即使有多日之集會遊行，亦應於晚上10點暫停活動，然後再於翌日上午開始集會活動，在此應在許可通知書記載清楚，以免產生爭議。

　　另外攜帶物品，如何認定有違反不予許可之情形，前述木棍、石塊等，均有疑慮，然而攜帶物品若種類眾多，如何認定，在實務上應是一大問題。故本條第1項第5款規定，應記載「車輛、物品之名稱、數量」，其中車輛與物品之種類，在實務上，仍有其必要性，且必須詳細記載數量。例如若攜帶雨傘，倘若數量眾多，亦應考量是否成為攻擊之武器，在審查時，可能面對集會遊行活動時之天氣，若是陰雨天，當然可攜帶雨傘，但可否要求大多數所攜帶之雨具，應以雨衣褲為主，否則大量雨傘確實有安全考量。同樣，在室外集會遊行，首重向民眾宣傳理念，故布條、旗幟、傳單等，應有不少數量，尤其布條與旗幟之樣式尺寸，亦應有詳細記載，以避免同樣成為安全之疑慮。

第14條（許可限制事項）
主管機關許可室外集會、遊行時，得就左列事項為必要之限制：
一、關於維護重要地區、設施或建築物安全之事項。
二、關於防止妨礙政府機關公務之事項。
三、關於維持交通秩序或公共衛生之事項。
四、關於維持機關、學校等公共場所安寧之事項。
五、關於集會、遊行之人數、時間、處所、路線事項。
六、關於妨害身分辨識之化裝事項。

壹、導言

　　針對許可通知而言，係為一項行政處分，而在第13條第1項第7款規定，可載明限制事項，此種限制事項係為行政處分之附款，在此探討行政處分附款之概念與類型，作為理論之基礎。而實際上，本條所規定許可限制事項，在附款上之類型應屬於負擔，在此深入探討。針對許可限制事項之內容分析與實際問題之探究，如針對參加集會遊行人員，若有化裝事項，以增加生動集會遊行之意思表現行為，另亦包括主管機關針對即將舉行之室外集會遊行，其所特別重視相關地區、機關等安全與秩序之事前預防宣達、維持機關學校等公共場所秩序安寧等等。

貳、內容解析

一、行政處分之附款

　　本條規定，主管機關許可室外集會、遊行時，得就相關所列事項為必要限制，針對室外集會遊行許可處分而言，此種必要之限制事項，在

性質上為行政處分之附款。行政處分之付款（Nebenbestimmung），係指行政機關藉條件、期限、負擔或保留廢止等方式，補充或限制行政處分內容的意思表示，其具有便民、簡化行政程序及強化行政之功能。依行政程序法第93條第1項規定，以行政機關作成行政處分有裁量權時，方得為附款。若不具裁量權而屬羈束處分時，須以法律有明文規定或為確保行政處分法定要件之履行而以該要件為附款內容為限，始允許附款，以免增加相對人不利的因素。在概念上，任何行政處分均含有一種「規律」（Regelung）。行政處分的「主要規律」（Hauptregelung），得以「附加規定」，予以補充或限制[190]。

　　在行政實務上，附款具消除疑慮與促進目的等重要功能，藉由附款，得以減少因無限制的許可，所造成的法律上或事實上之障礙，行政機關對於人民申請無限制許可的事件，可以不逕行拒絕，而附以某種特定的附款，予以准許。換言之，即以「附附款之行政處分」，代替拒絕處分。因此，附款之運用使得行政較具彈性，而有利於人民，但在監督上勢必增加負擔。此外，為貫徹某一行政目的，亦得以附款實現之，而我國行政程序法第93條、第94條規定附款之種類與合法要件。行政處分附條件者，指行政處分法效力之發生或消滅，繫於將來不確定之事實，該事實是否會發生或何時發生，皆無法事前確定。期限，係指行政處分效力之開始或終結，繫於未來一特定時日或期間，分為始期、終期或期間。附負擔處分，係指於授益行政處分附加特定作為、不作為或忍受義務的條款。附保留處分者，係指行政機關對授予相對人利益之行政處

---

[190] 李震山（2018），《行政法導論》，頁354-357，台北：三民。行政處分附條件者，指行政處分法效力之發生與消滅，繫於將來不確定之事實，該事實是否會發生或何時發生，皆無法事前確定。條件又可分為停止條件，與效力發生有關或解除條件，與效力終止有關。所謂停止條件者，乃於條件成就（事實發生）時，行政處分效力發生。易言之，條件未成就前，行政處分之效力尚不發生。例如：給予營業許可，但以作好水土保持，方許建築。所謂解除條件者，乃於條件完成時，行政處分效力消滅，例如：發給營業許可，但必須改善某項設備，若未改善則撤銷營業許可。

分，保留其得在特定前提下有處理之權，包括保留廢止權及保留負擔之事後附加或變更[191]。

　　而本條所規定許可限制事項，在附款上之類型應屬於負擔，例如第1項第1款規定，關於維護重要地區、設施或建築物安全之事項，當主管機關許可室外集會遊行時，可予以處分附款針對此活動，有關重要地區與設施等，基於安全事項考量，限制停留之時間與範圍，或者基於建築物之安全，要求不准攜帶火源等物品。負擔與條件有所不同，負擔並非行政處分之生效要件，故附負擔之行政處分是否生效，不因受益人是否履行負擔而受影響，受益人不履行負擔，行政機關得予強制執行或廢止行政處分。而停止條件係行政處分之生效要件，解除條件係行政處分之失效原因，停止條件成就則行政處分立即生效，解除條件成就則行政處分立即失效，條件並非義務，不得強制執行。而負擔必須是所依據之法令所沒有明示之義務，如法律本即有規定，則只構成提示，而非真正之負擔。故本條所規定許可限制事項，均非在其他條文有規定，如針對防止妨礙政府機關公務之事項，在集會遊行法之其他條文並無明定限制事項，故可在許可處分附加負擔之附款。相較之下，在集會遊行法第23條規定禁止攜帶危險物品，於遊行核准函中註明不得攜帶刀械，即非「附負擔」，因其為依法律原即應負擔之義務，並非因行政處分才有此義務之產生[192]。

二、許可限制事項之內容分析

　　依據本條規定之許可限制事項，其根源於第13條許可通知書應記載限制事項，惟仍相關於本法第6條與第9條各項規定，如本條第1項第1款規定，關於維護重要地區、設施或建築物安全之事項，在此所規定之地區範圍，其並非屬本法第6條所規定地區及週邊範圍，因該地區範圍

---

[191] 吳庚（2017），《行政法之理論與實用》，增訂15版，頁362-364，台北：三民。
[192] Vgl. Steiner/Brinktrine(Hrsg), Besonderes Verwaltungsrecht, 2018, S.200-205.

係屬禁止集會遊行地區與範圍。故本條第1項第1款所規定地區，雖可作為本法第9條所申請有關集會處所或遊行之路線及集合、解散地點等，但依據本條可以予以必要附款作爲限制事項。在此第1款規定，重點係針對維護安全之事項，包括重要地區、設施或建築物，屬於硬體安全，防止受到危害，如針對人數與工具之限制，考量該地區、設施與建築物可否承受[193]。

另於第2款關於防止妨礙政府機關公務之事項，係針對室外集會遊行不得妨礙各行政機關行政事務之運作，例如即使某行政機關係爲可抗議示威遊行之場所，但不能嚴重影響民眾到該機關洽公之機會與作爲等。而第3款關於交通秩序或公共衛生之事項，更是最有可能受到室外集會遊行之影響。雖然在申請書與許可通知書已核定集會遊行之路線等，然而勢必影響交通，在此遊行路線，執法警察機關必須作一適當疏導措施，包括所謂之交通必要限制事項。而交通情況亦是秩序的一環，在此稱維持交通秩序，故相關於本法第18條、第19條、第20條與第21條所規定，集會遊行之負責人、代理人以及指定糾察員，均應依據許可通知書限制事項維持交通秩序。另故在此本條款關於公共衛生之事項，應於通知書限制事項，在此連結本法第18條後段規定，其集會處所、遊行路線於使用後遺有廢棄物或污染者，並應負責清理[194]。

而本條第1項第4款關於維持機關、學校等公共場所安寧之事項，此限制事項之執行，影響人民生活甚鉅，在此廣泛意義上，亦包括經由

---

[193] Vgl. Neuner, Claudia, Zulässigkeit und Grenzen polizeilicher Verweisungsmaßnahmen, 2003, S. 181 ff.

[194] 蔡震榮（2014），〈從釋字718號解釋探討集會遊行之修正方向〉，《警察法學》，第13期，頁5-7。集會遊行中產生最大衝突應在於命令解散，由於現行集會遊行法所採許可制，若未依法申請許可之集會遊行，就遭到主管之警察機關命令解散，往往成爲抗爭衝突之引爆點。爲執行法律、維護公共秩序，禁止人民繼續舉行違法集會，其原因爲所舉行的集會或該集會有重大違法原因，警察衡量公共利益與人民集會權益的關係後，所爲的決定。對具體的個案，所爲的判斷決定，須衡量違法的性質、程度、對公共秩序與利益所造成的影響，而依比例原則作判斷

負責人、代理人與糾察員維持秩序之範圍。由於維持機關與學校之安寧，極具社會安寧重要性之指標，在此列為許可限制事項之重要目的與功效。另本條第1項第5款關於集會、遊行之人數、時間、處所、路線事項，仍關係本法第9條、第11條與第13條，其中有關上述事項，亦即在許可室外集會遊行中，雖已在前述相關條款審酌人數、時間、處所、路線事項，然而仍將本條款列為限制事項，在此再依據比例原則作最終考量。而本條第1項第6款關於妨害身分辨識之化裝事項，則在其他條款並無規範，在此僅以比例原則對於參加人員化裝予以審酌，其限制化裝事項以避免妨害身分辨識，預防可能造成之危害[195]。

參、問題探討

然而依據法理，針對參加集會遊行人員，若有化裝事項，應以增加生動集會遊行之意思表現行為，故在德國各邦集會遊行法之相關規定，有直接規定敘明，不得蒙面方式進行室外集會遊行。而在德國聯邦所制定之集會遊行法第3條第1項規定：「禁止在公開的或者在一個集會中穿著用來表達一個共同政治思想的制服，制服的部分或者同樣的服飾。」在我國許可限制事項並沒有規定有關穿著制服集會遊行之事項，在此僅可廣泛歸屬於第14條第1項第6款有關妨害身分辨識或其他秩序事項。在此不同係德國因為納粹獨裁政權之經驗，尤其近年來，新納粹分子進行遊行，往往穿著制服，或者回憶起納粹獨裁時期之愛國遊行，亦常進行穿著制服之集會遊行，故德國聯邦與各邦均明文禁止穿著制服之集會遊行[196]。

---

[195] 王韻茹譯（2015），〈德國極右派集會遊行的法律問題〉，《國立中正大學法學集刊》，第47期，頁18-20。
[196] Vgl. Pieroth/Schlink/Kniesel, Polizei-und Ordnungsrecht, 2. Auflage, 2004, S. 124 ff.

　　針對許可限制事項，係主管機關針對即將舉行之室外集會遊行，其所特別重視相關地區、機關等安全與秩序之事前預防宣達、維持機關學校等公共場所秩序安寧等。由此，依據行政院版集會遊行法修正草案，已在各條款明定宣達，如第15條規定：「集會、遊行應於報備之時間、場所、路線舉行，不得妨害鄰近道路、場所使用人之權益。」第16條規定：「於上課、各項重大入學考試期間之學校、設有病床之醫療院所或國家考試期間之考場週邊舉行之集會、遊行，使用擴音設備或其他器材，不得妨害安寧。」第17條規定：「集會場所、遊行路線於使用後，留有廢棄物或污染者，負責人或實際負責人應於十二小時內負責清理完畢。」

第15條（室外集會遊行許可之撤銷、廢止或變更）
室外集會、遊行經許可後，因天然災變或重大事故，主管機關為維護社會秩序、公共利益或集會、遊行安全之緊急必要，得廢止許可或變更原許可之時間、處所、路線或限制事項。其有第十一條第一款至第六款情事之一者，應撤銷、廢止許可。
前項之撤銷、廢止或變更，應於集會、遊行前以書面載明理由，通知負責人；集會、遊行時，亦同。

壹、導言

　　本條規定，即使室外集會遊行經許可後，在一定要件情況下，主管機關得廢止或變更相關事項，在此亦適用行政程序法有關合法行政處分廢止之理論，故深入探討。而依據行政程序法規定，原處分機關依行政程序法第123條第4款、第5款規定廢止授予利益之合法行政處分者，對受益人因信賴該處分致遭受財產上之損失，應給予合理之補償。故在本條實務問題上，仍針對倘若已經主管機關許可之室外集會遊行，因本條「因天然災變或重大事故，主管機關為維護社會秩序、公共利益或集會、遊行安全之緊急必要」之規定，探究應有信賴保護之合理補償問題。

貳、內容解析

一、行政處分之廢止

　　本條主要規定，針對原許可之集會遊行，主管機關可在為維護社會秩序、公共利益等一定要件下予以廢止，此法理係關係合法行政處分

之廢止。而行政處分之廢止，係針對合法行政處分爲之，違法行政處分才會發生撤銷的問題，故合法行政處分之廢止與違法行政處分之撤銷不同之處有二，一是違法行政處分之撤銷，基於依法行政的要求，得由原處分機關、上級行政機關或訴願決定機關及行政法院爲之，但合法行政處分之廢止，基於權限分工之要求，僅得由原處分機關爲之。二是經撤銷之行政處分，原則上係使該行政處分溯及失效（行政程序法第118條），但合法行政處分之廢止，其效力係向將來發生（行政程序法第125條）[197]。

行政處分之廢止，其本身即爲行政處分。行政任務有頗大的主動性與權宜性，故使行政處分能充分適應變動社會，基本上應容許對行政處分予以適時的改變。依據行政程序法對行政處分之廢止分爲兩種，一是依據該法第122條規定，非授予利益之合法行政處分，得由原處分機關依職權爲全部或一部之廢止。但廢止後仍應爲同一內容之處分或依法不得廢止者，不在此限。在此非授予利益處分之廢止，無時效的限制。二是依據該法第123條規定，授予利益之合法行政處分，有下列各款情形之一者，得由原處分機關依職權爲全部或一部之廢止：（一）法規准許廢止者；（二）原處分機關保留行政處分之廢止權者；（三）附負擔之行政處分，受益人未履行該負擔者；（四）行政處分所依據之法規或事實事後發生變更，致不廢止該處分對公益將有危害者；（五）其他爲防止或除去對公益之重大危害者[198]。

而觀察合法行政處分廢止之效力，依據行政程序法第125條規定，原則上向將來失效，合法行政處分經廢止後，自廢止時或自廢止機關所指定較後之日時起，失其效力。但受益人未履行負擔致行政處分受廢止者，得溯及既往失其效力。是以原則上，行政處分之廢止，係將向來失

---

[197] 黃俊杰（2010），《行政程序法》，2版，頁169-171，台北：元照。
[198] 黃俊杰（2010），《行政程序法》，2版，頁169-171，台北：元照。

效，例外才溯及失效。而另一重點之觀察，係為行政處分失效之附隨效果（依據行政程序法第130條），行政處分經廢止確定，或因其他原因失其效力後，而有收回因該處分而發給之證書或物品之必要者，行政機關得命所有人或占有人返還之。所有人或占有人得請求行政機關將該證書或物品作成註銷之標示後，再予發還。但依物之性質不能作成註銷標示，或註銷標示不能明顯而持續者，不在此限，此與撤銷同。由此觀察本條前段，主管機關廢止許可處分之要件，若比照行政程序法規定，應係屬於該法第123條第4、5款規定，有關於「行政處分所依據之法規或事實事後發生變更，致不廢止該處分對公益將有危害者」以及「其他為防止或除去對公益之重大危害者」，然而在本條即已轉化規定為「因天然災變或重大事故，主管機關為維護社會秩序、公共利益或集會、遊行安全之緊急必要」，在此敘明觀察係兩者之要件相近雷同。

二、廢止處分之信賴補償

　　原處分機關依行政程序法第123條第4款、第5款規定廢止授予利益之合法行政處分者，對受益人因信賴該處分致遭受財產上之損失，應給予合理之補償，此係規定於行政程序法第126條。蓋此情形，猶屬當事人為公益所為之特別犧牲，故應予補償。至於，第123條第2款有關原處分機關保留行政處分之廢止權，係因受益人得預見廢止權之行使，而欠缺信賴利益。而第3款有關附負擔之行政處分，受益人未履行該負擔，則係可歸責於受益人之事由，而第1款有關法規准許廢止之情形，則似仍有斟酌信賴保護之必要。有關時效規定，依據第121條第2項之規定，前述廢止補償準用之，其規定為：「前條之補償請求權，自行政機關告知其事由時起，因二年間不行使而消滅；自處分撤銷時起逾五年者，亦同。[199]」

---

[199] 林錫堯（2018），《行政法要義》，頁331-333，台北：元照。

對受益人因信賴該處分致遭受財產上之損失，應給予合理之補償。而信賴保護補償額度不得超過受益人因該處分存續可得之利益，且補償之爭議及補償之金額，相對人有不服者，得向行政法院提起給付訴訟。在此係依據行政程序法第126條第2項規定，有關廢止處分之補償係準用行政程序法第120條第2項、第3項有關違法授益處分經撤銷後之信賴補償。由此本條規定針對合法室外集會遊行許可之廢止，仍有信賴補償問題之討論空間[200]。

參、問題探討

本條規定對於已經許可之室外集會遊行，若在一定要件下，主管機關得予撤銷、廢止或變更。本條前段規定，有關廢止室外集會之許可，顯然依據行政法理，適用有關合法行政處分之廢止，亦即經合法許可之集會遊行，仍可在一定要件下，予以廢止或變更。在此依據行政法理，室外集會遊行之許可處分應可視為授益行政處分，故其廢止應仍可適用行政程序法第123條至第126條規定。由此觀察，此項許可處分，除了優先適用本條規定，其餘法律效果等仍可適用前述行政程序相關規定。所以在此有一最重要議題，倘若已經主管機關許可之室外集會遊行，因本條「因天然災變或重大事故，主管機關為維護社會秩序、公共利益或集會、遊行安全之緊急必要」之規定，而有信賴保護之存在，應可獲得主管機關補償，殆無疑義。

[200] 林錫堯（2018），《行政法要義》，頁331-333，台北：元照。

第16條（對主管機關不予許可等之申復）

室外集會、遊行之負責人，於收受主管機關不予許可、許可限制事項、撤銷、廢止許可、變更許可事項之通知後，其有不服者，應於收受通知書之日起二日內以書面附具理由提出於原主管機關向其上級警察機關申復。但第十二條第二項情形，應於收受通知書之時起二十四小時內提出。

原主管機關認為申復有理由者，應即撤銷或變更原通知；認為無理由者，應於收受申復書之日起二日內連同卷證檢送其上級警察機關。但第十二條第二項情形，應於收受申復書之時起十二小時內檢送。

上級警察機關應於收受卷證之日起二日內決定，並以書面通知負責人。但第十二條第二項情形，應於收受卷證之時起十二小時內決定，並通知負責人。

壹、導言

本條規定在集會遊行，針對不服主管機關之各項行政作為，如何提出行政救濟。本條規定不服主管機關之不予許可、許可限制事項、撤銷、廢止許可、變更許可事項之通知，可提出申復，而並不循一般訴願制度。亦即本條規定，首先探討行政救濟之原理與功能，而申復如同訴願一般，因並非經由法院審判，僅由主管行政機關審查，故係為法院外之救濟，在此深入探討。另探討申復之性質與要件，因在此條文並未進一步規定，申復性質係訴願先行程序或取代程序，可否經過申復救濟程序後，即可提起行政訴訟，故在實務問題上，一併深入探討。

貳、內容解析

一、行政救濟之原理與功能

本條所規定申復，係為行政救濟程序之一環，乃因依據法治國家

依法行政之原理以及憲法所保障人民之程序基本權，即針對所有行政行為若有違法或不當，人民不服，均應有正確與完整的權利保護之救濟途徑。行政救濟係國家權力制衡的具體化，而權力制衡機制下的規範審查程序旨在實現「客觀的憲政秩序」（Objektive Verfassungsordnung），以擔保憲法所創造出來的秩序正確及正當地運作。主要係透過訴願及行政法院所進行的行政救濟，旨在透過客觀化的行政行為違法性之審查，以鞏固憲政秩序。亦係民主國家保障人民權益及確認人民與國家法律關係的「法律制度」，具有濃厚的「是非對錯」的法律性，旨在要求國家透過依法行政的實現，同時落實人民權利的國家義務[201]。

　　行政救濟權源自憲法所保障的訴訟權，此訴訟權係「權利保護請求權」，為「程序基本權」（Verfahrensgrundrecht）。保障訴訟權目的在使「實體權利」於受侵害時，有回復的可能性，或使應予實現的權利狀態獲得真正的實現。因此訴訟權作為一基本權不只要求國家消極的不予侵害（防禦權），更積極的要求國家應建立一套保障權利的訴訟制度。在訴訟制度上，應讓所有受到侵害的公、私法上的權利，都有獲得有效率救濟的可能。訴訟基本權要求法院審查應具備有效性、無漏洞性、及時性以及充分性。任何權利，皆應附隨有救濟權，故法諺有云：「凡權利，必有救濟；無救濟，非權利。」故此「訴訟權利」的範圍應大於「實體權利」。因實體權利雖尚未遭到侵害，但極有可能遭致無法回復或重大之損害時，仍有透過訴訟制度進行預防性救濟之必要，故應認為此時訴訟之必要性已具備[202]。

　　依據集會遊行法規定，主管機關針對人民申請集會遊行，具有准駁之權限，而此種行政行為，若人民不服，當然亦應有可救濟之途徑。而依據行政救濟之法理，人民不服行政行為之救濟，首先應從行政自我反

---

[201] 吳庚、張文郁（2018），《行政爭訟法論》，頁56-58，台北：元照。
[202] 吳庚、張文郁（2018），《行政爭訟法論》，頁56-58，台北：元照。

省制度著手，針對行政處分而言，一般則向處分機關提起訴願。而訴願權是憲法賦予人民的基本權利，依據訴願法第1條第1項規定，訴願係人民認為中央或地方機關之行政處分違法或不當，致其權利或利益受損害時，請求原處分機關之上級機關或該機關自身，審查該處分之合法性與正當性，並為一定決定之權利。訴願之目的，在於矯正行政機關之違法或不當處分，保護人民之權力或利益，以貫徹法治之本旨。此種藉由行政自我控制作為司法審查先行程序之訴願，除可收較快速保障人權的主要功能外，既顯示司法對行政專業的尊重，又可減輕行政法院之負擔，應合乎權力分立相互尊重與制衡的精神[203]。

在行政救濟制度上，其中最重要的一環為司法審查，而又以行政訴訟為主，在法治國家之行政違法，除由行政權內部以上對下監督手段自行匡正外，尚須藉由法院以第三者地位加以審查，以確保依法行政之制度與品質。行政訴訟法第1條乃規定：「行政訴訟以保障人民權益，確保國家行政權之合法行使，增進司法功能為宗旨。」而行政訴訟中所須保障之人民權利，兼及憲法第16條人民訴訟權之程序基本權，以及繫屬於個案之實體基本權兩個面向，併稱為人民司法受益權。故從行政訴訟之三宗旨論述，首先以保障人民權益而言，依據憲法第16條保障人民訴訟權，係作為第一次權利保護請求權，而行政訴訟係立法者落實憲法之制度設計，以保障人民權益，當人民主張權利遭受公權力之侵害，自應許其依正當法律程序請求法院救濟為其核心內容。其次為確保行政權合法行使，係法治國家之行政權，應合法行使行政行為，即遵守「依法行政原則」或「行政合法性原則」之拘束，而由行政法院掌管之行政訴訟，即具有「審查行政行為是否合法」之司法功能。另外則為增進司法功能，因訴願指係就行政事件之爭執，請求訴願管轄機關加以審查，其基於行政一體或行政監督之功能，得審查合法性與妥當性，而行政訴訟

---

[203] 李震山（2018），《行政法導論》，修訂11版，頁500-501，台北：三民。

則係行政事件之爭執，請求行政法院加以審查，其基於權力分立之制度設計，履行司法之功能[204]。

　　廣義行政救濟包含著國家賠償與損失補償，有稱為國家責任或行政責任，而行政責任法係指國家行政機關在實行公權力的過程中，直接或間接造成人民損害或損失，不論因違法或合法之事由，行政機關如何負起責任之法制整體。因國家權力的存在，係由於國民的付託，其存在的目的旨在增進公共利益及保護個別國民權益。如果國家權力運作因違反法定義務而為不法，即屬違反其為公共利益存在及合法行使的本質義務，而造成個別人民權益的損害，係屬國家對人民的侵權行為，應由國家以全體國民所繳納之預算，予以填補，稱為國家賠償。另如果國家在實現增進公共利益及保護個別國民權益的目標過程上，不得已而需要犧牲特定人之權力或利益，其原因雖為合法，但造成人民之損害既非國家全力實現的本質目的，故應使受到特別損害之人，受有補償，此種因合法所造成之損失，國家應予補償之制度，稱為國家補償[205]。

二、法院外之救濟

　　依據本條規定，針對主管機關不予許可等事項，人民若有不服，其行政救濟途徑之首要途徑為申復。整體觀察，申復因並非經由法院審判，僅由主管行政機關審查，故係為法院外之救濟。針對行政救濟而言，法院外之救濟，其最主要途徑即為訴願，而在學理上又有所謂廣義之訴願，包括陳情、請願、聲明異議、復查與申訴等。另本條所規定之申復，亦可視為廣義訴願之範圍內。訴願權是憲法賦與人民的基本權利（憲法第16條）。依訴願法第1條第1項規定，訴願係人民認為中央或地方機關之行政處分違法或不當，致其權利或利益受損害時，請求原處分機關之上級機關或該機關自身，審查該處分之合法性，並為一定決定之

---

[204] 黃俊杰（2013），《行政救濟法》，頁115-117，台北：三民。
[205] 李惠宗（2016），《行政法要義》，7版，頁616-618，台北：元照。

權利。訴願之目的，在於矯正行政機關之違法或不當處分，保護人民之權利或利益，以貫徹法治之本質。此種藉由行政自我控制作為司法審查現行之訴願，除可收較快速保障人權的主要功能外，既顯示司法對行政專業的尊重，又可減輕行政法院之負擔，應合乎權力分立相互尊重與制衡的精神。

廣義訴願，除了依據訴願法所建立的訴願制度，有所謂陳情、請願、聲明異議、復查與申訴等。依據行政程序法第168條規定，人民對行政興革之建議、行政法令之查詢等等，得向主管機關陳情。此種陳情係不具特定形式，相當有彈性的對政府機關反映意見，但不具法律效果或影響力。訴願一詞有人民向政府陳述願望之意，似與陳情、請願同意，其實有別。前者所表示的不服，最大不同在於，依據訴願法規定，一定是行政主體所為行政處分，而後者有關陳情與請願，所表示不服的範圍可以很廣泛，不限於行政處分，包含公共政策、團體或個人權益之主張等。另在公務人員保障法，亦有規定類似訴願制度，及針對公務人員之行政處分，當事人可提起復審，此為訴願取代制度，經由復審程序，才可提起行政訴訟。

有關人民之請願、訴願、訴訟、集會遊行以及陳情等等，此種歸屬於法院外之救濟，雖非司法審判程序，但皆屬人民與國家相互溝通的權利，縱然各以不同的法律就各該權利行使之要件、提起應備之格式，以及國家對各該訴求應回應的程度等分別為規定，但皆不能忽略其保障人民與國家對話暢通之共通本旨。德國基本法第17條規定向主管機關及民意機關請願與訴願之申訴權利。另於第19條第4項第一句明定訴訟權之確保：「任何人權利受公權力侵害時，均得提起訴訟。」與我國憲法第16條人民有請願、訴願及訴訟之規定同，皆不自外於前揭原理[206]。

---

[206] 李震山（2018），《行政法導論》，修訂11版，頁500-503，台北：三民。

三、訴願先行程序

　　所謂訴願先行程序，亦即在提起訴願前，須進行原處分機關或上級機關之行政自我審查行為，處分相對人未達行政救濟目的，再提訴願。長期以來，行政的慣性以及行政內部審查的必要性，我國在許多特殊案件類型上，另外在訴願之前，定有異議或類似之程序，此可稱為「異議程序」。此種異議程序乃人民對行政機關之行政處分表示不服，基於法律規定，於提起訴願前，須依法定程序另向原處分機關表示不服，使行政機關有機會自我審查原行政處分是否違法或不當之概稱[207]。

　　另有稱為「訴願前置程序」，然並非為「訴願前置主義」，在此有所分別，因後者係針對行政訴訟之撤銷或課予義務訴訟，需先經訴願程序而言。而前者，係指針對行政機關所為較具專業性、科技性或大量集體作成之處分不服，要求人民在向原處分機關之上級機關提起訴願前，先向原行政處分機關尋求補救與改進之行政救濟制度。若不服原處分機關之決定，方得依訴願法提起訴願。現行法中，此種程序有以下主要類型：一、復查，規定於稅捐稽徵法第35條第1項、關稅法第45條、海關緝私條例第47條；二、再審查，規定於專利法第48條；三、審議，規定於全民健康保險法第6條、國民年金法第5條；四、異議、復議，規定於土地徵收條例第22條、商標法第48條；五、復核，規定於藥事法第99條；六、試題疑義申請，規定於典試法第24條。

　　然而有學者認為，針對訴願前置程序（先行程序）仍有檢討之空間，乃因其功能雖能落實行政內部自我審查及減輕上級機關審查負荷，但訴願先行程序之採行，畢竟多一道行政程序、擾民費時，可能對訴願權為不必要之限制，不符合救濟程序上應迅速不遲延之效能原則。基於訴願法第58條第2項及第3項規定：「原行政處分機關對於前項訴願應先行重新審查原處分是否合法妥當，其認訴願為有理由者，得自行撤銷或

---

[207] 吳庚、張文郁（2018），《行政爭訟法論》，頁55-58，台北：元照。

變更原行政處分，並陳報訴願管轄機關。原行政處分機關不依訴願人之請求撤銷或變更原行政處分者，應儘速附具答辯書，並將必要之關係文件，送於訴願管轄機關。」我們可以知道一般訴願程序，原處分機關就必須先自我審查處分合法性及適當性後再移審，因此若要規定訴願有先行程序，必須有更進一步的理由才行，例如方便快速審理、爭議有時效性等重要理由。可惜我國訴願前置程序之規定似乎有些浮濫，有些規定內容具有爭議，有時難以判斷其規定是要訴願前置還是取代訴願，在此我國訴訟實務上的判斷皆趨於保守，將類似規定解釋成訴願必要前置程序，徒增程序成本[208]。

四、申復之性質與要件

本條所規定，針對主管機關不予許可集會遊行等事項，相對人提出申復，依據前述行政救濟法等法理，其性質為法院外之救濟，為行政自我審查之一環，目的在於由原處分主管機關或上級機關審查不予許可等事項之適法性與妥當性。依據本條規定，不予許可等事項包括不予許可、許可限制事項、撤銷廢止許可、變更許可事項等。在此條文並未進一步規定，申復性質係訴願先行程序或取代程序，依據第16條第3項規定，上級警察機關於受理申復案件後，應於2日內決定，針對緊急集會之申復案件，則應於12小時內決定。由此，申復之規定，在性質上，雖與聲明異議、復查等先行程序，均為行政自我審查之功能，但其最大特色在於申復重於時效，故相對人於收到處分通知後，一般必須於2日內提出，蓋基於集會遊行之情況，以表達意見自由為效果，均考慮時間之急迫性[209]。

有關申復之要件，其中室外集會遊行之負責人，既為集會遊行之申請人，在此亦為提起申復之人，而在本法第7條、第9條與第19條等規

---

[208] 林明鏘（2014），《行政法講義》，頁435-437，台北：新學林。
[209] 林明鏘（2014），《行政法講義》，頁435-437，台北：新學林。

定，均有提及代理人，故依法理，若由代理人提出申復，應亦無不可。而要件中，有關申復之客體，係針對主管機關之不予許可、許可限制事項、撤銷廢止許可、變更許可事項等，這些行為應符合行政程序法第92條所規定之行政處分。故申復之客體，其與訴願之客體應屬一致。針對申復要件，另一重點則係以書面附具理由提出於原主管機關向其上級警察機關申復，此亦同於訴願制度。亦即，針對不服事件，原處分機關可以先審查，故於本條第2項規定，原主管機關認為申復有理由者，應即撤銷或變更原通知。認為無理由者，將使案件送其上級機關審查。

參、問題探討

本條有關對主管機關不予許可等事項之申復，依據行政救濟法原理，屬法院外之救濟，係一種廣義之訴願，與其類似制度為前述之異議、復查、申訴、復審或其他相似者等。然而前述制度在個別法規中，有所謂係屬訴願先行程序或訴願替代程序之探討。在此，本條之申復係為訴願先行程序或訴願替代程序，依據現行集會遊行法各條規定，均無著墨。倘若申復係為訴願先行程序，應該在本條各項中，有類似規定，如針對上級警察機關之申復決定，若不服應於一定期間內向原處分機關提出訴願等之論述。倘若申復程序係為訴願取代制度，應該有類似規定，如如針對上級警察機關之申復決定，若不服應於一定期間內向高等行政法院提起訴訟等之論述。

由此，在本法並無針對申復決定，如何繼續救濟程序之規定，在此其代表之法律意義為何？沒有規定是代表無法繼續救濟，還是可以回歸適用一般行政救濟法之原理，值得探究。依據行政救濟法之原理，應經由行政行為之性質，而審視其救濟途徑，故由此依據本條所提申復，所針對不予許可等事項，均為行政處分。倘若在集會遊行法並無申復規

定,如此不服主管機關之行政處分,應向訴願審議委員會提起訴願。然而既已規定申復程序,則有許多不同救濟途徑,即是前述所謂訴願取代程序或是訴願先行程序。倘若申復是訴願取代程序,則經由申復後即可向行政法院提起訴訟,不服事件應逕接受司法審查。倘若申復是訴願先行程序,則經由申復後,若未達救濟目的,仍應進行訴願程序,才能再進入行政訴訟。然而,就申請集會遊行,乃重於時效,應該已迅速接受司法審查為要,故本文認為未來應明文規定,申復係訴願取代程序,經由申復後,直接可進入司法審查為宜。惟實務上,不服不予許可事項之救濟,往往經由重新申請或行政協調,基於原則許可,例外禁止之原則,透過民主的溝通,達成救濟之目的,較少進入行政訴訟。雖是如此,不服之行政事件,仍應有完整而正確之救濟途徑,故仍應有司法審查之程序,較為完善,故針對集遊法之救濟,未來應一併修法,走向行政訴訟完整之途徑。

第17條（申復之效力）
依前條規定提出之申復，不影響原通知之效力。

壹、導言

　　有關針對公權力行爲提出行政救濟後，原行爲是否可先停止執行或阻斷其效力等問題，一直都是行政救濟原理中，一直受到重視與討論之議題。所以在訴願法上，亦規定當提起訴願後，其效力並未中斷，原處分仍繼續執行，但一定要件下，停止執行，故衍生有所謂暫時權利保護制度之產生等，在此一併深入探討。由此，本條亦比照訴願之效力，規定針對集會遊行有關不服「主管機關不予許可、許可限制事項、撤銷、廢止許可、變更許可事項」之通知，所提出申復，不影響原通知之效力，在此深入論述此種比照提起訴願之效力以及有關原處分之執行問題，另針對實務問題探討，論述當申請人提出申復後，有無提出暫時權利保護措施之必要等議題。

貳、內容解析

一、比照提起訴願之效力

　　申復係爲廣義之訴願，故提出申復之效力，應可從提起訴願之效力而比照觀察。依據訴願法第93條第1項規定：「原行政處分之執行，除法律另有規定外，不因提起訴願而停止。」由此比照觀察本條規定：「依前條規定提出之申復，不影響原通知之效力。」在此規定亦即提出申復後，原通知決定之處分，其執行效力並不因申復而停止，於此即有異曲同工之妙。故在此探討訴願之效力，首先訴願之效力，乃屬繫屬效

力（Anhangswirkung），繫屬猶如醫院之「掛號」，此一效力復為停止效力之先決要件。所謂「繫屬效力」，乃指訴願人依法請求受理訴願機關發動其審議權，以保障其權益，而訴願管轄機關因訴願人之訴願，有依法為一定行為之義務的效力。訴願之繫屬效力，除訴願法第57條所規定之「附負擔（補送訴願書）之訴願」以外，始於訴願管轄機關、原行政處分機關及無管轄權機關之受理訴願人之訴願，終於訴願作成決定，並發送決定書或訴願人之撤回訴願為止。至於訴願決定之執行，則為訴願決定之後續效力問題，與繫屬效力無關。訴願之提起，不管合法與否或有無理由，均發生繫屬之效力[210]。

訴願程序本質上雖屬廣義之行政程序，但仍採取「不告不理」原則，故訴願人若欲向行政機關提起訴願者，除非管轄有所錯誤之外，均應予以審理，即所謂「繫屬效力」。訴願之提起，係訴願人針對行政機關所為之行政處分，表示不服所提起，無論合法與否，均生繫屬效力。該行政處分所有之形式存續力，則因為訴願程序之開啟，而產生阻止形式存續力發生之效力，即所謂「延宕（停止）效力」。延宕效力之發生，僅使系爭行政處分不產生「阻斷當事人提起行政爭訟」之效力，並非使行政處分之「執行力」產生停止效力。依據訴願法第93條第1項之立法，即明確彰顯出我國「執行不停止」之原則規定[211]。另有所謂的「移審效力」，當原處分機關依據第58條第3項規定，認為「不依訴願人之請求撤銷或變更原行政處分者」，即須附具答辯書，送於訴願管轄機關，即發生「移審效力」。然而縱使發生移審效力，並不代表原處分機關之救濟管轄業已喪失，應理解成「原處分機關與訴願管轄機關競合」之救濟。就此而言，縱使訴願程序進行中，原處分機關亦可於訴願程序之外，依據行政程序法之規定，以職權廢棄原行政處分[212]。

---

[210] 蔡志方（2001），《行政救濟法新論》，頁107-109，台北：元照。
[211] 黃俊杰（2013），《行政救濟法》，頁78-79，台北：三民。
[212] 陳敏（2019），《行政法總論》，頁1303-1306，台北：新學林。

二、原處分之執行

依據訴願法第93條規定，係顯然採取訴願無停止原行政處分執行效力之原則，而以法律明定列舉或原行政處分機關或受理訴願機關裁定停止執行為例外。提起訴願欲停止原處分之執行者，除依訴願法第93條第1項規定，因法律另有規定，必須原行政處分之合法性顯有疑義者或原行政處分之執行將發生難以回復之損害，且有急迫情事，並非為維護重大公共利益所必要者，受理訴願之機關或原行政處分機關，得本於職權或依訴願人或參加人之申請，裁定停止其執行。惟何謂處分之執行有「急迫」之情事，且為維護「重大」、「公共利益」所必要，均屬於不確定法律概念，原行政處分機關或受理訴願機關必須於個案中加以判斷[213]。

較具爭議性者，乃此所謂「阻止執行之效力」，係指訴願一經繫屬即當然發生，並非訴願決定後始告發生，因此對於程序不合法之訴願是否允其享有阻止執行之效力，即顯有疑義。通說上，認為以採否定見解為妥，至於訴願無理由者，因其須待訴願決定後始能知曉，本質上即無此效力適用之餘地。而行政法院亦得依聲請，停止執行，其與保全程序皆係基於憲法上人民訴訟權應予以有效保障所衍生的暫時權利保護制度。停止執行既在訴願法與行政訴訟法第116條第3項同時規定，惟後法並未規定「原處分之合法性顯有疑義」，故當訴願人同時或先後向各有權機關申請，各機關均應本於其權責處理是否停止原處分之執行，但若各機關意見不同時，如歧見發生於行政機關與行政法院間，行政法院之裁定應可拘束作為當事人一方之行政機關，如發生於原處分機關與受理訴願機關之間，應依行政層級原理，以受理訴願之決定為準[214]。

此種原處分之停止執行，乃為各該機關所為之暫行權利保護，僅

[213] 吳庚、張文郁（2018），《行政爭訟法論》，頁54-56，台北：元照。
[214] 吳庚、張文郁（2018），《行政爭訟法論》，頁54-56，台北：元照。

屬各該機關相關機關救濟本案程序之「附屬程序」，因此申請人於申請後，即不再依法提起該當之救濟程序，則其即屬不合法。換言之，其分別附麗於訴願與行政訴訟程序之暫行或先行程序，則各該機關應分別於訴願與行政訴訟即將繫屬前或前階段申請已被駁回，其受理申請之時機始告成熟。在此，相對比較之下，提出申復後，本條所規定之「不影響原通知之效力」，亦即應從通知之內容判斷，而不影響其法律效果。而依據本法第16條規定，申復係不服「主管機關不予許可、許可限制事項、撤銷、廢止許可、變更許可事項」之通知，由此不影響通知之效力，在於繼續「不予許可」之法律效果，而「許可限制事項、撤銷、廢止許可、變更許可事項」之法律效果亦不變。然而，本條並無比照訴願法第93條第2項，在一定要件下，原通知之效力有所改變，在此實務問題應可深入探討[215]。

參、問題探討

本條並無如同訴願法第93條，規定有關暫時權利保護之問題，而當室外集會遊行之負責人申請集會遊行，經主管機關不予許可或有所限制事項，若有如同類似訴願法規定之要件：「原行政處分之合法性顯有疑義者，或原行政處分之執行將發生難以回復之損害，且有急迫情事，並非為維護重大公共利益所必要者。」亦即提出申復後，原通知之合法性顯有疑義者，或原行政處分之執行將發生難以回復之損害，且有急迫情事等情形，主管機關可否變更原通知。在此所觀察，針對集會遊行，此項暫時權利保護措施規定是否必要，應考量行政救濟之法理與實務狀況。若考量行政救濟之法理，均應有完整與正確之救濟途徑，其中當然

[215] 蔡志方（2001），《行政救濟法新論》，頁109-110，台北：元照。

應包含暫時權利保護，故集會遊行之負責人提出申復後，在緊急或特殊狀況下，可否先阻斷原處分之執行，例如針對某項集會遊行之不予許可或限制事項，負責人提出申復，並要求實施集會遊行或解除限制事項等。不過，由此觀察，經由暫時權利保護途徑，所實施集會遊行或解除許可限制事項等，如同依不同時地重新申請集會遊行，其在實務上之實益並不彰顯，對人民權益影響不大，故此議題較少受重視與討論。

第18條（負責人親自主持維持秩序並清理廢棄物）
集會、遊行之負責人，應於集會、遊行時親自在場主持，維持秩序；其集會
處所、遊行路線於使用後遺有廢棄物或污染者，並應負責清理。

壹、概說

　　本條文課予集會遊行負責人負有二種義務，其一為在集會遊行
時，須親自在場主持。其二為集會遊行後，場地上的廢棄物負責人須負
責清理。本集會遊行活動由負責人所發起，理當成為聯絡對口及活動相
關行為的關係人，在本條文中對其課予法定之義務。

　　有關維持集會遊行秩序，因集會自由為言論自由之延伸，透過集
會自由使民眾藉此主動參與政治，並提供意見，維持民主制度並實現自
我人格[216]。依國際人權理事會第20屆議程項目之三，增進和保護所有人
權——公民權利、政治權利、經濟、社會和文化權利，包括發展權項目
指出：和平集會和結社自由權利問題的報告，強調集會自由之重要性：
「和平集會和結社自由權利是行使其他多項公民、文化、經濟、政治和
社會權利的手段。這兩項權利是民主的基本要素，因為它們使男女都有
能力『表達其政治見解，從事文學和藝術活動及參與其他文化、經濟和
社會活動，信奉宗教及其它信仰，組織和參加工會與合作社，選舉代表
其利益以及向其負責的領導人』與其他權利之間的這種相互依存和相互

---

[216] 相關日文文獻，請參考：卷美矢紀〈公園の使用許可につき後援等を要件とする仕組み
と集会の自由—大阪地裁平成28.11.15判決〉，《新・判例解説，速報判例解説》，第
21期，日本評論社，2017年10月，頁21-24。志田陽子（2017.10），〈地方自治体と市
民の「基礎体力」：「集会の自由」の意味を考える（特集表現の自由と地方自治体・
住民運動）〉，《議会と自治体》，第234期，頁80-90。金原宏明（2017.3），〈集会
の自由と「場所」の代替性—大阪高裁平成26.11.27判決〉，《関西大学大学院法務研
究科法科大学院ジャーナル》，第12期，頁17-26。

聯繫使其成為衡量一國是否尊重享有其他多項人權的重要指標。」惟不可否認，民眾於行使集會自由之權利時，仍與公共秩序間存有衝突，此乃當前政府之課題，亦涉主管機關對於集會遊行管制之作為與強度。

一般對於集會遊行之規範制度有[217]：

一、追懲制：是指事前不必申請亦無須報備，但活動中有違法情形，得為下令、禁止、解散或懲罰。

二、預防制：規範強度與密度又可分許可制與報備制。

（一）許可制：可強制要求室外集會遊行者，原則上應須履行事先經同意或許可之義務，係將集會遊行之行為列屬一般禁止之行為，由主管機關以許可處分為解除禁止。

（二）報備制：又稱為申報制或登記制，須報備之事項原屬得自由行使而不受禁止之範圍[218]。

本條文中課予負責人，應於集會、遊行時親自在場主持，以維持秩序。

貳、負責人，應於集會、遊行時親自在場主持

依本條文之規定，負責人被歸類為警察責任人，須負有在場主持及維持秩序之義務。

集會遊行負責人，其法律地位之性質，類似行政法上之責任人。行政法上之「責任」，係指構成行政法上義務之原因及正當性基礎（人民

---

[217] 相關文獻，請參考李奇芳（2018.6），〈在集會遊行權的漫漫長路上走著〉，《全國律師》，22卷6期，頁13-19。陳景發（2018.6），〈論機場航廈作為集會處所之利用規制課題〉，《中央警察大學國土安全與國境管理學報》，第29期，頁87-117。黃清德（2018.6），〈大法官解釋與集會遊行法制〉，《警專論壇》，第27期，頁84-98。

[218] 監察院調查報告，人民於行使言論自由及集會遊行權利，疑遭受地方政府警察人員打壓案，https://cybsbox.cy.gov.tw › CYBSBoxSSL › edoc › download（最後瀏覽日：2019.12.26）。

何以負有義務），亦即「責任」乃「義務」之成立基礎，「義務」則是「責任」之後果體現。而所謂「責任人」，係指引起危害之人，又分為「行為責任人／妨害人」與「狀態責任人／妨害人」。在多數責任人同時存在時，主管機關應為合義務之裁量，不得違反比例原則等原則，尤應優先考量較有能力（包括財務上能力）達到危害防制之人。換言之，責任人之擇定，該責任人須足以達成危險之防制（適合性原則），且無其他侵害較小之手段（必要性原則），其所欲達成之公益利益，不能與該責任人所受損害，顯失均衡（狹義比例原則）[219]。

集會遊行為人民之基本權利，基於保障人民可自由舉行集會遊行，國家不得過度打壓、限制集會，因此，不宜過度課予負責人法律上之責任。

警察責任人之意涵，法務部函釋認為：所謂「行為責任」係自然人或法人等因其行為導致公共安全或秩序產生危害而應負有排除危害回復秩序及公共安全之責任。所謂「狀態責任」係指物之所有人或對物有事實管領力之人，基於對物之支配力，就物之狀態所產生之危害，負有防止或排除危害（或稱「排除危險狀態或回復安全狀態」）之自己責任。基於行政行為有效性原則應優先考量最快速、最有效排除危險者，且責任人之選定應符合比例原則；當行為責任人與狀態責任人同時存在時，原則上應先以行為責任人為採取措施之對象；另同時兼具行為責任與狀態責任之人應優先於僅有一種責任之人被當作採取措施之對象。又不論行為責任人及狀態責任人，對於違反行政法上義務之構成要件事實仍須具備故意或過失，始得處罰，自不待言。至於裁罰額度之高低，除法律另有規定外，應就具體個案事實依本法第18條規定之情形，予以適法及

---

[219] 李建良（2008.11），〈論行政法上「責任」概念及責任人的選擇問題－兼評最高行政法院93年度判字第628號、95年度判字第1421號判決及其相關判決〉，http://publication.iias.sinica.edu.tw/book/book06/book06ch02/files/assets/basic-html/index.html#1（最後瀏覽日：2019.12.26）。

合義務性之裁量[220]。

參、維持集會之秩序

一、公安秩序概念

警察目的在防止危害之發生，因此有危害存在方有警察保護之法益[221]。集會遊行法一方面在保護個人集會遊行之權利，另一方面在規範集會遊行之秩序，以防止公共安全與秩序受到危害。而危害者，係一種情況，在該情況中發生之事若未受阻止，極有可能因一狀況或一行為，造成損害，即造成對公共安全或秩序法益之損害。

危害之分類可分成具體危害與抽象危害：

（一）具體危害：具體危害者，係一種情況，而在該情況中，一實際發生之事件極有產生危害之虞。

（二）抽象危害：具體與抽象危害有所區別。具體危害涉及一實際發生之事件，然而，抽象危害中之事件，是依一般或特別生活經驗所歸類，而該事件係於具體危害中發生。一般以其區別在於「不同的危害實現方式」，如以不同的損害形成之可能性，作為兩者之區別，則非正確。

警察任務中有以「一般存在之危害」稱呼抽象危害。「一般危害」有時亦被視為危害概念之本身，其特別是用於作為警察預防抗制犯行之依據。此種見解，會造成賦予警察在實務上無限任務範圍之缺點，

---

[220] 法務部法律字第10100269850號函。林錫堯（2012.11），《行政罰法》，2版1刷，頁38。

[221] 相關文獻，請參考陳宗駿（2017.4），〈美國集會遊行自由權保障之歷史發展－兼論我國集會遊行與公共秩序之折衝〉，《憲政時代》，42卷4期，頁375-434。周治平（2016.10），〈日本法院對警備公安情報收集立場之分析〉，《中央警察大學法學論集》，第31期，頁109-141。林佳和（2016.8），〈集會遊行上的警察權發動〉，《月旦法學教室》，第166期，頁9-11。

因為幾乎所有生活領域內多少都隱藏有危害在內，對此，亦受到學者之批評。一般危害並非自成一格之危害形式，而是法律技術上對抽象危害之描述。抽象危害必然合於其自身概念特質，其為警察創設其他任務範圍，但亦有其界限[222]，須受法律保留之規範，即實定法上之警察任務範圍為限。

二、界定公安秩序必要範圍

　　日本主管機關為規範集會遊行活動，以免危害社會安全與秩序，依社會實際發展情形，制定了公安條例。其制定後執行情形之問題，以依防止危害而該危害之概念未加以界定及限制範圍，警察機關在適用公安條例對於集會、遊行或集體示威之際，如以維護交通安全之必要、預防其與反對團體衝突而造成危害的普通警察法目的。如此，將極易流為以表面目的為藉口，限制人民思想表現之自由[223]。因此，以維持公共秩序與安全原因，常為警察執法之依據。警察在取締集會遊行之際，對集會遊行者亦常施以直接強制命令解散，加以不必要而且不當的暴行、傷害，此措施對於現代立憲主義之保障人民集會權利，均會造成負面影響[224]。因此，公安條例規範集會遊行，必要遵守法律保留原則，警察執法時亦須遵守公法上之比例原則，及警察權界限原則。

三、警察治安目的

　　警察基於治安目的之執行。規範人民集會遊行之集會遊行法，有對

---

[222] 李震山譯（1995.11），《德國警察與秩序法原理》，中譯2版，頁71-73，高雄：登文書局。

[223] 相關日文文獻，請參考：大森貴弘譯（2015.3），〈集会の自由に関するドイツ連邦憲法裁判所判例〉，《常葉大学外国語学部紀要》，第31期，頁85-109。上村貞美（2011.10），〈《論説》集会の自由に関する3つの判決〉，《名城ロースクール・レビュー》，第22期，頁1-26。井上典之（2006.7），〈判例にみる憲法実体論（16）：集会の自由と場所の使用規制〉，《法学セミナー》，51巻7期，頁66-70。

[224] 戒能通孝編（1960.6），《警察權》，頁213，日本：岩波書店。

危害公共安全與秩序之範圍加以解釋之限定必要。因爲在此範圍內，集會遊行參加者，不管該集會遊行是受許可或是未受許可，如果有危害公安秩序之行爲時，警察治安任務依法定職權必須介入，並須強制排除該危害，以維持公共安全與秩序；而此之「公共安全秩序」爲不確定法律之概念，須接受法院之審查。警察行使實力強制解散人民之集會遊行是否有其必要，須加以規範，使有明確依據。似不能以未經許可或有違反法律規定條款，就一律施以強制解散措施，如此將與警察治安目的，排除公共秩序實際受危害之必要強制力原則相去甚遠[225]。

　　以日本公安條例之規範，資本家的經濟報導能力，其可採取各種方法及結合各政府機關的關係而言。相對民眾只能採取集會遊行的表現自由相抗衡，民眾以其本身，結合其他國民表達思想。但此活動須依集會遊行法規而行，因此，集會法規亦會被批評爲具有限制人民表現自由之特性[226]。

四、偶發性與緊急性集會之維持秩序

　　集會、遊行爲集合多數人之活動，會對公共秩序造成影響。集會之態樣，有由負責人發起者，亦有屬偶發性之集會。特殊情形如屬緊急性集會、遊行時之維持秩序，在釋字718號解釋理由書中，一面提到「事起倉卒非即刻舉行無法達到目的之緊急性集會、遊行，實難期待俟取得許可後舉行」，依偶發性與緊急性集會遊行處理原則（簡稱處理原則）

---

[225] 相關文獻，請參考李永義（2016.7），〈我國集會遊行法之評述—以釋憲字第445號及釋憲字第718號〉，《樹德科技大學學報》，18卷2期，頁1-24。謝榮堂（2015.7），〈中央與地方之警察指揮權限劃分—以大型集會遊行爲例〉，《警察法學》，第14期，頁165-191。

[226] 對公共安全有明顯急迫危險之概念，其內容爲不確定，均以經驗、合理的解釋加以適用，以防「公共安全」的概念被擴張解釋。如以道路交通安全，因有反對團體的出現，爲預防其危害的理由，亦可能被擴張解釋爲有必要維護公共安全之虞。參閱戒能通孝編（1960.6），《警察權》，頁213，日本：岩波書店，http://www.dppnff.tw/group_data.php?id=247&data=comment（最後瀏覽日：2019.12.20）。

規定，如屬急性集會仍舊要人民提出申請，並等待「即時核定」的書面通知。有論者指出，「即刻」與「緊急性」的概念會有差距，對集會遊行權利會造成一定程度的影響。

依處理原則第5點的規定，集會遊行法本文對於一般室外集會遊行，要求負責人維持交通秩序，並依交通狀況對遊行路線跟範圍作限制，處理原則增加法律所無之限制，直接禁止於車道上舉行偶發性集會遊行。更有甚者，按照大法官及處理原則第2點針對偶發性集會遊行的定義，是指「事實上無發起人或負責人之集會遊行」，但處理原則第6點又將「現場實際主持或指揮活動之人」冠上「負責人」的帽子，最後勢必會跳針說這場集會遊行有實際負責人[227]。對此規定之適當性，持保留意見。

五、有關負責人之協助維持秩序程度

德國聯邦憲法法院在巴伐利亞邦的集遊法違憲的問題上闡明了二個最主要的違法之處：指出集會遊行的主辦者不能夠因為違反協同義務或拒絕配合警方為訊息通知而被處以罰鍰。

其原因是：不能單獨科以集會遊行主辦人一個對於警方的擴大協同義務，並且在法律上完全不給予一個行政法上的事前教示的形式，而直接以罰鍰處罰。聯邦憲法法院認為一定要有一個行政處分的形式，畢竟罰鍰具備強制的效用，違法可責難的行政罰鍰和行政法上的義務要求本質上是完全不同。所以法院宣告巴伐利亞邦因為集會遊行主辦者的義務擴大化或予以責難式罰鍰的邦集遊法條文無效。並且集會遊行的時間、地點、形式有時候無法一目了然而加以判斷，如何可以要求集會遊行的主辦者作事先的完整預測呢？課以集會遊行的主辦人這麼強的義務，並

---

227 李彥賦（2015.1.9），〈這一次，內政部的創意又讓法律人驚呆了！〉，新境界智庫，http://www.dppnff.tw/group_data.php?id=247&data=comment（最後瀏覽日：2019.12.20）。

於違反時，科以行政罰上的罰鍰，可能會違反法治國憲法保障人民的集會遊行基本權，並有把人民視作潛在犯罪人的可能性[228]。

肆、集會處所、遊行路線於使用後遺有廢棄物或污染

　　一般私人間借用場地後，有回復原狀之義務；集會之後，對於公共場地之清潔，亦應予復原，以使一般用路人之使用與觀瞻，不受影響。

　　有關廢棄物清理之責任人，依「廢棄物清理法」第27條規定，在指定清除地區內嚴禁有下列行為：拋棄紙屑、煙蒂、口香糖、瓜果或其皮、核、渣等、隨地吐痰、檳榔渣、吐檳榔汁、張貼或噴漆廣告污染物、其他經主管機關公告之污染環境行為，依同法第50條處新臺幣1,200元以上6,000元以下罰鍰。

　　於集會遊行之眾人中或有飲食、發傳單等，可能會有便當盒、飲料瓶、傳單等置於地上，造成環境的髒亂，須予復原。

　　處理一般廢棄物及一般事業廢棄物的費用計算，如依臺北市政府公告，本廠代處理一般事業廢棄物及一般廢棄物收費標準，自2015年7月16日起每公噸新臺幣2,082元，重量不滿100公斤以100公斤計算，超過100公斤者依實際過磅重量計價[229]。

　　環保署表示，為有關廢棄物處理價格之透明化。環保署建立透明公開機制以健全廢棄物清理市場價格，避免廢棄物清理價格哄抬或削價競爭等情事，推動廢棄物處理價格透明化，於2018年12月22日修正發布「公民營廢棄物清除處理機構許可管理辦法」，新增第21條之1規定，要求廢棄物處理機構應於2019年7月1日前，至清除處理機構服務管理資

---

[228] 段正明（2009），〈把街頭還給人民！德國聯邦憲法法院宣告巴伐利亞邦集會遊行法違憲〉，《司法改革雜誌資料庫—司法改革雜誌第72期》，https://digital.jrf.org.tw/articles/1832（最後瀏覽日：2019.12.20）。
[229] 參見臺北市政府環保局網頁。

訊系統登載處理費用收費範圍等資訊。環保署呼籲，廢棄物處理機構應依法完成處理費用收費範圍之登錄；清除、處理機構應訂定合理之廢棄物清除、處理費用。如有發現廢棄物清理業務聯合壟斷或集體哄抬價格之情事，將移請公平交易委員會或行政院消費者保護會依法查辦，避免廢棄物清理價格哄抬或削價競爭等情事，以致廢棄物未能妥善清除處理而有非法棄置之事件發生[230]。集會遊行法於本條文中課予負責人有清理廢棄物之義務。負責人在集會中，須宣導參加者不亂丟垃圾，集會放置垃圾桶及與環保單位配合處理所遺留之廢棄物。

伍、負責清理之責任

一般廢棄物之清理責任，依廢棄物清理法第11條：「一般廢棄物，除應依下列規定清除外，其餘在指定清除地區以內者，由執行機關清除之：一、土地或建築物與公共衛生有關者，由所有人、管理人或使用人清除。二、與土地或建築物相連接之騎樓或人行道，由該土地或建築物所有人、管理人或使用人清除。三、因特殊用途，使用道路或公共用地者，由使用人清除。四、火災或其他災變發生後，經所有人拋棄遺留現場者，由建築物所有人或管理人清除；無力清除者，由執行機關清除。五、建築物拆除後所遺留者，由原所有人、管理人或使用人清除。六、家畜或家禽在道路或其他公共場所便溺者，由所有人或管理人清除。七、化糞池之污物，由所有人、管理人或使用人清除。八、四公尺以內之公共巷、弄路面及水溝，由相對戶或相鄰戶分別各半清除。九、道路之安全島、綠地、公園及其他公共場所，由管理機構清除（第1項）。前述第三款，因特殊用途，使用道路或公共用地者，由使用人清除（第

---

230 廢棄物處理價格公開2019年7月起供各界查詢，行政院環境保護署廢管處，2019年7月12日。

2項）。」

　　使用道路者之責任，依臺北市市區道路臨時活動使用管理辦法第10條：「經核准使用道路者，於道路使用期間應遵守下列規定：一 在活動期間，應自行負擔維持秩序之費用。但遇有妨害公共秩序之情形，非公權力協助不足以排除者，得申請警力支援。二 自行清除活動結束之垃圾，並得向本府環境保護局各區清潔隊申請辦理代運。三 於活動期間內，道路使用範圍內之花木及各項設施不得毀損，並禁止設置固定之路障。違反者，應負修繕及損害賠償責任。損害賠償費用得自保證金扣抵，不足部分並應另行追償之。」

第19條（代理人代為主持並維持秩序）
集會、遊行之負責人，因故不能親自在場主持或維持秩序時，得由代理人代理之。
前項代理人之權責與負責人同。

壹、導言

本條連結前條（第18條）所規定，集會遊行之負責人有義務在集會遊行時親自主持與維持秩序，然而本法之負責人原係形式上之規定，亦即在集會遊行申請書上有所謂負責人，然是否參與實際籌備或先前活動，本法在所不問，也無從調察瞭解，故採取彈性規定，依據本條規定，負責人因故不能親自在場主持或維持秩序，得由代理人代理之。在此，論述本條所規定之負責人為申請書上所填寫之形式負責人，另論述本條第2項規定，有關代理人之權責，並在實際問題上，討論有關負責人因故不能親自在場等問題，並且介紹行政院版針對本條與前條之修正草案作為參考。

貳、內容解析

一、負責人

本法規定負責人在集會遊行時，其有法律上義務，應親自在場主持或維持秩序，因此在前條（第18條）明確規範其義務，而在本條則規定負責人因故不能履行此項義務時，可由他人代理。本條所稱負責人，即在本法第7條第1項已有規定：「集會、遊行應有負責人。」而在該條第2項進一步規定：「依法設立之團體舉行之集會、遊行，其負責人為該

團體之代表人或其指定之人。」此項規定已對集會遊行之負責人概念有初步描述，係指依法設立之團體若進行集會遊行，明確指稱係該團體之代表人或其指定之人，在此相當清楚。然而進行集會遊行之群眾，許多並非屬依法設立之團體，或是短時間志同道合之群眾，或是一時之間有共同理念而結合，在此其負責人，就必須由參與者而產生，如何產生，本法並無規定任何程序，即係由民主選舉或自我推薦等等均可，而在形式上，只要申請書上所記載之負責人姓名，即負有本法規定之義務與責任。

二、代理人之權責

依據民法第103條規定，代理權之意義，代理為代理人於代理權限內，以本人名義所為之意思表示或所受之意思表示，而直接對本人發生效力之行為。例如甲基於乙之授權，以乙之代理人名義向丙承租房屋一棟，租賃關係乙丙間發生效力。而代理權之性質，係以法律行為授與者，其授與應向代理人以意思表示為之，民法第167條定有明文。故代理權之授與為有相對人之單獨行為，於相對人瞭解表意人之意思或表意人之意思到達相對人時發生效力。同時只要授權者之意思表示即可成立，無須代理人之同意。一般而言，被稱為「代理人」的人若獲得另一位被稱為主事人（也稱「委任人」）明示或默示的授權，並同意代表該主事人行事，代理關係便由此產生。代理關係一詞基本表示某人接受委任在主事人與第三者之間建立有約束力的合約關係。在行使其主事人以明示或默示授予的權力時，代理人與第三者達成合約，並指明他是代表主事人行事，則代理人便會替主事人與該第三者建立合約關係[231]。

因本法所規定負責人，負有法律之義務與責任，然而所稱負責人係指形式上在申請書上所呈現的負責人姓名，至於是不是真正實際負責

[231] 陳聰富（2019），《民法概要》，13版，頁60-65，台北：元照。

似乎在本法並不過問，故本法特別於本條規定，負責人因故不能親自在場主持會維持秩序，得由代理人代理之。而代理人之權責與負責人同，在此亦顯示即使是書面上形式負責人，只要找其他人代理，其行使本法權利與義務之權責，與本負責人完全相同。而代理人之資格為何，亦無嚴格規定，只有在本法第10條規定代理人之消極資格，其與負責人與糾察員之消極資格相同。亦即，負責人所請代理人代理其權責，如果依據本法第10條規定，已滿20歲、具有本國國籍且無該條規定刑事條件，即可成為代理人，至於是否參與集會遊行，並無規定，然而從實務上推論，其應係參與集會遊行之人，才較合理。

參、問題探討

觀察本條規定，僅係闡明負責人可請他人代理其權責，且言明「因故不能親自在場主持或維持秩序」，然而依據法理，即使無本條規定，亦應可代理，因此職責為事物本質，而非專屬人身分等事項。而探討本條規定，所謂「因故不能親自」等語，顯然立法並非嚴謹，因從反面而言，若非「因故」就不可代理，亦即要有理由，例如生病或有急迫情事等無法主持或維持集會秩序等，然而若負責人故意不參與，主管機關亦無可任何處置措施，由此觀察如此規定凸顯多餘。而依據行政院版集會遊行法修正草案已修正規定，係將本條與第18條結合，在修正草案第18條規定：「集會、遊行之負責人，應於集會、遊行時親自在場主持，維持秩序；其因故不能親自為之者，得由代理人代理之。前項代理人之權責，與負責人同。」由此修正草案規定，係先強調負責人之權責，若無法親自履行，可由代理人代理，但仍強調須有理由，才可由他人代理。

第20條（指定糾察員維持秩序）
集會、遊行之負責人，得指定糾察員協助維持秩序。
前項糾察員在場協助維持秩序時，應佩戴「糾察員」字樣臂章。

壹、負責人之申請集會遊行

一、概說

　　集會自由為表現自由之一種，其所表現思想、信仰之型態，與單獨一人表現方式之著作、言論、出版自由、廣播有所不同，在法規範上亦有其不同意義。憲法理論對於言論、出版，因尚未造成立即、明顯危害，所以制度上不得予以事先檢閱，為法治國家保障言論自由之基本原則。集會遊行活動雖與言論表現自由有關，但其表現型態、影響公安秩序、地區安寧、所在地人民安全等，二者程度有所不同。因此，法規範上二者有區別規定必要。惟此二者言論自由與集會自由，在憲法上之地位則屬一致，該等自由權利對人民而言，亦占有非常重要地位。

　　保障人民集會遊行自由之目的，對於國家政治清明、民主程序、補代議政治不足、保障無法利用媒體之人民、提供資訊、保障群體共同表現自由及集體形式的討論等均有重要意義。因此，各國憲法與集會遊行法律，均明文保障此種人民之權利。如其活動對於公共利益、社會秩序有重大影響，為保護公共利益，一般均會以法律來加以規定、調整其權利行使之要件及程序，以維護公益。

　　我國憲法雖非獨創，其制定過程甚多參考歐美、日本等法治先進國家制度，對於各種憲法自由權利來源及其保障限度，亦相當慎重考量。集會遊行權利，從其字面意義觀之，首先與人民自由有直接相關，即人民可以自由表達言論，聚集多數人共同集會、討論、發表意見。第二，

集會遊行與國家政治透明化亦甚有關係，因凡從政策決定、人民行使參政權、執政者施政或代議政治無法達到目的之情形，均可能形成人民集會遊行之原因。惟此亦有可能夾雜陳情、請願、抗議或偶發性事件之活動。人民集會遊行之權利，憲法規定範圍較為廣泛，與實定法之集會遊行法相較，二者亦有區別。

在多數人聚集時，會有秩序混亂之虞，負責舉辦活動之人，須同時負責秩序之維護，以免造成推擠或妨害公眾之通行秩序。因此，負責人一般大都另置有責維持秩序之人，一般以「糾察員」稱之。在我國集會遊行法中，另有特別法條規定，於集會遊行舉行時須指定糾察員，加以維持秩序。

一般於競選活動或必要的散場秩序維持，仍須由主辦單位協助，主辦單位負有維持秩序協力之義務，因公共集會活動會造成社會安全秩序一定之影響。實務上公開之集會活動，常會有活動維護秩序上之問題。在一法定競選造勢的晚會湧入人群，週邊交通擁擠，申請時間屆至時，常會有民眾質疑造勢已超過法定競選時間[232]，未依規定解散。一般如活動已逾法定時間，要確認是否為競選活動或必要的散場秩序維持的時間而定。

二、申請程序之明確

集會遊行活動之舉行，為人民行使憲法上之自由權利。為保障社會公共秩序，人民行使本項權利，須依法定程序申請。惟申請程序之訂定，其目的在落實人民集會權利之行使，與維護公共秩序之調和。即不

---

[232] 有關本件地方選委會表示，本次選舉法定競選時間從2019年12月14日至明年1月10日，每天上午7點到晚間10點，若不在法定期間從事競選活動，涉及總統副總統選罷法第50條、第96條，違規可裁罰50萬至500萬元。地方選委會表示，若收到檢舉，將調閱市政府警察局的現場執勤紀錄，確認競選活動有沒有超過晚間10點，若有超過法定時間，另要確認是競選活動或必要的散場秩序維持，將召開選監小組會議後，再送選舉委員會議決定。超時競選？中市選委會：尚未收到檢舉，聯合報，2019年12月30日。

藉由程序之方式，而達到抑制、控制集會遊行之舉行，為當然之道理。

因此，申請之程序必須要符合透明、有效、確保人民集會權利之前提。

1.室外集會遊行

(1) 集會遊行法規定之目的，在確保社會公共秩序之維持，在此亦以規範室外集會為核心，一般室內集會較不易形成群眾，或對道路、居民生活造成不便與影響，所以對室內集會，亦都不加以特別規範。

(2) 而並非所有室外集會，都須要申請，本法規範之核心為與治安有關之集會活動。如屬一般婚喪喜慶、民俗、競賽、依法令活動等，均不需申請。

2.室內集會遊行

一般室內集會，不需申請許可。但是如使用擴音器，足以形成室外集會者，則以室外集會論。在此，須符合二要件，即：(1)使用擴音器；(2)足以形成室外集會。如人潮過多站立室外，且無異於室外集會之情形，始足以當之。

三、申請之日期與內容

（一）申請之日期

1. 6日前：由集會活動當日，往回算6日，如本月15日將舉行集會，則於8日須提出申請（參民法120條）。

2. 舉行之前：對偶發性集會，則不規定申請之一定期限或日期。

（二）申請之內容

1. 目的、方式、起迄時間：

(1) 目的：如訴求主題，提出要求、議題等。

(2) 方式：採取方式，除集會、遊行外，另如抗議、行動劇、攜帶物品、特殊表達動作等。

(3) 時間：舉行預定時間，使主管機關可以酌爲規劃維持秩序、或對時間有所調整限制。一般時間，不宜過早或過晚，惟如有特殊情形，則不在此限。

2. 處所、路線：避免有同時舉行之集會，場所與路線重複之情形。另使用道路是否須經道路管理機關同意，理論上除特殊公共用物如公園、公共設施場所，須經管理機關同意外，一般道路應不需經道路管理機關之同意。因警察機關亦道路使用之秩序管理機關，對於道路之使用，應可協調道路主管機關或警察本身作必須之規劃、調整。

3. 代理同意書、使用處所同意書。

四、其他事項

（一）事前溝通屬警察機關之行政積極性裁量，亦有程序法之性質。

（二）行政指導之適用，以共同達成法律目的（保障基本權利、公共秩序）。

（三）相關之行政程序法精神。

貳、糾察員

「糾察員」爲舉行集會活動之主要幹部成員，負責整個活動秩序與安全之維護。集會遊行爲私人之活動[233]，依法提出申請或向主管機關報

---

[233] 國內相關文獻，請參考Hans-Heinrich, Trute, Leonard, Biebrach著，王韻茹譯（2015），〈德國極右派集會遊行的法律問題〉，《國立中正大學法學集刊》，頁1-60。蔡庭榕（2015），〈群眾活動處理機制與集會自由保障〉，《中央警察大學學報》，第52期，頁15-42。李建良（2014），〈集會自由與群眾運動的憲法保障－釋字第718號解釋〉，《臺灣法學雜誌》，第246期，頁13-25。張維容（2013），〈我國集會遊行法政策之研究－以2012年各修正草案爲中心〉，《警學叢刊》，44卷1期，頁19-40。劉靜怡（2012），〈歐洲人權法院近年主要集會遊行相關判決評析〉，《臺灣法學雜誌》，第204期，頁45-62。陳宗駿（2017），〈美國集會遊行自由權保障之歷史發展－兼論我國集會遊行與公共秩序之折衝〉，《憲政時代》，42卷4期，頁375-434。李寧

備後，召集民眾舉行。多數人的聚集，行使其憲法所保障的基本權利。但另一方面，本項活動會產生對社會安寧秩序的影響，因此，依法賦予負責人亦有維持秩序之責任。在本條文中，為考慮負責人須在場主持及負責相關聯絡事宜，因此，規定得由負責人指定糾察員在場維持秩序。

　　有關糾察員之設置，依憲法第14條規定人民有集會之自由，且與憲法第11條規定之言論、講學、著作及出版之自由，同屬表現自由之範疇，而為實施民主政治最重要的基本人權。以法律限制集會、遊行之權利，必須符合明確性原則與憲法第23條之規定。惟集會遊行法因涉及憲法所保障人民有集會自由之基本權利，就該法之合憲性問題，經司法院大法官會議釋字第445號著有解釋：「憲法第十四條規定人民有集會之自由，此與憲法第十一條規定之言論、講學、著作及出版之自由，同屬表現自由之範疇，為實施民主政治最重要的基本人權。……同法第十條規定限制集會、遊行之負責人、其代理人或糾察員之資格；第十一條第四款規定同一時間、處所、路線已有他人申請並經許可者，為不許可集會、遊行之要件；第五款規定未經依法設立或經撤銷許可或命令解散之團體，以該團體名義申請者得不許可集會、遊行；第六款規定申請不合第九條有關責令申請人提出申請書填具之各事項者為不許可之要件，係為確保集會、遊行活動之和平進行，避免影響民眾之生活安寧，均屬防止妨礙他人自由、維持社會秩序或增進公共利益所必要，與憲法第二十三條規定並無牴觸[234]。其中糾察員之資格，亦為申請集會遊行所須遵守之事項。」

修（2015），〈保護抑或箝制？集會遊行之強制解散及其效果／桃園地院98簡上111判決〉，《臺灣法學雜誌》，第276期，頁141-146。

[234] 臺灣高等法院102年度上易字第1235號刑事判決。

參、負責人之指定糾察員

　　負責人爲申請或召集集會之人，爲警察責任人之一種。本條文爲集會遊行法，課予負責人一種相對之義務責任。法律課予人民公法上之義務，須符合其衡平性與必要性，不得逾越。本條文之規定，屬於任意性或權宜性之規定，並不具有強制力。但考量秩序維持之可能性，與負責人本身之侷限性，一般應有指派糾察員之必要。指定，爲活動任務之分工，屬於私法勞務關係之一種，被指定之人，應依指派之工作範圍，妥適執行。

　　有關負責人之職責，依集會遊行法修正草案第6條：「集會、遊行應有負責人。依法設立之團體舉行之集會、遊行，其負責人爲該團體之代表人或其指定之人。未報備舉行之集會、遊行，其實際負責人，指該集會、遊行活動之發起人、指揮人或主持人[235]。」

　　對此，行政院提案：「一、未報備舉行之集會、遊行，其負責人易滋生疑義，爰增訂第三項，以該集會、遊行活動之發起人、指揮人或主持人爲集會、遊行之實際負責人，以資明確。二、第一項及第二項均未修正。」

　　另依立法委員之提案版本言：「依實務觀之，緊急性或偶發性集會，乃因重大政治社會事件所激發之突然性現象，難依一般程序之思維有其負責人。復大法官會議第718號解釋，亦闡明緊急性或偶發性集會之急迫性，且爲避免公務機關『依法行政』，刻意尋求負責人一職，導致陷人於罪，自應增列本條之例外條款。」

　　從實務觀之，緊急性或偶發性集會，乃因重大政治社會事件所激發之突然性現象，難依一般程序之思維有其負責人。復大法官會議第718

---

[235] 《立法院議案關係文書》，院總第1430號、政府委員提案第15584-18356-18793-18530-18286-18593號之1，2016年7月6日印發。

號解釋，亦闡明緊急性或偶發性集會之急迫性，且爲避免公務機關「依法行政」，刻意尋求負責人一職，導致陷人於罪，自應增列本條之例外條款。

　　立法院審查會決議：「本法修正後，人民集會遊行，改採自願報備制。因之，報備之集會、遊行自應有負責人；依法設立之團體舉行集會、遊行，其負責人，即爲該團體之代表人或其指定之人，均無疑義。惟對未經報備舉行之集會、遊行，其實際負責人爲何，應予明定爲該集會、遊行活動之發起人、指揮人或主持人。第六條爰修正爲：『集會、遊行應有負責人。（第一項）依法設立之團體舉行之集會、遊行，其負責人爲該團體之代表人或其指定之人。（第二項）未報備舉行之集會、遊行，其實際負責人，指該集會、遊行活動之發起人、指揮人或主持人。（第三項）。』[236]」

肆、糾察員在於協助維持秩序

一、概說

　　因應集會遊行可能產生潛在威脅，集會遊行法第6條規定集會遊行之禁制區，係爲保護國家重要機關與軍事設施之安全、維持對外交通之暢通；同法第10條規定限制集會、遊行之負責人、其代理人或糾察員之資格。因於民主社會中，人民對於政府施政措施，常藉集會、遊行之方式表達意見，形成公意，惟集會、遊行具有容易感染及不可控制之特質，對於社會治安可能產生潛在威脅，爲維護人民集會、遊行的合法權益，並確保社會秩序安寧，自有制定法律予以合理之限制，以兼顧集會

---

[236] 《立法院議案關係文書》，院總第1430號、政府委員提案第15584-18356-18793-18530-18286-18593號之1，2016年7月6日印發。

自由之保障及社會秩序之維護[237]。

　　警察依法有維持社會秩序之任務，另集會之負責人，基於本身所舉行之集會活動，對於參與人員、社會秩序之維護，亦負有相對安全與維持之責任[238]。

　　警察之依法維持公共秩序；所謂「法」之意義，乃採廣義之解釋，其內涵包括法律、命令、及各種規章、辦法等，凡經中央政府頒布之有關於警察之法令，及經中央與地方各級主管警察之機關所頒行之法令、規章，或經各級主管警察之機關所發布之指示、規定，又各級警察機關（內政部警政署、直轄市警察局、省警務處、縣市警察局、及各專業警察單位等皆屬之）所奉准頒行或基於職權頒行之規定、辦法、要點、細則，以及專為其一事件，或某項工作所頒行之單獨命令等，皆為警察人員執行工作之依據。一般而言，警察人員維持秩序之標準，以經政府規定或社會公認之善良規範為準。警察人員應維持秩序的範圍，以依照有關法律或命令規定者為限[239]。

---

[237] 臺灣高等法院101年度上易字第2號刑事判決。

[238] 日本相關文獻，請參考石崎学（2016），〈表現の自由と駅：JR大阪駅前事件—大阪高判平成27年9月28日〉，《法学セミナー》，61卷11期，頁24-27。中川律（2016），〈駅前の表現の自由—特集市民の政治的表現の自由とプライバシー〉，《法学セミナー》，61卷11期，頁43-47。安達光治（2016），〈街頭表現活動への監視に対する抗議と威力業務妨害罪：大阪駅事件を機縁として〉，《法学セミナー》，61卷11期，頁53-56。吉田竜一（2018），〈姫路市駅前広場事件：躊躇せず訴訟を提起して、早期解決を獲得—2018年権利討論集会特集号〉，《民主法律》，第305期，頁106-108。阪口正二郎（2016），〈「国家と法」の主要問題：「隔離」される集会、デモ行進と試される表現の自由〉，《法律時報》，88卷9期，頁106-111。高橋義人（2011），〈「公共空間」の民営化と「パブリックフォーラム」論〉，《琉球大学法学》，第85期，頁41-78。二木信（2011），〈警察権力の暴走を問う(1)，反原発デモへの不当な弾圧，市民の自発的デモを、なぜ「扇動」できるのか!?〉，《マスコミ市民》，第515期，頁46-53。

[239] 警政署刑事局，警察的任務，https://www.cib.gov.tw/Crime/Detail/990（最後瀏覽日：2018.12.11）。

二、執法人員有主動表明身分之義務

　　糾察員亦屬協助執行維持集會遊行法律秩序之人。

　　憲法對於集會自由之保障，不僅止於形式上外在自由，亦應及於實質上內在自由，以使參與集會、遊行者得在毫無恐懼的情況下進行，經司法院大法官釋字第445號解釋予以確認。為便於人民於集會、遊行時，得請求國家履行各種保障集會、遊行自由之義務，並利於人民在公務員違反義務時，得以尋求有效之事後救濟，修正草案茲明文確立執法人員應主動表明身分之義務，以使人民得以明確知悉集會、遊行時主管機關所派人員之身分。

　　就此義務之具體落實，修正草案除參酌德國集會遊行法第12條之規定，要求現場指揮官必須主動表明身分之外，並規定其餘人員均應於胸前佩戴易於辨識其身分及姓名之名牌。現行之警察職權行使法第4條第1項雖已規定「警察行使職權時，應著制服或出示證件表明身分，並應告知事由」，在我國具體之實踐上，參與集會、遊行之人民，由於警察所著制服並無明顯而清楚之身分標識，往往根本無從知悉實施物理強制力之警察身分，更遑論事後尋求有效救濟。有鑑於此，本文特明文規定執法人員在集會、遊行時標識身分之具體方法[240]。

三、維持秩序之責任範圍

　　集會現場民眾常會有反應強烈、鼓譟、比手勢等情節，或行為人沒聽到指揮或不知悉指示；或現場糾察員無力維持秩序等，均有可能。

　　有關課予妨害秩序行為人，構成首謀不解散罪之認定。檢察官舉證主張：立法者將集會遊行之警察分局，確立為集會地之主管機關，應係考量就特性上屬於維護社會秩序之機關，且其所屬單位（分局各派出

---

[240] 《立法院議案關係文書》，院總第1430號、政府委員提案第15584-18356-18793-18530-18286-18593號之1，2016年7月6日印發。

所）分立於所轄區域之各處，在面對集會遊行大量之民眾湧入某特定區域後，所產生對公共秩序之監督、調度人力，進而防範集會遊行所可引致混亂或衝突，然在同一時間，在不同之多處地點均有群眾集會遊行之情形，現場指揮官清楚瞭解現場狀況及實際需要，倘若要求分局長親自到不同之集會遊行現場始可行使警告、制止、命令解散等作爲，顯然無法妥適並即時處理現場狀況。

是分局長只要依據現場指揮官報告狀況，即得命令現場指揮官爲警告、制止及解散命令。警察之舉牌命令解散，如已經符合集會遊行法第26條之比例原則，即可爲之。行爲人如在臉書散布要在某時間、地點進行集會，難謂偶發性之情形，且其如故意背對警方指揮點，故意不看警方舉牌、命令解散和制止；有現場民眾之反應強烈、鼓譟、比手勢等情節可徵，足認行爲人難謂沒聽到或不知悉；又現場無糾察員維持秩序，群眾湧向派出所對警員叫囂，認該集會遊行並無和平性可言。

上述行爲人是否構成首謀不解散罪，法院認爲：檢察官無法舉證使達有罪判決之確信程度，以消弭法官對於被告是否犯罪所生之合理懷疑，自屬不能證明犯罪，即應諭知被告無罪[241]。

伍、負責人指派任務之委託關係

一、概說

負責人與糾察員之間的關係，爲私人活動任務之交付，要求由糾察員在集會遊行時協助維持秩序，有如負責人之分身，可以依負責人指派之重點，加以執行。所指派之「任務」，在於使集會之秩序，趨於理性平和，有助於集會之舉行，避免受到外力不當之干預或影響。此處之

---

[241] 臺灣高等法院105年度上易字第1259號刑事判決，主文：上訴駁回。

「委託」為私法關係，一般為無給職；負責人是否給予糾察員必要之酬勞，由私人之間私下約定。「糾察員」之人選與指定，屬於負責人之權限，當由負責人審慎評估。以期能達到協助維持秩序之功能，或避免造成其他衝突等事件發生。

二、負責人委託之任務

集會遊行活動之指派糾察員維持秩序，乃由負責人加以安排，或給予一定的酬勞費用。

保全人員亦有可能受委派維持勞資爭議之現場秩序。依照勞資爭議處理法完成罷工程序後，工會依法可在公司外圍進行集會，不需另外申請。而罷工行動也在正式展開，工會成員以繩索拉起「罷工糾察線」。

曾發生甲公司由保全人員圍成人牆，保全人員與罷工活動之工會間，雙方一度發生推擠，最後數百名工會成員就集結在航運大樓前的車道靜坐抗議。工會成員在現場不斷高喊「空服員的尊嚴，誓死捍衛；空服員的過勞，立即終結」，以及「公司的威權，靠我們打破，對等的談判，靠我們戰鬥」，還有「空服員團結，空服員戰鬥」等口號。許多甲航空公司內部員工因為不滿工會成員的抗議行為影響交通車進出，也自主現身抗議現場，高舉「反霸凌旅客權益」等標語，並高喊「不想作，就回家」、「不要擋路」、「退出大門外」、「不要身在福中不知福」等語，甚至有員工向工會成員潑灑礦泉水。由於雙方的對峙衝突不斷，不時呼喊口號互嗆，為避免雙方隔著「罷工糾察線」衝突愈演愈烈，後來公司保全先退下，改由警方出面維持秩序，但衝突仍是不斷發生[242]。保全人員在此範圍，受指定有維持勞資爭議秩序之權力。

糾察員之行為，其究屬私法上或公法上權力，有關其性質認定，可參考如下：如非委託機關本身權力範圍內之公務，而係基於私法上關係

---

[242] 空服員工會桃園徹夜靜坐，繳證施壓長榮，中央社，2019年6月20日，https://taronews.tw/2019/06/20/378064/（最後瀏覽日：2020.1.4）。

所生之債權、債務，殊與貪污治罪條例第2條後段所稱之「受公務機關委託承辦公務」者不同，要無該條之適用。依原判決事實欄之認定，榮民醫院其本身權力範圍內之公務，應係從事醫療業務，該院興建重症病房等新建工程，顯非其本身權力範圍內之公務，榮民醫院將上揭新建工程委託甲建築師事務所監造及由乙公司承造，應係立於私法關係所生之委任或承攬契約，甲建築師事務所及乙公司並不因而取得該院本身醫療公務之權力，自無受託承辦公務可言。從而甲建築師事務所再指派劉某至該工地監工，乙公司指派黃某、蔡某爲該新建工程之工地主任、副主任，均係在履行民事上私法契約，與所謂「公務」應屬無關[243]。

三、糾察員屬於私人之法律地位

負責人此處之指定，雖爲依法令所指定，及其法令爲依據集會遊行法，但集會活動爲私人向主管機關申請舉行，該活動之目的與本質，仍歸屬於私人活動。因此，糾察員之任務與行爲，亦屬於私人。「依法令」之行爲，具有阻卻違法之特性。包括依民法所採取之保全、留置行爲，或此處依集會遊行法之規定，糾察員之維持秩序行爲，均屬私人依法令之行爲，而阻卻違法。

陸、集會遊行之相關權利人

集會遊行之相關權利人，包括「主權利人」與「次要權利人」。

集會遊行權利的「主權利人」與「次要權利人」如同第718號解釋在解釋理由書第1段，引述釋字第445號解釋之意旨，強調憲法第14條保障人民集會之自由，國家應負有採取有效保護集會遊行安全的措施之義務，德國學界將之稱爲憲法賦予公權力之「防衛委託」

---

[243] 最高法院84年度台上字第5755號刑事判決。

（DerSchutzauftrag），以積極作為，在法律規定與制度上使人民能在毫無恐懼情況下行使集會遊行權利[244]。

　　為落實上述意旨，國家應當設計出具體可行的法律制度。若採報備制時，即應對完成報備手續的集會遊行者採取最優先的保障，是為「主權利人」。質言之，既然不論許可制或報備制都是人民提供資訊予主管機關，俾使其能提供最好的保護機能。為順利維護申請人之集會權利，同時維護公共安全，主管機關藉給予負擔之方式（例如要求配置一定糾察隊以維持秩序），課予申請人「維繫和平集會遊行」之義務，故經報備與履行負擔的申請人，不論是常態性或緊急性集會遊行，均應享有最優先、排他性之集會遊行權利。然而在集會遊行現場，不論採行許可制或報備制，主管機關均可能不同意另一個集會遊行之舉行（特別是空間狹小之地），若有干擾主權利者時，公權力或糾察隊自可加以排除或制止，甚至要求擔負起相關的法律責任。縱然干擾者可宣稱基於緊急性或偶發性集會遊行而不及報備或無庸報備，此時儘管其亦擁有集會遊行之權利（次要權利人），卻不可與已獲報備者的權利等量而觀。

　　在同一集會遊行現場，有主要與次要權利人之分，其法益保障的先後較易判斷，倘若數個偶發性集會遊行一起舉行時，此時皆為有權參與者（在無庸備報的情形下）。這種標準群龍無首與各自主張的團體集會，則可由主管機關一視同仁，區隔維護，任其各自表述而不得干擾他方。此時公權力即應以維護和平作為管制的唯一依據，並保持絕對的中立。由上述關於集會遊行的權利優先性之討論可知，依法律善盡報備義務者，理應獲得回饋，以鼓勵人民勇於守法，特別在緊急性集會遊行時，更需要主辦人盡可能善盡「即時報備」的義務，方能兼顧人民基本權利行使與社會安寧秩序維護的兩個面向[245]。

---

[244] 大法官陳新民釋字第718號解釋部分不同意見書，頁22-23。
[245] 大法官陳新民釋字第718號解釋部分不同意見書，頁22-23。

柒、集會遊行法修正草案之相關規定

第19條：「集會、遊行之負責人，應指定糾察員協助維持秩序。

前項糾察員在場協助維持秩序時，應佩戴『糾察員』字樣臂章。」

立法理由說明：「為期集會、遊行和平舉行，課予負責人指定糾察員之義務，乃維持社會秩序及增進公共利益所必要，爰將本條第一項之「得」指定糾察員協助維持秩序，修正為「應」指定糾察員協助維持秩序[246]。」

---

[246] 集會遊行法部分條文修正草案總說明，行政院，https://www.ey.gov.tw/File/88329439C02 A7E7C?A=C（最後瀏覽日：2018.12.11）。

> **第21條**（維持秩序與排除妨害）
> 集會、遊行之參加人，應服從負責人或糾察員關於維持秩序之指揮。
> 對於妨害集會遊行之人，負責人或糾察員得予以排除。受排除之人，應立即離開現場。

壹、參加人

　　對所舉行之該集會遊行活動認同或有興趣、好奇或想瞭解之人，可能會到場出現在該集會遊行場所，一般所指之參加人，為除負責人、代理人、糾察員及警察以外，而出現在該活動會場之人。公共場所屬於自由活動空間，任何人均得自由停留或來往於該空間。本書所定義之集會遊行活動，為在「公共場所或公眾得自由進出之處所」，所舉辦之演說、聚集以表達思想、訴求之活動。因屬於公開性之活動，欲參加人之人，亦無須事先登記或管控。

　　集會遊行為在公共場所之公開活動，一般不特定之第三人均得自由參加，無須經由核准。參加人可能是認同或好奇集會之訴求，而前往或駐留在集會之處所。在集會現場逗留或路過之人，是否均可視為參加人？應依其「停留時間與參與行為」而定，尚不得一概而論。一般因通行的關係，恰好經過集會遊行之活動現場，不得即視為集會之參加人。

貳、應服從維持秩序之指揮

　　此為法律規定之義務，參加人應遵守，否則會有不利之效果，例如受到排除，或其權利受損時，亦不得主張救濟。糾察員於集會遊行之時，負責維持秩序之任務，須具有一定權限，以利其執行。因此，在本

條文中特別規定，參加之人應遵守糾察員之指揮。

如有不服從指揮之情形，是否即採取強制力予以制止、排除？此時仍然應視具體情形判定該參加之人的行為是否已嚴重危害到集會之秩序，或該人之行為已危害到他人之安全，尚不得一概而論。一般以口頭或動作之方式加以指示，使參加之人可以明確知道訊息，以方便遵守與配合。

警察目的在防止危害之發生，因此有危害存在方有警察保護之法益。集會遊行法一方面在保護個人集會遊行之權利，另一方面在規範集會遊行之秩序，以防止公共安全與秩序受到危害。而危害者，係一種情況，在該情況中發生之事若未受阻止，極有可能因一狀況或一行為，造成對公共安全或秩序法益之損害。

規範集會遊行之集會遊行法，對危害公共安全與秩序之範圍有加以解釋之必要，因為在此範圍內，集會遊行參加者，不管該集會遊行是受許可或是未受許可，如果有危害公安秩序之行為時，警察治安任務依法定職權必須介入，並須強制排除該危害，以維持公共安全與秩序；而此之「公共安全秩序」為不確定法律之部分，須接受法院之審查。

參、指揮之權限

當然指揮之方式與動向，亦應符合常理，且不得強人所難，以免造成參加之人無法繼續參加，或無故受到排除之情況。「指揮」之意，即在此集會遊行之時，具有一定指示、指導參與者行止動向之權責之意。

集會自由是憲法所規定之人民的基本權利，參加之人為不特定之人，一般有意願者，均得自由參加，不必經過許可核准之程序。縱然集會遊行為私人所舉辦，但在公共場所舉行，其活動性質即具有公共性，依集會遊行法規定對參加之人，並無任何條件資格之限制。因此，集會

之主辦人（負責人）、糾察員即不得任意附加要求參加之人，須具備一定之資格條件。

肆、糾察員不得攜帶危害他人之物品

糾察員之職責在於維護集會之安全與秩序，在此範圍內，得持有必要之物品，例如指揮棒、哨子等。至於警棍屬於警械，糾察員原則上，不得攜帶，例外（符合駐衛警察使用警棍規定、保全人員使用警棍規定或其他有特殊例外情形，須申請使用警棍規定）因應特殊情況，依規定申請，經過警察機關許可，始准配帶。

在集會遊行之許可附帶限制事項中，一般會記載「集會遊行活動，代理人或糾察員及參加人員均不得攜帶足以危害他人生命、身體、自由或財產安全之物品、器械，亦不可有戴面具或其他妨害身分辨識之化裝事項，以確保集會遊行活動順利進行。集會遊行活動，不可攜帶妨害衛生、污染環境或用以實施攻擊他人、破壞建物設備之物品及不可有暴力衝突或違法脫序之行為，並不得違反其他相關法令及限制事項；違反者，警察分局將依行政程序法及集會遊行法第25條之規定，予以舉牌『警告』；再有違反者，舉牌『命令解散』同時廢止本處分」[247]。

對於攜有危險物品之處置問題。依集會遊行法第13條，即許可通知書應記載事項規定：「室外集會、遊行許可之通知書，應載明左列事項：一、負責人姓名、出生年月日、住居所；有代理人者，其姓名、出生年月日、住居所。二、目的及起訖時間。三、集會處所或遊行之路線及集合、解散地點。四、參加人數。五、車輛、物品之名稱、數量。六、糾察員人數及其姓名。七、限制事項。八、許可機關及年月日。室

---

[247] 臺灣高等法院105年度上易字第24號刑事判決。

外集會、遊行不予許可之通知書,應載明理由及不服之救濟程序。」

本件經核定集會遊行之通知書,已經載明限制事項為:「不得擺放易燃物品(如瓦斯桶、汽油)及燃燒(使用木炭、瓦斯爐、火把、蠟燭等)物品(如冥紙等)、烹煮食物等,以維護集會現場之安全。」被告猶執意率眾於上址集會現場焚燒冥紙而準備簡易金爐等物,經警察多次以擴音器廣播制止仍不從,仍點燃簡易金爐內之冥紙,即屬同法第25條:「有左列情事之一者,該管主管機關得予警告、制止或命令解散:一、應經許可之集會、遊行未經許可或其許可經撤銷、廢止而擅自舉行者。二、經許可之集會、遊行而有違反許可事項、許可限制事項者。」是被告之辯解並非可取。況本件被告集會遊行時,尚攜帶有電鋸與斧頭,而違背同法第23條:「(危險物品之禁止攜帶)集會、遊行之負責人,其代理人或糾察員及參加人均不得攜帶足以危害他人生命、身體、自由或財產安全之物品。」之規定,綜上,被告所辯顯屬卸責而不可採,其妨害公務之犯行事證明確,應依法論科[248]。

主辦人與糾察員亦應遵守集會遊行法之規定,不得攜帶危險物品,不得以防衛之藉口而自行持有危險物品,此將造成更大之危害風險,警察機關自得加以制止。

伍、妨害集會遊行之人

一、概說

常發生有不同意見之人,出現在集會遊行現場,對主辦單位提出質疑看法,造成集會現場秩序之混亂。此時,糾察員負有維持秩序之責任,是否可即排除該提出意見之人,使其不得繼續留在現場之問題?似

---

[248] 臺灣高等法院102年度上易字第1792號刑事判決。

值得研究。

　　集會自由，屬於憲法保障每一個人之權利，稱為憲法上之基本權利，不受任意侵害或剝奪。另社會秩序維護法中有對「意圖滋事」，而在公共場所叫罵之行為[249]，有加以規範處罰之條款。另集會遊行法中，亦明文規定合法舉行之集會，不得無故加以妨害，對於妨害之人，並有處罰之規定。而今本要件之「妨害」內涵為何？須加以界定。

　　本文認為，須具備下列要件：（一）有妨害之犯意或認識；（二）有妨害之行為或不行為，造成集會舉行之障礙；（三）該妨害之行為，已屬於過度，並造成集會繼續舉行，可見之危害；（四）糾察員之排除行為，須適當並符合比例原則；（五）對於公權力之執行管制，不得認為屬於妨害之人，乃屬當然。

　　前述之第三點，有必要再續為討論，過度、危害，皆屬於不確定法律概念[250]，其適用與認定，屬於法律問題並非裁量，應正確認定事實加以涵攝適用。

　　有關「妨害」之行為，實務判決上認為：刑法第135條所定之「強暴」，係指一切有形之物理力之行使而言，不問其係對人或對物為之，均包括在內，並不限於對公務員身體直接實施暴力，凡以公務員為目標，而對物或他人實施暴力因而產生積極妨害公務員執行職務者均屬之，此有最高法院82年度台上字第608號判決意旨、84年度台非字第333號判決意旨可資參照。本件被告蔡某，明知室外之政治遊行須經申請，而員警亦在場依法舉牌警告告知其行為違法，惟被告蔡某仍偕同其他群眾持續於集會遊行禁制區之總統府週邊人行道上遊行，並於員警第二次舉牌「命令解散」，以人牆阻隔被告進入總統府大門前人行道時，竟以身體衝撞前方舉牌員警等二人，核其所為，係犯刑法第135條第1

---

[249] 社會秩序維護法中有對「意圖滋事」，而在公共場所叫罵之行為，加以處罰之規定。
[250] 過度、危害，皆屬於不確定法律概念，須加以認定。

項之妨害公務執行罪。又刑法第135條第1項之妨害公務執行罪係侵害國家法益之犯罪，以保護國家公權力執行為目的，被告雖同時對數名執行公務之警員施以強暴行為，然侵害之國家法益相同，應僅論以單純一罪[251]。

二、有關丟擲鞋子、資料，是否構成妨害集會

法院認為：被告2人在總統致詞時，有丟擲鞋子、資料舉動；其係以臨時來賓身分進入會場，其等除在總統獲邀致詞程序中為前述拋擲鞋子、資料之行為外，並無以類似方式，妨害集會人員辦理報到、參與集會暨活動流程進行等集會自由之積極行為，此有上開現場光碟及其翻拍畫面、活動報告書所附各項程序活動照片與媒體報導在卷。被告等是否具有影響集會進行、妨害當日集會參與者權利及集會安全之主觀犯意，已非無疑。當日現場秩序雖有騷動，觀諸卷附前開現場光碟翻拍畫面及活動報告書所附各項程序活動照片與媒體報導可知，當日除被告2人外，尚有其他民眾以言詞、動作表達渠等訴求而為鼓譟抗議，是以現場秩序非僅受被告行為之影響，況包括被告舉動在內之現場騷動狀況，均未影響總統之持續致詞與該集會活動程序之進行，核與被告2人辯稱當日活動仍持續進行等語相符。

是以被告2人在總統致詞時，所為丟擲舉動，乃至於彼等主張之行為動機與訴求，雖與該次集會活動之主旨未盡相符，容有商榷之餘地，惟彼等行為既無法遽認係基於妨害該合法集會之故意所為，亦未造成集會之中斷、停止，或有妨害與會者參與集會自由之情形，自未達集會遊行法規定之妨害集會，暨刑法強制罪所規定妨害他人行使權利（合法集會權利）之程度[252]。

---

[251] 臺灣高等法院99年度上易字第2798號刑事判決。
[252] 臺灣高等法院103年上易字第1459號刑事判決。

三、行為人丟擲生雞蛋使大會暫時中斷，是否構成妨害集會

　　法院認為：被告出席中華民國紅十字會於臺北市○○街○段○○號「國軍英雄館」召開之臨時全國會員代表大會時，以主席陳某不具會長身分，以及該次會議之召集違反相關規定等情由，以摔麥克風於主席桌上、朝陳某丟擲生雞蛋等方式施強暴，使大會暫時中斷，妨害集會之進行，貶損陳某之人格並致陳某受傷；其後更接續以臀部、手推撞主席桌方式施以強暴，妨害陳某主持會議進行等行為。經原審審理結果，認被告所為成立刑法第277條第1項傷害罪、同法第309條第2項強暴侮辱罪，以及集會遊行法第31條之妨害合法集會罪，並依法論處罪刑。亦即被告施強暴手段妨害合法舉行之集會，其犯罪事證明確，並經原審認定明確。其次，原審據陳某之證述、勘驗開會現場錄影光碟所得，以及會議主席桌之布設等事證，認被告並無霸占發言台情形，經核所為之認定與卷內事證相符，亦無其他違法情形。且被告於會議中，固曾以陳某不具主持會議資格、會議召開程序不合法、質疑紅十字會未妥速處理各界捐款效能不彰等事由，於主席桌附近多次搶拾麥克風，提出權宜問題，並長時間發言，經與會人員勸阻及主席提醒均不為所動，而有干擾、阻滯會議進行情形。

　　被告前開所為並非毫無所據，與單純之無理取鬧亦屬有別，此觀被告之發言內容及內政部之相關函文即明，並經原審認定明確。則被告多次搶拾麥克風並長時間發言所為，固有礙會議之順利進行，惟因無施強暴、脅迫或其他相類之行為，仍屬意見自由表達之範疇，此部分所為與集會遊行法第31條之違反同法第5條以強暴妨害集會罪以及刑法第304條第1項之強制罪之犯罪構成要件有間，自不能率以該罪相繩。再者，原審經審酌被告以摔麥克風、丟擲雞蛋傷害告訴人、推撞桌子等強暴行為妨害合法集會，犯後否認犯行態度不佳，毫無悔意，並無其他犯罪前科之素行，所為造成會議中斷之時間短暫，告訴人（陳某）傷勢尚輕所生

損害並非嚴重；兼衡被告碩士畢業之智識程度、過去曾擔任縣議員，目前仍在紅十字會工作之生活狀況，以及其犯罪之動機、目的、手段等一切情狀，量處拘役50日[253]。

陸、得予以排除之權力

排除屬於實力行為，以物理力之方式達到其所欲維持秩序之目的。此排除行為，屬依法令之行為，依刑法與行政罰法規定，原則上均屬於阻卻違法之事由，可以免除刑事責任或行政罰責任[254]。行使排除權力時，須確認該被排除之人，已符合「現時妨害集會之人」，執行程度，亦應符合比例原則。

有關執行排除之使用「強制力」，法院認為：本件被告對抗告人施加暴力行為責任，因股東在股東會上發言可以說是最基本之股東人權，主席也僅是股東之一而已，股東之法益本應更受保護，實不容輕易被剝奪[255]。原審又以被告並未對該等糾察員有何指示或暗示，難認被告與糾察員有何犯意聯絡，惟查，依原審勘驗錄影帶結果，抗告人是遭掛有黃色臂章之現場人員數人勒住脖子後，強行架走，該等人員顯為被告擔任負責人之中國信託商銀股份有限公司之受僱人員，被告既為中信銀公司董事長，又為當日股東會之主席，依經驗法則，被告當然為現場最高指揮權利之人，該等糾察員必係聽從被告命令執行行為，實可確認。抗告人在股東會場上行使股東發言權，卻在眾目睽睽之下遭多人以暴力相挾，並拖離現場，糾察員如非經主席同意，豈敢有如此作為，而且被告於抗告人被架離現場後即刻進行下一個程序，很明顯的，在被告主觀

---

[253] 臺灣高等法院103年上易字第206號刑事判決。

[254] 依刑法與行政罰法規定，屬於阻卻違法之事由，並無責任。

[255] 臺灣高等法院91年度抗字第548號刑事裁定，主文：原裁定撤銷，發回臺灣臺北地方法院。

認識上，將被告架離會場以繼續以下之程序，反而是被告希望發生之事實。原審事實既認定被告有會場指揮權，對抗告人係在指揮現場會議秩序，卻對於會場糾察員之行為，認非被告指使，顯然自我矛盾，原審所稱被告並未對糾察員有何暗示或指示，實在太過昧於經驗法則。

共同正犯犯意之聯絡，並不限於事前已有協議，即僅於行為當時有明示或默示之共同犯意聯絡亦屬之，又以自己共同犯罪之意思，事前同謀而由其中一部分人實施犯罪之行為者，均為共同正犯，此最高法院74年台上字第4101號判決及司法院大法官會議解釋釋字第109號解釋等可資參照，保全人員如未事前經過主席之授權或當場之授意，保全人員應無主動上前處理之情，況依中國信託公司股東會議規則第19條規定「主席得指揮糾察員（或保全人員）協助維持會場序……」，足見會議場合，保全人員係受主席指揮調度，則對於保全人員之行為，被告是否須負共同正犯之責，並非無研求之餘地[256]。

共同正犯之犯意聯絡，並不限於事前已有協議，即僅於行為當時有明示或默示之共同犯意聯絡亦屬之。惟保全人員受主席指揮調度，則保全人員之行為，並不當然，被告即須負共同正犯之責。

柒、糾察員與負責人間是否成立共犯

共同正犯間有無共同犯意之聯絡，仍須依嚴格之證據予以證明，否則，自不能僅憑未參與行為之人單純在場之事實，即以擬制推測之方法資為其與下手實施之人相互間有默示合意而應負共同正犯責任之依據。

---

[256] 對於自訴人調查證據請求法院傳訊當時之糾察員，並以要被告呈報糾察員名單為調查方法，惟原審卻以被告無自證無罪之義務，不予調查，其調查證據方法之認定亦有未洽，抗告意旨指摘於此尚有理由，原裁定既有上開可議之處，自應由本院撤銷，發回原審另行審理。臺灣高等法院91年度抗字第548號刑事裁定，主文：原裁定撤銷，發回臺灣臺北地方法院。

　　法院認為：自訴人指出依錄影帶所示，自訴人係遭戴黃色臂章之保全人員陳某、林某以邊推邊拉之方式往會場後方移動，其等之作為顯已觸犯刑法妨害自由罪章。被告身為該次股東會議之主席，則議事之進行及秩序之維持，自是在其指揮下而進行，而現場保全人員亦是受其指揮調度維持現場秩序，並執行被告所下達之命令，自訴人遭保全人員強制送出會場，應是在被告指示或默示下而為，被告就此非僅單純沉默而是有默示之合致，其與為本案行為之糾察員間係基於共同犯罪之意思，並有犯意之聯絡存在，自屬共同正犯等語。

　　自訴人於前開股東常會時，固曾遭糾察員陳某、林某以邊推邊拉之方式往會場後方移動，惟依據原審法院調取當日開會之錄影帶勘驗結果，以及證人即糾察員陳某、林某、中國信託公司保全服務部前資深協理于某在原審之證言以觀，被告當場並未對陳某、林某二人為任何之指示，在客觀上亦未有任何足以認定與陳某、林某二人間有默示合意之情事可言，開會之前關於保全人員之勤前教育復係由于某指示由保全人員之隊長實施，被告並未參與，況且自訴人於會議進行中因發言時否違反議事規則之爭議係臨時之偶發狀況，並非事前可以預知，故本案顯然不能證明被告在事前及事發當時，對於糾察員陳某、林某基於本身職務所為之處置，有明示或默示之共同犯意聯絡。自訴人主觀上之擬制推測認被告應就陳某、林某所為負共同正犯責任，自無理由[257]。

捌、使用強制力予以排除

一、概說

　　強制力之使用，如對於現行違序人，其目的在於為防止現行違反行

---

[257] 臺灣高等法院94年度上訴字第713號刑事判決，主文：上訴駁回。

政法上義務行爲持續進行造成更嚴重之損害，列舉行政機關對於現行違反行政法上義務之行爲，得視實際情況，即時制止。

行政罰法第34條第1項第4款規定得強制被告到駐地查證身分。按行政罰法第34條第1項明定：「行政機關對現行違反行政法上義務之行爲人，得爲下列之處置：一即時制止其行爲。二製作書面紀錄。三爲保全證據之措施。遇有抗拒保全證據之行爲且情況急迫者，得使用強制力排除其抗拒。四確認其身分。其拒絕或規避身分之查證，經勸導無效，致確實無法辨認其身分且情況急迫者，得令其隨同到指定處所查證身分；其不隨同到指定處所接受身分查證者，得會同警察人員強制爲之。」其立法意旨係鑑於爲防止現行違反行政法上義務行爲持續進行造成更嚴重之損害，爰明定列舉行政機關對於現行違反行政法上義務之行爲，得視實際情況，即時制止之；或爲利於行政裁罰等行政作爲之進行，尚有視其情況製作書面紀錄或爲保全證據措施或確認其身分之處置，且於遇有抗拒且情況急迫時，得適度使用強制力予以排除之。上開規定爲行政罰法所定裁處程序之規定。是適用上開行政罰法第34條第1項規定之程序，必須被告「現行」違反行法上義務行爲「持續進行」將造成更嚴重之損害[258]。

行政機關以強制力排除侵害，依其法理：「國家行使公權力時侵害人民權利，人民得依國家賠償法請求賠償，反之，人民侵害行政機關公法上之權利時，並無專法規定行政機關得依侵權行爲之法律關係，請求人民負損害賠償責任，故上訴人依侵權行爲法律關係提起本件損害賠償，自欠缺法律上請求權而屬無據。次查不當得利及無因管理均涉及損益分擔之公平原則，是承認有公法上之不當得利或無因管理爲通說。然侵權行爲係侵害行爲，並非損益分擔問題，其性質上與不當得利或無因管理不同。且人民侵害國家機關公法上之權利時，除得以刑罰制裁行爲

---

[258] 臺灣高等法院108年上易字第1116號刑事判決。

人外，法律常賦予行政機關以強制力排除該侵害或課以行政罰暨滯納金，或……上開途徑應已足保護行政機關公法上之權利，無須另賦予國家公法上侵權行為請求權來達此目的。是自無準用民法成立公法上侵權行為法制之必要。」[259]

二、對參加者之排除

依集會遊行法第10條：「有左列情形之一者，不得為應經許可之室外集會、遊行之負責人、其代理人或糾察員：……二、無中華民國國籍者。」

公民與政治權利國際公約第2條第1款明定：「本公約締約國承允尊重並確保所有境內受其管轄之人，無分種類、膚色、性別、語言、宗教、政見或其他主張民族本源或社會階級、財產、出生或其他主張民族本源或社會階級、財產、出生或其他身分等等，一律享受本公約所確認之權利。」應該注意的是，「境內受其管轄之人」不分以何種簽證入境的[260]。

聯合國人權委員會於1986年所公布的第15號一般性意見，有關外國人地位，再註明：「本公約所訂各項權利適用於每個人，不論國家間對等原則，亦不論該個人的國籍或無國籍身分。」第15號一般性意見第2段指出，「必須確保公約內的每一項權利實現，而不區別對待公民和外國人」，並進一步說明，只有非常少數條款讓給締約國選擇使用的空間，例如第25條。為了更加清楚，第7段另外還列出所有外籍人士應有的具體權利，從第6條到第27條均有，除了第13條（反而只適用於外籍人士）、第20條（禁止戰爭或仇恨之宣傳）、第25條及第26條（反歧見

---

[259] 最高行政法院97年度判字第302號判決。臺北高等行政法院101年訴字第731號行政判決。

[260] 內政部警政署舉辦，「集會遊行法修法及相關處理作業」公聽會，國際特赦組織臺灣分會發言，2013年9月27日，https://www.amnesty.tw/node/1284（最後瀏覽日：2018.12.11）。

條款之一，非具體權利）。毫無疑問，我們今天討論的第21條的集會權也在此範圍內。因此，相關集會權的法律或措施，一旦區別本國籍與外國籍，就直接違反公民與政治權利國際公約，必須修改，且修改前不得適用。

現行違反公民與政治權利國際公約的法規包括：[261]集會遊行法第10條：「有左列情形之一者，不得爲應經許可之室外集會、遊行之負責人、其代理人或糾察員：……二、無中華民國國籍者。」入出國及移民法第29條：「外國人在我國停留、居留期間，不得從事與許可停留、居留原因不符之活動或工作。但合法居留者，其請願及合法集會遊行，不在此限。」內政部日前送給立法院的移民法修正草案並未解決此問題，仍然違反公約，若希望符合公約，該條則需全面改寫。此外，一切以「勸告」等方式限制或阻礙外籍人士參與集會遊行的活動均違法，警員或其他執法人員需留意[262]。

三、糾察員予以勸離

和平集會屬於國際人權，亦爲憲法所保障之權利。「妨害」集會、遊行之人，將造成暴力或危害之發生風險，因此，在行政院版的集會遊行法修正草案中，仍然規定對於妨害之人，得予以勸離。「勸離」

---

[261] 內政部警政署舉辦，「集會遊行法修法及相關處理作業」公聽會，國際特赦組織臺灣分會發言，2013年9月27日，https://www.amnesty.tw/node/1284（最後瀏覽日：2018.12.11）。

[262] 公約批准後，移民署違法濫用第29條的實例包括：2010年日籍人士田邊憲司來臺登上玉山主峰，高舉「支持臺灣獨立建國」的布條，4個月後再度來臺時被強制遣返，之後得知移民署於當年6月對其作成禁止入境五年的行政處分。而內政部訴願委員會今年8月16日因此案訴願的時效已過，決議不受理，更載明當事人在臺行爲「確有影響我國利益、公共安全或公共秩序之虞」。2011年4月30日，向日葵廢核行動時，移民署警告兩名來自福島的日籍人士因參與合法集會遊行，令其於7日內離境，並取消免簽證待遇。2012年3月8日，德國青年何丹霖搭機抵臺1時遭到海關拒絕入境，之後得知移民署於2011年12月27日對其作成禁止入國三年之行政處分。內政部訴願委員會今年8月20日因移民署拿不出何丹霖參加非法集會的任何證據，決定撤銷移民署禁止何丹霖入國的處分。內政部警政署舉辦，「集會遊行法修法及相關處理作業」公聽會，國際特赦組織臺灣分會發言，2013年9月27日，https://www.amnesty.tw/node/1284（最後瀏覽日：2018.12.11）。

亦屬於強制執行，只是在執行過程中，以意思表示告知妨害之人，其行為不被容許，必須配合離去。在勸離過程中，可能發生爭執與糾紛，且糾察員亦爲私人，對於執法之專業認知上恐不如警察。因此，由法律直接規定私人可爲強制排除，是否會引起更多之紛爭？亦須考量。

　　民法上之自力救濟行爲規定，「自力救濟」乃指當私人權益遭受侵害時，國家公權力尚不及介入或情況急迫，可能緩不濟急，而依賴自己之力量對加害者予以反擊。法制上賦予權利人之自力制裁，旨在補公權力制裁之不足。國內民法及刑法均可看到賦予人民自力救濟之相關規定，錄列如次[263]：

　　民法上之自力救濟：（一）自衛行爲，包括：1. 正當防衛：依民法第149條規定意旨，略以：對於「現時」、「不法」之侵害，爲防衛自己或他人之權利所爲之行爲，是爲正當防衛，依法不負損害賠償之責；但已逾越必要程度者，仍應負相當賠償之責。例如：竊賊正在辦公室偷取財物且施以暴力恐嚇，員工施加反擊，則屬正當防衛，自可不負損害賠償之責；如竊賊落荒而逃，隔日被員工巧遇，員工心有未甘，當場再痛擊一頓，則不屬正當防衛，要負損害賠償之責。又對於適法之侵害，如警察逮捕犯人、政府拆除違章建築等，當事人不可以正當防衛爲名而以爲抗拒有理；2. 緊急避難：依民法第150條規定，略以：緊急避難，乃因避免自己或他人生命、身體、自由或財產上急迫之危險，所爲之避難行爲；其行爲以避免危險所能致之損害程度者爲限。例如：某人爲避免房屋繼續延燒，將燃燒中的油桶抱出店外，因熱度過高而拋擲，以致灼傷他人，可認定某人之行爲係情勢危急異常，無考慮選擇之餘地，是爲緊急避難行爲也[264]；（二）自助行爲：依民法第151條規定，

---

[263] 李天河，〈淺釋國內法律之制裁（下）〉，http://www.twce.org.tw/info/%E6%8A%80%E5%B8%AB%E5%A0%B1/406-2-1.htm（最後瀏覽日：2019.2.12）。

[264] 李天河，〈淺釋國內法律之制裁（下）〉，http://www.twce.org.tw/info/%E6%8A%80%E5%B8%AB%E5%A0%B1/406-2-1.htm（最後瀏覽日：2019.2.12）。

略以：權利人於情事急迫，不及受法院及其他機關援助，且非於其時爲之，則請求權不得實行或其實行顯有困難者，爲保護自己權利，對於他人之自由或財產施以拘束、押收或毀損之行爲，不負損害賠償之責。例如某債務人正雇用車輛準備將貨物貨款運至機場，準備潛逃國外，其一經逃走，債權人之請求權即難實現，且無法在一時間請求法院或其他機關協助，債權人爲保護自己權利，自得以自力救助方式阻止之[265]。

修正草案中之勸離，是否限於用口頭方式之勸導，或及於使用必要物理力之方式，將妨害之人排除？依一般社會通念而言，在不過度之情況下，似應容許得使用必要之物理力方式，將該妨害之人帶離開現場，其執行之限度，爲不得造成「被帶離之人」受傷害。

四、警察命行爲人離去

警察依行政法規或警察法規執行防止危害勤務時，爲免法律適用過於僵化，影響警察積極保障人民權益之作爲及行政效率，法律爰賦予裁量空間。警察於聚眾活動現場，身兼執法者與人權保護者角色，所爲裁量權，需衡酌具體危害之急迫性、被害法益之重要性、發動干預權之期待可能性及結果迴避之可能性等，而作最適當之決定。設若危害升高，行政機關依裁量決定介入與否之自由，即受限縮，是故，如集會遊行現場發生不理性、違法脫序行爲時，已超過一般常態而產生質變，警察裁量權已限縮至零，即有採取行動之義務，相關作爲如下[266]：

（一）合法活動轉爲非法時，應即依法警告約制。

（二）非法活動之情況平和，未釀成公共危害者，先維持現場秩序及蒐證，再依現場蒐證事實，事後移送法辦。

---

[265] 李天河，〈淺釋國內法律之制裁（下）〉，http://www.twce.org.tw/info/%E6%8A%80%E5%B8%AB%E5%A0%B1/406-2-1.htm（最後瀏覽日：2019.2.12）。

[266] 監察院調查報告，人民於行使言論自由及集會遊行權利，疑遭受地方政府警察人員刻意掮制與打壓案，cybsbox.cy.gov.tw › CYBSBoxSSL › edoc › download（最後瀏覽日：2020.1.17）。

（三）非法活動已達暴力階段，對其他人身安全或公共措施已著手破壞或即將破壞者，應即逮捕現行犯，控制現場秩序，事後再就其餘違法情事究辦。

（四）對於長時間非法集會、遊行活動，應審慎考量執法比例原則，兼顧言論自由、公眾利益與公權力執行，惟過程中仍應依法舉牌警告、制止等作為，適時展現公權力，並主動對外說明處置作為。

鑑於警察處分權直接影響集會遊行權利，爰「集會遊行法」第25條明確規範各類情事及介入處置之時機，主管機關得予警告、制止或命令解散，制止、命令解散主管機關得強制為之，以符合法律保留原則。其中現場指揮官對群眾「警告」之牌告宣達，即有「行政指導」之性質，先以勸導、約制方式促其和平、合法、理性舉行，如再有不理性或違法脫序行為，現場指揮官再衡酌現場狀況執法。

玖、集會遊行法修正草案之規定

第20條：「集會、遊行之參加人，應服從負責人或糾察員關於維持秩序之指揮。

對於妨害集會、遊行之人，負責人或糾察員得予以勸離。受勸離之人，應即離開現場。

前項受勸離之人不聽勸離時，負責人得請求現場警察指揮官命其離開；其不離開時，得強制驅離。」

立法理由說明：「為確保負責人或糾察員維持秩序，對於妨害集會、遊行之人，負責人或糾察員得予以勸離。受勸離之人，應即離開現場。如受勸離之人不聽勸離時，負責人得請求現場警察指揮官命其離開；其不離開時，得強制驅離。爰修正第二項及增列第三項[267]。」

---

[267] 集會遊行法部分條文修正草案總說明，行政院，https://www.ey.gov.tw/File/88329439C02A7E7C?A=C（最後瀏覽日：2018.12.11）。

> **第22條**（宣布中止或結束集會遊行）
> 集會、遊行之負責人，宣布中止或結束集會、遊行時，參加人應即解散。
> 宣布中止或結束後之行為，應由行為人負責。但參加人未解散者，負責人應
> 負疏導勸離之責。

壹、宣布中止或結束集會遊行

　　依法申請舉行之集會遊行，有一定的舉行時間，在即將到達所申請之時間點，主持人須宣布本次集會遊行即將結束，使參與民眾知悉、配合解散。或屬偶發性集會，現場之實際負責人，對於所發表之言論、事項等，已充分表達。基於表現之目的已達成，及維護參與人員的安全考量，亦應宣布本次集會活動結束。

　　集會活動相對伴隨會造成社會安寧秩序的影響，地區警察分局為集會遊行之主管機關，並須負責維護治安與依法制止不法之集會。警察機關對於違法之集會，得依法命其解散，如仍不解散，即可能構成違反集會遊行法之規定，主管機關得對實際之負責人，加以處罰[268]。

貳、參加人應即解散

　　參加集會為人民之基本權利，憲法第14條明文規定，人民有集會、結社之自由，國家不能任意禁止或限制。本條文規定，人民所參加之集會遊行活動，如遇負責人宣布結束或終止集會、遊行，參加人應即「解散」。即此時法律不再保障人民「持續集會活動」之自由，此時之

---

[268] 警察機關對於違法之集會，得依法命其解散，如仍不解散，即可能構成違反集會遊行法之規定。

集會活動，受到公共利益考量之限制。如果參加人仍然不解散，即可能受到制止或命令解散。

負責人爲集會之主辦人，負有一定之行政責任。但此責任之要求，應符合比例原則，不能過度苛責負責人一定須陪伴參加人或負連帶責任。「參加人」僅得在特定時間、場合，合理範圍內參與及表達其言論主張，如果逾越此範圍之行爲，造成侵害他人之自由權利時，則其行爲責任與負責人無關。

參、結束後之行爲，應由行爲人負責

集會遊行「宣布結束」後之行爲，即回歸到一般的社會秩序規範，包括交通秩序、民事、刑事、行政責任之規範。本句規定之目的，在於確立行爲人要對自己行爲負完全責任。因對於不解散之行爲，可能構成「首謀不解散罪」，在主管機關命令解散三次以上仍不解散者，屬於違反刑事責任之罪。

另在集會之中的行爲，如屬暴力、毀損、傷害等純屬行爲人個人之違法犯行，亦當然是行爲人，應自行負責。除非是出自負責人之授意，則另當別論。

參考行政罰法第3條規定：「本法所稱行爲人，係指實施違反行政法上義務行爲之自然人、法人、設有代表人或管理人之非法人團體、中央或地方機關或其他組織。」行政機關因應行政罰法施行應注意之法制事項第3點：「本法第三條係就本法之『行爲人』爲定義性規定，各機關就主管之法律或自治條例訂定行政罰時，應先釐清各該規定之義務主體及處罰客體，以確定其『行爲人』之範圍。」

行政罰之處罰，以違反行政法義務爲前提，而實施處罰構成要件行爲之義務主體，自屬依法處罰之對象（司法院釋字第638號解釋理由

書參照）。如法律規定：「違反○○條規定者，處新臺幣○○元以下罰鍰。」亦即處罰違反行政法上義務者，如果義務人是法人或非法人團體，則應處罰法人或非法人團體，而不是處罰該義務人的負責人。但爲使基於領導或指揮監督之自然人負起應有之責任，立法例可發現有所謂「轉嫁罰」之規定方式，亦即處罰義務人以外之第三人，此包括處罰對象由私法人等私法組織轉嫁至負責人或由行爲人轉嫁至負責人[269]。

肆、法規未明文規定義務主體，處罰僅規定處罰對象

負責人者，則可能爲現場實際負責或行爲之人，卻因非公司法或商業登記法上之負責人而脫免處罰（如義務主體爲公司時，無法處罰實際辦理其業務之現場負責人，如班主任等，是否有失公允？）例如：電子遊戲場業管理條例第20條第1項規定：「直轄市、縣（市）主管機關得定期或不定期派員檢查電子遊戲場之營業，電子遊戲場業負責人、營業場所管理人或從業人員不得規避、妨礙或拒絕。」及第34條規定：「違反第二十條第一項規定，規避、妨礙或拒絕檢查者，處負責人新臺幣十萬元以上五十萬元以下罰鍰。」如營業場所管理人或從業人員有規避、妨礙或拒絕之行爲，依上開第34條規定處罰負責人時，應以該負責人有違反監督義務爲要件，否則尚無從說明何以法律規定負責人需因管理人或從業人員之行爲而受罰，而使得第34條陷於違憲之虞[270]。

---

[269] 法務部法制字第10402507900號。
[270] 法務部法制字第10402507900號。

伍、負責人應負疏導勸離之責

有關法定集會之負責人。法院指出：「集遊法第2條第1項規定『本法所稱集會，係指於公共場所或公眾得出入之場所舉行會議、演說或其他聚眾活動。』另『所謂集會，係指於公共場所或公眾得出入之場所舉行會議、演說或其他聚眾活動。如多數人為共同目的，聚集而有持布條、舉標語牌、呼口號、唱歌或其他足以表示其一定意思之行為者，即屬該法條所指『其他聚眾活動』之範圍。如聚眾示威、抗議、或靜坐均屬之（請願則依請願法規定）。』為內政部警政署78年10月20日78警署保字第51615號函之見解，該函釋乃係主管機關就所屬機關因執行集遊法第2條第1項之規定發生疑義，以主管機關之地位為符合法規原意之釋示，與上開法律規定之立法意旨相符，本院自得予以援用。查本件活動既符合集會遊行法所規定之室外集會，又非屬無須申請許可之例外樣態，原告自應依同法第8條第1項規定向被告申請許可，方屬合法；惟原告未依規定申請許可即擅自舉行，經被告命令解散而不解散，依同法第28條第1項規定，處該集會之負責人即原告3萬元罰鍰，依法自無不合。」[271]

依集會遊行之性質態樣，偶發性集會並無負責人。內政部表示，集會遊行法之草案增訂偶發性集會、遊行無須報備，緊急性集會、遊行不受舉行之日3日前報備的限制，以加強保障集會自由。此外，為避免偶發性或緊急性集會、遊行妨害車道交通秩序，以及維護同一時間、場所、路線已經有其他人報備的集會、遊行順利舉行，所以也增訂偶發性或緊急性集會、遊行應兼顧車道交通秩序及先報備者的權益，也就是以用路人安全為考量。除了增訂偶發性集會、遊行無須報備及其定義，還有緊急性集會、遊行應該在舉行前報備外，也增訂偶發性或緊急性集

---

[271] 臺北高等行政法院95年11月16日95年度簡字第00201號判決。

會、遊行舉行地點、時間、場所及路線的限制，以及未報備舉行的集會、遊行中，實際負責人的責任。至於實務發生的「路過」警察局事件，是否類似情況也屬於偶發性或緊急性集會的問題，內政部表示要看個案而定，如果是有召集人，並有計畫及標語，就不算是偶發性或緊急性集會[272]。

集會負責人與民法善良管理人之注意義務，似有相關。民法上稱僱傭者，謂當事人約定，一方於一定或不定之期限內為他方服勞務，他方給付報酬之契約；又稱委任者，謂當事人約定，一方委託他方處理事務，他方允為處理之契約，民法第482條及第528條分別定有明文。所謂僱傭，係指受僱人為僱用人服勞務之契約，其目的僅在受僱人單純提供勞務而受報酬，有如機械，對於服勞務之方法毫無自由裁量之餘地。委任，則指委任人委託受任人處理事務之契約，目的在委託受任人為一定事務之處理，至有無報酬，則非所問；受任人給付勞務，僅為手段，除當事人另有約定外，得在委任人授權範圍內，自行裁量決定處理事務之方法，以完成委任之目的。兩者內容及當事人間之權利義務均不相同[273]。

受任人處理委任事務，應依委任人之指示，並與處理自己事務為同一之注意，其受有報酬者，應以善良管理人之注意為之；受任人因處理委任事務有過失，或因逾越權限之行為所生之損害，對於委任人應負賠償之責。所謂善良管理人之注意，係指依一般交易上之觀念，認為有相當知識、經驗及誠意之人所具有之注意，並非現實社會生活各人注意之平均值。但關於受僱人應如何服勞務，民法未設規定，自應依債務本旨，並服從僱用人之指示，服其勞務。至於有償之僱傭契約，受僱人應盡善良管理人之注意義務，受僱人如因未盡善良管理人之注意，而為不

---

[272] 集會遊行法再修草案，內政部：偶發集會遊行無須報備，法源編輯室，2014年8月16日。
[273] 最高法院92年度台上字第1202號判決。

完全之勞務者，固應負債務不履行中之不完全給付責任。惟倘受僱人係依僱用人之指示服其勞務，除有特別情形（如明知所服之勞務違法），即難認其違反善良管理人之注意義務，而令其負債務不履行之責任[274]。

　　集會負責人有疏導勸離之責任，屬於行政法協力義務之一種。負責人舉辦集會遊行活動，有志者一同到場參與，雖然群眾大多是自發性或匿名性的參與本次活動，且集會之場合，已宣布集會時間結束，理應由行為人自行配合離去。惟考量負責人之言語，較易受到參加者尊重，且此項疏導勸離之責任課予，亦有道義責任之成分在；於公於私，負責人自不應即時離去，不管參加者後續之感受到情緒。

　　負責人所負之疏導勸離責任，屬於一般責任，已盡到一般大眾所認同之程度即可。不可過度苛責負責人一定要確保每一位參加人都同意離開的程度。

---

[274] 最高法院99年台上字第1017號判決。臺灣高等法院民事判決99年度重上字第649號。

第23條（攜帶危險物品之禁止）
集會、遊行之負責人，其代理人或糾察員及參加人均不得攜帶足以危害他人生命、身體、自由或財產安全之物品。

壹、規範之對象

　　作爲本條規定之對象，係集會遊行之負責人、代理人、糾察員及參加人，與集會遊行無關之人，或路過之人均非本條規範之對象。縱使有攜帶足以危害他人生命、身體、自由或財產安全之物而得依其他相關法律予以禁止，仍非本條規範之對象。有關負責人、代理人、糾察員及參加人之界定，請分別參閱第19條至21條之說明。

貳、攜帶危險物品之限制與集會遊行

　　人民之財產權受憲法第15條之明文保障，非有法定原因，警察對於人民之財產權不得任意限制，包括物之使用支配。警察限制參與集會遊行之人民攜帶某種物品，甚至予以扣留，當然都是對其物之使用支配權之限制。對於此等財產權之限制，必須符合憲法第23條所規定之條件，即爲了防止妨礙他人自由、避免緊急危難、維持社會秩序或增進公共利益所必要，始得以法律限制之。換言之，必須爲了上述四項目的之一，在符合比例原則，且有法律之授權始得限制之。

　　集會遊行固然是憲法所保障之基本權利，但也必須在和平的原則下舉行，以暴力相向之非和平集會遊行不但會對社會秩序構成破壞，也有可能妨礙他人之自由權利。在符合比例原則，且有法律之明文授權，自得予以限制。集會遊行法第23條就是爲了確保集會遊行的和平進行，禁

止集會、遊行之負責人，其代理人或糾察員及參加人攜帶足以危害他人生命、身體、自由或財產安全之物品參加集會遊行。

參、管制危險物品之攜帶及其授權依據

為了落實此條文，主管機關在法律的授權下，似可於集會遊行隊伍尚未聚集前，在預定集結地點之週邊適當處所設置臨時管制站，預先對人盤查、搜索、對物搜索，以確保集會遊行之和平進行。[275] 警察職權行使法第6條和第7條或可作為警察執行預防和管制攜帶足以危害他人生命、身體、自由、財產安全之物品參加集會遊行的法律授權依據。

警察職權行使法第6條第1項規定：「警察於公共場所或合法進入之場所，得對於下列各款之人查證其身分：……三、有事實足認為防止其本人或他人生命、身體之具體危害，有查證其身分之必要者。……六、行經指定公共場所、路段及管制站者。」第7條第1項並規定：「警察依前條規定，為查證人民身分，得採取下列之必要措施：一、攔停人、車、船及其他交通工具。二、詢問姓名、出生年月日、出生地、國籍、住居所及身分證統一編號等。三、令出示身分證明文件。四、若有明顯事實足認其有攜帶足以自殺、自傷或傷害他人生命或身體之物者，得檢查其身體及所攜帶之物。」依此規定，由於集會遊行通常是在公共場所舉行，警察於集會遊行時，若有事實足以認為為了防止行為人本人或他人生命、身體之具體危害而有查證其身分之必要（例如攜帶槍彈、刀械參加集會遊行），即得依上述規定查證其身分。若有明顯事實足認其有攜帶足以自殺、自傷或傷害他人生命或身體之物者，尚得檢查其身體及所攜帶之物。若認為該物品係足以危害他人生命、身體、自由或財

---

[275] 李震山（2002），《警察法論—警察任務編》，1版，頁275，台南：正典。

產安全之物品，並得依本條禁止其攜帶參加集會遊行，如有違反，則得依集會遊行法第33條之規定予以扣留。

　　關於是否有事實足以認為為了防止行為人本人或他人生命、身體之具體危害，該危害僅限於「具體危害」，不得任意擴張。所謂具體危害，係指在具體案件中之行為或狀況，依一般生活經驗客觀判斷，預料短期間內極可能造成損傷的一種狀況。因此，案件必須具體，危害發生需有不可遲延性、可能性及傷害性，具體危害之要件方屬具備，警察盤查權之發動才有依據。此種將危害限定於「具體危害」範圍內之規定，具有防止警察權濫用或過度擴張的功能，大都適用於警察消極排除危害，或防止危害之領域。但在某些特殊領域上，警察尚須致力於「預防危害」，此時若受制於警察僅得防止具體危害，則無法將觸角延伸至危害可能產生之前期階段。為調和兩者關係，乃以例外規定來彌補原則規定之不足。上述警察職權行使法第6條第1項第6款正是法律特別授權，警察所防止之危害，得不限於「具體危害」，而擴及「潛在危害」，但必須合乎一定嚴格要件[276]。

　　該款之規定可作為必要時全面攔檢之依據，其攔停查證身分之合理性基礎，並非由執勤員警依據個案判斷之心證程度為原則，而是將之提前至攔檢勤務出發或進行前，有別於個別盤查時，基層員警得自行決定其合理性基礎作為是否發動查證身分措施之要件。其地點（如公共場所、路段、管制站[277]）及是否得行使集體盤查權，其合理性基礎提前由「警察機關主管長官」指定之[278]。所謂之管制站，係指臨時設置者而

[276] 李震山（2001），〈論行政管束與人身自由之保障〉，《人性尊嚴與人權保障學術論文集》，修訂再版，頁261-262，台北：元照。蔡庭榕、簡建章、許義寶、李錫棟（2018），《警察職權行使法逐條釋論》，2版，頁151-152，台北：五南。
[277] 內政部警政署（2003），《警察職權行使法逐條釋義》，頁25，指出：「所謂管制站，係指臨時設置者而言。此措施係一種封鎖，可在此攔停人、車，並於特定目的及範圍內，依法檢視該人及其所攜帶之物品或其使用之交通工具。」
[278] 警察職權行使法第2條第3項規定：「本法所稱警察機關主管長官，係指地區警察分局長或其相當職務以上長官。」

言。此措施係一種封鎖，可在此對人攔阻，並在一特定目的及特定範圍內，檢視該人及其所攜帶之物品或其所使用之運輸工具[279]。其指定之要件，於同條第2項明定以防止犯罪，或處理重大公共安全或社會秩序事件而有必要者爲限。故依此規定，警察機關主管長官指定公共場所、路段及管制站，除必須有「防止犯罪，或處理重大公共安全或社會秩序事件」之要件合致外，尙須考慮比例原則之適用。因此，警察機關依據警察職權行使法固可實施全面攔停進行安全檢查，但其決定地點之程序與要件均須受到本款之拘束，否則，不問時間、地點或對象設置管制站作全面攔檢，或不加判斷其合理性要件之任意或隨機攔檢，均非合法。[280]因此，在設置管制站進行攔檢時，「合理懷疑」之檢視時點，應往前移至「設置時」，如果設置時有其合法性，例如，有情報來源指出有大範圍之具體危害（如暴力群眾事件等）可能發生時，則得依據本款指定地點對所有人車進行攔阻檢查，惟仍應注意必要性及比例原則之遵守[281]。其指定不得僅憑主觀之臆測或個人好惡爲之，必須有所憑據，如過去之治安紀錄，民眾之舉報，或其他相關合理性因素，作爲指定之基礎，始得爲之[282]。

---

[279] H. Scholler, B. Schoer合著，李震山譯（1995），《德國警察與秩序法原理》，中譯二版，頁119，高雄：登文書局。蔡庭榕、簡建章、許義寶、李錫棟（2018），《警察職權行使法逐條釋論》，2版，頁156，台北：五南。

[280] 蔡庭榕、簡建章、許義寶、李錫棟（2018），《警察職權行使法逐條釋論》，2版，頁154，台北：五南。

[281] 蔡庭榕、簡建章、許義寶、李錫棟（2018），《警察職權行使法逐條釋論》，2版，頁155，台北：五南。

[282] 內政部警政署（2003），《警察職權行使法逐條釋義》，頁24，指出：「有關公共場所、路段及管制站之指定，係由警察分局長或其相當職務以上長官依據轄區全般治安狀況、過去犯罪紀錄、經常發生刑案之地點及治安斑點圖等綜合研判分析所得。例如某地區發生刑案或重大治安事故，其相關人犯逃逸必經之路線、關口等。」蔡庭榕、簡建章、許義寶、李錫棟（2018），《警察職權行使法逐條釋論》，2版，頁156，台北：五南。

第24條（警察人員之維持秩序）
集會、遊行時，警察人員得到場維持秩序。
主管機關依負責人之請求，應到場疏導交通及維持秩序。

壹、立法目的與沿革

集會遊行法第24條關於警察人員到場維持秩序之規定，於1988年制定公布時即可見，至今未經修正。其立法理由謂：「依據警察法等關於警察職權之規定，明定警察人員本於法定職責，得視需要到場維持秩序，主管機關依負責人之請求，應到場疏導交通及維持秩序。」若連結警察法第9條關於警察職權之規定，其與第7款所列「有關警察業務之保安、正俗、交通、衛生、消防、救災、營業建築、市容整理、戶口查察、外事處理等事項」[283]，應較具關聯，即考量集會、遊行對於交通及社會秩序可能帶來一定影響，故透過課予警察人員相應之作為義務，以保護集會、遊行之安全，並適度衡平因集會、遊行可能發生之權利衝突。

貳、國家保護義務之實踐

集會、遊行係屬憲法所保障之基本權利（請參考集會遊行法第2條），基本權利之保障作為憲法核心價值，身為基本權利之主體之人民，得依據憲法對國家為何種請求？而作為基本權利客體之國家，又須因此擔負何種義務？基本權利除了是人民防禦國家對基本權利所為侵害

---

[283] 針對警察法關於警察職權之規定，請參考劉嘉發（2020），〈警察法與案例研究〉，許福生等著，《警察法學與案例研究》，頁22-23，台北：五南。

之武器外，更課予國家相應保護基本權利之義務，對受基本權利保護之法益應採取積極之措施，促成其實現。集會、遊行自由作為憲法所保障之基本權利，即具備前述功能。國家為確保人民得以集會與遊行的方式將其想法與意見對外傳遞，一方面應保障人民有自由於國家之外而不受干預的行使空間，故形式上應避免採行相關措施或手段阻礙集會遊行之進行，甚而應積極提供適當集會場所，並保護集會、遊行之安全，使其得以順利進行；另一方面，集會、遊行參與者應得無「後顧之憂」地表達意見、主張訴求，而無須憂慮其主張憲法上權利而可能致生之「後果」，因此，國家就集會遊行採取的相關控管手段，必須謹守其界限，不得逾越必要程度，避免造成參與者心理層面的膽顫與恐懼，而導致對於集會遊行權利之行使產生寒蟬效應（Einschüchterungseffekt）[284]。就此，司法院釋字第445號解釋謂：「國家為保障人民之集會自由，應提供適當集會場所，並保護集會、遊行之安全，使其得以順利進行。」[285] 而為善盡此一保護義務，國家「應預為綢繆，故須由集會、遊行舉行者本於信賴、合作與溝通之立場適時提供主管機關必要資訊，俾供瞭解事件性質，盱衡社會整體狀況，就集會、遊行利用公共場所或路面之時間、地點與進行方式為妥善之規劃，並就執法相關人力物力妥為配置，以協助集會、遊行得順利舉行，並使社會秩序受到影響降到最低程度」[286]。

觀諸兩公約施行法第4條，其亦明確課予各級政府機關保護之義務，除要求其於行使職權時，應受兩公約人權保障規定之拘束，確實遵守其規範，避免侵害人權外，更應保護其不受他人侵害，並積極促進各

---

[284] 李寧修（2016），〈國家蒐集集會遊行資料的憲法界限：德國聯邦憲法法院「巴伐利亞邦集遊法部分暫停適用」裁定之反思〉，《東吳法律學報》，27卷3期，頁157。

[285] 司法院釋字第445號解釋文第1段參照。

[286] 司法院釋字第718號解釋理由書第2段參照。

項人權之實現[287]。集會遊行作為公政公約第21條明文保障之基本權利，國家自應負有尊重人民集會、遊行自由之行使，不恣意干涉之消極義務；同時，對人民之集會、遊行，亦負有協助、保護之積極義務，透過對應措施之採行，保護集會、遊行之順利進行，例如提供包括維持交通秩序、環境保護等相關之協助，並避免其遭受來自第三人或國家本身所造成之不當妨礙或干擾。

　　主管機關於集會、遊行中疏導交通或維持秩序之行為，雖為集會遊行法第24條所賦予之職權，然而，該職權之行使，仍不應遺忘其係基於「保護集會、遊行」之目的而為之，而非為「限制集會、遊行」，並應遵循集會遊行法第26條之比例原則之要求。

參、要件

　　集會遊行作為表意之形式之一，其行使多會使用到特定區域、道路等公共空間，對於既有之環境、秩序產生一定的干擾及影響，甚至可能因為意見不同而採行反制，導致激化衝突。但集會遊行之目的既不在於請客吃飯，也不是同聚共歡，其作為傳達訴求與主張之媒介，自然具有喧囂的特質[288]，故其遂行必然附隨著影響交通秩序、民眾生活安寧、造成環境髒亂的可能性。考量集會、遊行過程中，可能會有衝突或不可控制之突發情形，為保護參與群眾之安全，並維持秩序，由警察人員視集會、遊行之實際情況，包括其規模、路線、時間或是否同時地有其他集會、遊行之舉辦等，採行相關維持秩序之措施。

　　集會遊行法第24條即就警察人員到場維持秩序，予以規範。集會

---

[287] 兩公約施行法第4條：「各級政府機關行使其職權，應符合兩公約有關人權保障之規定，避免侵害人權，保護人民不受他人侵害，並應積極促進各項人權之實現。」

[288] 廖元豪（2006），〈把街頭還給基層異議者！重省集會自由與集會遊行法〉，《臺灣本土法學雜誌》，第85期，頁1-3。

遊行法第24條共有2項，區分爲由警察人員依職權採行（第1項），以及由集會、遊行之負責人提請主管機關爲之（第2項）。

一、警察人員依職權爲之

面對集會、遊行可能導致之法益衝突，集會遊行法第24條第1項規定：「集會、遊行時，警察人員得到場維持秩序。」其係由警察人員依職權發動、行使，但考量集會、遊行秩序之維持，集會、遊行之負責人必定亦有相關之規劃（請參見集會遊行法第20條），對於維持秩序之需求，亦應可及時反應，因此，警察人員依職權採行維持秩序措施時，仍應與集會、遊行之負責人及糾察員進行充分溝通與協調，而非逕行取而代之。

二、應集會、遊行負責人之請求行之

集會遊行法第24條第2項規定：「主管機關依負責人之請求，應到場疏導交通及維持秩序。」依據集會遊行法第7條第1項規定，集會、遊行應有負責人，其依據集會遊行法第9條向主管機關申請許可。由此可知，負責人應對集會、遊行之型態具有相當程度之掌握，包括其目的、方式及起訖時間；路線及集合解散地點；預定參加人數等，因此，若負責人據其所掌握資訊，認主管機關有必要介入，協助疏導交通及維持秩序，主管機關應即應負責人之請求到場支援。

肆、展望

觀察行政院版草案之規定，其將現行集會遊行法第5條及第24條爲整併，修正爲草案第5條：「主管機關應依職權採取必要措施，維護集會、遊行活動順利，維持交通秩序、社會安寧及人身安全，防止暴力之發生。」並於修正理由二、中指出：「民主社會中，人民藉集會、遊行

之方式表達意見，形成公意，惟集會、遊行具有容易感染及不可控制之特質，亦影響交通秩序及社會安寧，對於人民之自由與安全，可能產生潛在威脅。為維護人民集會、遊行之合法權益，課予主管機關應依職權採取必要之保護措施，以防止暴力之發生，爰酌作修正。」

第25條（主管機關之警告、制止或命令解散）
有左列情事之一者，該管主管機關得予警告、制止或命令解散：
一、應經許可之集會、遊行未經許可或其許可經撤銷、廢止而擅自舉行者。
二、經許可之集會、遊行而有違反許可事項、許可限制事項者。
三、利用第八條第一項各款集會、遊行，而有違反法令之行為者。
四、有其他違反法令之行為者。
前項制止、命令解散，該管主管機關得強制為之。

壹、警告、制止或命令解散之概念

　　「命令解散」係主管機關終局地限制人民集會、遊行，如民眾不依命令解散，將面臨後續強制力及行政、刑事責任，故其強度高於「制止」。「世界人權宣言」第20條[289]及「公民與政治權利國際公約」第21條[290]均強調和平集會自由乃人民之基本權利，應予妥適保障之。爲落實上開理念，「歐洲安全與合作組織」所屬之「民主機構與人權辦公室」出版之「和平集遊人權準則手冊」特別指出：有關群眾集會處理注意事項規定：強制解散整場集會應屬最後手段，且需受全面國際標準的拘束，只要集會保持和平狀態，執法人員即不應強制解散之。不應以少數暴力而解散全體，應僅驅離該違法之特定個人；又少數個人侵入禁止進入之機關，應採適當方法排除，而非終止或強制解散集會，或宣告該集會違法。並強調：應以談判、調解或溝通方式確保和平集會[291]。

　　宣布中止或結束集會、遊行，係該集會遊行負責人或其代理人或

---

[289] 世界人權宣言第20條第1項：「人人有權享有和平集會和結社的自由。」
[290] 公民與政治權利國際公約第21條：「和平集會之權利，應予確認。除依法律之規定，且爲民主社會維護國家安全或公共安寧、公共秩序、維持公共衛生或風化、或保障他人權利自由所必要者外，不得限制此種權利之行使。」
[291] 蔡庭榕（2015），〈群眾活動處理機制與集會自由保障〉，《中央警察大學學報》，第52期，頁20-22。

主持人之責任，故命令解散雖採公開宣達之方式，惟主宣達對象則係該項聚眾活動之負責人或其代理人。如負責人或其代理人已遵從現場指揮官之命令，宣布中止或結束該次聚眾活動，而群眾仍不解散並有人主持其繼續之活動，則命令解散之法律效力延伸至該主持人，如現場並無接手之主持人或主持人亦已宣布中止或結束該項聚眾活動，而群眾仍不解散，則由行為人自行負責。命令解散可於宣告制止無效後為之，亦可不經制止逕行下達[292]。

　　集會遊行法第25條第1項規定，「警告、制止或命令解散」的順序，已寓有對於限制集會自由的程度區別，提示執法者應依現場狀況審酌採取不同的限制手段，且該法第26條明定命令解散應依比例原則，不得逾越必要限度。因此警方命令解散合法的集會遊行之前，應先妥善衡量保障人民表現自由之權利及其所影響社會法益之價值，決定限制的幅度及適當方法，並應選擇干預最小的手段為之[293]。

貳、主管機關之命令解散

　　一般之舉行集會遊行，須經過主管機關之核准[294]。是否可在禁制

---

[292] 命令解散應同時使用牌告，命令解釋牌應舉示於現場指揮官所在位置及聚眾活動負責人與群眾可見及之處。命令解散處分和禁止處分之不同處，為前者大都為主管機關現場之處置作為，除有特殊情形外，皆以口頭為之，其內容和禁止處分為同一，必須明確，且能讓受處分人明瞭，在宣令命令解散處分時更要使人易瞭解且沒有任何疑義。後者禁止處分包含書面禁止、公告禁止及現場口頭禁止。李震山主持研究（1992），《我國集會遊行法執行之研究》，行政院研究發展考核委員會，頁127。

[293] 監察院調查報告，對於臺北市政府警察局於2017年12月23日執行當日「反對勞基法惡法修法、保障勞工權益」之集會遊行維序事件，頁32-33，https://cybsbox.cy.gov.tw › CYBSBoxSSL › edoc › download（最後瀏覽日：2020.1.15）。

[294] 相關文獻，請參考陳正根（2019），〈集會遊行許可與否之行政判斷〉，《華岡法粹》，第67期，頁1-40。黃清德（2019），〈集會遊行的事中管制─集會遊行中的資料蒐集〉，《警專論壇》，第31期，頁29-36。朱金池（2018），〈我國警察集會遊行執法之爭議研究〉，《執法新知論衡》，14卷1期，頁21-36。

區，舉行集會遊行？依規定「本法所稱集會，係指於公共場所或公眾得出入之場所舉行會議、演說或其他聚眾活動」、「集會、遊行不得在左列地區及其週邊範圍舉行。但經主管機關核准者，不在此限：……二、國際機場、港口。……（第1項）。前項第一款、第二款地區之週邊範圍，由內政部劃定公告……但均不得逾三百公尺。……（第2項）。」為集會遊行法第2條第1項及第6條所明定[295]。是國際機場、港口及其週邊範圍劃定為集會、遊行之禁制區，以維持對外交通之順暢（司法院釋字第445號解釋參照），故除經主管機關核准者外，不得在此地區舉行集會、遊行[296]。

　　另在公職選舉競選期間，可否申請集會遊行？依集會遊行法第8條第1項，除了所涵蓋的項目（諸如依法令規定舉行者，學術、藝文、旅遊等活動，宗教、民俗等活動）之外，室外集會、遊行均應向主管機關申請許可。選舉候選人所從事之競選活動既屬於政治活動，當應依照集會遊行法之規定，合先敘明；另依民國78年11月23內政部警政署78警署保字第52327號函：「候選人及政黨在競選活動期間，並無明文規定候選人於競選期間不得申請集會遊行活動，故自應依集會遊行法之規定提出申請。」由此函釋反面解釋得知，候選人於競選期間仍得申請集會遊行，但需依照集會遊行法之規定辦理。依據集會遊行法第1條第2項規定，「本法未規定者，適用其他法律之規定」，故公職人員選舉罷免法僅為集會遊行法之補充法性質，不得排除集會遊行法之適用。依據公職人員選舉罷免法第16條第1項第1款，候選人除依照集會遊行法之規定外，不得於競選活動期間之每日上午7時前或下午10時後從事公開競選活動或助選活動。亦即候選人若依集會遊行法申請集會遊行，仍不得於

競選活動期間之每日上午7時前或下午10時後進行集會遊行活動[297]。

　　警察要求違法集會遊行的人民離去，屬於警察的下命處分之要求效果。為執行法律、維護公共秩序，禁止人民繼續舉行違法集會，其原因為所舉行的集會或該集會有重大違法原因，警察衡量公共利益與人民集會權益的關係後，所為的決定。對具體的個案，所為的判斷決定，須衡量違法的性質、程度、對公共秩序與利益所造成的影響，而依比例原則作判斷。

　　警察所為的命令解散，其下達的方式與程序，事前亦應盡可能讓參與的人民，可以明確的知悉，而後始有遵守的可能。首先該「命令解散」，亦是警察職權之一種；法律在此狀況下，授權警察在遇有符合法定要件，且達必要情況下，得以實施此職權。對於合法舉行之集會，如有任意變更集會遊行路線，或演變成暴力集會情形，得適時制止、禁止該集會之舉行。因命令解散之下達，要求參加之行為人，不得再集會，對人民集會權利的行使影響過大，應謹慎為之[298]。

　　警察制止之流程，依序為警告、制止、命令解散；命令解散，為警察執法的第三次程序下命。在接續警告、制止之後，所為的要求不得再持續舉行集會的下命處分。從參加之人民的權利言，會限制參加人的集會自由。另從首謀不解散人的責任言，其可能構成首謀不解散罪之證據。因此，警察在實施程序及下達的方式上，均應謹慎及明確。

---

[297] 內政部，有關公職人員選舉候選人於競選期間是否仍應遵循集會遊行法之規定？https://www.moi.gov.tw/chi/chi_faq/faq_detail.aspx?t=2&n=3589&p=32&f=（最後瀏覽日：2020.2.23）。

[298] 警察為警告、制止、命令解散之下命，依其不同階段，會構成認定違法之意思通知、構成行政罰、刑罰等之效果。

參、法院對警察解散命令之審查

依權力分立之制度，行政機關為依據法律執法，司法機關為依法審查行政之不法，立法機關受人民之委託，依憲法原則為立法。人民之權利如受到行政機關之不法處分，得提起行政救濟，請求法院審理及撤銷[299]。立法權之國會，依代議政治之法理，制定符合憲法原則之法律以維持公共秩序，並保護人民的權利[300]。

一、概說

我國對法令違憲審查權，屬於司法院大法官所掌理，地方法院並無審查權。有關日本法院對於集會「報備制」與「許可制」之態度，依日本法院於1960年的「東京都公安條例事件」判決，其最高法院不採「報備」與「許可」制的區別，認為「規定許可或規定報備，其要點為對表現自由的舉行，須沒有不當的限制」，本件依條例的規定，實質上，與報備制無異。但是，即使東京都與新瀉縣的條例相比，其採取一般許可制的色彩較為濃厚，例如同條例，並沒有像新瀉縣條例有推定為許可的條項。而且限制的對象及其場所的特定性上，也有問題，同條例有關集會示威，「不管在任何場所」都要經過許可。有關其合憲性，接續也有問題。但是，最高法院認為依照集會遊行的表現，其集合體本身本來就潛在著具有危險性的物理力，「徵諸群眾心理的法則與現實的經驗」來看的話，像這樣潛在的物理力，特別有很容易即加以表現出來的危險，「為防備不測，維持法律秩序，而且在事前以最小限度的措施來主張」

---

[299] 相關日文文獻，請參考：上田健介（2019），〈利益衡量論と審查基準論のあいだ：「集会の自由」領域の調查官解說を読む〉，《法律時報》，91卷5期，頁58-63。市川正人（2017），〈公共施設における集会の自由に関する一考察：金沢市役所前広場訴訟を素材に〉，《立命館法学》，第373期，頁1-33。

[300] 以下引自許義寶（2010），〈論集會自由與警察職權—兼論法院對警察解散命令之審查〉，《警察法學》，第9期，頁113-160。

應認為有必要性，在其之後，也同樣確認同條例的合憲性[301]。

我國法院得以審查警察之處分，是否合法，賦予警察制止的權力，是法治國家依法行政原則中法律保留原則的顯現。須有明確法律授權，警察始得為干預性之作為，因警察之行使職權，相對人民之自由，即可能受到限制，或因警察之作為或下命，相對人民集會的權利，會受到一定的限縮。

在集會遊行法中，規定人民申請集會之程序及須檢附的相關文件，警察為主管機關與維持秩序之機關，在受理申請時即應本於對當事人有利及不利情形一律注意之立場，考量申請人的權利。集會遊行本屬人民之基本權利，雖規定為許可制，但如人民依法定程序、方式提出申請，警察即應為許可，並無不許可之自由裁量空間。法律上所規定之不許可原因[302]，如有事實依據認為會危害他人生命、身體安全，其要件須有急迫且明顯之事實，始得依此要件為不許可。此項法律要件之授權，並非是裁量權限，而是屬於行政判斷的授權，在此，不能誤認事實或判斷錯誤[303]。

行政法院管轄公法上具體爭議事件，除法律有特別規定外，一般之「公法上」案件由行政法院管轄。舉凡對不許可集會遊行之訴訟案件，對集會活動之不法解散命令之確認違法等，均由行政法院管轄。但集會遊行法規定之行政救濟程序，須循申復、訴願、行政訴訟之程序提出，亦會給人有緩不濟急之感。

二、司法審查與警察下命處分

法律效果，即法律之影響性。有關警察命令解散之法律效果，應有四種：（一）警察之命令解散，人民有遵守之義務；（二）警察得依

---

[301] 初宿正典（2010），《憲法2—基本權》，頁282，日本：成文堂。
[302] 集會遊行法之不許可原因，請參見第11條規定。
[303] 如基於主觀之臆測，或對特定團體之偏見，而不予許可集會，即可能構成違法之處分。

此爲強制執行；（三）另外不遵解散處分，負責人可能受到行政罰；（四）最後首謀不解散之人民，可能構成刑事責任。

警察制止違法的集會，其授權爲依集會遊行法之規定[304]；警察得命令要求非法舉行之集會解散，以防止違法行爲危害到公共秩序。社會秩序之維護，是主管機關之責任，以保障大多數人之權益；或有謂不能因少數人之違法行爲，而造成公眾的不便與負擔。另一方面從集會遊行者之權利立場而言，少數人欲表達訴求，有其表達的原因與目的，而透過集會遊行之方式，將其訴求以言論、行爲等各種表現之方式提出，乃民主國家將其意見訴諸公眾的最原始方法，亦是國家最須予以保障之方式。因此，警察爲下達命令解散，是最後不得已的方式，並非對違法舉行之集會，皆可一律要求命令解散。有關法益間之衡量，即人民集會權利與公共秩序維護之間，要取得平衡。如單純之違法靜坐，或在公園內違法舉行集會，並未對公共秩序造成重大危害時，警察即不能選擇爲強制之驅離。

從警察職權行使之依據而言，警察職權行使須由法律授權，及職權行使受比例原則之拘束。依前者，只要有法律授權，明文警察可以爲命令解散，在符合法定要件下，警察即得爲之。因此，集會遊行如違反許可所附之條件，如變更路線、超過舉行時間等，警察皆得要求命令解散。於此，顯然警察的權限相當大，與人民的集會自由相比，顯然有些不相當。如果不考慮該集會所造成的危害社會秩序程度，遽然要求命令解散，該下達命令解散之職權，顯然會違反比例原則。

比例原則是警察法上之首要原則，其原因在於警察須面對無法預判的各種狀況，其危害公共利益或社會秩序的情狀，千差萬別，集會遊行法或警察職權行使法之中，並無法一一明列危害與行使職權之對應，在如何的狀況可爲制止及命令解散，只能概括的授權，相對於要求警察執

---

[304] 警察制止違法的集會，其授權爲依集會遊行法第25條之規定，請參見之。

行時應公平合理考量人民集會之自由。人民有遵守主管機關依法執行公權力及忍受之義務，如人民不遵守法令或主管機關之下命處分，依法有受到強制執行之可能。警察在爲命令解散時，得爲下命處分之下達，並得強制爲之。即依警察之實力，直接驅散違法集會之人民。因此對人民的權利有極大影響，因此，警察在執行時，必須符合平等原則、比例原則及正當之法律程序，對於其執行之合法性，法院並得爲審查。

　　警告、制止、命令解散，共三種處分之方式與程序。其處分之法律效果，依集會遊行法規定，爲警察第一次舉牌警告，已傳達認定違法之意思表示；如集會仍然不解散，接續警察得爲第二次之命令解散。有謂第一次命令解散之警告，與第二次之命令解散之制止，其過程之時間，應間隔多久，始爲合宜適當[305]，並有以區隔5分鐘以上，爲必要者之說。對於執行程序之合理正當，亦應是行政機關所必須遵守的。

　　對於警察機關合目的性之職權行使，原則上法院不能審查，如警察決定對於因有預防危害必要之集會，而派人到場監視，乃基於維護治安之目的所需，原則上法院應尊重警察機關之決定。或對於行政指揮權限之下達，要求增派人員到場，以預備防制可能之大型違法集會之內部指令，法院不得加以審查[306]。

　　有關違法舉行，構成行政罰之命令解散而不解散要件。即在警察「警告、制止」後，負責人仍不遵從時，即構成行政罰之責任。此應受處罰對象之「負責人」之意，應限爲合法申請之負責人，或縱使非合法申請集會之負責人，亦應包括在內[307]。從集會遊行法之立法與規範目的

---

[305] 目前實務有以5分鐘之區隔，以讓行爲人考慮是否解散，及眾多人之集結，如欲遵守命令解散，亦須有必要之時間。因此，至少以二者區隔5分鐘以上爲必要，始符合正當法律程序。即程序上不至於強人所難。

[306] 上級行政機關對於下級行政機關之指揮監督，屬於單純行政權內部之行爲，並未對外產生具體之法律效果，亦無發生公法上爭議行爲之問題，因此，法院對此指令，不得爲審查。

[307] 經命令解散，而不解散，應受處罰負責人之規定，請參見集會遊行法第28條規定。

而言，似應包括只要是集會遊行活動，而被警察要求應命令解散者，縱使非合法申請之集會，該實際之負責人，亦應受到行政罰之制裁。但是實際上，既未經申請，何者為負責人？將難以認定。又警察既為制止機關，對經制止不聽者，警察又屬於處罰機關，亦有球員兼裁判之問題，如何平衡警察執法之中立性角色，亦有待克服。對於警察之裁罰，如受處罰人不服，得依行政救濟之程序，提起訴願，並於後續對訴願決定不服，提起行政訴訟，請求行政法院將行政罰之制裁，予以撤銷。

　　而偶發性之集會[308]，在許可制之下，即無法於6天前申請，形成偶發性集會之舉辦，在法律規定許可制之下，難以合法舉行之狀況。目前法律規定，其不受6天前申請之限制；理論上偶發性集會，亦須申請，但其申請方式與效果，即同時舉行與申請，頗為類似即時報備制。

　　雖然在大法官釋字第445號解釋中認為，對集會遊行之首謀不解散者，處以二年以下有期徒刑之立法，並不違憲。但因人民之參加集會，動輒會受到警察機關之制止、命令解散，且移送法院偵查、審理，且可能受到刑事訴追，此對於人民之言論自由、表現與集會自由之行使，將構成很大威脅。因此，警察之命令解散職權之行使，須更為嚴謹，且應符合正當法律程序，給予人民必要之告知，且告知之表示應具體明確及合於比例原則。法院受理警察機關之移送案件，亦應妥為審理。

三、法院之審查權限

　　法院職司訴訟案件之審理、審查行政不法、保障人民的權利，其具有公正第三者之角色，較易受到人民信賴。對違法之集會，集會遊行法賦予警察有警告、制止、命令解散之職權，警察認定集會行為構成違反法定要件時，得予以下命要求停止舉行。從實際執行上，警察具有相當大的認定權限；人民之違反行為，可能被制止，如果仍不停止違法行

---

308 有關偶發性集會之規定，依集會遊行法第9條：「……但因不可預見之重大緊急事故，且非即刻舉行，無法達到目的者，不受六日前申請之限制。」

為，基於法定職權，警察可為蒐證、認定構成違法，續而移送法院，由法院審理違反集遊法罪責。

（一）法院之審查範圍

集會遊行有多種型態，如人民的抗議政府政策、訴求個人或團體之主張、展現出被壓迫者之言論表達自由等，皆可透過集會遊行方式，向大眾訴求。言論自由與集會表現自由，有相當的重疊關係；憲法保障集會自由之理念，有時亦須由法院審理中，予以兼顧及保護[309]。警察主管機關對於不合法之集會，予以認定違反集會遊行法之首謀不解散罪，須以移送法院以追究刑事責任。法院基於審理任務之職掌，須一一審查違法行為人之是否符合法定構成要件，並對行為人之整個違反過程、集結抗議之首謀不解散情形，認定是否構成法定之刑事訴追要件。刑事法院之認定權限，並不受屬於警察命令解散之行政處分所拘束，得以依法律自行認定。

法律如係以違反行政處分為犯罪構成要件時，則該行政處分之合法性必然成為構成要件要素之一，且集會遊行法第29條僅以行為人單純違背主管機關之行政處分為唯一構成要件，如不就行政處分之適法性予以嚴格審查，恐造成人民一旦發生違反行政處分之行為即科以刑事責任之情況，顯然輕重失衡。且如此類案件普通法院完全受行政處分構成要件效力之拘束，再由行政法院就行政處分之適法性進行審查，可能造成普通法院已經判決有罪確定，而行政法院判決行政處分具有瑕疵甚至無效

---

[309] 有關法院任務之規定，依憲法第77條：「司法院為國家最高司法機關，掌理民事、刑事、行政訴訟之審判，及公務員之懲戒。」另司法院大法官釋字第530號解釋文：「……憲法第八十條規定法官須超出黨派以外，依據法律獨立審判，不受任何干涉，明文揭示法官從事審判僅受法律之拘束，不受其他任何形式之干涉；法官之身分或職位不因審判之結果而受影響；法官唯本良知，依據法律獨立行使審判職權。審判獨立乃自由民主憲政秩序權力分立與制衡之重要原則，為實現審判獨立，司法機關應有其自主性；本於司法自主性，最高司法機關就審理事項並有發布規則之權；又基於保障人民有依法定程序提起訴訟，受充分而有效公平審判之權利，以維護人民之司法受益權……。」

之情形，非但徒生矛盾影響司法公信，亦有緩不濟急之虞[310]。

依集會遊行法之設計，對違反首謀不解散之行為者，該首謀者應處二年以下有期徒刑。命令不解散之作用，屬於主管機關之要求，性質上為警察行政處分之下達。法律規定應予追究首謀者之刑事責任，不外乎在於維持社會秩序，但其前提要件是該人民構成不遵守警察之解散命令。如此，或會形成法院要配合警察機關之處分為認定，或者法院可否不採納警察機關所蒐證及確認之違反行為，而自行判斷相關證據？從理論上而言，應以後者為是。

有關刑事法院審理「行政處分」之問題？一般對違法行政處分之審理、認定權，從管轄權劃分上，應屬行政法院之職權。在集會遊行中，警察所為之職權措施，如人民欲確認警察之制止行為違法，而造成人民受傷、具體損害；人民可向行政法院提起確認違法與損害賠償之請求訴訟；行政法院亦應依法受理。依訴訟管轄權區分，行政法院在於審理公法之爭議案件，而集會遊行法之處分，顯然是公法性質爭議事件無疑。對於首謀不解散罪之審理，則屬於普通法院之刑事庭審理。

（二）法院之實質審查

1. 必要之最小限度

集會遊行因為其為集合多數人表達其各自意見之政治活動，所以很容易造成影響公共秩序等治安之事件發生，另一方面此集會遊行權利亦為憲法所保障，因此，為求在二者之間謀求平衡、調和，學說及實務上皆認同在限制人民自由權利最小限度內有加以規範之必要。日本限制集會遊行最主要之根據，為憲法第21條的表現自由與維持社會秩序之間，必須以保障基本權利關係為考量。如有限制集會遊行自由情形，應以該集會遊行有明顯、直接危害公共安全與秩序，及有迫切原因之必要為

---

[310] 臺灣臺北地方法院96年曙易字第1號刑事判決，98年2月20日。

限。明顯危害及迫切要求之要件，應以事前不許可與避免該危險之發生間有合理根據的範圍爲必要。此二者之原因及立場皆很類似，因此，限制集會遊行的公安條例之內容及方法是否合理，易造成見解上之不同。其中並認爲以未報備或未申請許可之違法理由，而未產生具體的危害公共安全秩序時，警察如加以限制及制止行爲[311]是否適法爲爭論點。

　　依日本最判昭35.7.20判決東京都公安條例事件認爲，集會遊行與純粹言論及出版等之性質並不相同，因其爲集合多數人自身之力量支持結合而成，依其潛在力及有計畫、易有突發的刺激、流動等之情形特點，其極易被運用。因此，在非常之情況時，該集會遊行可能於一瞬間內發生暴力化現象，形成警察力無法控制掌握的危險，爲經驗上所明顯可預見。因此，集會遊行之事前規範有其必要性。

2. 基本人權之保障

　　另集會遊行權利爲屬於基本人權部分，除有例外之情形時才容許其爲事前之限制。於此是否要予限制主管機關並沒有裁量餘地，此限制必須有法定合理、明確、具體標準之必要；其標準中不得有以場所、型態及表現內容之預定；且須有適當、迅速的手續以保障申請人。如規定不許可處分情形，其合憲性之判斷標準，應以具有「明顯且現在即時之危險」爲限。明顯且現在即時之危險，有事前及事後二階段考量之學說。事前之考量依審核者之認定，其如無造成「明顯且現在即時之危害」時，必須予以許可。對未經許可或未報備之集會遊行，亦以具有發生明顯且現在即時之危害，始予以事後之處罰。惟「明顯且現在即時之危險」之標準，因其易流於判斷者主觀之認定，有必要自限制該對象的特

---

311 因此，就產生如下見解之不同：一、認爲報備制爲佳，或許可制較好之說；二、未造成直接公共安全危害之集會遊行，未報備或未申請許可，如以此而認爲違法，是否合乎正當之法律程序；三、只以未報備或未申請許可的違法理由，並未產生具體的公共危險，警察加以限制、制止的行爲，有認爲並不違反憲法第21條及第31條，爲尚有爭議的問題。參閱渥美東洋（1985），〈無屆デモに对する解散措置等の適法性〉，《警察關係基本判例100》，頁248。

定性、合理性、救濟手段等部分程序加以補充[312]。此二學說重點著重在於實質維護公共安全秩序之必要性上；後說未造成公共危害之未經許可集會遊行，自憲法保障人民集會遊行權利之觀點似亦可詮釋為，違反形式未經許可之集會遊行，如未造成危害公共安全秩序者，警察不得直接強制使解散之，以顯示處置與造成危害公共安全秩序之集會遊行活動有所區別[313]。

有關警察權之行使，有其特性，即防止危害與即時制止之特點。集遊法授權警察遇有違法之集會遊行，得採取警告、制止、命令解散職權，該命令解散並得強制為之。警察除有處分權之外，並有直接強制之權限。其重要之處，在於維持良好之公共秩序，但相對的會限制集會遊行者之權益。於此，如有執行不當、濫用權限、先入為主的偏見或執法專業品質不佳等，有可能造成執法偏差，而導致任意移送人民追究其刑事責任之結果。因此，法院之任務，對於保護人民集會之自由，有其重要性。

3. 就行政處分是否合法、有效為實質審查

刑事法院應就行政處分是否合法、有效，依正當法律程序為實質審查判斷。易言之，唯有合法之行政處分始有以最後手段性之刑事制裁加以保護之必要，無效或具有瑕疵之行政處分，尚未達到必須以刑事制裁加以保護之程度，此謂之刑罰之「最後手段性」，亦即刑罰謙抑原則之表現。況參諸大法官會議釋字第445號解釋文內容，集會遊行自由之保障，不僅及於形式上外在自由，亦應及於實質上內在自由，俾使參與集會、遊行者在毫無恐懼之情況下進行，以達憲法保障人民意見自由之基本權利[314]。

---

312 早稻田司法試驗（1988），《憲法—基本構造2—人權》，頁156-157。
313 許義寶（1997），〈論未經許可集會遊行之命令解散〉，《中央警察大學學報》，第31期，頁113-138。
314 臺灣臺北地方法院96年矚易字第1號刑事判決，2009年2月20日。

　　依日本東京都公安條例的限制集會遊行，即使從禁止事前予以限制的觀點，也必須在必要及最小的限度內，予以限制。像不許公安委員會的濫用權限及逸脫其裁量權，訂定合理及明確的標準，是所必要的。另外，條例的規定，即使不能說違憲，但因其運用，也有可能構成違反憲法的情形。依下級審的判決，在有關違反東京都公安條例的事件中指出，條例其本身爲合憲，但在實際運用，構成違反的憲法問題，應爲運用違憲來判斷的一環，以該當附條件的許可處分爲理由，所謂「運用違憲」的使用手法，也有作出違憲無效的案例[315]。另外，依公安委員會限定解釋的許可條件，以事實認定被告人等「跑步的行進」，在判決中認爲「沒有故意的跑步行進」，而沒有違反許可的條件，並判決被告無罪的案例也有[316]。

　　行政處分一部無效者，其他部分仍爲有效，但除去該無效部分行政處分不能成立者，全部無效，行政程序法第112條亦有明文。故在集會遊行事件中，不論係准駁人民申請許可，或爲禁止之解散命令時，仍須遵守行政程序法有關行政處分之規定。換言之，主管機關在申請及執行過程中，均需爲有效之行政處分，不得違反行政程序法第111條之規定，方可爲集會遊行法第29條論處之前提條件。又主管機關適用集會遊行法第26條比例原則之規定時，亦應有「國民主權」之觀念，落實平等執法原則，依法行使裁量權，公正處理集會遊行活動，保持執法中立之角色，眞正確保憲法賦予人民集會自由之基本人權[317]。

　　法院角色在於審理民刑事案件、審查行政不法等任務，而警察機關對於違反集遊法行爲，雖有先行認定權，但法院依其移送之證據，仍須自爲調查與認定。法院應站在重視治安立場，或站在保護人民權利考量，有其困難之處，從理論上而言，依憲法規定法院應依法律獨立審

---

[315] 東京地判昭42.5.10下刑集，9卷5号，頁638。
[316] 東京地判昭42.5.30下刑集，9卷5号，頁699。
[317] 臺灣臺北地方法院96年矚易字第1號刑事判決，2009年2月20日。

判，不受任何干涉[318]。但有時法院採取過寬或過嚴之立場或態度，亦會影響案件認定之成立與否。從客觀立場言，法院應尊重行政機關之行政處分或蒐證行為；但是警察機關所移送之違法證據，只屬於基本上之要求，在透過檢察機關之起訴認定後，法院在審理上，仍得本於憲法規定人民集會權利範圍，與實質上是否構成違反集遊法罪責要件，而自行認定。如遇有違法構成要件之重大瑕疵，或考量人民有重大之集會遊行權利，或認為警察機關之執法顯然過當情況時，法院自得表示適當之不同見解。

主管機關如何命令解散集會、遊行，以及用何種方式制止其繼續進行，涉及此項解散命令之當否，為事實認定問題。刑事法院於論罪科刑時，就犯罪行為之構成要件是否符合，應為確切之認定，尤其對於行為須出於故意為處罰之要件，亦應注意及之（參照司法院大法官會議釋字第445號解釋理由書）。是由上開大法官會議解釋理由書內容觀之，刑事法院於審理集會遊行法之案件時，不必然受其行政處分之構成要件效力所拘束，自得對上開行政機關所為之行政處分是否合法進行實質審查[319]。

警察為制止與命令解散行為，是行政處分之一種，具有公法性質，如人民提起確認違法處分之訴訟，應屬於行政法院所管轄。但如追究違法人民之刑事責任，認定構成首謀不解散罪之要件上，其屬行政刑法之構成要件，依法由刑事法院審理、認定。在認定上刑事法院得本於保障人民集會自由之原則、憲法保障人民基本權之程度、警察執法之過程、警察所為命令解散之程序等是否有效、合法，一一檢視[320]。

---

[318] 審理違反集會遊行法案件，法院應本於憲法保障人民集會遊行權利之限度，及考量人民違法行為之要件是否構成，而自行認定。對於地方法院之判決不服者，並得依審級之救濟方式，向上級法院提出上訴，以救濟之。

[319] 臺灣臺北地方法院96年矚易字第1號刑事判決，2009年2月20日。

[320] 許義寶（2010），〈論集會自由與警察職權—兼論法院對警察解散命令之審查〉，《警察法學》，第9期，頁113-160。

（三）實務上法院對命令解散合法性之認定

依集會遊行法規定：有左列情事之一者，該管主管機關得予警告、制止或命令解散：1. 應經許可之集會、遊行未經許可或其許可經撤銷、廢止而擅自舉行者；2. 經許可之集會、遊行而有違反許可事項、許可限制事項者；3. 利用第8條第1項各款集會、遊行，而有違反法令之行為者；4. 有其他違反法令之行為者；集會、遊行經該管主管機關命令解散而不解散，仍繼續舉行經制止而不遵從，首謀者處二年以下有期徒刑或拘役。分別為本法第25條第1項、第29條定有明文。

集會遊行法第3條第1項規定，該法所稱之主管機關，係指集會地之警察分局。是倘集會活動有集會遊行法第25條第1項所列各款情形之一者，集會地警察分局有權得予警告、制止及命令解散，集會活動主謀者，於主管機關命令解散而不解散，仍繼續舉行經制止而不遵從，始能以集會遊行法第29條規定相繩（臺灣高等法院101年度上易字第2號判決）。再者，依集會遊行法第3條第1項規定，該法所稱之主管機關，係指集會地之警察分局。倘集會活動有集會遊行法第25條第1項所列各款情形之一者，集會地警察分局有權得予警告、制止及命令解散，集會活動主謀者，於主管機關命令解散而不解散，仍繼續舉行經制止而不遵從，始能以集會遊行法第29條規定移請檢察官起訴。

考量集會遊行法第25條規定警告、制止及命令解散人民集會之情形，係限制人民憲法上所保障之集會自由權利，自須法律定有明文且符合比例原則時，始能限制，而集會遊行法並無得將警告、制止及命令解散之權限授權他人之規定，主管機關自不得將此法定權限授權其他單位，蓋倘允許主管機關得事先概括授權予派出所主管決定是否舉牌警告或命令解散，則派出所主管此一層級即能自行決定是否舉牌警告、制止或命令解散集會，上開集會遊行法第25條規定主管機關始有權為之，將

形同具文；若得任意比附援引、擴張解釋，亦與罪刑法定原則有違[321]，且行政程序法第15條規定：「行政機關得依法規將其權限之一部分，委任所屬下級機關執行之，行政機關因業務上之需要，得依法規將其權限之一部分，委託不相隸屬之行政機關執行之。前二項情形，應將委任或委託事項及法規依據公告之。」是行政機關為權限授予即委任予下級機關，依上開規定，授權之行政機關須有法規依據，並為行政程序法第15條第3項程序之踐行，即公告並刊登公報，行政機關方可將因法規授予之權限委任所屬下級行政機關。

至於如此解釋之結果，集會遊行法第25條、第29條於某些情形下，在適用上是否有窒礙難行之處，係立法之缺漏或妥當於否之問題，應循求修法途徑解決，尚不得為解決該缺漏，而擴大解釋上開條文之適用要件，因此檢察官上開貳四、五、十認從行政組織法、行政作用法及行政救濟法等行政法規執行時均可能涉及之面向為體系解釋，實難導出「立法者有意將警告、制止及命令解散集會之權限交由警察分局之層級決定」之立論基礎[322]。

集會活動有集會遊行法第25條第1項所列各款情形之一者，集會地之警察分局有權得予警告、制止及命令解散，集會活動主謀者於主管機關命令解散而不解散，仍繼續舉行經制止而不遵從，始能以集會遊行法第29條規定相繩。衡以集會遊行法第25條規定警告、制止及命令解散人民集會之情形，係限制人民憲法上所保障之集會自由權利，自須法律定

---

[321] 臺灣高等法院102年度上訴字第142號判決。

[322] 同一時間，若同時有不同團體，未向主管機關申請許可，在同一分局轄區為集會遊行，該分局長僅能至其中一處就集會遊行之情形為具體行政行為，其餘地點則僅能事先授權轄區各派出所所長就集會遊行之具體狀況代表該分局為警告、制止及命令解散行為，若不採此見解，是否意謂民眾於進行集會遊行時，只要見到非由集會地警察分局之分局長所為之警告、制止或命令解散行為，均可不遵守，如此豈不使集會遊行法第3條、第25條立法意旨在於主管機關為確立由警察分局，而使集會地之警察分局得以就民眾之集會遊行加以監督，維持社會秩序之目的相牴觸云云，均非適論。臺灣高等法院103年度上易字第1223號刑事判決。

有明文且符合比例原則時，始能限制，而集會遊行法並無得將警告、制止及命令解散之權限授權他人之規定，主管機關自不得將此法定權限授權其他單位，蓋倘允許主管機關得事先概括授權予派出所主管決定是否舉牌警告或命令解散，則派出所主管此一層級即能自行決定是否舉牌警告、制止或命令解散集會，除不符前揭行政程序法規定外，集會遊行法第25條規定主管機關始有權為之，將形同具文[323]。

　　有關集會遊行中指令權與行政機關分層負責之權限問題。依中央行政機關組織基準法第8條：「機關組織以法律制定者，其內部單位之分工職掌，以處務規程定之；機關組織以命令定之者，其內部單位之分工職掌，以辦事細則定之（第1項）。各機關為分層負責，逐級授權，得就授權範圍訂定分層負責明細表（第2項）。」

　　另「行政機關分層負責實施要項」第24項規定：「各行政機關實施分層負責，應指定主辦單位，並依本要項之規定，就實際業務及主管法規，釐定授權事項及其範圍，編制分層負責表，由本機關首長核定後實施。」是以，依法聘用之聘用人員就其承辦業務（契約所定）得否代為決行公文，似可由機關首長自行斟酌決定。[324]

　　分層負責，是機關依其組織法規規定之各級單位，適當劃分處理公務之層次，由首長就本機關職權及單位職掌，將部分公務授權各層主管決定處理，並由被授權者負其決定之責任，另依「中央行政機關組織基準法」第8條第2項及「文書處理手冊」第11點等規定，各機關為實施分層負責，逐級授權，得就授權範圍訂定分層負責明細表[325]。

　　有關集會遊行法第25條、第29條之規定情形，法院認為：在適用上是否有窒礙難行之處，係立法之缺漏或妥當於否之問題，應循求修法

[323] 臺灣高等法院刑事判決104年度上易字第1889號。
[324] 銓敘部81.1.20.（81）臺華甄二字第0664872號函。
[325] 分層負責明細表相關法規與實務（上），file:///C:/Users/acer/Downloads/10512.pdf-109.2.23。

途徑解決，尚不得為解決該缺漏，而擴大解釋上開條文之適用要件。基於法律授權明確原則，可一併規定在集會遊行法之修正條文中，或在未來集會遊行法所授權之法規命令中，加以規定為宜。

肆、命令解散之法律性質[326]

命令解散屬於警察行政處分之一種。行政處分，依其性質可分成：下命處分、形成處分、確認處分、公證處分。

下命處分係課予相對人作為或不作為之行政處分。例如：警察機關對違法之集會遊行命令解散、警察對酗酒泥醉之人的管束。形成處分係指設定、變更或消滅具體之法律關係，例如：公務人員之任命、行政機關對社團章程變更之認可、撤銷許可之執照。確認處分係指對特定之法律關係或法律事實存否發生爭議時，由行政機關為權威性、公示性之確認，例如公務員服務年資之確認。公證處分係指對出生、死亡、婚姻及法律事實或法律關係之存在，由行政機關加以登記以資證明，防止爭議發生而為之處分[327]。

警察的口頭下命解散處分，與一般書面之解散處分（公司法人），有所不同。對於一般書面之解散公司法人處分，其法律性質，法務部解

---

[326] 相關文獻，請參考李憲人（2014），〈命令解散之法律性質暨權責歸屬〉，《警政論叢》，第14期，頁23-37。陳正根（2012），〈集會遊行之許可與命令解散—評最高行政法院一○○年度第三○五○號裁定〉，《月旦裁判時報》，第15期，頁92-101。許義寶（2010），〈論集會自由與警察職權—兼論法院對警察解散命令之審查〉，《警察法學》，第9期，頁113-159。

[327] 大法官會議釋字第187號解釋：「公務人員依法辦理退休請領退休金，乃行使法律基於憲法規定所賦予之權利，應受保障。其向原服務機關請求核發服務年資或未領退休金之證明，未獲發給者，在程序上非不得依法提起訴願或行政訴訟。」參閱翁岳生，〈論行政處分〉，《法治國家之行政法與司法》，1版，頁17。轉引自陳貴德，〈談行政處分（四）—行政處分的種類〉，台灣法律網，http://www.lawtw.com/article.php?template=article_content&area=&job_id=7964&article_category_id=205&article_id=7744（最後瀏覽日：2019.10.28）。

釋認為：行政罰法（以下簡稱本法）所稱之行政罰，乃指對於過去違反行政法上義務所為不屬於刑罰或懲戒罰之裁罰性不利益處分（行政罰法第1條、第2條立法說明參照）。又本法第2條第2項規定：「本法所稱其他種類行政罰，指下列裁罰性之不利處：……二、剝奪或消滅資格、權利之處分：命令歇業、命令解散、撤銷或廢止許可或登記、吊銷證照、強制拆除或其他剝奪或消滅一定資格或權利之處分。」是以，義務人如違反行政法上之義務，主管機關對於此種過去違反義務所為具有裁罰性之撤銷或廢止許可處分，性質上即屬於行政罰。至行政機關對於違法授益行政處分之撤銷及合法授益行政處分之廢止，是否屬於行政罰法所規範之「裁罰性不利處分」，而有行政罰法規定之適用，應視其撤銷或廢止之原因及適用之法規而定，未可一概而論（行政罰法第2條立法理由參照）[328]。

伍、日本對集會遊行之申請規範

　　日本對集會遊行之規範法理，其人民在道路、公園等集會遊行，有一定的規範限制。對於公共使用的場所，如在室外集會、遊行、集體示威運動等，在道路上依道路交通法（第77條等）規定，為維持道路交通秩序的目的，予以限制之外；其他有關在道路、公園等處所活動的規定，地方公共團體也有規定所謂的「公安條例」的規範。依該條例有很多規定集會遊行活動，在事前要受到公安委員會的許可，或必要先行的報備。

　　日本道路交通法，可作為對集會活動的規範。依道路交通法，對於除道路工程、路邊攤位等設置的規範外，另「在道路上舉行祭典活動，

---

[328] 法律字第10103110360號。

或拍攝外景等及其利用的型態或方法，有顯著的影響一般交通及會影響通行的使用行為」，另「在道路上聚集多數人，顯然影響交通及有類似的行為，公安委員會為防止道路上的危險，依該土地或道路上的狀況，在為使通行能順暢及其他交通安全上的理由，對有關的行為，得加以規定。」被規定人的行為，須要得到管轄警察署長的許可（第77條第1項第4款）。此規定對於在道路上的集會遊行活動，一般有關其許可之點，確實會對集會的自由，有概括的限制。但是，此限制為「防止道路上的危險，及為其他交通安全與順暢」的目的，為其出發點。而且，警察署長在為該當行為時，認為「沒有妨害當時交通的顧慮」，及認為「雖對現在的交通有妨害之顧慮，但在公益上或社會習慣上，認為不得已時，必須予以許可（同條第2項第1至3款參照）」。此規定，想必應沒有直接的違憲。日本最高法院認為，同條第2項的規定「有關道路使用的許可，因為列出明確且合理的標準；對於在道路上，集會遊行不予許可的情形，嚴格予以限制」，依該同條第1項及基於此所制定的長崎縣道路交通法施行細則，對於道路上的集會遊行規定為合憲[329]。

　　上述道路交通法的法律，涉及「公安條例」的規範，二者有所不同。究竟其屬為防止道路上的危險與確保道路交通的安全及順暢，可以說在其本身亦有正當的目的，而予制定。惟在沒有制定「公安條例」的地方自治團體（如大阪市與京都市有制定公安條例；大阪府與京都府沒有），所謂其對集會遊行的規範方面，依道路交通法及其施行規則，為了要能達到與公安條例有同樣的效果，其採取如何運用的方式，對集會自由予以必要的規範，應不能說無此方面的顧慮。另，反過來說，有制定公安條例的地方自治團體，形成可依道路交通法與公安條例，有二種的規範。有關於此兩者，處於什麼樣的關係，日本最高法院在「德島市公安條例」的判決中認為，兩者的目的不能說「完全的相同」。前者以

---

[329] 最三判昭57.11.16刑集，36卷11号，頁908。

「維持道路交通的秩序」為其目的；後者不限於此，其有「維持地方公共的安寧與秩序，應比較廣泛；而且，有概括的目的」。依此，毋寧說本判決的重點，與依上所述的憲法第31條有所關連，可以說其是否有不違反限制的明確性之問題（另，此判例進一步的意涵，也包括條例與法律的關係）。

公安條例對於集會遊行的規範。依照前述，在1948年7月日本依照占領軍當局的指示之下，制定大阪市條例的內容；即如現在多數地方公共團體對於提供道路、公園供作為公共的使用場所，對集會、遊行、集體示威等的規制目的，所制定的條例。此種條例，依其標題有各種的名稱，通常概稱為「公安條例」。此「公安條例」，如上述對所有的集會遊行活動，要求預先須經過管轄公安委員會的許可，屬於對集會自由以致於集體表現行為廣泛的限制，其自早以來就有合憲性的爭論。

日本最高法院如前所述在「新潟縣公安條例事件」的判決中，認為一般而論，此集會遊行為「其因為是本來國民的自由」，在事前課予報告的義務，另當別論外，並不許依「一般的許可制」，在事前予以限制。另在為「保持公共的秩序或防止公共的福祉，有顯著的受到侵害時，依照特定的場所或方法，有合理且明確的標準之下」，規定為許可的限制，應不能說是違憲。另，「對公共安全有顯著、急迫危險的影響之所及，而可預見時」，規定不予許可或禁止之意旨，應為所許。

集會遊行活動中，有「集會」的型態，也有「表現」的型態，各自分別，其皆屬依憲法第21條第1項所保障的一種自由。在此，依據原來的理論為一般的禁止，在特定情形時，始解除的行政處分，像這樣的許可，有違憲的疑義。

日本最高法院的判決，不允許為「一般的許可」；為限制「時間、場所」的一種型態，可以說是限定的許可制的話，應被許可。作為主要依據，與同判決所述的有：一、新潟縣條例第1條的範圍中，依照這個條例，成為被規制的對象，規定「集體行動」的概念。條文的用字

爲「以徒步或車輛在道路、公園或其他公眾得自由通行的場所，行進或占用的行爲」。在這一點上，表示如這樣的限定規制；二、許可爲原則，不許可爲例外，在條文上屬明確的規定（第4條第1項）；三、在舉行的24小時之前，公安委員會如果不爲給予附條件的許可或發給不予許可通知的意思表示之時，即視爲許可；即所謂的「推定許可條款」的規定（第4條第4項）等的列舉。第1條範圍內的條文，「另，一般性的部分」，及「公安委員會的……認爲無害公安之虞的情形」的活動（第4條第1項），爲「列出特別抽象的標準，因公安委員會裁量的範圍，顯然可能有流於廣泛解釋之虞」，對此「期待其修正的更爲明確，且有具體的規定」，此與附保留條款時，亦同。本件條例採許可制，爲憲法上所不許，如「其非屬一般的許可制」，其僅是限於「單單的只是特定的時間、方法上」的限制，其結論爲合憲。

在同判決中藤田法官也有反對的意見，其之問題，爲對所有的集會遊行，幾乎都屬於在條例第1條範圍所規定的場所、方法之內；在此以外的場所及方法，應不足以產生集會遊行上的問題。如此，新潟縣條例果眞非屬憲法所不許的「一般的許可制」，只限於僅是「單單的在有關特定的場所或方法上」的限制。是否可以這樣說，也有疑問。

陸、警察之介入制止

警察權介入的便宜性，必須注意所謂的裁量原則，無爭議原則，及比例原則等等。從發動形式，如果是預防性任務，警察任務傳統的重點在於危害防制，在一般所謂公共安全與公共秩序，警察以公共秩序以及以民眾妨害公共秩序爲理由，合理化警察權的發動。但具體危害是什麼？危害是具體的、想像的、預見的、即將發生的，機率很大。根據過去的經驗，在國內很多的事件上，都對於是否確有危害，產生很大的問

題，特別是侵擾者，如果警察要發動警察權，必須要有明確的侵擾者，這個侵擾者不可以是抽象模糊看不到的[330]。

如果針對像群眾聲援，甚至是一個音樂會的活動型式，那音樂會無非是要引群眾過來，以便對於接下來的某一種行為預作準備。但對於單純的群眾聲援、音樂會、活動等等運動型式，警察在發動上是不是作了更多的限制？

單純組織運動的情勢，進行和平跟類似性質的活動，如果沒有完全封堵其他第三者進入的可能性，各國法秩序都該認為是合法的舉動行為，並沒有侵擾公共秩序而發動警察權的餘地，德國的刑事案件上，只有非常少數的特殊狀況可以成立侵擾公共秩序，然後80年代以來，德國各邦的警察法都有刪除公共秩序作為修正警察法的趨勢，例如當時德國的不萊梅邦，它是德國第一個把邦警察法的公共秩序警察不法類型刪掉，因為公共秩序不能作為一個抽象發動警察法的要件，只有那種非常具體的，直接與刑法或者法益作為對象的公共安全，才是警察權可以發動的標的[331]。

實務上集會遊行局部之違法行為制止無效，又不能採強制制止，有蔓延全局之趨勢時：一、可於繼續制止之後，命令解散；二、多次制止後命令解散：聚眾活動進行中，個別之違法案件不斷發生，雖已個別制止，但已構成惡性違法，可視情況命令解散；三、逕行命令解散：違法行為波及面廣，且聚眾活動繼續舉行將愈趨激烈；或無宣告制止之緩衝時間等，可視情況命令解散。

警察若於命令解散處分下達後，即刻採取封鎖行動，以逮捕關係人，縱然依事實確知，集會參與者對公共安全和社會秩序產生威脅，然

---

[330] 林佳和（2015.12.20），〈424華光檔拆案〉，https://pnn.pts.org.tw/project/inpage/1094/35/165（最後瀏覽日：2019.1.26）。

[331] 林佳和（2015.12.20），〈424華光檔拆案〉，https://pnn.pts.org.tw/project/inpage/1094/35/165（最後瀏覽日：2019.1.26）。

此種措施已顯然違反解散規定之使集會遊行人自動解散精神，故應屬違法[332]。然而若係經禁止之集會或遊行，在聚集過程中，有事實足以認為，參與者不顧禁令，並且將造成公共安全和社會秩序重大危害時，則可加以逮捕。我國集會遊行法第25條第1項和第2項都賦予主管機關決定裁量之空間，於第1項中且有明確的選擇裁量權，但依同法第26條規定，此兩項措施都必須受比例原則之拘束。尤其第25條第2項之強制力行使時，其行使方法和效果更值檢討。在選擇手段時，便預留有一空間，供執法者依狀況自行選擇，此種裁量權之行使雖為執法者之權力[333]，但仍須遵守裁量原則及比例原則之拘束，但此方面仍須賴實務上法院之判決實例形成判例，成為有效約束及作為警察機關執法之依據，以保障人民集會遊行之權利[334]。

集會遊行法第6條規定有關禁制區之限制，其範圍有三款原則禁止集會遊行：「一、總統府、行政院、司法院、考試院、各級法院。二、國際機場、港口。三、重要軍事設施地區。」關於第1款「總統府、行政院、司法院、考試院、各級法院」等規定，歐美先進民主國家，關於集會遊行活動亦多設有禁制區，其主要目的在於保障國家整體之正常運作，以維護大多數人利益。申言之，憲法賦予人民的權利，諸如集會遊行自由，如果不影響國家安全與公私權益，自毋庸加以限制，反之則必須予以規範。此處之禁制區，為該管機關之週邊範圍劃定，因在此週邊

---

[332] 相關日文文獻，請參考石村修（2010），〈判例研究—集会の自由への取消処分によって生じた社会的な評価の低下に対する慰謝料—3.1節記念，在日朝鮮人連合会中央集会事件〉，《Senshu law journal》，第5期，頁209-223。土井明人（2009），〈告発公安警察が反戦・平和集会の参加者をビデオカメラで盗撮していた！—「集会の自由」の侵害を許さず、国家賠償請求裁判を提訴〉，《あごら》，第322期，頁76-81。

[333] 因為警察在使用強制力之手段強制解散時，因被命令解散者，違反行政法上義務，尚未達刑法第149條聚眾不解散罪之程度，故其強制力之行使理應比違反刑法時之逮捕所使用之強制力緩和。黃清德（1992），〈我國動員勘亂時期集會遊行法中「禁止」與「解散」條款之評釋〉，《警政學報》，第21期，頁37-39。

[334] 許義寶（1997），〈論未經許可集會遊行之命令解散〉，《中央警察大學學報》，第31期，頁113-138。

範圍之道路、廣場、公園等亦屬於公共用物，爲一般人得自由使用之空間。但如屬集會遊行活動時，則依集會遊行法規定原則不予准許，因此禁制區內將有限制人民集會遊行之使用地點。爲因應時代變遷、國民主權、民主主義、公物供使用精神，禁制區之應否存在及其合理範圍之界定均應本此觀點，以爲考量[335]。否則自由使用公物，在此禁制區內之發表言論，表達意見將會受到限制。如機場之興建影響居民生活環境、未依行政程序等原因，爲反對之居民申請對此工程集會抗議，將受到禁制區之規定而不得許可，將有限制人民表現自由之虞。

　　集會遊行法屬公物法之特別法，公物中之公共用物一般爲供人民自由使用，但如人民在公共用物上之活動爲集會遊行，則依特別法之集會遊行法必須經主管機關之許可[336]。依理論及與實務機關之作法，申請集會遊行除有法定不許可之事由外，主管機關原則應許可該集會遊行[337]。使用禁制區範圍內場地之規定，原則上如無該管機關特別表示同意，將不許可在此區域內舉行集會遊行。依我國之集會遊行法關於禁制區之規定範圍甚廣，其法定條款有：一、總統府、行政院、司法院、考試院、各級法院；二、國際機場、港口；三、重要軍事設施地區（附近300公尺內）。實務上一般如非取得該機關之特別同意，受理之警察機關均不予許可。如此是否可解釋爲，在此禁制區內，一般原則上不予許可，例外如取得該機關之同意始予許可。此處之許可並非法定許可，是否許可由該管機關自由裁量，如該機關不爲意思表示，亦應認爲不同意人民使用該禁制區範圍內爲集會遊行。但若該管機關特別同意人民爲集會遊行，應認爲其同意只認定在公安與秩序上，應無對該機關造成危害之

---

[335] 蔣次寧（1988），〈動員勘亂時期集會遊行法評介〉，《軍法專刊》，34卷6期，頁11-12。

[336] 除法定不需經許可之集會遊行情形者外。

[337] 法定不許可條件，依集會遊行法第11條規定，如違反集會遊行法第4條、第6條、第10條之規定者……等，其中第6條規定爲在：一、總統府、行政院、司法院、考試院、各級法院。

虞，實際上之維護公安及秩序，亦應由該管警察機關負責。

　　一般申請使用公共用物集會遊行除禁制區外，公物管理機關原則上應予許可，方不致限制人民之集會遊行權利。即一般公共用物除非有客觀上場地不得供使用如：一、場地整修中；二、申請人未繳交一定使用費；三、同一場地、時間已有人申請使用；四、有具體危害公安之情形，如發現申請人準備利用該集會滋事或從事非法暴力行為等原因之外，似應予以同意使用。

柒、警告制止命令解散之程序

一、概說

　　有關警察機關之警告、制止或命令解散程序，依集會遊行法第25條規定。僅以警察機關依警告、制止或命令解散所設計之舉牌3次，在執法上有許多問題存在，例如舉牌2次（警告之後舉何牌）、舉牌3次（警告後舉何牌，順序如何）、除警告外，何種時機舉何種牌、舉牌時間如何界定、尤其當集會人數眾多或隊伍很長情況下，舉牌縱然配合擴音設備，是否產生實效等問題，應如何律定順序，避免執法不一，影響公信力。舉牌3次既非法律或法規命令明定，頂多屬裁量性行政規則，應受司法審查，提高規範層次，明定其實質與程序要件。

　　警政署對於命令解散舉牌之實務操作：（一）法令依據：集會遊行法第25條；（二）向負責人傳遞警察行政處分方式並無一定形式；（三）集會遊行法並未規定以「舉牌」方式通知負責人及現場群眾已觸犯相關法令或為警察行政處分，過去也曾用書面方式讓處分相對人知悉或約制群眾脫序行為等，因集會遊行現場群眾呼喊口號聲音此起彼落，人潮眾多致傳遞處分書或通知書有一定程度困難，為將警告、命令解散及制止之處分突破空間限制，即時送達給負責人知悉，警政署

設計60X90cm之牌告，輔以廣播方式向大眾宣達，以達傳達訊息效果；（四）舉牌間隔時間係給予負責人適當時間進行疏導作為以符合比例原則。

法院指出：「群眾人數眾多……要求遊行群眾在此一短暫時間內全部散離亦屬困難。」是以，舉牌頻率與負責人疏導群眾作為具關聯性，惟集會遊行現場有反制群眾破壞活動進行，且發生強暴脅迫情事，警察舉牌應間隔幾分鐘方能到命令解散，此須依個案之違法脫序之事實判斷，對於排除危害時機是否受間隔時間限制，依法由主管機關視現場危安狀況，決定必要之措施[338]。

二、實施舉牌「警告」、「命令解散」須考量

提出警告程序分成，警告之方式、警告之要領、警告之必要性等。對於未經許可之集會遊行，其準備發生及已發生中之非法行為，提示警告並非不可或缺之處理程序。惟在採取措施前，先行警告，則可使負責人、主持人、參加人產生心理上之壓力，使其自動解散，以減少違法事件之發生，或抑制其繼續發展。

（一）警方舉牌方式及相距時間是否妥適，係屬行政權範圍，非高等法院所得審酌；集會遊行法第29條規定，是否妥適，則屬立法權範圍，本院亦難為處理；舉牌方式及相距時間，由警察機關依其現場狀況為之；（二）舉牌實施「警告」、「命令解散」及「制止」等處分程序區分，「警告」、「命令解散」法無明文限制次數，固行為可2次以上，惟「制止」部分則以1次為限；另依集遊法第27條、第28條之所為罰鍰，應製作行政處分書（屬行政法範疇），並將副本送上級警察機

---

[338] 104年8月17日臺北地方法院104年度審易字第130號刑事判決。警政署103年7月18日以警署保字第1030121085號函發「集會遊行法第25條『警告、制止或命令解散』處分之執行及口頭宣告參考內容」。監察院調查報告，人民於行使言論自由及集會遊行權利，疑遭受地方政府警察人員打壓案，https://cybsbox.cy.gov.tw＞CYBSBoxSSL＞edoc＞download（最後瀏覽日：2019.12.26）。

關。第29條至第31條之情事或其他犯罪之行為者依刑事訴訟法等有關規定辦理；（三）警察執行解散與憲法內容裁量的行政行為，必須遵守比例原則；行政機關對國民權利、自由加以限制時，其手段必須止於必要最小之限度[339]。

三、「解散命令」之裁量

　　集會遊行中只要警方認定「有人違反法令」，就可對整體集遊「命令解散」，卻沒有任何明確的「裁量標準」。有論者要求將集遊法原條文第25條警方的「命令解散權」刪除，以杜絕層出不窮的執法爭議情形，避免主管機關限制的裁量空間太大，致使現行實務上採取恣意手段，對有力人士之活動給予廣泛的自由，社會上的弱勢則遭受層層限制，實質上違反平等原則。實際上，「解散命令」只用以鎮壓小型集會，對於大規模的集遊並無意義。而若人民有違法行為，以其他如行政執行法、警察職權行使法介入即可[340]。

　　台灣新聞記者協會曾提出「移動式採訪區」概念[341]，當警方有任何驅離、淨空行動前，必須由警察的新聞連絡官，與現場記者進行協商，協商出一個可以完成採訪工作的區域，由記者在現場自己決定是否進入採訪區採訪，公民記者亦可自己決定，當下你要當記者，還是當抗議者，而這個採訪區並非固定，一旦警方再有下一個驅離動作，就必須在執法現場再進行協調，再拉出一個臨時採訪區，此作法是為避免警方在執法過程，不分青紅皂白把記者連同民眾一併驅離，公民記者及各媒體採訪記者，均有權力決定是要在採訪區採訪，還是要在其他地方採訪，

---

[339] 處理聚眾活動作業標準程序，類別：保防宣導，2015年12月17日，https://www.chpb.gov.tw/beidou/hom=201510290013（最後瀏覽日：2020.1.21）。

[340] 人民火大行動聯盟，集遊法受害者聯合要求修法，記者會參考資料，2008年11月13日，https://www.coolloud.org.tw/node/29963（最後瀏覽日：2019.12.26）。

[341] 相關文獻，請參考許家源（2016），〈當記者遇上警察—論集會遊行之新聞取材界限〉，《月旦法學》，第251期，頁129-141。

但若決定要在採訪區外的地方採訪，就可能因警方集體性驅離行動而受到波及，但任何記者在受到任何採訪上的阻礙或困難時，都可以向現場媒體連絡員反映，進行協調[342]。

四、集會遊行時警察之行使強制力

集會遊行時警察之行使強制力，主要依集會遊行法第25條規定為之。實務上，對於集會遊行法第25條第1項第1款未經許可或許可經撤銷者，同項第2款違反許可條項者規定，其執行之一般程序如下[343]：

（一）制止之必要性

憲法及法律保障人民自由之程度，如集會自由、結社自由等，警察非為維持公共秩序所必要之範圍，不得行使警察權限，此為日本憲法第23條之精神。依此限制人民自由情形應確立「原則自由，例外限制」的觀念，警察首先必須考慮該措置的必要性。即人民行使該自由對公共秩序所造成危害的性質及狀況，及必須考慮防止該事實之危害的警察措置是否為不得已。警察如確信即將發生危害，須以時間、場所、對象等具體的狀況，加以考量所發生危害與限制該人民自由的措置二者間之比例。此為警察之合目的性考量，亦為警察權之限制原則，為裁判例上所認定[344]，如違反此原則之警察行為，應被評價為違法。

（二）維護治安目的

集會遊行權利為憲法所保障，該自由權利，除了「外在自由」外，尚包括得毫無恐懼地遂行其權利之內在自由，故警察人員在執法過

---

[342] 台灣新聞記者協會聲明，針對《台北市警察局執行集會遊行與媒體協調之工作守則》，苦勞網，2015年1月1日，https://www.coolloud.org.tw/node/81286，（最後瀏覽日：2020.2.21）。

[343] 許義寶（1997），〈論未經許可集會遊行之命令解散〉，《中央警察大學學報》，第31期，頁113-138。

[344] 關根謙一（1981），〈警察の概念と警察權の限界（四）〉，《警察學論集》，34卷1號，警察大學校編集，頁151-152，日本：立花書房。

程中，不得曲解「消弭犯罪於無形」之概念，假藉「疏導」、「約制」之名，行「阻嚇」參與活動之實，或因過當蒐證，而使當事人無法自在活動[345]。對違反集會遊行法行為的制止，為使參加人停止現場的活動，依其必要包含強制隔離使參加人於一定地點。其他所需要之措施中，包括有警告、未及制止的誘導、說服、勸告等及以實力強制解散之措施等。命令集會解散，如以不許可處分之情形加以類推，應限於該集會遊行活動造成公共秩序明顯且現在即時之危險為限；且警告與制止同樣為即時強制，應理解為依日本警察官職務執行法為防止造成公眾的生命、身體、財產直接的危害之必要，不得已之情形警察所具有之權限。

（三）制止之發動

於此，為因應集會遊行所發生危害公共秩序[346]之情形，我國集會遊行法賦予警察有警告、制止、命令解散及必要時得強制為之。但如此之規定卻有執行認定、執法尺度之問題，一樣未經許可之集會遊行何種情形可以強制解散？何種情形不宜強制解散？是否以警察具解散實力為依據？如此將易使人民集會遊行表達意見權利遭漠視，及未以是否危害公共秩序為考量之依據，與警察排除危害目的之警察治安目的本質亦有不符之問題。

警察制止措施並不只限於有造成財產損害的行為時，才能發動，其亦適用於造成對生命、財產危害的情形。該情形不以造成具體特定人生命、身體危害之虞為限，間接之情形如有確實、明顯性時，任何人皆有可能被危害時亦得加以發動。例如，未經許可違法的集會遊行之開始行

---

[345] 林漢堂（1997），〈論基本人權之保障與限制—兼論集會遊行立法之必要性與適切性〉，《警學叢刊》，27卷5期，頁217。

[346] 公共秩序在判例上之地位效果，事實上，立法者不可能在所訂法令中提出其價值判斷，因此「公共秩序」概念的確定，有賴法官審判時，以其見解加以闡明，若司法應有功能無法充分積極發揮，僅強調不確定性法律概念在行政實務上之補漏作用，甚至力陳行政機關（尤其是警察機關）應有行政自制的能力，如此，並無法保證人民之權益會得到充分保障。李震山（1990），《警察任務法論》，頁94，高雄：登文書局。

進，示威團體與行人間發生接觸衝突，因爲要預防此時有人因而受傷之必要時，亦得加以制止[347]。制止是否可使用武器等之類，如使用槍械等武器，必須依據使用武器等有關之充分法定要件爲限。集會遊行之制止手段不得使用武器，通常情形以使用少量催淚瓦斯或以噴水車其放水限度以達行使實力制止之必要程度爲界限[348]。

捌、行政院版修正草案之命令解散

修正草案第22條（命令解散）：「集會、遊行非有下列情形之一者，該管主管機關不得命令解散：⋯⋯。五、有明顯事實即將危害生命、身體、自由或對財物造成重大損壞（第1項）。前項除第五款情形外，應經警告二次無效後，始得命令解散。命令解散，得強制爲之（第2項）。」

修正草案立法理由指出：「爲落實憲法保障集會、遊行，以和平方式舉行，爰於第一項規定，該管主管機關對於集會、遊行有違反安全距離規定、應報備而未報備、未依規定補正、不遵守主管機關之變更、限制或指定應遵守之事項、未於報備場所、路線、時間舉行致妨害道路使用人權益且情節重大、違反和平方式而使用暴力、有事實將立即危害生命、身體、自由、社會秩序或對財物造成重大損壞情形之一發生，如放任不採必要措施，將構成立即危險或危害發生時，應採取命令解散之必要作爲，以免發生危害情事。增訂第二項規定集會、遊行之命令解散，除有立即危害生命、身體、自由或對財物造成重大損壞之明顯事實，因

---

[347] 奈良地判昭49.7.23判時，58号，頁119，本件爲未經許可集會遊行之行進，在交通流量大之交叉路口以Z字形行進，對其加以限制爲不得已之措施。參閱田宮裕、河上和雄編（1993），《大コンメンタール—警察官職務執行法》，頁316，日本：青林書院。

[348] 許義寶（1997），〈論未經許可集會遊行之命令解散〉，《中央警察大學學報》，第31期，頁113-138。

其危害具有急迫性，主管機關非立即命令解散，無法防止危害情事發生外，有關執行，應踐行一定程序，俾落實保障集會、遊行之自由。」

行院版修正草案之命令解散限制，從草案觀察可知，未報備並不得作為警告、制止與命令解散（第24條）之條件；又未報備者，亦僅得處以罰鍰一次（第27條），並無得按次連續處罰，亦不得作為警告、制止與命令解散之事由。再者，未宣告解散及勸導疏離，負責人亦僅處罰鍰一次（第33條與第21條），並無被命令解散之必要（第24條）規定。因為行政院版修正草案第24條規定，僅有違反安全距離（第6條）、和平集遊（第13條）及道路壅塞（第15條）等情形，始得警告、制止、命令解散之，因此，在實務運作上，應注意之[349][350]。

---

[349] 蔡庭榕（2009），〈論集會遊行權利與規範〉，《集會遊行與警察執法國際學術研討會論文集》，中央警察大學行政警察學系，頁224。

[350] 引自許義寶（2010），〈論集會自由與警察職權—兼論法院對警察解散命令之審查〉，《警察法學》，第9期，頁113-160。

第26條（公平合理考量而為集會遊行限制）

集會遊行之不予許可、限制或命令解散，應公平合理考量人民集會、遊行權利與其他法益間之均衡維護，以適當之方法為之，不得逾越所欲達成目的之必要限度。

壹、立法目的與沿革

集會遊行法第26條關於不予許可、限制或命令解散應予公平合理考量之規定，於1988年制定公布時即可見，至今未經修正。其立法理由謂：「明定集會遊行之不予許可、限制或命令解散，應公平合理考量人民集會、遊行權利與其他法益間之均衡維護，以適當之方法為之，不得逾越所欲達成目的之必要限度。」即要求主管機關對於集會、遊行所為限制，應遵循比例原則之要求。

民主的基石，乃在於每個人皆得藉由公共參與及自由表意以形成公意，而集會遊行作為展現民主真義的重要型態，一旦國家針對集會遊行採行了具有嚇阻作用之相應措施，導致人民對其參與集會遊行之行為及其可能衍生之後果產生恐懼，對民主齒輪之運轉恐造成莫大窒礙。考量集會、遊行自由在民主社會中具備之重要意義，司法院釋字第445號及第718號解釋皆一再強調：「以法律限制集會、遊行之權利，必須符合明確性原則與憲法第二十三條之規定。」故若「係為確保集會、遊行活動之和平進行，避免影響民眾之生活安寧，均屬防止妨礙他人自由、維持社會秩序或增進公共利益所必要，與憲法第二十三條規定並無牴觸。」因而，國家對集會遊行自由之限制，除應恪遵法律保留原則以及法律明確性原則之要求外，並須同時關注憲法第23條之比例原則，以求其平。

貳、要件

集會遊行法第26條明定：「集會遊行之不予許可、限制或命令解散，應公平合理考量人民集會、遊行權利與其他法益間之均衡維護，以適當之方法為之，不得逾越所欲達成目的之必要限度。」對於主管機關作成不予許可、限制或命令解散等決定，造成集會、遊行自由遭受侵害時，應遵守由比例原則所演繹出之「合目的性原則」、「必要性原則」及「狹義比例原則」等三個子原則之要求，方屬適法。

關於國家權力行使對於人民之自由權利造成限制時，應符合比例原則要求之規定，實得見於眾多法令之中，例如行政程序法第7條、警察職權行使法第3條第1項、警械使用條例第6條等，均為適例。故除本條所明列之「不予許可、限制或命令解散」三種具體之行為態樣外，主管機關所採行其他措施，一旦對於集會、遊行自由造成侵害者，同樣亦應受到比例原則之拘束及檢驗。

一、合目的性原則

首先，需探究國家限制人民基本權利之手段對於目的之達成是否適當，即手段應可靠、與目的間具有相當之關聯性，且得有效地達成欲追求之目的，方與合目的性原則相合致[351]。若以禁制區之規定為例（請參考集會遊行法第6條），集會遊行法第6條第1項第1款中所定「總統官邸」，其所欲保障之法益及目的係「為維護總統安全及避免驚擾危害」，然而，對於在總統官邸及其週邊範圍所舉行之集會、遊行，若並

---

[351] 林大法官子儀於司法院釋字第584號解釋中所提出之不同意見書中即有適切說明：「手段不能僅是可以達成目的，還必須是可靠、具備實效，與目的之達成具有實質關聯性之手段。」李惠宗（2005），〈職業自由主觀要件限制之違憲審查—司法院大法官釋字第584號解釋評析〉，《憲政時代》，30卷3期，頁273。湯德宗（2009），〈違憲審查基準體系建構初探—「階層式比例原則」構想〉，廖福特編，《憲法解釋理論與實務》，第6輯，頁629-630，台北：中央研究院法律研究所。

非針對總統本身，而係對於同位於禁制區內之都市更新政策有所不滿而發動，而以其集會、遊行之地點全部或一部位屬禁制區內，而一概不予核准，則該手段對於目的之達成是否適當，即有討論之空間。

二、必要性原則

比例原則中必要性之要求，乃是要求當國家有多種手段和措施皆得有效達成目的時，應選擇對人民權益侵害最小者，故此亦稱為「最小侵害原則」。惟選擇達成目的之手段，應屬立法者得自由形成之空間，故面對多種皆得達成目的之手段，應採行「固然不必是侵害最小的手段，但是起碼必須是經過斟酌選擇對人民權利侵害較小的手段」[352]。惟侵害多寡判斷之基準並非僅以行政機關之成本作為考量，而應就侵害所涉及範圍為判斷。此一階段之審查，著重於同樣得達成目的之手段及措施之比較與選擇上，相關政府機關的選擇不再享有想當然爾的合法推定，其因此需對於上述目的之重要性、手段之實質有效性與其侵害程度係可接受負舉證責任[353]。

三、狹義比例原則

狹義比例原則於比例原則中之運用，乃為一法益權衡之過程，即就「所欲追求之公益」與「因而受到侵害之私益」兩者間進行比較，衡量達成目的所獲致之利益有無大於對人民權利所造成之侵害。其中「所欲追求公益」的內涵，將影響國家得限制人民權利之程度，故國家欲對人民權利加諸愈多的限制，則相對其所欲保護之公益應愈重大，或是其

---

[352] 林大法官子儀於司法院釋字第584號解釋中所提出之不同意見書中就「必要性原則」之說明。

[353] 李惠宗（2005），〈職業自由主觀要件限制之違憲審查—司法院大法官釋字第584號解釋評析〉，《憲政時代》，30卷3期，頁274-275。湯德宗（2009），〈違憲審查基準體系建構初探—「階層式比例原則」構想〉，廖福特編，《憲法解釋理論與實務》，第6輯，頁597-598，台北：中央研究院法律研究所。

保障愈迫切[354]；而對於「因而受到侵害的私益」，則應探究所採取之手段或措施，是否「不合比例」地加諸過多或過早之限制於應受保障之權利。

此一法益權衡之概念，實亦得見於集會遊行法第1條中，其明確揭示立法目的同時包括「保障人民集會、遊行之自由」以及「維持社會秩序」。但當集會、遊行之自由與社會秩序之維持產生衝突時，國家究應扮演何種角色，以求取不同法益間之調和？考量集會、遊行自由，應屬憲法所明文保障之基本權利，集會遊行法屬於「執行憲法之法律」，作為直接保障基本權利之法律依據，應給予其在實質位階上高於以保護法律上權利為主的法律，以確保集會、遊行自由之落實，否則，將使任何以維護安全、秩序、環保、衛生等非以保障集會、遊行自由為目的之法律，都可能成為限制集會、遊行自由的有力依據[355]。因此，集會遊行法應以「保障集會遊行」為目的，「維持社會秩序」應是在「保障集會遊行」之前提下採行，若單純以「維持社會秩序」作為否准集會遊行之理由，恐將使集會遊行法淪為箝制集會、遊行權利工具。因此，不論是立法、行政或司法權，在法益權衡之過程中，皆應妥適履行憲法之委託，而針對集會、遊行所採行之任何管制，亦應以此為前提，以確保集會遊行法係屬保障集會、遊行自由之法律，而非限制集會、遊行自由之法律。

四、相關實務見解

觀察我國司法實務之見解，集會遊行法第26條之適用，常見於主管機關依據集會遊行法第25條規定，作成警告、制止或命令解散處分之

---

[354] 德國聯邦憲法法院在判斷公益之保障強度時，往往以公益之重要性及迫切性作為判斷的準據。許宗力（2007），〈比例原則之操作試論〉，《法與國家權力（二）》，頁135-136，台北：元照。Sodan, in: Sodan, Grundgesetz, 2009, Art.1 Vorb. Rn. 66.

[355] 李震山（2016），《警察行政法論—自由與秩序之折衝》，4版，頁298，台北：元照。

情形。以下僅舉二例，略以呈現個案中對於比例原則之實務判斷。

（一）臺灣臺北地方法院102年度簡字第14號行政判決

該判決首先指出，「主管機關依集會遊行法第25條規定爲『決定裁量』及『選擇裁量』時，須受比例原則之拘束，即其所爲之行政處分除適於行政目的之達成外，尚不得逾越必要限度，且須與所欲達成之目的間保持一定的比例關係。西諺所謂：不得以砲擊雀。即明此理。否則即構成裁量之濫用，亦屬違法」[356]。

進一步，法院在個案之判斷中，指出：「又依本院102年3月19日勘驗筆錄、錄影翻拍照片及聚眾活動詳細資料，原告及其中華愛國同心會之成員共僅5人，且均係有相當年紀之人，而外交部前除外交部駐衛警外，尚有數10名以上員警在場，在法輪功集會現場另有多名員警值勤，使用警力達209人，在優勢警力與車流阻絕之情況下，區區5人之集會對公眾、交通或法輪功集會均無立即之危害，此觀外交部前並無封鎖，人行道上仍持續開放供路人通行，即可知一二，是被告逕爲命令解散之處分尚非侵害最小之手段，有違比例原則而屬違法。」[357]

（二）臺灣高等法院105年度上易字第24號刑事判決

該判決首先點明：「本件集會遊行係以『捍衛勞工權利，反對年金修憲』爲主體，主要訴求『堅決反對年金修惡、勞動基準一體適用、資遣退休納入墊償、落實集體協商制度、制度提升基本工資、外勞本勞同工同酬、終結責任制過勞死』等，已據被告於警詢、偵查中、原審及本院審理時一再供述在卷，並有現場提示之標語、旗幟等上開現場照片在卷可憑，是本件集會顯係因各勞工團體對政府長期以來關於勞工政策之相關決策所累積之不滿日益升高，而由臺灣鐵路公會理事長陳漢卿所申

---

[356] 臺灣臺北地方法院102年度簡字第14號行政判決，第186-195行參照。
[357] 臺灣臺北地方法院102年度簡字第14號行政判決，第332-341行參照。

請之由各勞工團體所屬勞工，自願性的走上街頭表達訴求之方式而形成之集會，並非某特定公司行號參與，顯屬上述社會運動型之集會，故警方對其下達解散命令之後，自宜酌留一段相當時間，以供集會群眾冷卻情緒，以達和平解散之目的，方符集會遊行法第26條之規範意旨。」[358]

進一步，「經查，歷經關廠工人事件、勞工年金修憲等國內之勞工政策或政府對勞工事件之態度，確實存有諸多爭議，再觀諸被告及參與本次集會之群眾，雖有以繩線綁住鐵勾以拉扯拒馬之行為，然因其等事先已告知警方將有此動作，中正第一分局員警亦已有防備，並架設二層拒馬，除經證人方仰寧證述在卷外，並有翻拍照片可佐，故現場亦無以傷人之暴力方式為訴求，且自抵達行政院前至離開的時間亦未超過一小時，再依集會遊行法第26條規定……之具體化比例原則，依社會倫理通念，認被告上開行為乃屬相當而得受容忍者，所侵害之法益尚屬微小，不足以破壞社會倫理秩序或影響社會生活之正當或正常運作，無予非難處罰之必要性，實質上亦得以阻卻違法，是依上開實務見解，亦難認被告關於此部分所為有處罰之必要」[359]。

參、展望

一、監察院之調查報告

監察院針對2014年至2018年間發生之5起警察機關疑不當管制，致生民眾集會自由受侵害之案例[360]，並於調查後指出，前述「5件案例陳

---

[358] 臺灣高等法院105年度上易字第24號刑事判決，第218-232行參照。

[359] 臺灣高等法院105年度上易字第24號刑事判決，第374-389行參照。

[360] 其中包括：高雄市政府警察局處理103年12月11日中央公園護樹護地聯盟成員楊豐光、林佳蓉、林孟欣至高雄市政府陳抗案及105年11月4日公民監督公僕聯盟成員陳銘彬至市長官邸陳抗案、花蓮縣警察局處理107年4月16日花蓮縣政府召開環評大會審查縣道193拓寬案之陳抗事件、107年8月2日大觀事件自救會至「國家住宅及都市更新中心」揭牌儀式會場陳情抗議案以及107年8月4日大觀事件自救會至新北市江翠國小陳情抗議案。

訴人陳訴警方於集會遊行過程中，濫用管制手段等情，其中以警方命令集會遊行民眾解散前之舉牌是否明確傳達予在場民眾知悉及圈圍帶離陳抗民眾之手段是否合乎比例之管制方式較具爭議，上述之管制手段實帶有強制色彩，對於集會民眾之權益影響較鉅，然是否採取上述管制手段之裁量權實繫於警方，倘舉措過當，則與保障民眾集會自由之意旨有違。集會進行過程中，警察機關所扮演之立場允應中立，以利開啓對立雙方彼此間之溝通與對話，實屬居中協調之角色，若不當採取管制方式，除難以弭平對立雙方之衝突與分裂，更加深執法之困難，甚而形成寒蟬效應，妨礙民主制度之發展，內政部警政署為集會遊行主管機關，允宜基於中立而客觀之立場，協助調和不同意見之衝突，嘗試轉化原有集會遊行管制模式，除謹慎擇定管制手段外，透過保護民眾，協助取得溝通管道代替以往強制驅離、解散之作為，以落實集會自由保障之旨」[361]。

　　比例原則作為節制國家權力之重要原則，其於集會遊行法中之落實，常常有賴主管機關於第一線之個案判斷，因此，警察人員是否能由「保護集會、遊行」之立場出發，而非以「維護社會秩序」為本旨，而選擇站在集會遊行群眾之對立面採行相關措施，應是落實比例原則之關鍵。

二、修法趨勢

　　行政院版草案將現行集會遊行法第26條修改並移列第23條：「主管機關執行本法規定，應公平合理考量人民集會、遊行權利與其他法益間均衡維護，以適當之方法為之，不得逾越必要限度。」其維持現行集

---

[361] 監察院新聞稿，多起警察機關集會遊行管制失當案件，監委促請警政署及國家安全局強化執法人員人權教育訓練及溝通技巧並重視集會遊行法之修正，以建立友善與良好之集會環境，2019年6月6日，https://www.cy.gov.tw/News_Content.aspx?n=124&sms=8912&s=13450（最後瀏覽日：2020.3.5）。

會遊行法第26條之精神，明確強調「主管機關執行本法規定，應符合比例原則」[362]。

---

[362] 行政院版本修法草案第23條立法理由二、參照。

第27條（負責人違反維持秩序清理廢棄物之罰則）
經許可集會、遊行之負責人或代理人違反第十八條規定者，處新臺幣三萬元以下罰鍰。

壹、本條文目的

集會負責人與代理人爲集會遊行之聯絡窗口，爲確保集會能和平有序舉行，乃課予其一定限度之行政責任。集會遊行爲人集合的形態，其表現的方式有多種，一般爲人身的表現自由所含括。國家的法規範對於集會遊行之形態，要予以規範[363]，首先必須對集會遊行之外在形態，予以劃分，對於無治安顧慮之活動，則不予以干預；反之對可能形成治安預防必要者，則須明確予以界定，其活動性質、法律規範限度，以資人民遵循。

貳、集會遊行之負責人與責任

一、集會遊行負責人

集會爲多數人的聚合，共同表示意見或保障其聚集之人格自由，一

---

[363] 日文相關文獻，請參考羽根一成（2017），〈德島市公安条例事件条例と法律の関係—最高裁昭和50.9.10判決〉，《自治体法務研究》，第51期，頁92-98。治安判例研究会（2016），〈ヘイトスピーチ解消法の施行を契機とした公安条例に係る一考察〉，《治安フォーラム》，22卷12期，頁29-36，日本：立花書房。野坂泰司（2006），〈公安条例による集団行動の規制—德島市公安条例事件判決〉，《法学教室》，第310期，頁56-66。地方自治職員研修（2006），〈德島市公安条例事件〉，《自治判例から公法を読む》，第38期，頁58-65。井上祐司（1994），〈憲法31条と公安条例〉，《Journal of business laws》，第6期，頁71-88。佐々木俊雄（1990），〈規制対象としての集団行動—下—(1)〉，《警察学論集》，43卷11期，頁136-147。

般有室內集會與室外集會之分。集會之活動，又有依法令之集會活動，或其他臨時性之聚會活動。凡人須共同協助，行集體之生活，除家庭生活之外，一般人又常須聚會，共同協議、表達意見、促進意識交流等，以解決問題，增進人民之生活意義與品質。

遊行為動態的集會[364]，遊行活動可展現共同意見或集體行動之物理性動的力量，容易造成社會的重視，惟此種共同集體活動，極易影響治安之穩定、和平，因此，從秩序維護之觀點，一般國家法律均對遊行之活動，甚為重視，除依法令之遊行外，一般皆須申請許可或報備，始得舉行。遊行之行為規範，除與治安有關外，一般對人之正常生活安寧、交通通行秩序，均有很大之影響，法律規範上，除集會遊行法之外，尚有道路交通管理處罰條例、社會秩序維護法、刑法等法律，亦有相關之規定。

我國集會遊行法對於示威活動，並未特別加以規定，一般可歸類為集會、遊行活動之中；而究其意義與性質，示威活動與一般集會、遊行有所不同，因示威活動為有目標、有對象之表達不滿意見，其訴求為有特定之對象，而不像一般集會之共同聚會表達意見；或遊行單純係動態之集會，以訴諸一般社會大眾之活動。

有關集會負責人之行為能力。依行政程序法第22條所稱「行政程序之行為能力」，係指在行政程序上得有效從事或接受行政程序行為之資格。至於責任能力則係指依行為人年齡或精神狀態健全與否決定應負擔違法行為之責任而言。二者意義及規範目的並非一致，易言之，有責任能力未必即有行政程序行為能力。依道路交通管理處罰條例第85條之

---

[364] 相關文獻，請參考劉靜怡（2018），〈當律師出現在夜深但不平靜的街頭〉，《臺灣法學雜誌》，頁24-27。陳宗駿（2017），〈美國集會遊行自由權保障之歷史發展─兼論我國集會遊行與公共秩序之折衝〉，《憲政時代》，42卷4期，頁375-434。周治平（2016），〈日本法院對警備公安情報收集立場之分析〉，《中央警察大學法學論集》，第31期，頁109-141。林佳和（2016），〈集會遊行上的警察權發動〉，《月旦法學教室》，第166期，頁9-11。

4規定：「未滿十四歲之人違反本條例之規定，處罰其法定代理人或監護人。」其立法意旨係參酌社會秩序維護法之規定，對於未滿14歲無責任能力之人違反行政法上義務之行為，課以法定代理人責任，處罰客體為法定代理人，上開規定似難謂為行政程序行為能力之特別規定[365]。集會負責人之行為能力，則依行政罰法與行政程序法之規定辦理。

二、負責人之法定責任

本法第27條規定，經許可集會、遊行之負責人或代理人違反第18條規定者，處新臺幣3萬元以下罰鍰。

對照行政院草案之內容，有論者指出雖然已廢除集遊法的刑法規定，但擴大實際負責人定義包括集會遊行活動之發起人或主持人（草案第7條第3項），且加重負責人應解散而不解散之行政罰5萬元以上15萬元以下罰鍰，且得按次連續處罰（草案第26條）。又新增未報備集會負責人5萬元以下罰鍰（草案第27條），新增集會負責人未依禁止、限制、變更或指定事項辦理者，處5萬元以下罰鍰（草案第28條），新增集會負責人妨害交通、學校或醫院安寧者，處5萬元以下罰鍰（草案第29條），加重集會負責人未清理廢棄物或污染者，處5萬元以下罰鍰（草案第30條），新增集會負責人未親自在場主持，處5萬元以下罰鍰（草案第31條），加重集會負責人未疏導勸離者，處5萬元以下罰鍰（草案第33條）[366]。依此行政院草案，雖然廢止刑法規定，卻加重集會負責人的行政罰責任，比較目前司法實務對違反集遊法首謀者絕大多數案件僅處以拘役，又准予易科罰金之情形，反而加重集會負責人的法律責任[367]。

---

[365] 法律字第0930009249號。

[366] 《立法院議案關係文書》，院總第1430號、政府提案第11522號，2008年12月17日印發。

[367] 草案之立法精神究竟在於保障人民之集會自由，或剝奪、限制人民集會自由，則令人不得不有所質疑。魏千峯（2008.12），〈集會遊行法的三個面向問題〉，《全國律師》，12卷12期，www.hrp.scu.edu.tw/userfiles/.../04（最後瀏覽日：2020.2.24）。

三、代理人之責任

依集會遊行法規定，代理人之行政責任與負責人相同[368]。

「代理」這兩個字，有法律上的特別涵義，我國民法總則中有一種代理制度，民事的法律行為如果符合代理的規定，便會產生法律上效果。在民法上的代理可分為法定代理與意定代理兩種：法定代理，指的是這種代理權的取得，是由於法律的規定，像民法第1086條規定：「父母為其未成年子女法定代理人。」第1098條規定：「監護人為受監護人之法定代理人。」只要具備類似法律規定的條件，就當然成為代理人；意定代理指的是代理權是基於本人的意思表示而發生。民法上代理制度的功能，在法定代理方面，是在彌補本人能力的不足，像民法上無行為能力人、限制行為能力人，都不能單獨為法律行為，必須要有法定代理人的介入，補充這些人的能力，才能完成法律行為。至於意定代理方面，則具有擴充本人能力的功能[369]。

行政程序法代理人：「當事人得委任代理人。但依法規或行政程序之性質不得授權者，不得為之。每一當事人委任之代理人，不得逾三人。代理權之授與，及於該行政程序有關之全部程序行為。但申請之撤回，非受特別授權，不得為之。行政程序代理人應於最初為行政程序行為時，提出委任書。代理權授與之撤回，經通知行政機關後，始對行政機關發生效力。」「行政程序之代理人受送達之權限未受限制者，送達應向該代理人為之。但行政機關認為必要時，得送達於當事人本人。」行政程序法第24條及第71條分別定有明文[370]。

---

[368] 本法第27條，經許可集會、遊行之負責人或代理人違反第18條規定者，處新臺幣3萬元以下罰鍰。

[369] 葉雪鵬（1992），〈代理人，代理什麼？〉，台灣法律網，http://old.lawtw.com/article.php?template=article_content&area=free_browse&parent_path=,1,4,&job_id=42279&article_category_id=1147&article_id=17855（最後瀏覽日期：2020.2.24）。

[370] 臺北市政府法規委員會93.11.08.北市法二字第09331584300號函

四、無發起人或負責人時之責任人

　　一般的集會、遊行有其負責人。負責人須依規定向主管機關提出申請。但偶發性集會，則無發起人或負責人。有關無發起人或負責人之集會問題，我國目前集會遊行採許可制，將使無發起人或負責人的所謂「偶發性集會遊行」（Spontanversammlung）之舉行，在理論上成為不可能，事起倉卒非即刻舉行無法達到目的之緊急性集會、遊行，亦難期待取得許可後舉行。該等若係因突發事件中基於公義或權益受損直接反應所採取之集會，是人類最自然、最原始且最需保護之集會自由權，縱於違反規範而有一定作為或不作為，亦難認其定具有責性，若強課其責，自已逾越當事人義務界限，顯侵及集會自由之本質內容。再就今日資訊科技發達，社群網站普及，彈指之間集體能於公共場域表達意見的需求，沛然莫之能禦，已非許可制所可因應，頂多課予「緊急性集會」之負責人於其所通告集會遊行時間之同時，進行報備。由此可知，本件解釋僅是順水推舟之作而已，此種情況下，執法機關唯有強化機動應變能力，方能兼顧保障人民集會、遊行之自由與維持社會秩序的目的[371]。

　　本書以為：此屬於偶發性集會遊行之問題，依大法官第718號解釋，已將偶發性與緊急性集會遊行之規範，要求立法及行政主管機關適度放寬，以免過度限制人民集會自由而違憲。因偶發性集會，屬於無發起人或負責人之集會，民眾因突發事件而自然集結，對特定對象表達訴求，因此實際上不可能要求發起人或負責人事先申請。內政部為因應大法官第718號解釋，目前已訂定偶發性與緊急性集會遊行之處理原則，供作人民參與此種集會之規範依據。本偶發性與緊急性集會遊行之處理原則，屬於一行政規則位階，外界亦有不同聲音批評本處理原則之規範效力[372]。

---

[371] 參李震山大法官，釋字第718號解釋部分不同意見書。

[372] 李彥賦（2015.1.9），〈這一次，內政部的創意又讓法律人驚呆了！〉，新境界智庫，http://www.dppnff.tw/group_data.php?id=247&data=comment（最後瀏覽日：2017.5.30）。

　　本法修正草案第7條：「集會、遊行應有負責人。依法設立之團體舉行之集會、遊行，其負責人為該團體之代表人或其指定之人（第1項）。未報備舉行之集會、遊行，其實際負責人，指該集會、遊行活動之發起人、指揮人或主持人（第2項）。」

　　其立法理由指出：「未報備舉行之集會、遊行，其負責人易滋生疑義，爰增訂第三項，以該集會、遊行活動之發起人、指揮人或主持人為集會、遊行之實際負責人，以資明確[373]。」

　　偶發性及緊急性集會遊行處理原則第2點：「偶發性集會、遊行：指因特殊原因未經召集而自發聚集，且事實上無發起人或負責人之集會、遊行。」

參、違反第18條之規定

一、集會自由與違反之處罰

　　我國憲法第14條規定：「人民有集會結社之自由。」對照日本憲法第21條明文規定：「集會、結社之自由，受到保障。」另，外國早期憲法對集會自由之規定如下：

（一）1689年英國「權利章典」：集會自由雖屬一項重要人權，惟在最早期1689年英國的「權利章典」之議會向英王爭取權利，首先以要求，國王未得議會承認：1. 不得任意停止法律效力、法律執行；2. 課稅；3. 徵集常備軍。

（二）1789年法國大革命的人權宣言及1791年的憲法，1776年（美國獨立）維吉尼亞權利典章，對於集會、結社的自由，並無規定。

---

[373] 《立法院議案關係文書》，院總第1430號、政府提案第15584號，2016年2月17日印發。

　　當時權利宣言的起草者爲屬「第三階級」亟希望個人能從封建社會共同體及同業公會團體脫離；另集會及結社，比較出版的方法，因爲具有大眾性的表現方法，對於人民多數人的團體組織，將造成政治性的脅迫感。

（三）依1791年法國的工作者法律，爲禁止工人組成工會及其有共同的表現行爲[374]。早期封建主義社會，人民沒有自主權利，受社會階級所箝制，無法主張自由權利。

（四）美國1791年9月成立了由10條條文所組成的權利典章（增修10條條文）。此10條條文中包含了禁止樹立國教，保障信教自由、言論自由、出版自由、集會自由、請願權[375]。

　　集會遊行法爲依據憲法所制定之特別法，因此對於集會遊行活動，在法律適用上，須優先適用集會遊行法。而集會遊行法爲一治安性之法律，其著眼點亦從整體之社會治安爲出發點，因此，其規範之集會遊行活動範圍，必須有所區別，即以有可能影響社會治安之活動爲規範之對象，亦即須立法之比例原則，將規範之範圍加以限縮到最小的限度，以免過度的限制人民權利。

　　人民舉行集會遊行，首先須依集會遊行法規定，視該活動是否屬集會遊行法所規範之活動，如爲一般民俗活動、婚喪喜慶、參觀見學、旅遊休閒、體育運動競賽、室內集會及依法令所舉辦之活動，則不屬集會遊行所規範之活動，而依其他相關法令之規定辦理。

　　除上述活動性質外之集會遊行，依集會遊行法規定須依本法規定程序申請許可，始得舉行。我國集會遊行採許可制，經研究又稱爲「類似報備制之許可制」，本法之許可非一般之許可制，意謂主管機關不得任意決定是否許可，即不許可之要件必須明確，且其申請程序、申請要

---

[374] 石村善治（1983），〈公安條例と集會・結社の自由〉，《憲法100講》，頁114-115。
[375] 周宗憲譯（2001），《憲法（下）—基本人權》，頁4，台北：元照。

件皆有一定，主管機關只能就申請人之資格是否符合法律規定，而爲裁決；如屬符合就必須許可，即主管機關之裁量空間受到限縮，不得任意限制人民之集會自由之謂[376]。

集會遊行之權利，依憲法之基本人權發展理論，原指消極性的自由權，即人民主張此方面的權利；相對於國家之公權力，在此方面必須有所節制，不得任意侵犯此方面人民之自由權。但是近代福利國家思想興起，人民除主張消極自由權之外，很多權利性質陸續轉變爲並兼具有積極請求權之性質，國家本於照顧人民之地位，不得放任國民之權利無法獲得，而坐視不管；因此，在集會遊行方面，國家並在一定情形盡可能有協助提供場地之義務[377]，且主管機關在集會遊行時，並有到場維持秩序之負責與義務[378]。以使人民合法申請之集會遊行活動，不受到非法干預或得以和平順利舉行集會遊行活動。

惟對於違法之行爲，集會遊行法亦設有處罰之規定，並分爲行政罰責與刑罰責之規定。行政罰責部分爲對於負責人、代理人所規定，使集會遊行之負責者負有一定協助主管機關之責任，如在場維持秩序等責任，以使集會遊行活動可以順利進行或對違法之參與者，可以進一步約束其行爲。另刑事罰部分則以利用集會遊行活動，而其行爲違反程序與刑法責任類似者，如類似刑責違反刑法秩序罪之非法集會遊行已受主管機關命令解散而不解散，對首謀者課予刑事責任之規定，即是。

人民集會遊行活動，形態諸多，集會遊行法所規範之範圍，有一定之範圍[379]，即不可以一種法律對「集會遊行」相關活動完全納入規定，

---

376 相關日文文獻，請參考：戶松秀典、高木光（2003），〈集会の自由の保障と訴え提起の方法〉，《月刊法学教室》，第272期，頁5-12。出口かおり（2019），〈公安警察：日本型監視社会の担い手〉，《世界》，第921期，頁161-168。
377 如大法官會議釋字第445號解釋意旨。
378 參考集會遊行法第24條規定之主管機關主動到場與被動到場維持秩序。
379 如集會遊行法第8條所規定之集會遊行活動，即屬不須申請之集會遊行活動，而其他法律如有特別規定者，從其規定。

因法律在法治國家中，有其維持法秩序之特定目的，因集會遊行法是以治安維持為出發點，因此，其他較不涉及影響治安之集體行動，就需由其他相關之法律規定，如道路交通管理處罰條例、請願法、社會秩序維護法、刑法、噪音防制法等法律之規定。

如道路交通管理處罰條例之規定，在集會遊行中之行為，很多即與本條例有所關係，如遊行路線一定要利用道路，利用道路行為依本條例規定，須遵守相關之用路人義務，以維持道路交通良好之秩序，違反者依本條例規定，將被課處一定之罰鍰。

但道路交通管理處罰條例，見名思義，就知該條例目的在於維持良好之道路通行狀態，防止交通障礙因素發生，集會遊行行為雖亦會造成交通阻塞，但從集會遊行目的、憲法明文保障、國家制定集會遊行法意旨等觀之，即知集會遊行之行為規範不能完全以道路交通管理立場視之，在兼顧不同人民權利之保障下，二種權利之維護必須要有妥善之規劃，相互之協調，國家並不能存在有因為集會遊行之行為將會妨害交通而予禁止之簡單想法；而須從兼顧二者權利之維護方向，加以制定法律予以規範。

另如社會秩序維護法，本法目的為對一般輕微違反社會秩序行為之處罰，以有效維護社會秩序，不致流於紊亂。如婚喪喜慶結眾而行，不報告警察機關而妨害公眾通行，即會影響地區之交通、治安秩序，雖然此種活動為一般社會習俗，有其文化、社會、風俗習慣之意義所在，但國家站在法律秩序之維護者、調和者之立場而言，必須有一定機制以維持。因此，類似集會活動影響秩序、在公共場所叫囂、依集會遊行法規定不須申請之活動，聚眾遊行有礙公眾通行者，亦須受到社會秩序維護法之規範。

近代行政為達專業化之要求，分工日益細密，各種行政法規亦相繼訂定，以保障公眾之權利，因此亦會規範一定之行為限度。其他之集會遊行如非集會遊行法所規定須申請之活動，但仍須遵守相關法律之規定

申請程序。

二、在場維持秩序

　　負責人須綜理整場集會遊行之全般事務，但有時會分身乏術；在集會遊行中，另又設有代理人一職，以協助或代理負責人之相關事務。有關「協助維持秩序」之義務，因屬協助之性質，可以看出如果該集會遊行造成秩序混亂，亦不能完全歸責於負責人。因集會遊行活動，其性質本身就含有訴求性、表達性，可能用盡一切表現方法，以獲得大眾的重視。因此，如刻意要求負責人一定要負造成秩序混亂之責任，將會強人所難。

　　遵守秩序爲一般國民應具備之基本常識，如個人在集會時有過度激烈之行爲，可能對他人造成傷害或妨害公共秩序，已造成私人法益與社會秩序法益之損害，依法公權力機關得加以命令制止、強制或處罰。於此，負責人或代理人僅須負在場協助維持秩序之責。現行集會遊行法課予負責人或代理人，於集會遊行時，須親自在場主持以維護秩序。如違反此義務，則依規定可處以罰鍰。於此可討論者，其一，構成處罰之前提要件，是否以該集會須造成秩序混亂、有暴力行爲時，始爲適用？或其二，只要事實上該負責人或代理人，於其所申請之集會舉行時，未在場主持，即已構成？本文認爲應採後說。主要爲使集會遊行可以和平有序進行，主管機關可以對負責人指導或有聯繫溝通之對象。

　　本書認爲處罰之構成要件，如僅符合消極性的，於集會遊行舉行時，未見負責人與代理人在場即構成處罰之要件，顯然在適用解釋上，過於寬泛，應無此必要。另如解釋爲該集會情況，須進一步因爲負責人或代理人未在場，而造成集會遊行秩序混亂，始予處罰。本文認爲依集會遊行法保障人民集會權利，及比例原則觀之[380]，以本方式認定較爲適

---

[380] 集會遊行法第26條：集會遊行之不予許可、限制或命令解散，應公平合理考量人民集會、遊行權利與其他法益間之均衡維護，以適當之方法爲之，不得逾越所欲達成目的之

宜。即因已造成社會秩序法益之侵害，始有予以處罰之必要。

現行本法第18條規定：「集會、遊行之負責人，應於集會、遊行時親自在場主持，維持秩序；其集會處所、遊行路線於使用後遺有廢棄物或污染者，並應負責清理。」

在修正條文草案中規定：「為使集會、遊行舉行能兼顧社會公益及他人權益，定明集會、遊行應於報備之時間、場所、路線舉行，並避免影響鄰近道路、場所使用人權益及學校、醫療院所之安寧，舉行後應於十二小時內清理完畢所留廢棄物或污染之規定。」（修正條文第15條至第17條）。

肆、負責清理廢棄物或污染

在行政院版之集會遊行法修正草案總說明中，第17條：「集會場所、遊行路線於使用後，留有廢棄物或污染者，負責人或實際負責人應於十二小時內負責清理完畢。」

立法說明指出：「集會、遊行活動於使用集會場所、遊行路線後，留有廢棄物或污染應儘速清理完畢，以維公共衛生。又因未報備舉行之集會、遊行活動，亦不應於使用集會場所、遊行路線後，留有廢棄物或污染，爰增訂負責人或實際負責人應於十二小時內將廢棄物或污染清理完畢。」

依廢棄物清理法第11條：「一般廢棄物，除應依下列規定清除外，其餘在指定清除地區以內者，由執行機關清除之：一、土地或建築物與公共衛生有關者，由所有人、管理人或使用人清除。二、與土地或建築物相連接之騎樓或人行道，由該土地或建築物所有人、管理人或使用人

必要限度。

清除。三、因特殊用途，使用道路或公共用地者，由使用人清除。」

同法第71條：「不依規定清除、處理之廢棄物，直轄市、縣（市）主管機關或執行機關得命事業、受託清除處理廢棄物者、仲介非法清除處理廢棄物者、容許或因重大過失致廢棄物遭非法棄置於其土地之土地所有人、管理人或使用人，限期清除處理。屆期不為清除處理時，直轄市、縣（市）主管機關或執行機關得代為清除、處理，並向其求償清理、改善及衍生之必要費用。屆期未清償者，移送強制執行；直轄市、縣（市）主管機關或執行機關得免提供擔保向行政法院聲請假扣押、假處分。」

本書認為，一般法規對於公共活動之舉行，通常並未特別規定須負責事後須清理廢棄物之義務。公共場所之清潔維護，有法定之主管機關。對於例行性之活動，公眾所製造之廢棄物，清潔維護之主管機關，會依職責加以清運。

在私法關係上，私人之借用場地，依借用契約，事後須回復原狀，清理其活動所造成之廢棄物。於此可討論者，其一，集會遊行之使用場地，是否等同「私法上」之借用使用場所？其二，集會遊行法課予負責人清理之責任，是否符合比例原則？因集會遊行是人民之行使基本權利，其使用場地應無必要，完全等同比照「私法上」之借用使用場所關係。二者，過度課予負責人清理廢棄物之責任，如果造成過重負擔，亦會影響人民申請舉辦集會遊行之意願。

曾發生紅衫軍辦理重回凱道舉行反貪腐週年紀念活動，留下滿地殘蠟與熔化後的塑膠杯，造成路面破損。臺北市政府重舖柏油收拾殘局，用料初步估算花費40萬至50萬元；市府已行文給紅衫軍總部，告知沒收保證金3萬元及將收取的費用。除了刨路舖柏油費用外，紅衫軍總部也因為未將活動現場恢復原狀，殘蠟未清除完全，遭臺北市環保局開出五

張罰單，每張各1,200元[381]。

於集會遊行法修正草案第17條規定：「集會場所、遊行路線於使用後，留有廢棄物或污染者，負責人或實際負責人應於十二小時內負責清理完畢。」

其立法理由指出：「集會、遊行活動於使用集會場所、遊行路線後，留有廢棄物或污染應盡速清理完畢，以維公共衛生。又因未報備舉行之集會、遊行活動，亦不應於使用集會場所、遊行路線後，留有廢棄物或污染，爰增訂負責人或實際負責人應於十二小時內將廢棄物或污染清理完畢[382]。」

對於違反未在場主持、未即清理集會後所留廢棄物者，處以新臺幣3萬元之罰鍰草案規定。立法院內政委員會在集會遊行法之修正草案審議過程，初審通過集會遊行法修正草案，將名稱更改爲「集會遊行保障法」，將集會遊行從「許可制」改爲「報備制」，並取消所有罰則，以保障人民集會遊行的權利。集會遊行保障法初審通過改爲「報備制」，人民可以自由選擇是否報備，若依法報備者，主管機關應協助取得場地，並派員維持交通秩序，保護集會遊行之進行[383]。

---

[381] 劉孟錦、楊春吉（2007），〈行政法律問題〉，台灣法律網，http://www.lawtw.com/article.php?template=article_content&area=free_browse&parent_path=,1,784,&job_id=127018&article_category_id=856&article_id=62287-（最後瀏覽日：2019.9.25）。

[382] 《立法院議案關係文書》，院總第1430號、政府提案第15584號，2016年2月17日印發。

[383] 三立新聞，〈取消所有罰則！《集會遊行保障法》初審通過　採自願報備制〉，2016年5月12日。

第28條（不解散之罰則）
集會、遊行，經該管主管機關命令解散而不解散者，處集會、遊行負責人或其代理人或主持人新臺幣三萬元以上十五萬元以下罰鍰。
集會遊行負責人未盡第二十二條第二項但書之責，致集會遊行繼續進行者，處新臺幣三萬元以下罰鍰。

壹、命令解散而不解散

　　警察得為命令解散之事由包括，經許可之集會、遊行而有違反許可事項、許可限制事項者。另本法第26條規定：「集會遊行之不予許可、限制或命令解散，應公平合理考量人民集會、遊行權利與其他法益間之均衡維護，以適當之方法為之，不得逾越所欲達成目的之必要限度。」第28條第1項規定：「集會、遊行，經該管主管機關命令解散而不解散者，處集會、遊行負責人或其代理人或主持人新臺幣三萬元以上十五萬元以下罰鍰。」內政部警政署函釋：「所謂集會，係指於公共場所或公眾得出入之場所舉行會議、演說或其他聚眾活動。如多數人為共同目的，聚集而有持布條、舉標語牌、呼口號、唱歌或其他足以表示其一定意思之行為者，即屬該法條所指『其他聚眾活動』之範圍。如聚眾示威、抗議、或靜坐均屬之。」[384]

　　集會「申請被准否」，其法律性質乃為一行政處分。其中除集會遊行法就此准否有相關規定外，即有回歸行政程序法之適用之可能；集會遊行法中也可見解散事由之規定，即第25條、第26條，甚至於本法中規定了違反集會遊行法所應處之行政罰及刑責，如第28條與第30條。我國集會遊行法中，第29條乃為刑責之規定，將首謀者處以有期徒刑或

---

[384] 內政部警政署 78年10月20日78警署保字第51615號函。臺北市政府106.09.11府訴三字第10600150000號訴願決定書。

拘役，檢視其要件規定，因群眾活動本來就不易掌握，若此時執法機關不能遵守第26條之比例原則精神，自我約束，則「首謀者」將因警察人員執法之手段強弱，或是其他不可預期之因素，而使此名號冠上參與集會之任何人。從司法院之相關判決可知因違反集會遊行法而被起訴者，乃是適用刑事相關之審判程序，甚至認定「共犯」之概念[385]。在判決之事實中，認「參與之人只要基於共同犯意聯絡，並互相結合利用彼此之行為，以達成共同之目的，並不需要於接續行為中每一行為均直接參與（譬如輪番上陣），即應對全部行為共同負責」[386]。

　　集會遊行上警方舉牌警告，乃是依該法第8條：「室外集會、遊行，應向主管機關申請許可。」及第25條：「有左列情事之一者，該管主管機關得予警告、制止或命令解散：一、應經許可之集會、遊行未經許可或其許可經撤銷、廢止而擅自舉行者。二、經許可之集會、遊行而有違反許可事項、許可限制事項者。三、利用第八條第一項各款集會、遊行，而有違反法令之行為者。四、有其他違反法令之行為者。前項制止、命令解散主管機關得強制為之。」之規定予以舉牌警告。而為什麼要有舉牌幾次，乃是依第26條：「集會遊行之不予許可、限制或命令解散，應公平合理考量人民集會、遊行權利與其他法益間之均衡維護，以適當之方法為之，不得逾越所欲達成目的之必要限度。」舉牌3次警告制止或請行為人解散之方式，乃為符合公平合理與比例原則之態樣。警察已依法舉牌警告3次以上，行為人仍不聽從的話，依第28條：「集會、遊行，經該管主管機關命令解散而不解散者，處集會、遊行負責人或其代理人或主持人新臺幣三萬元以上十五萬元以下罰鍰。集會遊行負

---

[385] 相關日文文獻，請參考：內田雅敏（2010），〈公安警察の暴走と脅かされる言論社会—立川自衛隊宿舎イラク反戦ビラ入れ事件〉，《法と民主主義》，第453期，頁4-10。三宅裕一郎（2013），〈憲法—威力業務妨害罪と集団行動の自由〉，《法学セミナー》，58卷9期，頁110。

[386] 鄧中道（2016），〈群眾運動應有的法律知識〉，https://www.facebook.com/notes（最後瀏覽日：2019.10.28）。

責人未盡第二十二條第二項但書之責，致集會遊行繼續進行者，處新臺幣三萬元以下罰鍰[387]。」

貳、罷工行為不解散之規範

工會發動罷工須符合條件，並非任何人、任何事都可以罷工[388]。罷工須符合的條件主要規定在勞資爭議處理法第53條、第54條第1項至第3項。分為以下幾個條件：一、只有工會才能發動罷工、個人不行；二、只有涉及調整事項的勞資爭議才可以罷工（也就是希望變更或維持勞動條件），權利事項之勞資爭議則不行；三、必須先經過勞資爭議調解，但調解不成立。也就是罷工必須是經過其他方法無法達成，才可動用的最後的手段；四、工會需經會員以直接、無記名投票且過半數同意。並非不得罷工行業（指教師、國防部及所屬機關、學校內勞工）或限制罷工的行業（如醫院等行業，須先簽訂必要服務條款）才可以罷工[389]。

工會依法宣布罷工，雖係依法令規定所舉行集會、遊行，而無需向主管機關申請許可，惟仍應遵守集會遊行法第6條規定，除經主管機關核准者外，不得在集會、遊行禁制區舉行，以兼顧公共利益及社會秩序之維持。「工會非經會員以直接、無記名投票且經全體過半數同意，不得宣告罷工及設置糾察線」，為勞資爭議處理法第54條第1項所明定，而設置糾察線之定義及應注意事項，依行政院勞工委員會核釋：「一、罷工糾察線，指工會為傳達罷工之訴求，於雇主之營業處所之緊鄰區域

---

[387] 鄧中道（2016），〈群眾運動應有的法律知識〉，https://www.facebook.com/notes（最後瀏覽日：2019.10.28）。

[388] 相關文獻，請參考黃元民（2016），〈兩岸勞資爭議與集會遊行處理法制論〉，《靜宜人文社會學報》，10卷2期，頁33-69。

[389] 黃胤欣（2018.10.19），〈發動罷工要符合哪些條件？要怎麼罷工才合法？罷工期間可以領薪水嗎？〉，法律百科，https://www.legis-pedia.com/article/labor-work/349（最後瀏覽日：2020.2.21）。

設置罷工糾察線，勸諭支持罷工。故糾察線之設置為罷工之附隨行為，非單獨之爭議行為。二、工會設置罷工糾察線，得以言語、標示、靜坐或其他協同行為等方式進行。三、工會設置罷工糾察線時，應指派足以辨識身分之糾察員維持現場秩序。四、工會設置罷工糾察線時，應注意人身安全、公共秩序、交通安全及環境衛生之維護，並遵守相關法律規定。」是工會依法宣布罷工，為傳達罷工之訴求，於雇主營業處所之緊臨區域設置糾察線，以言語、標示、靜坐或其他協同行為等集會方式進行勸諭支持罷工，雖係依法令規定所舉行之集會、遊行，而無需向主管機關申請許可（集會遊行法第8條第1項但書第1款規定參照），惟仍應遵守集會遊行法第6條規定，即除經主管機關核准者外，不得在集會、遊行之禁制區（如國際機場）舉行，以兼顧公共利益及社會秩序之維持[390]。

參、未依命令解散集會之處罰

一、概說

　　行政罰之規範，主要在維護社會秩序，對於違反行政法規範之人民，依法由主管機關調查、認定、裁罰。行為人所構成違序之事實，由主管機關蒐集與認定。法律課予行為人有一定應遵守的義務，並往往以行政罰作為遵守義務的確保，如義務人違反應作為或不作為義務，依法主管機關得裁處一定之處罰，以制裁其違反行為。

　　集會遊行中，對違法的集會行為，集會負責人經命令解散而不解散，有符合此法定不作為時，依目前規定主管機關得予處罰3萬元以上

---

[390] 法律字第10503512340號。

15萬元以下罰鍰[391]。未來我國之集會遊行法，擬改採報備制規定。人民之集會遊行事先不須經過主管機關之許可；人民之集會，依法應為報備者，須於舉行前將集會目的、參加人數、經過路線、車輛等向主管機關報備；依目前草案規定，應報備而未報備之集會，依法得處以一定之罰鍰[392]。

國家對人民財產權之制裁，為行政罰的一種類型，其目的在使行為人知所警惕，而遵守法律之規定。配合強制執行之制度，可強制執行公法上金錢給付義務；當事人對於行政法律規定，其中課予金錢罰者，較易於遵守。但對於不具有財產實力之集會人民，如法律課予高額罰鍰，會影響人民以致不敢舉行集會或不願擔任集會之負責人。依此，將與憲法保障人民集會自由之精神，背道而馳。

因此，對於目前我國集會遊行法擬採取報備制之規定，有相關團體提出意見，認為報備制反而比原來之許可制，更加嚴格。原因在於應報備而未報備之集會，依草案之規定，即會被處以罰鍰。而原來之許可制規定，須經過主管機關命令解散而不解散，其集會負責人，始會被處罰。依報備制之草案規定，對未報備之處罰額度，為新臺幣5萬元以下罰鍰。因此，如主管機關認定或執法過於嚴格或濫權，將對人民集會的權利保障，更為不利。因此，強制報備制之草案規定，不被民間團體所接受[393]。

行為人如未依集會遊行法第8條第1項規定事先申請許可即擅自舉

---

[391] 有關集會不解散之行政罰規定，依集會遊行法第28條規定：「集會、遊行，經該管主管機關命令解散而不解散者，處集會、遊行負責人或其代理人或主持人新臺幣三萬元以上十五萬元以下罰鍰。」

[392] 報備內容之草案規定，依第9條：「前條所定報備書，應載明下列事項：一、負責人或其代理人、糾察員姓名、性別、出生年月日、國民身分證統一編號、住居所及電話號碼。二、集會、遊行之目的、方式及起迄時間。三、集會處所或遊行之路線及集合、解散地點。四、預定參加人數。五、車輛、物品之名稱、數量……。」參見前述修正草案。

[393] 以下引自許義寶（2010），〈論集會自由與警察職權—兼論法院對警察解散命令之審查〉，《警察法學》，第9期，頁113-160。

行集會，經警察予以口頭警告，仍未依令解散，即可能構成違反本法行
為。

主管機關下達解散命令，制止集會遊行，事實上只能對集結之群
眾為之，不可能預先查明何人係首謀。依集會遊行法第29條規定：「集
會、遊行經該管主管機關命令解散而不解散，仍繼續舉行經制止而不遵
從，首謀者處二年以下有期徒刑或拘役。」法務部座談會結論[394]略以：
「是否首謀，應依個案具體事實認定之，本問題擬採肯定說。肯定說：
基於某種利害之抗議，未經申請許可，非法聚集之群眾，與經申請許可
集會遊行之有負責人者不同，往往事先並無首倡謀議之人，實際上也無
從查明首倡謀議之人，某甲雖係臨時參與該抗議行列，既已帶頭起鬨，
並指揮群眾遊行，與一般單純參與集會遊行者，顯有區別，而得認為係
首謀。至於主管機關下達解散命令，制止集會遊行，事實上只能對集結
之群眾為之，不可能預先查明何人係首謀者，而後對其為之。當時主管
機關既已對該集會遊行之人群下達解散命令，並制止其集會遊行而無效
果，首謀之某甲即與該罪之構成要件相當……。」據此，凡於現場帶頭
起鬨，並指揮群眾遊行之人，經主管機關命令解散而不解散者，似得認
為係該遊行之首謀者，而應依前揭集會遊行法第29條規定論處。某警察
分局轄內某期間，行為人每星期六下午帶特定民眾未經合法申請，以手
持國旗方式靜默遊行，該遊行既未經主管機關許可而擅自舉行，雖參加
群眾均為自發性到場，仍該當於前揭規定，警察分局自得依據前揭規定
予以警告、制止或命令解散[395]。

二、集會活動未經申請許可，經警察命令解散而不解散

某日聲請人就系爭集會活動，未依集會遊行法第8條第1項規定事
先申請許可即擅自舉行，警察依同法第25條第1項第1款規定，予以口頭

---

[394] 法務部（80）法檢（二）字第130號法律座談會。
[395] 臺北市政府法規委員會94.08.17.北市法一字第09431438800號函。

警告；同日16時20分舉牌警告，嗣於同日時26分舉牌命令解散，聲請人仍未依令解散，迄16時36分始解散群眾。警察審認系爭集會活動未經申請許可，且經警察命令解散而不解散，依集會遊行法第28條第1項規定，對聲請人裁罰新臺幣3萬元。

本案行為人成員為表達不滿該學會遭起訴及課稅，而以「抗議違法稅單及撤銷違法查封」之訴求，於2010年11月22日14時至17時許，率領約600名群眾至財政部前集結，舉標語及表演行動劇，並於宣傳車上帶領群眾呼口號。聲請人就系爭集會活動，未依集會遊行法第8條第1項規定事先申請許可即擅自舉行，警察予以口頭警告；後舉牌警告，及舉牌命令解散，聲請人未依令解散。警察審認系爭集會活動未經申請許可，且經警察命令解散而不解散，乃依集會遊行法第28條第1項規定，對聲請人裁罰新臺幣3萬元。

行為人主張：聲請人並無經警方命令解散而不解散之行為，亦無不向陳情群眾宣告解散之情形，陳情群眾並無明顯不理性，亦無危害生命、身體自由或對財物造成重大損壞之事實，在此情形下，相對人之命令解散未使群眾明確瞭解其「解散命令」之表達，有違正當法律程序及比例原則，原處分濫權開罰亦有違公民與政治權利國際公約及經濟社會文化權利國際公約及集會遊行法之規定。聲請人於系爭集會活動上，非只穩定遊行群眾之情緒，更擔負勸導遊行群眾和平解散之行動，衡諸情理法，實不宜以集會遊行法相繩[396]。

本書以為：本案警察分局依法舉牌警告，及舉牌命令解散，聲請人仍未依命令解散，已符合集會活動未經申請許可，經警察命令解散而不解散之處罰要件。

---

[396] 最高行政法院103年裁字第922號行政裁定：再審之聲請駁回。

肆、違法選舉造勢活動之規範

　　因選舉目的之競選、助選、造勢等活動，經常以集會、遊行之方式進行，但集會遊行並不以選舉目的為限。依選罷法第1條及集遊法第1條之立法意旨，可知選罷法與集會遊行法，該二法律之規範目的仍有不同。

　　本案原告為舉辦系爭活動，依集遊法相關規定向現場轄區之警察分局申請核准，系爭活動之目的為系爭選舉競選、助選造勢，是系爭活動從事公開競選、助選活動時間如已逾下午10時，自係違反選罷法第56條第1款之規定，此時選罷法應係集遊法之特別規定，而無再行適用集遊法相關規定要件之必要。

　　違反上述選罷法規定者，處新臺幣1萬元以上10萬元以下罰鍰。「經監察人員制止不聽」者，亦同。對照上開集遊法第28條、第29條之規定均以「經該管主管機關命令解散而不解散者」為要件，則原告所舉相關刑案判決中言及該管主管機關有數次勸阻行為，乃在完成上開「命令解散」之要件，此與選罷法第56條第1款前段並無以「經監察人員制止不聽」為要件完全不同，自不能以不同規範目的之集遊法刑案案例，進而主張原處分有所不當[397]。

---

[397] 原處分據以認定原告第一個違反選罷法第56條第1項前段之行為成立，並據以各裁處罰鍰50萬元。臺北高等行政法院106年訴字第441號行政判決：原告之訴駁回。

第29條（執意不解散之罰責）
集會、遊行經該管主管機關命令解散而不解散，仍繼續舉行經制止而不遵從，首謀者處二年以下有期徒刑或拘役。

壹、前言

憲法第14條明文規定：「人民有集會之自由。」集會自由作為憲法所保障的表現自由的一種，可認為與言論自由同等重要，但比起言論自由，因集會是以多數人聚集於某處所為前提的表現活動，有時還伴隨集體行進等活動。所以，就有可能與他人的權利、自由發生衝突，甚至可能因群體活動的相互作用，而有暴力甚至暴動的情形發生，因此有加以限制之必要。於發生暴力或暴動的情形，或可能演變成暴力或暴動的情形，也有命令其解散，課以參與集會的群眾解散的義務，對於違反解散義務者，處以相應的行政罰或刑罰的必要。

集會和聚眾都是以多數人聚集於某處所為前提的活動，前者以表現為目的，後者則不以此為限，例如聚眾鬥毆、聚眾賭博、聚眾施強暴脅迫等不一而足。現行法中有關違法聚眾命令解散之規定，除了刑法設有規定之外，集會遊行法和社會秩序維護法也有相關之規定。對於違反解散義務者，有科以刑罰，有處以行政罰。為了討論上的方便與單純化，本文擬以前者為討論的對象，至於後者將暫不在本文討論之範圍，先予敘明。

貳、聚眾與集會遊行之規範和限制

一、聚眾與集會遊行

所謂「聚眾」，必須是「聚合」的群眾，出於首謀者的發動誘引，聚集特定或不特定的多數人同時同在一定處所，而成為可以從事共同行為的一群人，[398] 但未必要有組織化的關係。[399] 換言之，須首謀者聚眾成群，使特定或不特定的多數人彼此同時聚集一地，否則，若非出於首謀者的發動而係多數人偶然的自動聚合，則非屬「聚眾」[400]。多數人經首謀者的倡議而有共同的行為決意，但其身體尚未聚集在一定處所時，則尚不能稱之為聚眾，必須俟多數相約之人已聚集一定處所，並足以共同從事某不法之行為，才可認為是聚眾。[401] 至於聚眾必須是多少人？在立法例上各不相同[402]，新修正之刑法第149、150條將「公然聚眾」修正為「在公共場所或公眾得出入之場所聚集三人以上」，雖然在人數認定上較為方便，但此二罪在本質上是倚靠「群眾的力量」來犯罪，聚集三人是否能稱之為「群眾」，不無可疑。再者，這樣的修正將可能使此二罪之各行為人間的「聚眾關係」，與「共同正犯關係」的界線變得模糊不清。例如A邀約B、C，三人犯意聯絡共同決意由A、B在公共場所對D施予強暴脅迫，由C負責在場助勢。這種情形C應依新修正之刑法第150條之規定成立聚眾施強暴脅迫在場助勢罪，還是應依刑

---

[398] 林山田（2005），《刑法各罪論（下）》，修訂5版，頁145，台北：自印。

[399] 内田文昭（1997），《刑法各論》，3版，頁420，日本：青林書院。

[400] 最高法院55年台上字第2324號判決。林山田（2005），《刑法各罪論（下）》，修訂5版，頁145，台北：自印。

[401] 林山田（2005），《刑法各罪論（下）》，修訂5版，頁145，台北：自印。

[402] 例如1813年巴伐利亞邦刑法規定十人以上即為聚眾，日本刑法並未明文規定，但有多個判例認為三十餘人為聚眾。參照内田文昭（1997），《刑法各論》，3版，頁423，日本：青林書院。大審院大正2年10月3日判判，刑事判決錄，第19輯，頁910；最高裁判所昭和35年12月8日判決，刑事判例集，14卷13号，頁1818；最高裁判所昭和8年5月21日判決，刑事判例集，7卷5号，頁1053。

法第28條共同正犯之規定，成立聚眾施強暴脅迫首謀或下手實施罪之共同正犯，即不無疑問。

所謂「集會」，一般係指特定或不特定的多數人暫時聚集在某個地方，形成具有共同目的的集體意思的活動。其目的可能是諸如政治、宗教、經濟、學術、藝術科學和社交等各式各樣的目的，其聚集的處所可能是公園、廣場、道路等戶外的處所，也可能是室內的場所。[403] 集會原則上是預先決定好組織和計畫的聚會，因偶發事件而聚集的人群，例如因為廟會慶典、節慶、商展等而碰巧聚集在一起的觀眾、人群並非集會。不過，即使是事前沒有通知而碰巧聚集的觀眾或人群，如果形成集體的意見，並發表其共同的意見，甚至發起行動（例如進行遊行示威），仍可能是「集會」。[404] 所謂「遊行」係指多數人具有共同目的的暫時性的集體行進的表現形式。[405] 與集會的不同，在於空間的變換，即動態與靜態的差別。[406] 學說上一般是將「遊行」視為「動態的集會」[407]，亦即認為集會雖然是以某一個特定的處所為前提，但所謂的特定處所也包括集體行進（遊行）所行經的一定場所。[408]

就聚集特定或不特定的多數人於一定的處所，及從事共同行為而言，「聚眾」與「集會、遊行」並無不同。換言之，「聚眾」與「集會、遊行」，在概念上有相當程度的重疊，甚至有相通的可能。

不過，集會遊行法第2條對於「集會、遊行」作了如下的解釋性規

---

[403] 阪本昌成（1992），〈第一章精神活動の自由〉，佐藤幸治編，《憲法Ⅱ—基本的人權》，頁242-243，日本：成文堂。

[404] Stein, Ekkehart著，浦田賢治等譯（1993），《ドイツ憲法》，頁178，日本：早稻田大學比較法研究所。芦部信喜（2002），《憲法学Ⅲ人権各論(1)》，增補版，頁479-480，日本：有斐閣。

[405] 阪本昌成（1992），〈第一章精神活動の自由〉，佐藤幸治編，《憲法Ⅱ—基本的人權》，頁249，日本：成文堂。

[406] 吳庚（2003），《憲法的解釋與適用》，初版，頁236-237，台北：自印。

[407] 阪本昌成（1992），〈第一章精神活動の自由〉，佐藤幸治編，《憲法Ⅱ—基本的人權》，頁250，日本：成文堂。

[408] 芦部信喜（2002），《憲法学Ⅲ人権各論(1)》，增補版，頁479，日本：有斐閣。

定：「本法所稱集會，係指於公共場所或公眾得出入之場所舉行會議、演說或其他聚眾活動。本法所稱遊行，係指於市街、道路、巷弄或其他公共場所或公眾得出入之場所之集體行進。」其實集會並不以舉行會議、發表演說或其他類似活動爲限，只要是爲了共同目的而聚集人群或靜止一處或集體行進就是一種表達意願的方法，就是所謂的集會。至於場所也無限制，在私人莊園、在非公眾得出入的地方聚眾，仍然是集會的一種。[409] 故集會遊行法第2條的解釋性規定，與上述學理上集會遊行的定義並不完全一致，乃是因爲其對集會遊行採許可制的緣故，而在立法上作了限縮性的解釋。換言之，集會遊行法各條所稱之「集會、遊行」與其他法律規定之概念未必相同，例如比起憲法所稱之「集會」顯然較爲狹窄[410]，另一方面也比刑法中的「聚眾」概念來得狹窄。

基此，集會遊行法第25條、第28條、第29條所指的集會、遊行應僅限於同法第2條所稱之集會、遊行，而不及於第2條所稱「集會、遊行」以外之集會遊行或聚眾，否則將有可能違反罪刑法定原則或處罰法定原則。例如刑法第149條的聚眾應不以集會遊行法第2條所稱之集會、遊行爲限，只要是「聚集三人以上」，而且是在公共場所或公眾得出入之場所聚集，就有可能成爲第149條規範的對象。反之，集會遊行法第29條的集會、遊行則應以同法第2條所稱之集會、遊行爲限，超出第2條所定義的「集會、遊行」就不是同法第29條所規範的對象，不論其是否需經申請許可，都是一樣的。換言之，只要是不屬於第2條所定義的「集會、遊行」，即使經該管主管機關命令解散而不解散，仍繼續舉行經制止而不遵從，首謀者也不受第29條所規定之刑罰，而只能於符合刑法第149條聚眾不解散罪之構成要件時，適用該條予以處罰。

---

[409] 吳庚（2003），《憲法的解釋與適用》，初版，頁236-237，台北：自印。
[410] 因爲集會自由之保障，不僅限於集會遊行法中所指之集會自由，集會遊行法所未限制之集會遊行，仍是憲法所應保障的範圍。

二、集會遊行自由的界限

集會遊行自由之界限本書於第5條已多有論述，請讀者自行參閱，茲不贅述。

參、構成命令解散之事由

如前所述，不論是室內還是戶外的集會、遊行，「和平」始終被當作所有集會遊行自由的要件。若無明顯事實足以證明有以暴力、煽動暴動，攜帶武器等對他人自由權利或公益產生立即重大危險等違反和平原則之集會遊行，國家即應予保障。[411] 如果預測到集會的主辦人及其支持者有意圖為暴力行為，或至少有容任他人為暴力行為的高度可能性時，該集會就變成非「和平」的集會，而為違法的集會、遊行，應被禁止。[412]

刑法第150條規定：「在公共場所或公眾得出入之場所聚集三人以上，施強暴脅迫者，在場助勢之人，處一年以下有期徒刑、拘役或十萬元以下罰金。首謀及下手實施者，處六月以上五年以下有期徒刑。」即在禁止非和平的集會遊行或聚眾。同法第149條甚至對於可能演變成非和平集會的前階行為，亦予以禁止，即規定：「在公共場所或公眾得出入之場所聚集三人以上，意圖為強暴脅迫，已受該管公務員解散命令三次以上，而不解散者，在場助勢之人處六月以下有期徒刑、拘役或八萬元以下罰金。首謀者，處三年以下有期徒刑。」例如以暴力或暴動方式進行的集會，集會之負責人於集會中攜帶或分發武器給參與者，或煽惑參與者實施暴力行為等，均可能構成命令解散的條件。

---

[411] 李震山（2016），《警察行政法論—自由與秩序之折衝》，4版，頁293-294，台北：元照出版公司。

[412] 芦部信喜（2002），《憲法学Ⅲ人権各論(1)》，增補版，頁484，日本：有斐閣。

　　此外，集會遊行法第29條規定：「集會、遊行經該管主管機關命令解散而不解散，仍繼續舉行經制止而不遵從，首謀者處二年以下有期徒刑或拘役。」同法第25條並規定：「有左列情事之一者，該管主管機關得予警告、制止或命令解散：一、應經許可之集會、遊行未經許可或其許可經撤銷、廢止而擅自舉行者。二、經許可之集會、遊行而有違反許可事項、許可限制事項者。三、利用第八條第一項各款集會、遊行，而有違反法令之行為者。四、有其他違反法令之行為者。前項制止、命令解散，該管主管機關得強制為之。」換言之，集會、遊行只要有上述第25條各款情形之一，主管機關就有可能予以命令解散。不過，集會遊行之命令解散，仍應限於明顯違反主管機關所課予之條件或負擔，經警告仍不遵從，且有明顯之事實足認將對公共安全或他人生命、身體或財產造成直接或急迫之危險時，始得作為最後手段而為之。[413] 以下擬就構成命令解散之事由，分別加以探討。

一、強暴脅迫或有施強暴、脅迫之意圖

　　依刑法第149條之規定，「在公共場所或公眾得出入之場所聚集三人以上，意圖為強暴脅迫」即構成命令解散之事由，此時之聚眾活動未必有何強暴脅迫，其所以成為命令解散之事由，是因為其已顯現出所聚集的群眾有施強暴脅迫之意圖，而對公共秩序之維護構成危險之故。因此，發動解散命令權應理解為以「在公共場所或公眾得出入之場所聚集三人以上」之行為本身有施強暴脅迫之意圖而具有「違法性」為前提，如不具備違法性，該管公務員當然就不能命令解散，即使命令解散，也不能認為是合法的解散命令，當然也不能計入解散命令的次數。這種作為發動解散命令權之根據的「違法性」，與聚眾不解散罪本身的「不解散」的「違法性」並非同一。所以在發動解散命令時，警察必須慎重的

---

[413] 李憲人（2002），〈命令解散之法律性質暨權責歸屬〉，《警政論叢》，第14期，頁29。

進行作爲發動解散命令權之根據的「違法性」認定[414]。警察官下達四次以上的解散命令而仍有不成立犯罪之情形，除了解散命令的程序有瑕疵之外，也有可能是「在公共場所或公眾得出入之場所聚集三人以上」之行爲本身尚不具有得發動解散命令之違法性。

若進而爲強暴脅迫之行爲，則已然破壞社會的和平，而進入刑法第150條所禁止之「在公共場所或公眾得出入之場所聚集三人以上，施強暴脅迫」之範疇[415]。換言之，只要在公共場所或公眾得出入之場所聚集三人以上施強暴脅迫，無須經公務員爲解散之命令而不解散，即可能構成公然聚眾施強暴脅迫罪。儘管如此，仍不可謂此種情形該管公務員不得命令解散，故在公共場所或公眾得出入之場所聚集三人以上已然施強暴脅迫之情形，依舉輕明重之當然道理，仍應認爲構成命令解散之事由。

此所謂之強暴脅迫與刑法第149條所稱之強暴脅迫應係相同之內涵，亦即第149條心意趨向的內涵即爲第150條之強暴脅迫行爲。所不同者，在於第150條必須在客觀上已然實施強暴脅迫之行爲。而第149條則爲主觀的不法意圖，此「意圖」只要在受解散命令之前存在即爲已足，不必從聚集群眾之初就存在，[416]也不問其發生於公然聚眾之前，抑在公然聚眾之後[417]，當然也不必果眞有強暴脅迫之行爲，但聚集的群眾必須有足夠的表徵而能判斷其將施強暴或脅迫[418]，該管公務員始得發布解散命令，而非有群眾聚集，不分青紅皂白，即得濫行發布解散命令。[419]

---

414 内田文昭（1977），《刑法Ⅰ（総論）争点ノート》，頁169以下、頁174以下，日本：法学書院。内田文昭（1997），《刑法各論》，3版，頁431，日本：青林書院。

415 陳煥生、劉秉鈞（2013），《刑法分則實用》，4版，頁96，台北：一品文化。

416 内田文昭（1997），《刑法各論》，3版，頁429，日本：青林書院。甘添貴（1987），《刑法各論（上）》，頁137，台北：五南。

417 梁恆昌（1988），《刑法各論》，修正12版，頁90-91，台北：自印。陳煥生、劉秉鈞，（2013），《刑法分則實用》，4版，頁96，台北：一品文化。

418 例如集會、遊行之負責人、代理人、糾察員等主要幹部攜帶乃至分發武器。

419 林山田（2005），《刑法各罪論（下）》，修訂5版，頁184，台北：自印。

總之，作爲主觀的構成要件要素，二者都必須具備強暴、脅迫的「認識」，同時有想要實施強暴、脅迫的強烈意欲（目的）[420]。

聚眾施強暴脅迫罪在歷史上是以羅馬法的「破壞和平的暴力罪」與日耳曼法的「侵害邦和平的罪」爲基礎而發展出來的，所以「聚眾施強暴脅迫罪」在本質上是包含了以群眾（集體）的暴力行爲來妨害公共的和平。[421]所以刑法第150條的行爲主體必須是「群眾」，也就是施強暴脅迫者，必須是「群眾」，具有強暴脅迫故意者，也必須是「群眾」，同樣的道理，刑法第149條的行爲主體也必須是「群眾」[422]，也就是有強暴脅迫之不法意圖者，也必須是「群眾」。這種群眾所共有的「共同意思」與共同正犯間的「共同決意」不同。

這種強暴脅迫的「共同意思」只要作爲集體的意思而存在即爲已足，不必每一個成員都要「認定」該意思。但是因爲在現實上不是群眾本身具有故意或不法意圖，而是個別的構成員具有故意或不法意圖，所以，「共同意思」還是必須構成員全體都具有此意思。[423]

強暴脅迫「共同意思」的內容雖然是聚合的群眾中的人相互認同或接受群眾所支持的強暴、脅迫的意思，但是「共同意思」可分爲想要倚靠群眾的共同力量並由自己來實施強暴、脅迫的意思或聚集群眾並使其實施強暴、脅迫的意思，以及對於這種強暴、脅迫表示同意並有意加入該共同力量的意思。當聚集的群眾以這些意思的任何一種意思而組成時，此群眾就具有共同意思。這種共同意思與共同謀議不同，也就是說，這種共同意思不必群眾中的所有成員間的意思有連絡或相互交換意見，不必事前有謀議、計畫或特定的目的，也不必從一開始就有這種共

---

[420] 内田文昭（1977），《刑法Ⅰ（總論）爭点ノート》，頁103、105以下，日本：法学書院。内田文昭（1997），《刑法各論》，3版，頁430，日本：青林書院。

[421] 内田文昭（1997），《刑法各論》，3版，頁415-416，日本：青林書院。

[422] 梁恆昌（1988），《刑法各論》，修正12版，頁91，台北：自印。

[423] 内田文昭（1997），《刑法各論》，3版，頁424，日本：青林書院。

同的意思。總之，所謂聚眾施強暴脅迫的共同意思，只要預見可能因聚集群眾的結果而有可能會造成由該群眾的共同力量實施強暴脅迫的事態發生，卻仍然決意加入該聚眾行為的意思，即為已足，未必要認識到具體確定的各個成員的強暴脅迫行為[424]。

其次，聚眾施強暴脅迫罪中的「強暴」、「脅迫」在作為群眾的行為，雖然不必每個人都實施強暴或脅迫，但只有一部分人個別實施群眾所不欲為的強暴、脅迫則尚屬不足。不過，在受到群眾的意思支持的限度內，即使只有一部分人實施強暴或脅迫，仍有可能被認為是所聚集的群眾的強暴、脅迫[425]。

強暴與脅迫被當作聚眾施強暴脅迫罪的基礎行為或聚眾不解散罪的不法意圖來規定，即使沒有明確的區分通常也不會有什麼問題。如果要加以區分，相對於行使有形力的強暴，脅迫並不是「真正的力量」本身，而是透過這種力量所具有的「意義」使人產生畏懼的心理，可以把它當作是一種「無形力」的行使來理解。這是從究竟是「真正的力量」本身，還是「力量所具有的意義」這樣的角度來區分強暴和脅迫。[426]前者是以有形的物理力，對人或物加以暴力；後者是以將來之危害，對人加以精神之威脅。[427]

強暴依其攻擊的對象來分，可以區分為：（一）對人的強暴；（二）對人或物的強暴。聚眾施強暴脅迫罪及聚眾不解散罪中所稱的強暴，其攻擊的對象為不特定多數的「人」或「物」[428]。即使是對特定的

[424] 日本最高裁判所昭和35年12月8日第一小法庭判決，刑事判例集，14卷13号，頁1818。
[425] 團藤重光（1972），《刑法綱要各論》，增補版，頁253以下，日本：創文社。平野龍一（1977），《刑法概要》，頁241頁以下，日本：東京大學出版社。內田文昭（1997），《刑法各論》，3版，頁421，日本：青林書院。
[426] 內田文昭（1997），《刑法各論》，3版，頁39，日本：青林書院。
[427] 梁恆昌（1988），《刑法各論》，修正12版，頁90-91，台北：自印。
[428] 最高法院28年上字第3428號判例。盧映潔（2010），《刑法分則新論》，修訂3版，頁126-127，台北：新學林。陳煥生、劉秉鈞（2013），《刑法分則實用》，4版，頁3-4，台北：一品文化。

「人」或特定的「物」而爲攻擊，若以妨害社會和平之目的或規模而爲攻擊，亦可認爲是此所稱之強暴[429]。反之，即使聚眾多達百餘人，在某人家坐食，如非以妨害社會和平之目的或規模而爲攻擊，造成危害一地方秩序之安寧，仍非此所稱之強暴[430]。因爲「社會」的和平是被理解爲「某一地方」的和平，但未必要限於涉及縣、市、鄉、鎮、村、里等行政區域全域的和平[431]。

關於強暴的程度，日本學者有將其分爲：（一）一般足以危害身體安全的強暴，例如暴行未成傷罪的強暴即是；（二）須有相當強度的強暴；（三）須足以壓制反抗的高強度的強暴。並認爲聚眾施強暴脅迫罪中所稱的強暴至少必須是與日本刑法第208條（施強暴未至成傷罪）的強暴相同程度以上的強暴才行。[432]亦即至少應介於（一）至（二）之間以上程度的強暴。[433]

脅迫也有學者分成以下幾種：（一）足以使人畏怖程度的脅迫；（二）使人心生畏怖之後並強制其爲一定之作爲或不作爲的脅迫；（三）足以壓制人反抗的脅迫[434]。聚眾施強暴脅迫罪及聚眾不解散罪中所稱的脅迫，大致上可認爲是介於（一）和（二）之間的中間程度。[435]

除此之外，這種「強暴」、「脅迫」還必須達到足以妨害社會和平的程度。實際上，必須讓當地居民等有一種被殺害、傷害、損壞等的危險意識。這種「強暴」、「脅迫」因爲是作爲「群眾之力」而被實施，

---

[429] 団藤重光（1972），《刑法綱要各論》，增補版，頁151，日本：創文社。大塚仁（1974），《刑法概説（各論）》，頁283，日本：有斐閣。最高裁判所昭和28年5月21日判例，刑事判例集，7卷5号，頁1053。內田文昭（1997），《刑法各論》，3版，頁420，日本：青林書院。甘添貴（1987），《刑法各論（上）》，頁138-139，台北：五南。

[430] 最高法院20年上字第440號判例。

[431] 東京高等裁判所昭和47年11月21日判決，高等裁判所刑事判例集，25卷5号，頁479。

[432] 內田文昭（1997），《刑法各論》，3版，頁420-421，日本：青林書院。

[433] 內田文昭（1997），《刑法各論》，3版，頁39，日本：青林書院。

[434] 大塚仁（1974），《刑法概説（各論）》，頁62以下，日本：有斐閣。

[435] 內田文昭（1997），《刑法各論》，3版，頁111-112，日本：青林書院。

所以必須以相當強度的「共同力量」來表現。[436]而且至少必須超過上述的強暴、脅迫程度，否則，即使有妨害社會和平，如未達上述程度的強暴、脅迫，也不能肯定其有聚眾施強暴脅迫罪及聚眾不解散罪中所稱的強暴、脅迫。[437]反之，即使「實施」聚眾強暴脅迫行為，但仍未對社會的和平造成「危險」時，則是不處罰的「未遂行為」。[438]但此種情形仍有可能認為施強暴、脅迫之意圖已然顯現，而符合刑法第149條之條件，得命令解散。

二、具有集會遊行法第25條各款之情形

除了上述非和平的集會、遊行或聚眾，應認為違法而得命令解散之外，因現行的集會遊行法係採許可制，故應申請許可之集會、遊行未經許可而舉行，或雖經許可但違反許可或限制事項者，縱然是和平的集會遊行，也可能被認為違法而命令解散。

依集會遊行法第8條之規定，戶外之集會、遊行原則上應向主管機關申請許可，始得舉行。但下列情形例外的不需申請許可，即可舉行：（一）依法令規定舉行者；（二）學術、藝文、旅遊、體育競賽或其他性質相類之活動；（三）宗教、民俗、婚、喪、喜、慶活動。此外，室內集會無須申請許可。但使用擴音器或其他視聽器材足以形成室外集會者，以室外集會論。

申請室外集會、遊行，原則上應予許可，除非有第11條所列之情形，始得不予許可。得不予許可之情形，包括：（一）有明顯事實足認為有危害國家安全、社會秩序或公共利益者；（二）有明顯事實足認為有危害生命、身體、自由或對財物造成重大損壞者；（三）同一時間、處所、路線已有他人申請並經許可者；（四）於：1.總統府、行政

436 內田文昭（1997），《刑法各論》，3版，頁421，日本：青林書院。
437 內田文昭（1997），《刑法各論》，3版，頁424，日本：青林書院。
438 內田文昭（1997），《刑法各論》，3版，頁427，日本：青林書院。

院、司法院、考試院、各級法院及總統、副總統官邸；2. 國際機場、港口；3. 重要軍事設施地區；4. 各國駐華使領館、代表機構、國際組織駐華機構及其館長官邸等地區及其週邊之禁制區範圍內舉行集會遊行；（五）申請人或申請程序不合規定。

　　許可室外集會、遊行時，並得就下列事項爲必要之限制：（一）關於維護重要地區、設施或建築物安全之事項；（二）關於防止妨礙政府機關公務之事項；（三）關於維持交通秩序或公共衛生之事項；（四）關於維持機關、學校等公共場所安寧之事項；（五）關於集會、遊行之人數、時間、處所、路線事項；（六）關於妨害身分辨識之化裝事項（第14條）。經許可後，因天然災變或重大事故，主管機關爲維護社會秩序、公共利益或集會、遊行安全之緊急必要，尚得廢止許可或變更原許可之時間、處所、路線或限制事項。其有第11條第1款至第6款之情事，應予撤銷或廢止許可（第15條）。

　　集會遊行法第25條規定上述：（一）應經許可之集會、遊行未經許可或其許可經撤銷、廢止而擅自舉行；（二）已經許可之集會、遊行有違反許可事項、許可限制事項；（三）利用第8條第1項不需申請許可之室外集會、遊行而有違反法令之行爲；（四）有其他違反法令之行爲，該管主管機關得予警告、制止或命令解散。制止、命令解散，並得強制爲之。因此，具有集會遊行法第25條所規定之上述情形，即構成命令解散該集會、遊行之事由。不過，上述規定以違反申請許可等程序事項作爲命令解散之事由，就憲法所保障之集會自由而言，不無過度限制而有違反比例原則之嫌。[439]司法院釋字第718號解釋對緊急性或偶發性集會未申請許可得依上述規定命令解散已作出違憲之判斷。

---

[439] 李憲人（2002），〈命令解散之法律性質暨權責歸屬〉，《警政論叢》，第14期，頁30。

肆、解散命令與解散之義務

集會遊行或聚眾具有上述事由，該管公務員即得依刑法第149條、第150條或集會遊行法第25條之規定命令解散，但並非一有集會遊行法第25條所規定之情形，即得命令解散，主管機關作成命令解散之決定時，應公平合理考量人民集會、遊行權利與其他法益間之均衡維護，以適當之方法爲之，不得逾越所欲達成目的之必要限度。於爲利益衡量時，並應經常考量集會自由與意見表達自由係屬憲法所保障之基本權。此外，解散命令必須是有權向聚集的群眾發出解散命令的公務員所爲，亦即必須爲公務員職權範圍內的行爲，且須於有權執行職務的轄區內，方可爲之，否則，如超越職權範圍，即不能認爲是合法的解散命令。

換言之，解散命令除了具備法定之要件外，也必須是合法的命令，包括公務員組織上的職權和決定與執行之程序均應合法，有任何一個環節被評價爲違法，即有可能影響解散命令的合法性，影響所及，也有可能影響後續的法律效果，諸如是否構成聚眾不解散罪即可能成爲問題。以下擬就行使解散命令之職權及其程序說明之。

一、命令解散之權限機關

依本條之規定，對於違法之集會遊行得爲解散命令者爲「該管主管機關」。同法第3條並就主管機關作了解釋性規定：「本法所稱主管機關，係指集會、遊行所在地之警察分局。集會、遊行所在地跨越二個以上警察分局之轄區者，其主管機關爲直轄市、縣（市）警察局。」因此，本條所稱之主管機關應僅限於第3條所稱之所在地之警察分局或直轄市、縣（市）警察局。而實際決定是否命令解散者，一般是該機關之代表人，警察分局長或直轄市、縣（市）警察局長。

實務上有下級法院判決認爲，警察派出所所長在集會現場舉牌，固係經警察分局長之預先授權而爲之。然依集會遊行法規定，有權爲警

告、制止、命令解散之處分者，爲警察分局長。警察分局長僅於事前概括授權派出所所長，視現場情形逕行決定下達警告、命令解散、制止之行政處分，難認該行政處分係屬合法有效[440]。

但是，依刑法第149條之規定，對於違法之公然聚眾得爲解散命令者爲「該管公務員」。同法第10條第2項規定：「稱公務員者，謂下列人員：一、依法令服務於國家、地方自治團體所屬機關而具有法定職務權限，以及其他依法令從事於公共事務，而具有法定職務權限者。二、受國家、地方自治團體所屬機關依法委託，從事與委託機關權限有關之公共事務者。」因此，刑法第149條所稱之「該管公務員」應指負有維持治安秩序的職責而有權發布解散命令的公務員而言，[441]例如警察局長、市（縣）長即是。並不以警察分局長或直轄市、縣（市）警察局長爲限。可見本條與刑法第149條關於命令解散之有權限機關的規定並不一致，適用時固應留意，而在立法上，這樣的差異規定並無意義，也不妥當。

本條將解散命令的權限侷限於該管主管機關，即警察分局或警察局，或爲了避免公務員濫用解散命令權，以保障集會遊行自由。但在實際執行上卻顯得窒礙難行，特別是在「遍地開花式」的集會遊行，以分局長一人必將無法分身親自到各個集會遊行現場瞭解狀況以作出命令解散與否的決定。此時如概括授權現場指揮官代理決定是否命令解散，並以分局長名義作成命令解散，則不僅造成作成名義者與實際作成者權責不明，亦將導致權限之濫用[442]。如由現場指揮官向分局長報告現場聚眾及違法狀況，再由分局長就個別的聚眾案件作成決定，如此，由不在現場且對現場狀況不完全瞭解的分局長決定是否命令解散，也不合理。

---

[440] 新北地方法院102年度簡上字第400號判決。

[441] 盧映潔（2010），《刑法分則新論》，修訂3版，頁124，台北：新學林。林山田（2005），《刑法各罪論（下）》，修訂5版，頁184，台北：自印。

[442] 小林博志（2000），《行政組織と行政訴訟》，初版，頁125-131，東京：成文堂。

故集會遊行法第25條、第28條、第29條規定由「該管主管機關」命令解散，應有檢討的空間。

　　論者有從實際上作成處分之現場性與緊急性著眼，重視警察官之現場判斷，認為應重新檢討授權的對象，對外強調明確之法律授權，對內講究現場臨機應變與獨立依其自身判斷而行使權限之能力，將個別的警察官定位為「法律的執行機關」，直接以法律授權個別警察官具有作成現場必要處分之權限[443]。亦即使現場分區指揮之警察官具有獨立判斷之權限與責任，得以衡諸現場群眾運動實況，採取防止危險之措施或處分。[444] 從組織權責的角度來看，以法律授權現場指揮的警察官並使其負決定責任的說法也未必沒有道理。

二、合乎正當法律程序之解散命令

　　公然聚眾施強暴脅迫已然構成犯罪，除得依法追訴之外，並得命令解散，乃屬當然。公然聚眾意圖施強暴脅迫、集會遊行應經許可而未申請許可或經撤銷、廢止許可、或有違反限制事項等，警察機關往往將其視為違法，可能採取警告、制止、命令解散，甚至強制解散等不同之處置。主要是依集會遊行法之規定，賦予主管機關因應各種不同的狀況，得採取不同之處理方式，並非所有違法的集會遊行或聚眾皆必須走上命令解散或強制解散一途。[445] 必須該集會遊行有重大違法的情形，警察衡量公共利益與人民集會遊行自由權利的關係後所作的判斷和決定。於為此判斷和決定時，須衡量違法的性質、程度，對公共秩序與利益所造成

---

[443] 宍戶基男等（1983），《警察官權限法注解（上卷）》，初版，頁22，東京：立花書房。李憲人（2002），〈命令解散之法律性質暨權責歸屬〉，《警政論叢》，第14期，頁34-35。

[444] 李憲人（2002），〈命令解散之法律性質暨權責歸屬〉，《警政論叢》，第14期，頁35-36。

[445] 陳正根（2012），〈集會遊行許可與命令解散—評最高行政法院100年度3050號裁定〉，《月旦裁判時報》，第15期，頁98-99。

的影響，而依比例原則作判斷和決定。[446]如陳情群眾秩序良好，並未造成維持秩序之疑慮，又無任何明顯且立即之危險發生，縱使未經申請許可，也未必要予以命令解散，而必須衡量以命令解散來限制人民集會自由與因集會遊行而影響民眾通行及社會秩序等利益，只有當後者之利益大於前者，才能命令解散。[447]

「命令解散」係指公務員或主管機關依刑法第149條或集會遊行法第25條之規定命令參與聚眾或集會遊行之人解散及離去之意思表示，受該命令之人即負有解散離開之義務，係屬行政處分之一種。[448]對於行政處分之適法與否，與行為人解散之作為義務是否成立至關緊要。[449]此種解散命令之作成，通常係因該集會遊行未經許可而擅自舉行，或有其他違反法令之行為，警察機關決定命其解散，從而剝奪其繼續舉行集會遊行之權利，屬行政罰法第2條所稱之裁罰性不利處分[450]，應受行政罰法第4條處罰法定原則之支配。亦即必須符合法律所明文規定的條件，始得為解散之命令。例如必須符合刑法第149條或集會遊行法第25條所規定的條件始可，否則不得任意為之。其不但限制所有參與者的集會遊行自由，而且也成就包括集會遊行法第29條在內的聚眾不解散罪命令解散之條件，成為犯罪之證據，刑事庭法院對於行政機關解散命令之行政處分是否合法，仍有審認之權。[451]警察為命令解散之程序及方式，均應謹慎及明確[452]。

---

[446] 陳正根（2012），〈集會遊行許可與命令解散—評最高行政法院100年度3050號裁定〉，《月旦裁判時報》，第15期，頁97-98。

[447] 新北地方法院102年度簡上字第400號判決。

[448] 李憲人（2002），〈命令解散之法律性質暨權責歸屬〉，《警政論叢》，第14期，頁25、28-29。

[449] 陳煥生、劉秉鈞（2013），《刑法分則實用》，4版，頁95-96，台北：一品文化。

[450] 蔡震榮主編（2009），《警察法總論》，頁276，台北：一品。陳正根（2012），〈集會遊行許可與命令解散—評最高行政法院100年度3050號裁定〉，《月旦裁判時報》，第15期，頁97。

[451] 陳煥生、劉秉鈞（2013），《刑法分則實用》，4版，頁95-96，台北：一品文化。

[452] 許義寶（2011），〈論集會自由與警察職權—兼論法院對警察解散命令之審查〉，《警

　　命令之發布方式為何並無限制，不論口頭或書面，直接或間接均可，實務上有採用舉牌及廣播的方式，只要能使聚集的群眾瞭解其為解散命令者，即為已足。[453] 但命令群眾解散之表示必須明確，亦即應明確告知該行為已違反相關法令規定，應即刻解散，且須對所聚集之群眾發布，並已經到達，使參與者處於可得認識瞭解的狀態，參與者始有遵守的可能，也才是合法之解散命令[454]。否則，若解散命令的意思不能為群眾所得知，即不能發生命令解散之法律效果。

　　一般而言，此種解散命令，也是警察職權的一種。法律授權警察在遇有符合法定要件，且達必要情況下，得實施此職權。即使是合法舉行的集會，如有演變成暴力集會的情形，除了可能構成刑法第150條公然聚眾施強暴脅迫罪之外，亦得命令解散，禁止該集會之舉行。[455]

三、解散義務之違反

（一）解散義務違反之判斷

　　所謂「不解散」這種不作為係指不解放群眾同時聚集在相同處所的狀態而言。在主觀上應「認識」已受有解散命令，卻仍然決意不解散該「聚會」[456]，且僅以「不解散」即有被處罰的可能（所謂的純正不作為犯）。[457] 在不解散的限度內，即使作其他的任何行為，「不解散」仍然沒有改變。因有解散命令，而立刻變成是平和的群眾也是一樣。又，只是轉移場所也不是解散，為了避免被逮捕而逃走也不能說是解散。一

　　察法學》，第9期，頁142。陳正根（2012），〈集會遊行許可與命令解散─評最高行政法院100年度3050號裁定〉，《月旦裁判時報》，第15期，頁97-98。

[453] 陳煥生、劉秉鈞（2013），《刑法分則實用》，4版，頁95，台北：一品文化。

[454] 林山田（2005），《刑法各罪論（下）》，修訂5版，頁185，台北：自印。盧映潔（2010），《刑法分則新論》，修訂3版，頁124，台北：新學林。

[455] 陳正根（2012），〈集會遊行許可與命令解散─評最高行政法院100年度3050號裁定〉，《月旦裁判時報》，第15期，頁97-98。

[456] 內田文昭，《刑法Ⅰ（總論）争点ノート》，頁103、105，日本：法学書院。內田文昭（1997），《刑法各論》，3版，頁430，日本：青林書院。

[457] 內田文昭（1997），《刑法各論》，3版，頁429，日本：青林書院。

部分解散，但在還有「群眾」不解散的限度內，留下來的「群眾」仍應肯定其為「不解散」[458]。遵命解散的部分「群眾」，應認為未違反解散義務。[459]二者互不影響，此與共同正犯全部視為一個整體之「一人著手全部著手，一人既遂全部既遂」不同。惟尚須視不解散之人是否達到聚眾而影響公共秩序之程度，若大部分之人均已解散，殘餘之人已難認為係聚眾者，自不成立本罪[460]。其次，首謀已遵令宣布解散，盡相當努力勸誘參與者離去，參與者仍不解散，因參與聚眾係出於自由之意思，且首謀與在場助勢為二種不同之型態，解散義務，應由參與聚眾之人各自負擔，不負共同責任，故首謀應無命令所有聚眾者離去之義務，其既已遵令解散，自應不成立犯罪[461]。但集會遊行法第28條第2項規定，集會遊行負責人未盡疏導勸離之責，致集會遊行繼續進行者，仍處以行政罰鍰。

刑法第149條規定行為人必須已受解散命令三次以上而不解散，才構成犯罪。所謂解散命令三次以上，係指知悉已受三次以上解散命令而仍決意不解散至少三次以上，三次應連本數計算[462]。故受解散命令三次而不解散者，固成本罪，若已遵命解散，即不構成本罪。[463]三次解散命令都必須有相當時間的間隔，而非接續不斷地發布。若接續不斷連呼三次解散命令，仍應視為只有一次解散命令[464]。行為人未解散尚不成立刑

---

[458] 大塚仁（1974），《刑法概說（各論）》，頁287，日本：有斐閣。內田文昭（1997），《刑法各論》，3版，頁430，日本：青林書院。

[459] 梁恆昌（1988），《刑法各論》，修正12版，頁90-91，台北：自印。

[460] 甘添貴（1987），《刑法各論（上）》，頁136，台北：五南。盧映潔（2010），《刑法分則新論》，修訂3版，頁125，台北：新學林。

[461] 褚劍鴻（1995），《刑法分則釋論（上）》，增訂版，頁237，台北：臺灣商務印書館。盧映潔（2010），《刑法分則新論》，修訂3版，頁125，台北：新學林。

[462] 梁恆昌（1988），《刑法各論》，修正12版，頁90-91，台北：自印。

[463] 陳煥生、劉秉鈞（2013），《刑法分則實用》，4版，頁95-96，台北：一品文化。

[464] 大塚仁（1974），《刑法概說（各論）》，頁287，日本：有斐閣。藤木英雄（1976），《刑法講義各論》，頁82，日本：弘文堂。內田文昭（1997），《刑法各論》，3版，頁429-430，日本：青林書院。

法第149條之聚眾不解散罪[465]。此外，解散必須出於群眾之任意性，若係出於公權力之驅離，則仍屬不解散，此時參與聚眾之人自應成立刑法第149條之聚眾不解散罪。[466]

實務上有認為行為人受該管公務員解散命令五次後始行解散，不構成解散義務之違反。所持理由為刑法第149條聚眾不解散罪之設，旨在維持秩序，該管公務員於下達解散命令三次以後，仍再命令解散，顯係考慮及人數擁擠，即行解散勢或不能，及操之過急反足以釀成大變而忍讓相勸，社會秩序既因解散而恢復，自無處罰之必要[467]。然而，這樣的說法不無可疑，畢竟受解散命令三次以上（包含三次），而不解散，犯罪即已成立，在受第五次解散命令時始解散，於受第三次解散命令而不解散時，即已違反解散之作為義務，該當構成要件而成立該罪「既遂」[468]，除非解散命令有因要件不滿足或程序不合法而未能計滿三次，否則縱使其後再自行解散，也不影響已成立之犯罪。

（二）繼續舉行之制止與不遵從

本條規定集會、遊行經命令解散而不解散，仍繼續舉行經制止而不遵從，對首謀者處以刑罰。僅受該管主管機關命令解散而不解散，尚不成立犯罪。除了必須違反解散義務之外，還須執拗地繼續舉行而不解散，即使經該管公務員制止仍不遵從解散命令，繼續舉行集會遊行而不解散群眾。

不遵從是指不遵從解散命令而言，故不遵從和不解散都是解散義務的違反，所不同者，在於不履行解散義務的意欲程度不同，不解散只要

---

[465] 林山田（2005），《刑法各罪論（下）》，修訂5版，頁185，台北：自印。甘添貴（1987），《刑法各論（上）》，頁136，台北：五南。盧映潔（2010），《刑法分則新論》，修訂3版，頁124，台北：新學林。

[466] 盧映潔（2010），《刑法分則新論》，修訂3版，頁124。

[467] 司法院（76）廳刑一字第1669號法律問題座談。

[468] 內田文昭（1997），《刑法各論》，3版，頁431-432，日本：青林書院。

知悉已受解散命令而仍決意不解散即可，而所謂的不遵從則還須進一步繼續舉行集會遊行經制止而仍執拗地不履行解散義務。換言之，行為人在客觀上必須有受解散命令而不解散，且經制止繼續舉行集會遊行而仍不遵從先前之解散命令，即執意不履行解散義務，即可能滿足不遵從之條件。透過上述之不作為，也顯現出其執拗地不履行解散義務的強烈意識。此與刑法第149條以已受解散命令「三次以上」來顯現不履行解散義務的強烈意識是相同的道理。

　　所謂「制止」乃指行為人正欲實施違法或犯罪行為時，公務員以實力中止其行為之謂。[469] 係限制人民自由權利之事實行為，除集會遊行自由之外，也可能干預人身自由、言論自由、財產權等其他自由權利，故公務員「制止」集會遊行之繼續舉行，其方法和程序都應合法，否則可能影響本條不法構成要件之滿足。

伍、本條與刑法第149條的關係

　　一般而言，相對於普通刑法，本條有關集會遊行不解散罪可認為是刑法第149條聚眾不解散罪的特別法，有優先適用之效力。不過，如前所述，本條所規定的集會遊行與刑法第149條所規定的聚集三人以上（聚眾），因前者於同法第2條設有「集會」、「遊行」的解釋性規定，故二者在概念上並非完全一致，即後者可以完全包含前者，但前者並不能完全包含後者。因此，就可能出現屬於刑法第149條的聚眾但不屬於本條的集會遊行，此種情形就不能說本條的集會遊行不解散罪是刑法第149條聚眾不解散罪的特別法，也沒有優先適用之效力，而只能適用刑法第149條的聚眾不解散罪。

---

[469] 李憲人（2002），〈命令解散之法律性質暨權責歸屬〉，《警政論叢》，第14期，頁27。

　　其次，本條命令解散的主體規定為「該管主管機關」，而刑法第149條命令解散的主體為「該管公務員」，二者對於「主管機關」與「公務員」也都分別設有解釋性的規定，已如前述。如此，即使以作為公務員的主管機關首長為主管機關的代表人，二者所指定的命令解散的主體也不完全一致，即後者可以完全包含前者，但前者並不等於後者。因此，即使是集會遊行法第2條所稱之集會、遊行，當同時符合本條與刑法第149條之命令解散條件，其由非本條與第3條所指定之主管機關首長所為之解散命令，例如由市（縣）長直接下達解散命令，即無適用本條之可能，而只能適用刑法第149條。如此，相同不法內涵的行為，因下達解散命令的主體不同，其適用的法條不同，刑罰的對象及高低也不同，使刑罰成為可操作的工具，是否妥當，值得思考。

　　順便一提，作為刑法第149條之後階規範的同法第150條，於符合第150條之情形，即在公共場所或公眾得出入之場所聚集三人以上施強暴脅迫時，應認為亦得命令解散，已如前述。只是此種情形因其已然施強暴脅迫，相對於前階之聚眾意圖施強暴脅迫受解散命令而不解散罪，第149條之規範為第150條之預備階段，其不法內涵應可認為已被後階的聚眾施強暴脅迫罪所包括，而只能論第150條之罪，只有當第150條不成立或不處罰時，才論以第149條之罪，亦即二者之間具有補充關係。

陸、結論

　　「和平」始終是所有集會遊行自由的要件，若無明顯事實足以證明有以暴力、煽動暴動，攜帶武器等對他人自由權利或公益產生立即重大危險等違反和平原則之集會遊行，國家即應予保障。除非預測到集會的主辦人及其支持者有意圖為暴力行為，或至少有容任他人為暴力行為的高度可能性，使該集會變成「非和平」的集會，才可予以禁止，命令其

解散。刑法第150條、第149條及本條都是這樣的規定，但因為集會遊行法第25條所規定命令解散的事由並不以非和平的集會遊行為限，而使未經申請許可的集會遊行，不論其為和平或非和平的集會遊行，均有可能被命令解散，有過度限制之嫌。

　　成為命令解散事由之「強暴脅迫的意圖」，必須已顯現出所聚集的群眾有施強暴脅迫之意圖，而對公共秩序之維護構成危險始可，亦即解散命令應以在公共場所或公眾得出入之場所聚集三人以上之行為本身有施強暴脅迫之意圖而具有「違法性」為前提，如不具備違法性，該管公務員就不能命令解散，所以在發動解散命令時，警察必須慎重的進行作為發動解散命令權根據的「違法性」認定。

　　刑法第149條、第150條之罪，在本質上是包含了以群眾（集體）的暴力行為來妨害公共的和平。所以，其行為主體是「群眾」，施強暴脅迫者、具有強暴脅迫故意者及具有強暴脅迫之不法意圖者，都必須是「群眾」。「群眾」必須具有「強暴脅迫的共同意思」，這種群眾所共有的「共同意思」與共同正犯間的「共同決意」不同。其不必群眾中的所有成員間的意思有連絡或相互交換意見，不必事前有謀議、計畫或特定的目的，也不必從一開始就有這種共同的意思。只要預見可能因聚集群眾的結果而有可能會造成由該群眾的共同力量實施強暴脅迫的事態發生，卻仍然決意加入該聚眾行為的意思，即為已足，未必要認識到具體確定的各個成員的強暴脅迫行為。

　　解散命令屬行政罰法第2條所稱之裁罰性不利處分，應受行政罰法第4條處罰法定原則之支配。即須符合刑法第149條或集會遊行法第25條所規定的條件始可，否則不得任意為之。具有命令解散事由之集會遊行，也不是都要命令解散，而仍應依比例原則進行合理的判斷，命令解散之程序及方法，均應合法。亦即命令群眾解散之表示必須明確，且須對所聚集之群眾發布，並已經到達，使參與者處於可得認識瞭解的狀態，才是合法之解散命令，否則不能發生命令解散之法律效果。

　　「不解散」在主觀上應「認識」已受有解散命令，卻仍然決意不解散該「聚會」。在不解散的限度內，即使作其他的任何行為，「不解散」仍然沒有改變。例如：因有解散命令，而立刻變成是平和的群眾，或只是轉移場地而已，都不是解散。在還有「群眾」不解散的限度內，即使一部分解散，留下來的「群眾」仍應肯定其為「不解散」。首謀並無命令所有聚眾者離去之義務，如已遵令解散，即不成立犯罪。但集會遊行法第28條第2項對集會遊行負責人未盡疏導勸離之責，致集會遊行繼續進行者，仍課以行政罰之責任。

　　刑法第149條解散義務之違反，只是知悉已受解散命令而決意不解散，尚屬不足，還必須已受解散命令「三次以上」仍執拗地不解散，顯現其不履行解散義務的強烈意識，始足當之。本條解散義務之違反，也是一樣必須是執拗地繼續舉行而不解散，即使經該管公務員制止仍不遵從解散之命令，始可能構成犯罪。而公務員的「制止」係限制人民自由權利之事實行為，其方法和程序都應合法，否則可能影響本條不法構成要件之滿足。

第30條（集會遊行時妨害名譽之罰則）
集會、遊行時，以文字、圖畫、演說或他法，侮辱、誹謗公署、依法執行職務之公務員或他人者，處二年以下有期徒刑、拘役或科或併科新臺幣六萬元以下罰金。

壹、概說

　　本條規定：「集會、遊行時，以文字、圖畫、演說或他法，侮辱、誹謗公署、依法執行職務之公務員或他人者，處二年以下有期徒刑、拘役或科或併科新臺幣六萬元以下罰金。」為刑法第140條侮辱公署與公務員罪及第309條公然侮辱罪、第310條誹謗罪等的特別規定，有優先適用之效力，自不待言。

　　因本條是針對集會、遊行時之侮辱、誹謗行為所為之特別規定，包括對個人之侮辱與誹謗行為，以及對公署、公務員之侮辱與誹謗行為之特別規定。因此，涉及言論自由權與作為人格權之一的名譽權保障間的緊張衝突關係，因此，對於這二種基本權利的緊張衝突關係，有必要加以調和，有所取捨選擇。其中涉及價值選擇或價值判斷的成分十分濃厚，難謂何種權利必然輾壓另一種權利，而未必沒有在特定的條件下互有優先和退讓之情形。其次，刑法侮辱罪與誹謗罪規定的成立條件與相關法理，事實上也包括了言論自由與名譽權衝突之調和。凡此均與本條有密切的關係，而有加以說明之必要。因此，以下擬先就言論自由與名譽權的價值與應有的保障分別加以說明，再就這二種權利的衝突加以調和與權衡，其中也涉及普通刑法侮辱罪與誹謗罪的成立條件與特別的阻卻違法事由，之後再討論本條特別規定的部分。

貳、言論自由之保障

集會、遊行、言論等都是屬於表現的形式，表現乃是將思想、觀念或意見以言行或其他可作為傳達的方法表現於外之意。[470]憲法也是將集會、遊行（一般理解為移動的集會）、言論等作為表現的形式，予以列舉保障。有關集會、遊行本身作為表現的形式，本書第5條之貳、二已有說明，以下僅就言論自由保障的部分加以說明。

一、言論自由的價值

言論本身具有「實現自我、溝通意見、追求真理、滿足人民知的權利，形成公意，促進各種合理的政治及社會活動之功能，乃維持民主多元社會正常發展不可或缺的機制，國家應給予最大限度的保障」[471]。另一方面，「本於主權在民之理念，人民享有自由討論、充分表達意見之權利，方能探究事實，發見真理，並經民主程序形成公意，制定政策或法律。因此，表現自由為實施民主政治最重要的基本人權」[472]。這是大法官對言論自由在民主社會中所具有之價值的描述。

事實上，允許人民公開發表言論、自由表達其意見，不同之觀念、學說或理想才能自由流通，經由公眾自由之判斷與選擇，去蕪存菁，形成多數人所接受之主張，多元民主社會其正當性即植基於此。即使是特立獨行之士所發之言論，或被視為離經叛道的言論，都有加以保護之必要。[473]

美國憲法增修條文第1條明文規定：「國會不得制定剝奪言論自由之法律。」可見美國憲法更是將言論自由的價值提到極高的地位。言論不問其議題或內容，公共的或私人的皆在受保障之列。發表言論是基於

---

[470] 吳庚（2003），《憲法的解釋與適用》，初版，頁209，台北：自印。
[471] 司法院釋字第509號解釋理由書。
[472] 司法院釋字第445號解釋理由書。
[473] 吳庚（2003），《憲法的解釋與適用》，初版，頁211-212，台北：自印。

理性或出自情緒均非所問，言論有無價值、是否發生影響亦不在考慮之內。[474]

另一方面，在自由主義社會中媒體有獨占經營的趨勢，加上電波頻率具有物理稀少性的特點，因此，國家對於言論自由負有建立制度上保障的義務，使言論自由得以充分發揮，並使國民有「平等」接近使用媒體之權利和機會[475]，及接受資訊的權利和機會。

二、言論自由的保護

對於言論自由的限制，在法制的設計上有追懲制及預防制。所謂預防制就是事先檢查制（prior censorship, Praventivzensur），現代法治國家多已摒棄預防制，因為事先檢查才允許發表言論、出版著作將扼殺言論自由，戕害多元社會健全之發展。追懲制是發表言論，事先不予干涉，但事後如觸犯法律或損害他人利益，則應負刑事或民事責任。[476]本條規定：「集會、遊行時，以文字、圖畫、演說或他法，侮辱、誹謗公署、依法執行職務之公務員或他人者，處二年以下有期徒刑、拘役或科或併科新臺幣六萬元以下罰金。」即屬追懲制的一種。

除此之外，現行法律中有關限制言論自由的規定，為數不少：有基於維護社會秩序者：例如刑法第153條煽惑他人犯罪或違法罪，第235條之妨害風化罪；基於保護國家或公務上機密者：如刑法第109條及第110條之洩密罪；基於職業倫理者：如醫師法第23條之保守業務上秘密義務；基於維護個人名譽者：如刑法第310條之誹謗罪、第309條之公然侮辱罪等等，不一而足。

現行法律中有關限制言論自由的規定是否違反憲法保障言論自由的要求，大法官曾有多號相關的解釋，例如司法院釋字第756號、第718

---

[474] 吳庚（2003），《憲法的解釋與適用》，初版，頁211-212，台北：自印。
[475] 司法院釋字第364號解釋。
[476] 吳庚（2003），《憲法的解釋與適用》，初版，頁213-215，台北：自印。

號、第644號、第634號、第623號、第617號、第577號、第509號、第445號、第414號、第407號解釋等是。關於限制言論自由的規定是否違憲的審查，美國最高法院有所謂雙重基準（double standard），對限制精神自由與經濟自由的法律，採取不同的審查基準，前者較嚴，後者較寬。[477] 我國大法官歷來關於限制言論自由的規定是否違憲的審查，似乎也存在雙重的標準。例如釋字第644號、第445號解釋有關政治性言論，即採較高（嚴格－即傾向保障言論自由）的審查基準，釋字第634號、第623號、第617號、第577號、第414號、第407號解釋有關商業性言論，則採較低（寬鬆）的審查基準。其中與妨害名譽有關者為釋字第509解釋，將於後面詳述。

參、名譽權之保障

一、名譽的價值

（一）名譽的意義

名譽向來被認為是在人格權之下，與隱私、生命、身體等有關的利益並列的一項重要的利益，[478] 係指個人的人格在社會生活上所受的評價。[479] 在概念上，名譽可分為客觀的名譽和主觀的名譽。主觀的名譽被稱為「名譽感情」；客觀的名譽又可分為內部的名譽與外部的名譽，外部的名譽被稱為「事實的名譽」、「世評」；[480] 內部的名譽概念是用以表明人類真正的價值。不過它是表明眾人共通的人性（亦即只要沒有親自作非人性的事情，在此限度內，眾人都將擁有相同的「名譽」），還

---

[477] 吳庚（2003），《憲法的解釋與適用》，初版，頁222，台北：自印。
[478] 芦部信喜（2002），《憲法学III人權各論(1)》，增補版，頁346，日本：有斐閣。
[479] 林山田（2005），《刑法各罪論（上冊）》，修訂5版，頁255，台北：自印。
[480] 内田文昭（1997），《刑法各論》，3版，頁201，日本：青林書院。

是因該人之社會地位、業績等的不同，而表明不同的價值，這一點有相互對立的觀點[481]。其次，名譽概念也可以區分爲事實的名譽與規範的名譽概念。「名譽感情」、「世評」等意味著事實名譽概念上的名譽；而「人類的價值」則是屬於規範名譽概念（應有的名譽概念）的問題。[482]

上述各種名譽，每一種都足以成爲「法益」。認爲「眞正」的名譽即使受到來自外部的侵害也不會受到損傷，而不能成爲法律保護的對象[483]，這樣的想法並不妥當。因爲我們是以「世俗」的意義來思考利益及其所受的侵害，所以認爲即使是「虛僞的事實」已被散布也不會對「名譽」有所損傷，這種想法並不合常理[484]。實際上，法律原則上是想要來保護「世評」的，如此，所謂「名譽」應認爲是包含「世評」。[485]

一般所稱之名譽，也是被理解爲外部的名譽，即人的社會評價[486]。依此定義，可以說與名譽有關的知識及訊息與隱私的情形不同，其流入思想的自由市場被認爲是當然的前提。從這個意義上說，名譽和言論自由間的衝突，可以說是宿命性的。不過，關於名譽的保護，其評價也會因私人、公眾人物、還是公務員而有所不同。[487]

（二）名譽權保護的歷史演進

在羅馬法中，「侮辱」（injuria）這個用語是具有侵犯人格的性

---

[481] 主張僅限於「人類價值、根源性的人類的完整性」者，有H.J. Hirsch, Eher und Beleidigung, 1967, S. 45 ff.; H. Welzel, Das deutsche Strafrecht, 11 Aufl., 1974, S. 303 ff。主張也應考慮「社會價值」者，有P. Bockelmann, Strafrecht, Besonderer Teil/2 Deliktegegen die Person, 1977, S. 184 f; H. Blei, Strafrecht, Ⅱ, 11 Aufl. 1978, S. 84 f。轉引自內田文昭（1997），《刑法各論》，3版，頁201、206，日本：青林書院。
[482] 內田文昭（1997），《刑法各論》，3版，頁201，日本：青林書院。
[483] 小野清一郎（1970），《刑法に於ける名譽の保護》，增補初版，頁196以下，日本：有斐閣。團藤重光（1972），《刑法綱要各論》，增補版，頁413以下，日本：創文社。大塚仁（1974），《刑法概說（各論）》，頁118以下，日本：有斐閣。福田平（1972），《刑法各論》，新版，頁213以下，日本：評論社。
[484] 內田文昭（1977），《刑法I（總論）》，頁14以下、20以下，日本：青林書院。
[485] 內田文昭（1997），《刑法各論》，3版，頁202，日本：青林書院。
[486] 五十嵐清、田宮裕（1968），《名譽とプライバシー》，頁11以下，日本：有斐閣。
[487] 佐藤幸治編著（1992），《憲法Ⅱ基本的人權》，初版，頁175，日本：成文堂。

質，並被廣泛地理解爲是一種包含傷害、侵入住居、洩漏秘密等的觀念，其中也包含「名譽」的侵害。傷害、侵入住居、洩漏秘密後來分別獨立而各自成爲不同的犯罪，而對於名譽的侵害則以侮辱這個用語而固定下來。另外，誹謗文書（libellus famosus）的概念（現行刑法第310條第2項設有利用文字、圖畫的加重誹謗罪）則有認爲是從施唸咒語法術和詠誦侮蔑的詩歌等發展而來。[488]

羅馬法的侵害「名譽」是重視作爲侵害「人格」的客觀面，相對地，日耳曼法則一直是當作名譽「情感」的侵害，而重視其主觀面。1532年神聖羅馬帝國的卡羅林納刑法典第110條明確使用了羅馬法的誹謗文書，處罰合乎該罪的情形，且只有處罰該種情形[489]，1794年普魯士普通邦法第二部第二十章第十節對於故意以足以讓人降低「社會評價（名譽）」的言行來「傷害」人心，或「侮辱」，設有詳細規定，並以此來定義「侮辱」，關於侮辱的種類、刑罰等也設有規定。此外，「眞實的證明」並不是否定侮辱的事由，而是被當作量刑的事由。[490]

不過，1871年的德國帝國刑法，則是根據1840年布倫瑞克刑法第198條以下及1851年普魯士刑法第152條以下的立場，在分則第十四章分別規定了「單純侮辱罪」、「散布惡評罪」、「誹謗罪」，同時，關於所指摘的事實容許「眞實的證明」，關於眞實的證明，並明白規定有第186條、第187條的理由者，不得被處罰（第192條、第190條）。更進一步，關於學術、藝術和職業上的成就，爲了維護正當的利益所爲之批判，得以此作爲第185條、第186條的阻卻違法事由。這種態度幾乎沒有改變地延續到現今德國的刑法典。因此，德國刑法至少是把會降低「世評」的情形，和指摘虛僞的事實、使這種虛僞的事實散布於眾而毀

---

[488] 內田文昭（1997），《刑法各論》，3版，頁202，日本：青林書院。

[489] 即不處罰言詞誹謗。堝浩譯（1968），〈カルル五世刑事裁判例（カロリナ）〉，《神戶法学雑誌》，18卷2号，頁255。

[490] 內田文昭（1997），《刑法各論》，3版，頁202-203，日本：青林書院。

損「名譽」之情形當作是「侮辱」而加以處罰。[491]

　　另外，1810年的法國刑法對於妨害個人名譽的罪，是將「誹謗、侮辱、洩漏秘密」作概括的規定，但是後來從「名譽」的「保護範圍如何」這樣的發想，轉變爲「表現自由」的「界限如何」的發想。因此，對於妨害名譽之罪，大幅地在1819年5月17日的「出版法」和1881年7月29日的「出版法」中規定，而刪除刑法第368條至第372條和第374條到第377條有關妨害名譽之罪，現在在法國刑法中留下來的只有誣告罪、洩漏秘密罪。[492] 1819年法國出版法第29條以下將妨害名譽區分爲有害於「名譽」、「世評」之事實主張和指摘的「誹謗罪」，以及侮辱性、輕蔑性和不包含事實指摘之嘲弄的「侮辱罪」。有關「眞實的證明」，基於所謂私生活優先於表現自由的立場，「誹謗」僅限於在公立場的人有關公的言論時，才容許爲「眞實的證明」。1881年「出版法」也維持這樣的態度，但是1944年修正時，在第35條第3項允許眞實證明的規定排除有關「私生活」的指摘，及有關超過十年以前的事實的指摘，而廣泛地允許「眞實的證明」。此外，出版法第41條，關於在議院內的討論、發言，以及其善意的報導等也予以「免責」。[493]

　　日本舊刑法非常接近法國的立場，在第355條以下概括規定了「誣告及詆毀罪」。然而，所謂「詆毀」是指「指摘惡事醜行」，而不問事實之有無都要被處罰。不過，明治20年報紙條例第25條，規定爲了公益而非出於惡意所爲的「詆毀」，除了涉及私德之情形，得透過「眞實的證明」免除詆毀之罪[494]。又，「侮辱」也分成作爲妨害公務罪之一種的

491　內田文昭（1997），《刑法各論》，3版，頁203-204，日本：青林書院。
492　但是，1970年又重新在第368條以下規定私生活的侵害罪。參照內田文昭（1997），《刑法各論》，3版，頁204，日本：青林書院。
493　內田文昭（1997），《刑法各論》，3版，頁204-205，日本：青林書院。
494　勝本勘三郎（1900），《刑法析義各論之部下卷》，頁251以下，日本：明治法律學校出版部講法會。

「侮辱官吏罪」，和作為違警罪的「罵詈嘲弄」[495]。日本現行刑法是把「詆毀」改為「名譽毀損（誹謗）」，且一併規定「侮辱」，同時刪除「侮辱官吏罪」[496]。不過，只有在與上述報紙條例第25條一樣的條件時才允許透過「眞實的證明」來免責[497]。大幅改變這種狀況者是於昭和22年依日本國憲法第21條的精神，修正刑法時增訂日本刑法第230條之2。[498]

另一方面，如眾所周知，英美法在傳統上是將「誹謗」視為民事上的侵權行為來處理[499]，這種態度在1952年的「名譽毀損法」（英國）中所繼承，另外1967年的紐約刑法也刪除之前第一百二十六章的「文書詆毀罪」（第1340條以下）。[500]

我國則是在1934年制定現行刑法，關於名譽權，以「意圖散布於眾，而指摘或傳述足以毀損他人名譽之事者，爲誹謗罪，處一年以下有期徒刑、拘役或五百元以下罰金」、「散布文字、圖畫犯前項之罪者，處二年以下有期徒刑、拘役或一千元以下罰金」（刑法第310條第1、2項）；「公然侮辱人者，處拘役或三百元以下罰金」、「以強暴犯前項之罪者，處一年以下有期徒刑、拘役或五百元以下罰金」（刑法第309條第1、2項）之形式加以保護，一直到現在仍為有效的規定。另外，在民事領域，是以「因故意或過失而不法侵害他人權利」時，當作是侵

[495] 勝本勘三郎（1900），《刑法析義各論之部下卷》，頁245以下，日本：明治法律學校出版部講法會。宮城浩蔵（1893），《刑法正義下卷》，頁956以下，日本：明治法律學校講法會。
[496] 倉富勇三郎、平沼騏一郎、花井卓蔵（1923），《刑法沿革綜覽》，頁2097以下、2168、2208。
[497] 小野清一郎（1970），《刑法に於ける名譽の保護》，增補初版，頁481以下，日本：有斐閣。
[498] 内田文昭（1997），《刑法各論》，3版，頁205，日本：青林書院。
[499] 小野清一郎（1970），《刑法に於ける名譽の保護》，增補初版，頁92以下、550以下，日本：有斐閣。林山田（2005），《刑法各罪論（上冊）》，修訂5版，頁255，台北：自印。
[500] 内田文昭（1997），《刑法各論》，3版，頁205-206，日本：青林書院。

權行爲而生損害賠償之責任（法院因被害人之請求，應命加害人賠償損害，同時爲回復名譽之適當處分）的形式（民法第184條第1項、第195條第1項）來加以保護。

從上述之歷史演進可知，對於名譽權的保護並非我國所特有，也不是晚近才有的權利，對於名譽權之保護也未必遲於對言論自由的保護，其重要性當然也不可輕忽。

（三）作為憲法上的權利

上述名譽權不僅是刑法上或民法上所保護的人格權之一，也被理解爲憲法上的權利。一般將憲法第22條理解爲保障概括基本權的規定，如果依照這種見解，與隱私權並列的名譽權，也可以被當作由來於人性尊嚴之原理而爲個人自律生存所不可或缺的權利，[501]直接依憲法第22條來加以保障的權利。司法院釋字第656號解釋理由書亦明白表示：「名譽權旨在維護個人主體性及人格之完整，爲實現人性尊嚴所必要，受憲法第二十二條所保障（本院釋字第三九九號、第四八六號、第五八七號及第六〇三號解釋參照）。」因此，將名譽權理解爲憲法上的權利，應無疑義。

日本也是將名譽權理解爲憲法上的權利，亦即將日本憲法第13條理解爲保障概括基本權的規定，並將名譽權當作由來於人性尊嚴的權利，直接依日本憲法第13條來加以保障[502]。在1986年的「北方期刊」案的判決中[503]，日本最高裁判所即以「作爲人格權的個人名譽保護（日

---

[501] 芦部信喜（2002），《憲法学Ⅲ人権各論(1)》，增補版，頁347，日本：有斐閣。

[502] 平川宗信（1983），《名誉毀損罪と表現の自由》，頁6、148、151，日本：有斐閣。種谷春洋（1978），〈生命・自由および幸福追求権〉，芦部信喜編，《憲法Ⅱ人権(1)》，頁154。佐藤幸治（1995），《憲法》，3版，頁451。樋口陽一、佐藤幸治、中村睦男、浦部法穂（1994），《憲法Ⅰ》，頁278（佐藤幸治執筆）。阪本昌成（1993），《憲法理論Ⅱ》，頁250。浦部法穂（1994），《憲法学教室Ⅰ》，新版，頁194。芦部信喜（2002），《憲法学Ⅲ人権各論(1)》，增補版，頁347，日本：有斐閣。

[503] 最高裁判所大法庭昭和61年6月11日判決，民事判例集，40巻4号，頁872。

本憲法第13條）」這樣的表現方式，明白的認爲名譽是受日本憲法第
13條所保護的權利。此判決認爲「違法侵害有關個人的品性、德性、
名聲、信用等人格上的價值，而受到社會客觀評價的名譽」，對於加害
者，不只得依民法上的規定請求損害賠償或回復名譽之處分，而且「爲
了排除現在進行中的侵害行爲，或預防未來發生的侵害，得請求禁止此
等侵害行爲」，就是因爲將名譽權視爲憲法所保障的人格權之一[504]。

二、名譽的保護

　　如上所述，名譽權的保護，在刑事領域，主要是透過妨害名譽罪
來加以保護；在民事領域，是以侵權行爲而生損害賠償之責任來加以保
護。英美法偏向於以民事的損害賠償來處理；歐陸法則除了民事上的損
害賠償之外，另有侮辱罪、誹謗罪等刑事上的制裁。[505]想要認定名譽已
被侵害，必須具備一定的條件：（一）必須有透過文書或言詞而爲毀損
他人名譽之行爲，亦即必須存在由「具有正常思考的人」（一般人）來
判斷可認爲會造成他人的社會評價下降的有害訊息；（二）該訊息必須
已被傳達於第三人；（三）被害人必須已被「特定」。這樣的條件一直
被認爲是英美法傳統上的普通法的誹謗的條件。[506]

　　本條是就集會遊行時的妨害名譽作特別的規定。爲了清楚的認識本
條規定的構成要件，有必要先就刑法妨害名譽罪略作說明。

（一）侮辱罪

　　刑法第309條規定：「公然侮辱人者，處拘役或三百元以下罰金。
以強暴犯前項之罪者，處一年以下有期徒刑、拘役或五百元以下罰
金。」此即爲公然侮辱罪。所謂公然乃秘密的相反，係指不特定人或多

---

504 五十嵐清（1986），〈人格權の侵害と差止請求權〉，《ジュリスト》，第867号，頁
　　33-35。
505 林山田（2005），《刑法各罪論（上冊）》，修訂5版，頁255，台北：自印。
506 芦部信喜（2002），《憲法学Ⅲ人權各論(1)》，增補版，頁348，日本：有斐閣。

數人得以共見共聞的狀態，不以實際上果已共見或共聞為必要，但必須在事實上有不特定人或多數人得以共見或共聞的狀況。又這裡所稱的多數人係指人數眾多，非經相當時間的分辨，難以計數者而言，包括特定的多數人在內[507]。所謂「侮辱」，是指透過表示侮蔑之意來針對「名譽」的一種侵害[508]。侮辱的對象是針對特定人或可得推知之人，若對不特定人或不能推知之人侮辱者，自不能成罪[509]。侮辱的方法，不問以言語、文字或舉動（包括不作為）均可，沒有限制，侮辱時也不以被害人在場聞見為必要[510]。行為人是否具有損害他人名譽的意圖，或他人名譽是否因行為人的侮辱行為而實際受到損害，均不影響侮辱罪的成立。只要行為人具有公然侮辱故意，而公然為侮辱的行為，即可構成公然侮辱罪。因過失行為致他人受害，自不構成公然侮辱罪。單純對於他人不禮貌的行動或言詞，或是疏忽而不尊重他人，固與侮辱罪的行為不相當；惟有時這種行為與侮辱罪的侮辱行為，含混而不易區分，判斷時應顧及行為人的年齡、教育程度、職業、與被害人的關係、行為地的方言或用詞習慣等事項作整體地判斷，不能一概而論。[511] 至如僅戲言玩笑，或長官訓示部屬、師父訓誡徒弟、教師訓誡學生等，則非屬侮辱罪的侮辱行為；惟若超過訓示、教誨的必要程度，則未必不能構成侮辱罪。[512]必須慎重地判斷具體情況下「行為」的客觀意義。侮蔑的表示如果是採取指摘具體「事實」的形式出現時，因為這樣會變成是誹謗罪的問題，所以，在此，侮蔑的非價判斷，就應認為是指摘事實以外的名譽侵害行

---

[507] 29年院字第2033號解釋；司法院釋字第145號解釋。林山田（2005），《刑法各罪論（上冊）》，修訂5版，頁258，台北：自印。

[508] 木村龜二（1959），《刑法各論》，復刊，頁89，日本：法文社；大審院大正15年7月5日判決，刑事判例集，第5卷，頁303。內田文昭（1997），《刑法各論》，3版，頁225-226，日本：青林書院。

[509] 37年院解字第3806號解釋。

[510] 30年院字第2179號解釋。

[511] 林山田（2005），《刑法各罪論（上冊）》，修訂5版，頁258-260，台北：自印。

[512] 林山田（2005），《刑法各罪論（上冊）》，修訂5版，頁259，台北：自印。

為。此外，由於事實沒有被指摘，所以侮辱就沒有「真實的證明」問題（不適用刑法第310條第3項），諸如對於身體有缺陷的「人」，指摘其「缺陷」時，在某種意義上就是衝著「真實」的事實，所以只要表示侮蔑的意思，一樣可以構成「侮辱」。「真實」的誤信當然也就不能成為減免罪責的理由。[513]侮蔑的言行必須已「傳達到」不特定人或多數人始可，「言行」與「傳達到」之間必須有因果關係存在。侮蔑的表示在「傳達到」不特定人或多數人，而其意義、內容已被「知悉」時，被害人的「名譽」即已受到損害，而可以構成侮辱罪。[514]若係使用強暴手段，則構成第2項的加重侮辱罪。這裡所稱的強暴乃指對於被害人施以不法腕力或體力，而加侮辱。例如當眾打耳光、強拉他人至街示辱等。[515]

（二）誹謗罪

　　刑法第310條第1項、第2項規定：「意圖散布於眾，而指摘或傳述足以毀損他人名譽之事者，為誹謗罪，處一年以下有期徒刑、拘役或五百元以下罰金。散布文字、圖畫犯前項之罪者，處二年以下有期徒刑、拘役或一千元以下罰金。」此即為誹謗罪的規定。所謂指摘或傳述足以毀損他人名譽之事，係指指出摘發或宣傳轉述足以損害他人名譽的具體事件內容。[516]所謂足以毀損他人名譽之事，是指會讓他人的「世評」降低的事實，或讓世人對其「人的、社會的價值」抱持懷疑的事實。[517]所謂足以使人降低「世評」、「價值」，或讓人對其「世評」、「價值」產生懷疑的「事實」，是指諸如「醜事惡行」的事實等，大致上是關於該人的品格、人的完整性，而足以讓一般社會大眾對其評價下

---

[513] 內田文昭（1997），《刑法各論》，3版，頁225-227，日本：青林書院。
[514] 內田文昭（1997），《刑法各論》，3版，頁226-227，日本：青林書院。
[515] 林山田（2005），《刑法各罪論（上冊）》，修訂5版，頁259，台北：自印。
[516] 林山田（2005），《刑法各罪論（上冊）》，修訂5版，頁260，台北：自印。
[517] 內田文昭（1997），《刑法各論》，3版，頁210，日本：青林書院。

降的事實而言。由於本罪不以實際上所指摘或傳述之具體事件實際上已毀損他人之名譽為必要，而只需有毀損他人名譽之危險即為已足，因此，為免處罰之範圍過大，本罪於主觀之構成要件中除了須有誹謗之故意外，並限定須有使所指摘或傳述之訊息散布於大眾的意圖，以限縮刑罰之範圍。又，該事實不論是否為眾所周知的事實，即使是未來所預想的事實，只要是同時包含過去或現在的事實，可以說就是這裡所說的事實[518]。

誹謗行為與公然侮辱行為，雖均足以損害他人名譽，但若行為人並不摘示事實而僅抽象的公然辱罵特定人或可得推知之人，係屬公然侮辱行為[519]，兩者有所不同，宜加區分。誹謗之行為人所指摘或傳述的事項，必須具有足以損害被害人名譽的具體事件內容，否則，行為人若針對特定事項，依其個人的價值判斷而提出其主觀的意見與評論，縱其批評內容足令被批評者感到不快或影響其名譽，則仍非誹謗之行為；惟評論內容若有流於情緒性或人身攻擊的批評，而有謾罵性的言詞或用語者，則有可能構成公然侮辱罪（刑法第309條第1項、第2項）。[520]

「事實」與「價值判斷」有時很難區別。例如，「白痴」究竟是表示智能低下等的人的缺陷的「事實」，還是以此「事實」為基礎的一種侮蔑性的「價值判斷」，未必十分清楚。但是，由於這裡所討論的事實是被知覺所認識的「事實」，而不是超經驗的現象，所以不能否認其也包括「價值判斷」。因此，這兩者就變得很難區分。但是，「有關事實的認識」與以此認識為基礎並進一步加以「價值判斷」，仍然應加以區分開來。以行為（表示、主張）的具體狀況為前提，理應檢討該行為（表示、主張）是表明什麼樣的具體的、實質的事實，還是表明純粹的

---

[518] 大塚仁（1974），《刑法概說（各論）》，頁121，日本：有斐閣。內田文昭（1997），《刑法各論》，3版，頁211，日本：青林書院。

[519] 86年台上字第6920號判決。林山田（2005），《刑法各罪論（上冊）》，修訂5版，頁260-261，台北：自印。

[520] 林山田（2005），《刑法各罪論（上冊）》，修訂5版，頁261，台北：自印。

價值判斷[521]。

　　誹謗罪與侮辱罪都是作爲對「名譽」的犯罪，這一點是共通的，其區別是在於前者必須指摘「事實」，而後者不需要指摘事實，如果認爲其行爲態樣有這一點不同的話，二者應爲法規競合的關係（侮辱是在於補充誹謗）。相反地，如果理解爲侮辱罪是對於名譽情感的罪，而誹謗罪是針對客觀名譽的罪，則公然的指摘「事實」使其「世評」降低，同時侵害被害人的「名譽情感」時，似乎應認爲兩罪是想像競合的關係。不過，一般似乎是否定想像競合的關係。二罪同時都是侵害「名譽」法益的罪，而誹謗通常包含有侮辱的要素，基於這一點，較重的誹謗罪應包含侮辱罪[522]。

　　誹謗之對象與公然侮辱罪之對象一樣，都必須針對特定人或可得推知之人，否則，若非對於特定人或可得推知之人，自不能成立誹謗罪[523]。又指摘與傳述並不以公然爲限，故雖非公然而僅私相指摘，亦可能構成誹謗罪。[524]再者，所指摘之事實也必須已傳達到不特定人或多數人，「指摘」與「傳達到」之間必須存在因果關係，自不待言。[525]但不必因「傳達到」而使名譽受到侵害，誹謗行爲只須有招致名譽受損害的危險即爲已足，被害人的名譽是否果眞已因行爲人的誹謗行爲而受到毀損，則在所不問。至於行爲人所指摘或傳述的事項，是否具有毀損他人名譽的危險，則應就被害人的個人條件以及指摘或傳述內容，就客觀上予以判定。若行爲人所指摘或傳述的具體事實，足以使被害人受到他人的輕視或恥笑，其個人人格在社會評價上將大爲降低，則可視爲具有毀

---

[521] 小野清一郎（1970），《刑法に於ける名譽の保護》，增補初版，頁276以下，日本：有斐閣。内田文昭（1997），《刑法各論》，3版，頁211，日本：青林書院。

[522] 小野清一郎（1970），《刑法に於ける名譽の保護》，增補初版，頁296以下，日本：有斐閣。大塚仁（1974），《刑法概說（各論）》，頁132，日本：有斐閣。内田文昭（1997），《刑法各論》，3版，頁227-228，日本：青林書院。

[523] 37年院解字第3806號解釋。

[524] 林山田（2005），《刑法各罪論（上冊）》，修訂5版，頁261，台北：自印。

[525] 内田文昭（1997），《刑法各論》，3版，頁212，日本：青林書院。

損名譽的危險性。[526] 此外，行為人主觀上必須具有誹謗故意與散布於眾的不法意圖，散布於眾的意圖係指傳播於不特定多數人，使大眾周知的不法意圖。行為人已具散布於眾的不法意圖，而指摘或傳述足以損害他人名譽的事項，縱使其所傳述之事，尚未達眾所周知的程度，也不影響誹謗罪的成立。[527] 行為人在指摘或傳述所使用的方法，若係以言詞或舉動而為之者，構成普通誹謗罪（刑法第310條第1項）；惟若係以文字或圖畫的方法為之者，即構成加重誹謗罪（刑法第310條第2項），因為若以文字或圖畫而加指摘或傳述，則足以毀損他人名譽的事項，流傳顯較單純以口頭方式為廣，故將這種行為方法作為加重構成要件的依據。[528]

肆、言論自由與名譽權保障之衝突與調和

一、言論對於名譽的損害

　　雖然名譽是「極重要的法益」，但侵害名譽之行為都是用言詞、書面，或人的表現活動來表現的，而與言論自由有密切關係。如前所述，美國憲法增修條文第1條明文規定：「國會不得制定剝奪言論自由之法律。」惟言論自由絕對不受限制，根本不可能，在實際生活中也不是毫無限制。美國最高法院逐發展出各種基準，從早期1920年代提出的「明顯而立即的危險」到70年代「實質惡意」等原則。[529] 例如1952年美國最高法院的判決指出，「過去一直存在被嚴格限定的，一定明確的言論類型，包括淫穢猥褻的言論、褻瀆（profane）的言論、毀損名譽的言論，以及侮辱性的或「挑撥、鼓吹打鬥」（fighting）的言論等。

---

[526] 林山田（2005），《刑法各罪論（上冊）》，修訂5版，頁262，台北：自印。
[527] 林山田（2005），《刑法各罪論（上冊）》，修訂5版，頁263，台北：自印。
[528] 林山田（2005），《刑法各罪論（上冊）》，修訂5版，頁261-262，台北：自印。
[529] 吳庚（2003），《憲法的解釋與適用》，初版，頁210，台北：自印。

因爲這些言論，其表現本身就已構成侵害，或者會立即引起治安的騷亂」[530]，而抑制、處罰言論表現。換言之，相對於名譽而言，言論是具積極、主動、侵害的性質，而可能對名譽構成一定程度的侵害。

日本最高法院在1950年代的判決也採類似的態度，認爲：「日本憲法第21條並非無限制地保障言論自由。……將訊息揭載於報紙後予以散發而毀損他人之名譽，是言論自由的濫用，不能認爲是屬於日本憲法所保障的言論自由範圍。」[531]一直到1969年的「夕刊和歌山時事」案的判決[532]，才第一次將誹謗的表現當作日本憲法第21條的表現自由問題來加以理解，同時試著調和表現自由與「作爲人格權的名譽的保護」[533]。

二、眞實陳述之保障

如前所述，個人發表的言論有可能毀損他人之名譽，因此刑法設有誹謗罪。另一方面，由於刑法有誹謗罪的制裁規定，就可能因而剝奪或限制言論自由。刑法爲了調和言論自由與名譽權之間對立矛盾的緊張關係，乃於誹謗罪中特設「對於所誹謗之事，能證明其爲眞實者，不罰。但涉於私德而與公共利益無關者，不在此限」（刑法第310條第3項）的特別阻卻違法事由[534]。依照這項規定於分則的法定阻卻違法事由，使指摘或傳述足以毀損他人名譽之事，於能證明其爲眞實時，仍舊享有憲法所保障的言論自由，其言論不具違法性。換言之，行爲人所誹謗之事必須爲虛僞，方具違法性。故行爲人雖意圖散布於衆，而指摘或傳述足以

---

[530] Beauharnais v. Illinois, 343 U.S. 250 (1952)引用Chaplinsky v. New Hampshire , 315 U. S. 568 (1942)判決認爲名譽毀損的表現不在憲法上所保護的言論範圍內，而認爲州的毀損名譽法合憲。

[531] 最高裁判所昭和33年4月10日判決，刑事判例集，12卷5号，頁830。

[532] 最高裁判所大法庭昭和44年6月25日判決，刑事判例集，23卷7号，頁975。

[533] 芦部信喜（2002），《憲法学Ⅲ人権各論(1)》，增補版，頁347-348，日本：有斐閣。

[534] 關於本項規定之性質，學說上另有各種不同的説法，有認爲是阻卻刑罰事由者，有認爲是阻卻構成要件之事由者。參照甘添貴（2007），《體系刑法各論（第1卷）—侵害個人專屬法益之犯罪》，修訂再版，頁431，台北：自印。另日本亦有類似之規定及見解，參照內田文昭（1997），《刑法各論》，3版，頁217，日本：青林書院。

毀損他人名譽之事，但其所指摘或傳述之事，能證明其爲眞實者，則行爲人即不具違法性，而不致構成誹謗罪。[535]除非所誹謗之事涉及被害人之私德而與公共利益無關，始例外的不阻卻違法。

　　所謂「能證明其爲眞實」，依司法院釋字第509號解釋，認爲：「刑法第三百十條第三項前段規定對誹謗之事，能證明其爲眞實者不罰，係針對言論內容與事實相符者之保障，並藉以限定刑罰權之範圍，非謂指摘或傳述誹謗事項之行爲人，必須自行證明其言論內容確屬事實，始能免於刑責。惟行爲人雖不能證明言論內容爲眞實，但依其所提證據資料，認爲行爲人有相當理由確信其爲眞實者，即不能以誹謗罪之刑責相繩，亦不得以此項規定而免除檢察官或自訴人於訴訟程序中，依法應負行爲人故意毀損他人名譽之舉證責任，或法院發現其爲眞實之義務。就此而言，刑法第三百十條第三項與憲法保障言論自由之旨趣並無牴觸。」

　　在日本，其刑法第230條規定爲：「公然指摘事實，毀損他人名譽者，『不問事實的有無』，處三年以下有期徒刑，或五十萬元以下罰金。」比起敘述眞實事實的權利是優先保護名譽。不只如此，日本判例、通說都將誹謗理解爲危險犯，只要有使社會評價降低之虞即爲已足。[536]戰後日本修正刑法增訂第230條之2，該規定被認爲是日本第一次讓誹謗的言論是否該當於名譽權之侵害與表現自由牽連在一起而個別加以考慮，而想要量度保護名譽的價值與表現自由的價值後加以調和。依該規定，即使是毀損他人名譽之行爲，如果該行爲：（一）是關於公共利益的事實；（二）基於謀求公益之目的而爲者；（三）有該事實是眞實的證明，則應予免責（第1項）[537]。

---

[535] 林山田（2005），《刑法各罪論（上冊）》，修訂5版，頁263，台北：自印。
[536] 佐藤幸治編著（1992），《憲法Ⅱ基本的人權》，初版，頁175，日本：成文堂。
[537] 日本刑法第230條之2第1項：「前條第一項之行爲於認爲是與公共利益有關的事實，且其目的專在於謀求公共利益的情形下，判斷事實的眞實與否，有認爲是眞實的證明時，不罰。」

　　這樣的規定，有認為如果行為人（加害人）誤信上述條文所稱之「事實」是真實的時，既然沒有真實性的證明就不能免除誹謗的罪責[538]，這樣的解釋對於表現自由會造成萎縮的效果，而認為太過於將價值傾向於名譽權。[539]因此日本最高法院也改變了這種解釋，認為應注意「即使沒有能證實刑法第230條之2第1項所稱之事實是真實的證明，如果行為人誤信該事實是真實的，而關於該誤信，對照確實的資料和根據而有存在誤解的相當理由時，就因為沒有犯罪的故意，而不成立誹謗罪」。這是1969年日本最高法院關於「夕刊和歌山時事」案的判決[540]。

　　對於「夕刊和歌山時事」案判決的標準，有認為「在保護名譽與保障言論自由的調和上，原則上有關於公共性問題的發言是自由的，不論出於故意或沒有任何根據都沒有責任，只有在指摘虛偽的事實而侵害他人的名譽時，才負誹謗之責」[541]。如果依照這種說法的話，則在屬於「有關公共利益的事實」之限度內（其可視為是出於「謀求公益之目的」），「如果是基於讓人大致推測具有事實的真實性的程度的合理根據和資料而發言的話，應認為是憲法上所保障的正當的言論，不負誹謗之責」。[542]換言之，「言論自由的核心功能就是在於確保對公共事務的討論和決策所必要和有用之訊息的自由流通。因此，即使是侵犯他人名譽的言論，只要在確保這種訊息的自由流通的必要限度內，仍應認為是正當的」，基於這樣的原則，而認為有時也有保護不真實言論的必要性和有用性的情形，其判斷標準在於是否「基於讓人對於事實的真實性的程度具有大致可以推測是有相當的合理根據和資料而發的言論」。換言

---

[538] 最高裁判所昭和34年5月7日判決，刑事判例集，13卷5号，頁641。
[539] 芦部信喜（2002），《憲法学Ⅲ人権各論(1)》，增補版，頁351-352，日本：有斐閣。
[540] 最高裁判所大法庭昭和44年6月25日判決，刑事判例集，23卷7号，頁975。
[541] 浦部法穂（1994），〈言論の自由と名誉毀損における真実性の証明〉，《憲法判例百選Ⅰ》，3版，頁135。
[542] 芦部信喜（2002），《憲法学Ⅲ人権各論(1)》，增補版，頁354，日本：有斐閣。

之，阻卻違法事由不是「事實的眞實性」，而是有「相當的根據」，所以其根據是否存在的舉證責任應認爲在檢察官[543]。結果，在法條上雖然要求要有「眞實的證明」，但是依日本的判例，對於誤信其爲眞實時，卻變成只要有相當理由的證明即爲已足[544]。這樣的解釋，似乎與上述我國司法院釋字第509號解釋的意旨有些相近。

針對日本刑法第230條之2第1項的這種新解釋，以及我國司法院釋字第509號解釋的意旨，如果與1964年美國紐約時報對沙利文判決[545]所提出的「現實惡意」的法理[546]相較的話，對於言論自由的保障似乎存有差距。[547]

美國的紐約時報判決認爲「關於有公共性的爭論點的討論不應被抑制，而應喧鬧的，且廣泛的展開討論，又該討論當然包括對於政府及在公職之人的非常猛烈的攻擊，甚至有時會有不愉快的尖銳的攻擊」，並強調「含有謬誤的言論，任其自由的討論是不可避免的，而且，其如果認爲表現自由要『存活下來』……理應擁有必要的『喘息空間』，而必須加以保護」。從這樣的觀點來看，傳統的想法，即進行誹謗言論的加害人（被告）如果必須證明其言論的眞實性才可以免除誹謗的責任，

[543] 平川宗信（1983），《名譽毀損罪と表現の自由》，頁56、86-87、99-107，日本：有斐閣。芦部信喜（2002），《憲法学Ⅲ人権各論(1)》，增補版，頁354-355，日本：有斐閣。

[544] 平川宗信（1983），《名譽毀損罪と表現の自由》，頁61以下，日本：有斐閣。藤木英雄（1969），〈事実の眞実性の誤信と名譽毀損罪〉，《法学協会雑誌》，86巻10号，頁1。福田平（1985），〈記事内容の眞実性に関する錯誤〉，《マスコミ判例百選》，2版，頁46，日本：有斐閣。木村静子（1997），〈名譽毀損罪における事実の眞実性に関する錯誤〉，《刑法判例百選Ⅱ各論》，4版，頁40，日本：有斐閣。芦部信喜（2002），《憲法学Ⅲ人権各論(1)》，增補版，頁351-352，日本：有斐閣。

[545] New York Times Co. v. Sullivan 376 U.S. 254 (1964).

[546] 堀部政男（1996），〈名譽毀損と言論自由〉，《英米判例百選》，3版，頁50，日本：有斐閣。平川宗信（1983），《名譽毀損罪と表現の自由》，頁57以下，日本：有斐閣。松井茂記，（1983），〈名譽毀損と表現の自由（二）〉，《民商法雑誌》，87巻2号，頁27以下。奥平康弘（1997），《ジャーナリズムと法》，頁184以下，日本：新世社。

[547] 芦部信喜（2002），《憲法学Ⅲ人権各論(1)》，增補版，頁353，日本：有斐閣。

因爲這種眞實性的抗辯（defense of truth），在實際上很難被承認，所以批判公務員行爲的人們，「在可以相信該批判是眞實的，甚至連實際上是眞實的情形，都因爲在法庭上是否可以證明沒有十足的把握，或因爲擔心必須證明的經費不菲等，而有可能選擇不再明白表示該批判」，所以提出如下的新法理，即關於對公務員的誹謗言論，該言論具有「現實的惡意」，亦即雖然知道其爲虛僞的而仍然加以指摘，或根本無視於是否爲虛僞的而予以指摘，都必須由原告（公務員）以「明白且足以使人確信的證明」（clear and convincing proof）來證立其具有「現實的惡意」，才能構成誹謗。因爲此要件極爲嚴格，所以「現實的惡意」的法理可以說是最大限度地重視言論自由。而此法理在嗣後的判例，被認爲也及於刑事上的誹謗罪，甚至被理解爲也適用於公眾人物（public figures），亦即也適用於對著名的人的誹謗言論[548]。

三、眞實但與公益無關之誹謗

　　如前所述，刑法爲了調和言論自由與名譽權之間對立矛盾的緊張關係，於誹謗罪中特設「對於所誹謗之事，能證明其爲眞實者，不罰。但涉於私德而與公共利益無關者，不在此限」（刑法第310條第3項）的特別阻卻違法事由。依照這項規定，行爲人意圖散布於眾，而指摘或傳述足以毀損他人名譽之事，若其所指摘或傳述之事，能證明其爲眞實者，則行爲人即不具違法性，但所誹謗之事若涉及被害人之私德而與公共利益無關，則例外的不阻卻違法。換言之，行爲人所誹謗之事雖爲眞實，但卻涉及被害人的私德而與公益無關者，仍具違法性，而能構成誹謗罪，必須所指摘或傳述之事，能證明其爲眞實，且不涉及被害人個人的私德而與公益有關者，才不具違法性，而不構成誹謗罪。至於是否涉及

---

[548] 松井茂記（1983），〈名譽毀損と表現の自由（三）〉，《民商法雜誌》，87卷6号，頁27以下。芦部信喜（2002），《憲法学Ⅲ人権各論(1)》，增補版，頁353-354，日本：有斐閣。

被害人的私德，是否與公益有關，則應就案情作客觀的判斷。[549] 例如指摘他人之犯罪行為，或有關公務員或公職人員候選人的事實，應認為是與公益有關的事實。[550]

關於「與公共利益有關的事實」，日本最高法院在「月刊ペン」案的判決是理解為「即使是個人私生活中的行為，其參與社會活動的性質，及透過此社會活動的參與而對社會產生一定程度的影響力，對於該社會活動的批判乃至作為評價的一個資料，就有合乎日本刑法第230條之2第1項所稱之『與公共利益有關的事實』之可能」[551]。其判斷的標準，如果從表現自由的觀點來看，可認為只要是對於作為國民而在客觀上有知的必要的事實，就應承認其具有公共性[552]。

此判決明確地指出，雖然是個人但如果該個人是「公眾人物」則其所受保護的名譽權的範圍與公務員一樣狹小。至於是否符合「與公共利益有關的事實」，其具體的判斷方法，日本傳統的判例是參酌所指摘事實之具體內容、表現方法及調查事實的程度，個別進行利益之衡量，[553] 但是日本最高法院在「月刊ペン」事件中，是認為「應對照其所指摘的事實本身的內容及性質，客觀的加以判斷，至於指摘此事實時的表現方法及調查事實的程度等，都不是影響上述判斷的因子」[554]。

如前所述，名譽與隱私不同，與名譽有關的訊息流入思想的自由

---

[549] 林山田（2005），《刑法各罪論（上冊）》，修訂5版，頁263-264，台北：自印。
[550] 日本刑法第230條之2第2項、第3項。佐藤幸治編著（1992），《憲法Ⅱ基本的人権》，初版，頁176，日本：成文堂。
[551] 最高裁判所昭和56年4月16日判決，刑事判例集，35卷3号，頁84。
[552] 平川宗信（1985），〈公共ノ利害ニ関スル事実〉，《マスコミ判例百選》，2版，頁52，日本：有斐閣。佐伯仁志（1984），〈月刊ペン事件〉，《刑法判例百選Ⅱ》，2版，頁46，日本：有斐閣。中山研一（1992），〈月刊ペン事件〉，《刑法判例百選Ⅱ》，3版，頁40，日本：有斐閣。田中圭二（1997），〈月刊ペン事件〉，《刑法判例百選Ⅱ》，4版，頁38，日本：有斐閣。奥平康弘（1991），〈指導者の私事の公益性〉，《宗教判例百選》，2版，頁144，日本：有斐閣。芦部信喜（2002），《憲法学Ⅲ人権各論(1)》，增補版，頁355-356，日本：有斐閣。
[553] 佐藤幸治編著（1992），《憲法Ⅱ基本的人権》，初版，頁175-176，日本：成文堂。
[554] 最高裁判所昭和56年4月16日判決，刑事判例集，35卷3号，頁84。

市場被認為是當然的前提。對於名譽的保護，會根據私人、公眾人物，還是公務員而有所不同。對於公眾人物或公務員來說，比起其名譽的保護，真實的言論流入思想的自由市場往往比保護該人的名譽更有價值。[555] 不過，在誹謗私人的情形，則不應強調與私人名譽有關的訊息委諸於思想之自由市場的前提。因為從經驗中可以清楚地看出，私人幾乎沒有反駁的機會，而思想的自由市場在此無法發揮其功能。從這個意義上說，對私人的誹謗可以理解為屬於「不被保護之言論」的一個領域。不過，在英美，指摘的事實是真實的被當作是絕對的抗辯；在日本，比起敘述真實事實的權利是優先保護私人的名譽[556]；在我國，依上述刑法第310條第3項但書之規定，相較於真實事實的陳述也是優先保護私人的名譽。

畢竟，無關公益且不妨害他人的個人行為仍屬個人人格發展的一部分，理應予以尊重，如任意指摘批判而減損其在社會上的評價，使其名譽受損，當然可能扼殺其個人的人格發展。儘管自由的言論應予保障，但即使是離經叛道、特立獨行的行為如無關公益而不妨害他人，豈不也應該予以保障。這二者的衝突，後者既然不妨害他人也無關公益，自應予充分的尊重，前者如妨害了後者的名譽，使其行為在社會上的評價受到減損，則其間的價值應如何取捨，即十分清楚。

四、非出於惡意之言論的保障

如前所述，在美國，對公眾人物或公務員的誹謗，是採「現實惡意」的法理，亦即說話者雖然知道其為虛偽的而仍然加以指摘，或根本無視於是否為虛偽的而予以指摘，都必須由被害者（在刑事案件中是由國家）以「明白且足以使人確信的證明」（clear and convincing proof）來證立說話者具有「現實的惡意」。此法理，被認為是權衡：（一）有

---

555 佐藤幸治編著（1992），《憲法Ⅱ基本的人権》，初版，頁175-176，日本：成文堂。
556 佐藤幸治編著（1992），《憲法Ⅱ基本的人権》，初版，頁175，日本：成文堂。

關公共的言論具有市民自治的價值，必須受到特別保護；（二）對自由討論而言，虛偽的言論是不可避免的；（三）對虛偽言論適當的對抗手段是反駁的自由等有關公共的言論與公務員的名譽所得到的結論。[557]

在我國，行為人意圖散布於眾，而指摘或傳述足以毀損他人名譽之事，若對於其所誹謗之事，能證明其為真實，而該真實的事實僅涉及所誹謗之被害人個人的私德而與公共利益無關，依刑法第310條第3項但書之規定，仍具有違法性而可能構成誹謗罪。但儘管如此，如該足以毀損他人名譽之事的指摘或傳述行為係出於善意而發，依刑法第311條之規定，仍有可能不構成誹謗罪。

由於憲法所明文保障的言論自由與名譽權之間具有宿命性的緊張衝突的關係，又因為刑法有誹謗罪的處罰規定，言論自由即可能受到相當程度的限制。但由於言論自由是憲法所保障的基本權利中極為重要的權利，也是民主憲政所不可或缺的基本自由，所以不宜輕易使其受到限制。因此，立法者乃於刑法第311條特別設置阻卻違法的事由[558]，規定：「以善意發表言論，而有左列情形之一者，不罰：一、因自衛、自辯或保護合法的利益者。二、公務員因職務而報告者。三、對於可受公評之事，而為適當的評論者。四、對於中央及地方的會議或法院或公眾集會的記事，而為適當的載述者。」

行為人出於善意發表言論，而有上述一、至四、的情形之一者，即因符合阻卻違法事由，而不具違法性，無由構成誹謗罪。立法者以此規定來進一步調和憲法所同時保障的名譽權與言論自由。[559]

所謂以善意發表言論係指非出於惡意而發表言論。行為人只要非以

---

[557] 佐藤幸治編著（1992），《憲法Ⅱ基本的人權》，初版，頁176-178，日本：成文堂。

[558] 另有認為刑法第311條為阻卻構成要件事由，參閱林山田（2005），《刑法各罪論（上冊）》，修訂5版，頁264-265，台北：自印。

[559] 林山田（2005），《刑法各罪論（上冊）》，修訂5版，頁265，台北：自印。

損害他人名譽爲主要的目的，即可推定係出於善意[560]。就被指摘或被評論者而言，他人的指摘、傳述或評論，均令其感到不快或自認爲名譽受損，故極易認定指摘者、傳述者或評論者，均非出於善意。因此，是否以善意發表言論，應就具體事件而作客觀判斷。立法者乃特設上述四款之規定，使司法者不必僅就行爲人的主觀意思，而可輔以客觀可見的行爲，較易作出正確的判斷。[561] 即：

（一）因自衛、自辯或保護合法的利益者

行爲人爲了防衛自己，或爲自己辯白或爲保護合法利益，而發表言論，其主要目的不在損害他人名譽，即非出於惡意而發表言論，理應阻卻其違法性。惟這些言論並非毫無限制，而應侷限於爲行自衛或自辯的必要限度之內，始得依據本款而阻卻違法。

（二）公務員因職務而報告者

即公務員執行職務，就其職務有關的事項而爲報告，通常都與公共利益有關，而非以損害他人名譽爲主要目的，亦可認爲非出於惡意而發表言論。公務員若發表的言論與其職務無關，自無本款的適用。[562]

（三）對於可受公評之事，而為適當的評論者

何種事爲可受公評之事，應依事件的性質以及其與社會公眾的關係而定[563]。與公共利益有密切關係的事務，應均爲可受公評之事。如果「從表現自由的觀點來看，對於在客觀上國民有知的必要的事實，就應承認其具有公共性」[564]。因此，雖然是個人的私生活行爲，如果該個

---

560 參閱最高法院93年度台非字第162號判決。
561 林山田（2005），《刑法各罪論（上冊）》，修訂5版，頁265-266，台北：自印。
562 林山田（2005），《刑法各罪論（上冊）》，修訂5版，頁266，台北：自印。
563 韓忠謨（1976），《刑法各論》，三版，頁389，台北：自印。
564 平川宗信（1985），〈公共ノ利害ニ関スル事実〉，《マルコミ判例百選》，2版，頁52，日本：有斐閣。佐伯仁志（1984），〈月刊ペン事件〉，《刑法判例百選Ⅱ》，2版，頁46，日本：有斐閣。中山研一（1992），〈月刊ペン事件〉，《刑法判例百選

人是「公眾人物」，則其一言一行仍有可能成為公眾矚目甚至模仿的焦點，而未必與公共利益無關。如此，即使是其個人私生活上的行為，若其參與社會活動的性質，及透過此社會活動的參與而對社會產生一定程度的影響力，則對於該社會活動進行批判或將其作為評價的一個資料，就可能因與公共利益有關[565]，而可評價為可受公評之事。

行為人對可受公評之事作適當的評論，雖有時會損及被評論者的名譽，但只要對於可受公評之事，就其個人的主觀價值判斷，提出其主觀的評論意見而無情緒性或人身攻擊性的言論，因係憲法所應保障表現自由中的意見陳述，即屬本款的適當評論，而有本款的適用。至於行為人的評論內容是否正確無誤，則非所問，而與評論是否適當無關。[566]

（四）對於中央及地方的會議或法院或公眾集會的記事，而為適當的載述者

中央及地方的會議或法院或公眾集會，均事關社會大眾的權益，其記事本應公開於眾，故行為人對之作適當的載述，雖有時可能毀損他人的名譽，仍可依本款阻卻行為的違法性。惟若會議或法院基於正當理由而明示不宜公開的記事，行為人竟故意加以載述，或對於雖可公開的記事，加以渲染而後載述，則因已超越本款的範圍，而不能阻卻行為的違法性。[567]

上述（二）至（四）款可認為都是與公共利益有關，只有第（一）款未必與公共利益有關，但因為是出於防衛自己，或為自己辯白

II》，3版，頁40，日本：有斐閣。田中圭二（1997），〈月刊ペン事件〉，《刑法判例百選II》，4版，頁38，日本：有斐閣。奧平康弘（1991），〈指導者の私事の公益性〉，《宗教判例百選》，2版，頁144，日本：有斐閣。芦部信喜（2002），《憲法学III人権各論(1)》，増補版，頁355-356，日本：有斐閣。

565 最高裁判所昭和56年4月16日判決，刑事判例集，35卷3号，頁84。芦部信喜（2002），《憲法学III人権各論(1)》，増補版，頁355，日本：有斐閣。
566 林山田（2005），《刑法各罪論（上冊）》，修訂5版，頁267，台北：自印。
567 但不同意見有認為不能阻卻構成要件該當性，參閱林山田（2005），《刑法各罪論（上冊）》，修訂5版，頁267，台北：自印。

或為保護自己或他人合法利益，而發表言論，可評價為非出於惡意，因此，此種非出於惡意的言論即使會毀損被害人的名譽，而所指摘之事實又不涉及公共利益而純屬私人之事，只要所指摘之事實為真實，即應優先保護其言論自由，而令被害人之名譽權退讓。

五、小結

綜上所述，言論自由與名譽這二個法益各有其價值，究其本質，言論本身具有實現自我、溝通意見、追求真理、滿足人民知的權利，形成公意，促進各種合理的政治及社會活動之功能。在性質上是積極的、主動的、作為的，而具有侵害的性質。相對地，名譽是個人的人格在社會生活上所受的評價。在性質上是累積的、消極的、被動的、不作為的，而不具有主動的、侵害的性質。換言之，名譽本身不會侵害言論，反而是言論有侵害名譽的可能。因此應將重點放在言論是在何種情況如何侵害個人名譽，再去思考應如何取捨這二個權利的價值。

現行刑法的誹謗罪對於言論自由與名譽權這二個價值相互衝突的取捨，已作了很好的調和。其調和取捨的標準有四：（一）言論是否侵害名譽；（二）言論所指摘的事實是否真實；（三）言論是否與公益有關；（四）發表言論是否出於惡意。

首先考量所發表之言論是否會侵害個人之名譽，如果不會，則保障言論自由；如果會，則基於保障個人人格發展不受言論之干擾，禁止這種足以貶抑其社會評價之言論。不過，所發表之言論，即使會侵害個人之名譽，如果其所指摘的事實是真實的或有相當理由可相信其為真實的，則基於保障真實言論以追求真理、實現自我，應例外的不禁止這種真實或有相當理由可相信為真實的但會毀損個人名譽的言論；所指摘的事實非屬可信為真實者，則在禁止之列。所發表之可信為真實的但會毀損個人名譽之言論，如果涉及公共利益，因與公眾之利害有關，故基於公眾知的權利與多元民主的價值，應又例外的不禁止這種涉及公共利益

之真實但會毀損個人名譽的言論；所指摘之會毀損個人名譽的真實的事實如不涉及公共利益而屬純粹私人之事，則既與公眾之利害無關，而純屬私人之事，基於保障個人人格之發展，應仍在禁止之列。所發表會毀損個人名譽的真實但不涉及公共利益而屬純粹私人之事實的言論，如果非出於惡意，即非以損害他人名譽為主要目的，例如出於自衛、自辯、保護合法利益，則又例外的不禁止這種言論，而成為例外中的例外；反之，如係出於惡意，則仍在禁止之列。

這種原則中有例外，例外中尚有例外的調和，在規範的方法上，可認為是屬於較細緻的調和方法。可以下圖表示，圖中粗曲線左側白色部分為言論自由所保障的範圍，粗曲線右側灰色部分則為言論自由所不保障的領域，每一個曲折都是一個原則中的例外，或例外中的例外。

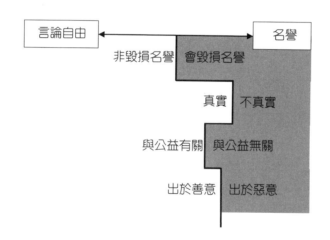

伍、集會遊行中言論自由之限制

一、集會遊行中妨害名譽之禁止

集會、遊行（移動的集會）是多數人基於表達共同目的的內在連結

而聚集會合於一定場所的活動，其本身即為表現的一種方式，屬於表現自由的範疇，已如前述。此外，集會、遊行中當然也有可能以言論、圖畫的方式表達來作為表現的方法，而有可能涉及誹謗和侮辱的問題。

本條規定：「集會、遊行時，以文字、圖畫、演說或他法，侮辱、誹謗公署、依法執行職務之公務員或他人者，處二年以下有期徒刑、拘役或科或併科新臺幣六萬元以下罰金。」為刑法第140條侮辱公署與公務員罪及第309條公然侮辱罪、第310條誹謗罪等的特別規定，已如前述。為便於分析比較，下表為本條與刑法相關各侮辱罪、誹謗罪之構成要件要素及法定刑之分析比較。

罪名	犯罪行為	行為方法	行為客體	行為時的情狀	法定刑
侮辱公務員（刑法§140Ⅰ前段）	侮辱		依法執行職務的公務員	依法執行職務的當場	6月以下、拘役或100元以下
侮辱職務（刑法§140Ⅰ後段）	侮辱		公務員之職務	公然	6月以下、拘役或100元以下
侮辱公署（刑法§140Ⅱ）	侮辱		公署	公然	6月以下、拘役或100元以下
公然侮辱（刑法§309Ⅰ）	侮辱		一般人	公然	拘役或300元以下
加重公然侮辱（刑法§309Ⅱ）	侮辱	強暴、脅迫	一般人	公然	一年以下、拘役或500元以下
普通誹謗（刑法§310Ⅰ）	誹謗（意圖散布於眾，而指摘或傳述足以毀損他人名譽之事）		一般人		一年以下、拘役或500元以下

罪名	犯罪行為	行為方法	行為客體	行為時的情狀	法定刑
加重誹謗（刑法§310Ⅱ）	誹謗	散布文字、圖畫	一般人		二年以下、拘役或1,000元以下
集會遊行時之侮辱與誹謗罪（集會遊行法§30）	1. 誹謗 2. 侮辱	文字、圖畫、演說或他法	1. 一般人 2. 依法執行職務的公務員 3. 公署	集會遊行時	二年以下、拘役、科或併科6,000元以下

　　從上表之分析比較，大致上可以說本條是將刑法第140條、第309條、第310條各罪匯集在一起規定，再加上「集會、遊行時」這樣的條件。換言之，本條之侮辱、誹謗行為都必須是在集會、遊行之時為之，始能成立，否則不能成立本條之罪，而只能依情形適用刑法第140條、第309條或第310條之罪。至於在集會、遊行之時，是否於不特定人或多數人可以共見共聞的公然情形下為之，或是否於公務員執行職務之當場為之，則非所問。於集會、遊行時為侮辱或誹謗行為，除了符合本條的侮辱、誹謗罪之外，也可能同時符合刑法的第140條、第309條或第310條之罪，此時依特別法優於普通法之原則，理應優先適用本條，刑法第140條、第309條或第310條則隱而不用。

　　其次，本條作為刑法誹謗罪的特別規定，刑法第310條第1項誹謗罪的不法構成要件是規定為「意圖散布於眾，而指摘或傳述足以毀損他人名譽之事者，為誹謗罪」，即行為人出於將所指摘或傳述之事散布於眾的意圖，而故意指摘或傳述足以毀損他人名譽之事，即為誹謗之行為。本條則僅規定「誹謗」二字，在解釋上應認為本條所稱之「誹謗」行為，即指刑法第310條第1項所稱「誹謗罪」之行為。換言之，本條之誹謗行為，除了客觀上須有指摘或傳述足以毀損他人名譽之事外，主觀上也須有「散布於眾的意圖」及誹謗的故意。若行為人欠缺散布於眾的

意圖，應不構成刑法誹謗罪之行為，也不能成立本條之誹謗罪。

　　由於本條是匯集了刑法第140條、第309條或第310條各罪的構成要件，所以，相較於刑法第140條、第309條或第310條各罪之法定刑，其法定刑也放寬到可以包含上述各罪的法定刑，即「二年以下有期徒刑、拘役、科或併科六千元以下罰金」，賦予法官較為寬廣的量刑空間，這樣的立法是否妥當，不無討論的空間。

　　首先，誹謗之方法，刑法第310條是依誹謗行為之方法究竟是用散布文字、圖畫之方法，還是用文字、圖畫以外的方法，分成加重誹謗罪和普通誹謗罪，分別科處高低不同的刑罰，理由是用文字、圖畫為誹謗之行為，對於被害人名譽之妨害較為寬廣、久遠，侵害的程度較嚴重。本條誹謗之方法則包括用文字、圖畫、演說或其他方法，不區分不同方法的誹謗行為所造成不同程度的名譽侵害結果，而一概以一個相同的法定刑來處理，這種含糊的處理方式，固然可以給法官有較寬廣的量刑空間，但是就罪刑相當的原則而言，未必是正確的處理方式。

　　其次，對於侮辱行為，刑法除了處罰對一般人為公然侮辱之行為外，也處罰對公署、依法執行職務之公務員及公務員依法執行之職務的侮辱行為，前者是妨害個人名譽之行為，後者除了有妨害名譽之成分外，反而更側重於妨害公務之不法行為，二者性質各異，刑罰也不同。相對地，本條將：（一）公署；（二）依法執行職務之公務員；（三）其他一般人並列，如此，侮辱一般人，是妨害個人名譽的罪，自不待言，但侮辱公署及依法執行職務之公務員，是妨害名譽，還是妨害公務；是在保護個人法益，還是保護國家法益，不無疑問。畢竟妨害公務與妨害名譽之不法內涵未必一致，不加區分地將其一概以一個相同的法定刑來處罰，也未必妥當。

　　第三，刑法關於侮辱行為，除了作為妨害名譽的行為之外也作為妨害公務的行為而加以規定，分別規定在刑法的妨害名譽罪章（第309條）及妨害公務罪章（第140條）。但關於誹謗行為，則只作為妨害名

譽的行為而加以規定，即第310條之規定。本條將侮辱行為與誹謗行為並列規定，又將被害的客體即：（一）公署；（二）依法執行職務之公務員；（三）其他一般人也予以並列規定。其結果是原本刑法所不處罰的誹謗公署及誹謗依法執行職務之公務員的行為，因為上述並列規定的關係，也一併予以入罪化，科處刑罰。然而，這是立法者有意將誹謗公署及誹謗依法執行職務之公務員的行為予以入罪化，還是因為將侮辱與誹謗二行為並列在一起規定而誤將原本沒有要予以入罪化的誹謗公署及誹謗依法執行職務之公務員也一併給入罪化了，不免啓人疑竇。而這樣的疑問，尤其在大唱言論自由和多元民主的世代裡，更加耐人尋味。

二、刑法第310條第3項與第311條於本條有無適用之餘地

（一）刑法第310條第3項得否適用於本條之誹謗行為

　　本條作為刑法誹謗罪的特別規定，依刑法第310條第3項之規定，「對於所誹謗之事，能證明其為眞實者，不罰。但涉於私德而與公共利益無關者，不在此限」，此項規定為刑法第310條第1項普通誹謗罪及同條第2項加重誹謗罪之特別的阻卻違法事由，已如前述。然而，此項規定於作為其特別法的集會遊行法第30條之誹謗行為有無適用的餘地，亦即本條的誹謗行為能否因已經證明所誹謗之事為眞實而得依刑法第310條第3項之規定阻卻違法，不無疑問。

　　刑法總則依刑法第11條之規定而得適用於刑法以外有處刑罰或保安處分之規定，但刑法分則之規定並不在刑法第11條所指涉之範圍，未必能適用於刑法以外有處刑罰或保安處分之規定。而從體系來看，「對於所誹謗之事，能證明其為眞實者，不罰。但涉於私德而與公共利益無關者，不在此限」，此一規定是規定在刑法分則妨害名譽及信用罪章中第310條的第3項，解釋上應適用於同條第1項、第2項之誹謗行為，至於刑法以外有處刑罰的集會遊行法第30條的誹謗行為恐未必當然可以適用刑法第310條第3項之規定，亦即本條的誹謗行為縱然已經證明所誹謗之事

為眞實，仍未必得依刑法第310條第3項之規定而阻卻違法。

不過，本條所指之誹謗行為與刑法第310條第1項及第2項所指之誹謗行為理應同樣都是指「意圖散布於眾而指摘或傳述足以毀損他人名譽之事」的行為，已如前述。另一方面，集會遊行法第1條第2項規定「本法未規定者，適用其他法律之規定」，換言之，本法有特別規定者，適用本法之規定，本法未規定者，則以其他法律作為補充之規定。這裡所稱之法律當然包括刑法在內。如此，關於集會遊行時之誹謗行為，本法已有特別之規定，自應適用本法第30條之規定，但已經證明所誹謗之事為眞實得否作為誹謗行為的阻卻違法事由，集會遊行法並無規定。在解釋上未必不能認為是立法者有意的不規定，而要讓諸其他法律（於此即刑法）規定。如果從這樣的角度來看，刑法第310條第3項阻卻違法事由之規定就有可能透過集會遊行法第1條第2項之規定適用於集會遊行法第30條之誹謗行為，即於能證明所誹謗之事為眞實時，得阻卻違法。

（二）刑法第310條第3項得否適用於本條之侮辱行為

刑法第310條第3項「對於所誹謗之事，能證明其為眞實者，不罰。但涉於私德而與公共利益無關者，不在此限」之規定，於集會遊行法第30條之侮辱行為有無適用的餘地，亦即本條的侮辱行為能否依刑法第310條第3項之規定阻卻違法。

因為侮辱行為並不以指摘或傳述具體的事實為必要，由於事實沒有被指摘，所以侮辱就沒有「眞實的證明」問題，諸如對於身體有缺陷的「人」，指摘其「缺陷」時，在某種意義上就是衝著「眞實」的事實而發的侮辱行為，所以只要表示侮蔑的意思，一樣可以構成「侮辱」，[568]而不適用刑法第310條第3項。

本條作為刑法侮辱罪的特別規定，其所稱之侮辱，當然可以認為

---

568 内田文昭（1997），《刑法各論》，3版，頁225-226，日本：青林書院。

與刑法所稱的侮辱相同意義，也就是本條的侮辱行為並不以指摘或傳述具體的事實為必要，自然就沒有「真實的證明」問題，只要表示侮蔑的意思，即使是針對「真實」的事實而發，也一樣可以構成「侮辱」，如此，刑法第310條第3項之規定就不能成為本條侮辱行為的阻卻違法事由。

（三）刑法第311條得否適用於本條之誹謗行為

依刑法第311條之規定：「以善意發表言論，而有左列情形之一者，不罰：一、因自衛、自辯或保護合法的利益者。二、公務員因職務而報告者。三、對於可受公評之事，而為適當的評論者。四、對於中央及地方的會議或法院或公眾集會的記事，而為適當的載述者。」如前所述，此條規定亦為刑法第310條第1項普通誹謗罪及同條第2項加重誹謗罪之特別的阻卻違法事由。此條規定固然可適用於刑法第310條的誹謗行為，但能否適用於集會遊行法第30條之誹謗行為，亦即如果本條之誹謗行為也符合刑法第311條所規定之情形，得否依該規定阻卻違法，亦有討論之必要。

如前所述，刑法分則之規定，未必能適用於刑法以外有處刑罰或保安處分之規定。規定在刑法分則妨害名譽及信用罪章中的第311條，雖然得適用於刑法第310條之誹謗行為，但於刑法以外有處刑罰的集會遊行法第30條的誹謗行為恐未必當然可以適用，亦即本條的誹謗行為縱然是出於善意而發表之言論仍未必得依刑法第311條之規定而阻卻違法。

不過，本條所指之誹謗行為與刑法第310條所指之誹謗行為都是刑法第311條所稱之「發表言論」的行為。另一方面，依集會遊行法第1條第2項「本法未規定者，適用其他法律之規定」，集會遊行時之誹謗行為，自應適用本條之規定，但如係出於善意發表言論之行為，刑法第311條得否作為誹謗行為的阻卻違法事由，集會遊行法沒有規定，這部分亦可認為是立法者有意的不規定，而要讓諸其他法律（即刑法）。如

此，刑法第311條阻卻違法事由之規定就有可能依集會遊行法第1條第2項之規定適用於本條之誹謗行為，而成為該誹謗行為的阻卻違法事由。

（四）刑法第311條得否適用於本條之侮辱行為

同樣的問題，上述刑法第311條之規定得否適用於本條的侮辱行為。首先，關於刑法第311條之規定得否適用於刑法第309條侮辱罪的問題，學說上有認為刑法第311條「出於善意發表言論」之阻卻違法事由亦適用於刑法第309條第1、2項之侮辱罪[569]。由於刑法第311條規定以善意「發表言論」，所謂發表言論，理應不以誹謗行為為限，而包括以發表言論為方法之侮辱行為[570]，故認為刑法第311條之規定亦得適用於刑法第309條之侮辱罪的見解應可接受。同樣地，本條作為刑法第309條侮辱罪的特別規定，則刑法第311條之規定理應也可以適用於本條的侮辱行為，也就是本條的侮辱行為也可以因為符合刑法第311條之情形而阻卻違法。

因為本條之侮辱行為若非以損害他人名譽為主要目的，而為刑法第311條所稱「以善意發表言論」之一種，又依集會遊行法第1條第2項「本法未規定者，適用其他法律之規定」，集會遊行法所沒有規定的出於善意發表言論之阻卻違法事由，理應得適用刑法第311條，亦即本條之侮辱行為如符合刑法第311條之規定亦得阻卻違法。

三、小結

由於本條是匯集了刑法第140條、第309條或第310條各罪的構成要件，其法定刑也放寬到包含上述各罪的法定刑，即「二年以下有期徒刑、拘役、科或併科六千元以下罰金」，賦予法官較為寬廣的量刑空

---

[569] 甘添貴（2007），《體系刑法各論（第1卷）－侵害個人專屬法益之犯罪》，修訂再版，頁418-419，台北：自印。盧映潔（2010），《刑法分則新論》，修訂3版，頁562，台北：新學林。

[570] 侮辱行為也有可能以非言論的方法來完成。

間，但是與罪刑相當原則未必完全相符。

其次，本條將公署、依法執行職務之公務員、其他一般人並列為犯罪之客體，如此，侮辱公署及依法執行職務之公務員，究屬妨害名譽，還是妨害公務，不無疑問。畢竟妨害公務與妨害名譽之不法內涵未必一致，不加區分地將其一概以一個相同的法定刑來處罰，也未必妥當。

基於本條所指涉之「誹謗」與刑法第310條第1項及第3項所指之「誹謗」同義，亦為刑法第311條所稱之以善意「發表言論」所包括，以及刑法第310條第3項及第311條均可認為是集會遊行法第1條第2項所稱之其他法律，而應認為刑法第310條第3項及第311條之規定均可適用於本條之誹謗行為。

同理，本條所稱之「侮辱」亦可能為言論之發表，而為刑法第311條所稱之以善意「發表言論」所包括，且刑法第311條可認為是集會遊行法第1條第2項所稱之其他法律，而可適用於本條之侮辱行為。但因為侮辱行為不以指摘事實為必要，無真實證明問題，所以刑法第310條第3項之規定不能適用於本條之侮辱行為，亦即不能以真實之證明而阻卻違法。

陸、結論

本條是將刑法第140條、第309條、第310條各罪匯集在一起規定，再加上實施侮辱、誹謗等犯罪行為必須是在「集會、遊行時」之條件。亦即本條之侮辱、誹謗行為都必須是在集會、遊行之時為之，始能成立。否則不能成立本條之罪，而只能依情形適用刑法第140條、第309條或第310條之罪。至於在集會、遊行之時，是否處於公然情形下為之，或是否於公務員執行職務之當場為之，則均非所問。

其次，本條作為刑法誹謗罪的特別規定，因刑法第310條第1項誹

謗罪的不法構成要件是規定為「意圖散布於眾，而指摘或傳述足以毀損他人名譽之事者，為誹謗罪」，故本條之誹謗行為，除了客觀上須有指摘或傳述足以毀損他人名譽之事外，主觀上也須有「散布於眾的意圖」及誹謗的故意。若行為人欠缺散布於眾的意圖，應不構成刑法誹謗罪之行為，也不能成立本條之誹謗罪。

本條誹謗之方法包括用文字、圖畫、演說或其他方法，不區分不同方法的誹謗行為所造成不同程度的名譽侵害結果，而一概以一個相同的法定刑來處理，這種含糊的處理方式，固然可以給法官有較寬廣的量刑空間，但是就罪刑相當的原則而言，未必是正確的處理方式。

本條將侮辱行為與誹謗行為並列規定，又將被害的客體即：一、公署；二、依法執行職務之公務員；三、其他一般人也予以並列規定。其結果是原本刑法所不處罰的誹謗公署及誹謗依法執行職務之公務員的行為，因為上述並列規定的關係，而將誹謗公署及誹謗依法執行職務之公務員的行為也一併予以入罪化，這在大唱言論自由和多元民主的世代裡，更加讓人覺得諷刺。

關於刑法第310條第3項與第311條得否適用於本條，可整理如下表：

	刑法第310條第3項	刑法第311條
集會遊行法第30條之誹謗行為	可以適用	可以適用
集會遊行法第30條之侮辱行為	不能適用	可以適用

> **第31條**（妨害合法集會遊行之罰則）
> 違反第五條之規定者，處二年以下有期徒刑、拘役或科或併科新臺幣三萬元以下罰金。

壹、本條之不法構成要件

本條係違反第5條「對於合法舉行之集會、遊行，不得以強暴、脅迫或其他非法方法予以妨害」之妨害合法集會遊行罪，其法定刑為二年以下有期徒刑、拘役或科或併科新臺幣3萬元以下罰金。以下就本罪之客觀與主觀不法構成要件分別論述之。

一、客觀不法構成要件

客觀的不法構成要件，是對於合法舉行之集會、遊行，以強暴、脅迫或其他非法方法予以妨害。

本罪的行為乃是以強暴、脅迫或其他非法的方法，妨害合法舉行之集會、遊行。所謂強暴乃指行為人施用體力，予他人現時的惡害，形成對於他人的強制作用或逼迫作用，而能妨害或制壓他人的意思決定自由或意思活動自由。脅迫是指行為人透過通知一個會使一般人畏懼的未來惡害，予被害人精神上之強制。所謂「其他非法方法」，應指強暴、脅迫以外之其他具有強制作用的非法行為而言。詳請參閱第5條貳、之解說。

行為人透過強暴、脅迫或其他具有類似強制作用的非法方法，企圖達到妨害他人合法舉行之集會、遊行的目的，即有可能構成本罪。至於強暴、脅迫等行為所須達到的強制程度，至少必須達到在客觀上足以妨害集會遊行之開始或進行，始可構成本罪。有關對於集會、遊行予以妨害之解說，請參閱第5條參。

　　人民的集會自由乃憲法所保障的基本權利，故不容以非法的方法加以妨害。又因第5條明定「對於合法舉行之集會、遊行，……」，故本罪所保護的對象僅以合法舉行的集會、遊行為限。若對於非法的集會、遊行，縱有本罪的妨害行為，亦不構成本罪。反之，集會、遊行只要係合法者，即可成為本罪的行為客體。至於其種類、性質為何，均在所不問。

　　我國有關戶外的集會、遊行雖然是採許可制，而須經主管機關許可始得舉行。但有關集會、遊行合法與否，並非以是否經主管機關許可為唯一的判斷標準。須經主管機關許可之集會、遊行未經許可而舉行，固然有可能是違法的集會、遊行，但是並非所有的集會、遊行均須經主管機關許可，例如緊急性、偶發性的集會、遊行即不需經主管機關事前許可。故如為不需經主管機關許可之集會、遊行，只要是和平的進行，都應認為是合法的集會、遊行，而為本罪所保護的對象。

二、主觀不法構成要件——妨害集會遊行之故意

　　行為人主觀上必須具備妨害合法集會、遊行之故意，而為本罪的行為，方足以構成本罪；否則，若欠缺本罪的構成要件故意，則無構成本罪的餘地。亦即行為人必須知道是他人合法舉行之集會、遊行，而具備以強暴、脅迫或其他非法方法，予以妨害之故意，包括直接故意與間接故意。

　　行為人對於實現本罪客觀不法構成要件的事實有所認知，且有實現本罪不法構成要件的意欲。申言之，行為人首先對於本罪客觀的構成犯罪事實有所認識或有所預見，而後基於這種主觀的認識或預見，進而決意使其認識或預見者成為事實，或者容任其認識或預見者成為事實。這種有認識或有預見並進而決意使本罪發生或容任本罪發生的內心情狀或主觀心態，即為本罪之故意。

　　行為人主觀上必須對於本罪客觀不法構成要件中的所有客觀的行為

情狀全部有所認識，始具備故意的認知要素，而有成立故意的可能，否則，行為人主觀上如果對客觀的構成本罪的事實全部無認識，或一部無認識，則足以影響本罪故意的成立。

行為人對於客觀的構成本罪的事實有所認識之後，並進而具有實現客觀的構成本罪事實的決意，始能構成本罪的故意。行為人必須有實現本罪構成要件的全部客觀行為情狀的決意，始具故意的決意要素。行為人在內心上必須有所決定，始有決意之可言，因為主觀上具有決意，始足以構成故意，而與單純的妄想、願望或希望等有所區別。[571]

行為人主觀上有無本罪之故意，其判斷的關鍵時點在於行為之時，亦即故意必須在行為當時存在者，始有本罪之故意。事前或事後故意並不能用以認定行為人具有本罪之故意。

貳、與刑法第152條之比較分析

在我國的法制中，與本條規定相近而同樣用以保護合法集會者，尚有刑法第152條：「以強暴脅迫或詐術，阻止或擾亂合法之集會者，處二年以下有期徒刑。」之規定。比較本條（併同第5條，以下同）與刑法第152條之規定，除了條文結構前後倒置（即侵害之客體一置前一置後）及若干文字用語不同（例如一有舉行一無舉行等）之外，尚有以下差異，分別說明之。

一、侵害之方法

本條規定為「以強暴、脅迫或其他非法方法」；刑法第152條規定為「以強暴脅迫或詐術。」主要的差異在於除了同有強暴、脅迫之外，前者加了「其他非法方法」，後者加了「詐術」。就立法技術而言，前

---

[571] 林山田（2006），《刑法通論（上冊）》，9版，頁278，台北：自印。

者是結合例示規定與概括規定，後者是列舉規定。因此，在解釋上，作為概括規定的「其他非法方法」，應受例示規定的拘束，即應限於與強暴、脅迫性質相類似之具有強制作用的行為，而非泛指一切非法的方法，相關之論述請參閱第5條貳、二、。

至於作為列舉規定的「強暴脅迫或詐術」，在解釋上，應受「明示其一，排除其餘」原則之支配，即侵害之方法僅限於「強暴脅迫或詐術」，除此三種方法之外，均非屬刑法第152條所規定之侵害方法。有關強暴、脅迫之解說，請參閱第5條貳、一、。以下僅就「詐術」說明之。

詐術係指傳遞與事實不符的資訊的行為，包括虛構事實、歪曲或掩飾事實等手段[572]，詐術必須針對可檢驗其真偽的現在或過去事實而來，若是行為人只是單純的意見表達或價值判斷，並無法構成所謂的詐術。[573] 例如當他人集會前，將集會之場所鎖閉詐為通知與會人員，謂會期已改即屬之。[574]

施用詐術的對象不論係對特定人或不特定的多數人實行，均可構成詐術。[575] 詐術所傳遞的錯誤事實內容，包括內在的心理事實與外在的客觀事實，[576] 前者例如行為人在主觀上欠缺履行某種承諾的意思，卻加以掩飾來誤導相對人。後者例如集會、遊行之不許可係屬虛偽的。

施用詐術的方法不論係以語言、文字明示，或是透過可推知的舉動，傳達錯誤的信息，均可該當詐術。例如：陳述虛偽之事，或以言詞與動作的配合，使人把錯誤之事信以為真或把本不存在之事誤以為存

---

[572] 黃榮堅（2003），《刑法問題與利益思考》，初版，頁91，台北：元照。林鈺雄（2003），〈論詐欺罪之施用詐術〉，《台大法學論叢》，32卷3期，頁121。
[573] 林山田（2005），《刑法各罪論（上）》，修訂5版，頁452-453，台北：自印。
[574] 梁恆昌（1988），《刑法各論》，修正12版，頁94，台北：自印。
[575] 林山田（2005），《刑法各罪論（上）》，修訂5版，頁455，台北：自印。
[576] 林山田（2005），《刑法各罪論（上）》，修訂5版，頁453，台北：自印。

在。又如：隱瞞事實，並設法阻礙他人得知事實眞相[577]，或故意斷章取義或漏述重要情節，而使人陷入錯誤。[578]

　　實行的詐術行爲必須引致被騙者的錯誤，方有成罪之可能。若以被騙者確知的事實行詐，則被騙者絕不可能陷於錯誤，縱使被騙者因另有其他原因而決定取消集會、遊行亦無由構成犯罪。

　　所謂錯誤係指任何一種不正確而與事實眞相不相符合的事件或狀態，單純的毫無所知而無具體的錯誤想像，並非這裡的錯誤，因爲被騙者若對事實毫無任何觀念而一無所知，即不致陷入錯誤。因此，也就不可能成爲被騙者，行爲人的詐術就不再是詐術了。[579]

　　被騙者陷於錯誤之後，必須因而決定取消、停止或解散集會、遊行，或集會、遊行因而陷於混亂而無法順利進行。

　　行爲人使用詐術，阻止或擾亂合法之集會，雖然構成刑法第152條之妨害合法集會罪，但使用詐術，並不能構成本條之妨害合法集會遊行罪。因詐術並不具備強暴、脅迫所共有的強制作用，因此不能被認爲是本條所稱的「其他非法方法」。

　　再者，本條與刑法第152條同樣都是在保護集會自由，所不同者，在於本條妨害集會的行爲爲「強暴、脅迫或其他非法方法」，而刑法第152條則爲「強暴、脅迫或詐術」。行爲人如果以強暴、脅迫之方法犯本條之罪，依本法第1條第2項之規定，本條具有特別法的性質應優先適用，刑法第152條則隱而不適用。如果以詐術妨害合法集會者，因不在本條規範之範圍，本條自無適用之餘地，而應適用刑法第152條之規定。

[577] 司法院31年院字2293號解釋認爲：「公務員如隱蔽原有職務之事實，使該長官給予薪俸者，應成立刑法第三百三十九條第一項之詐欺罪。」
[578] 林山田（2005），《刑法各罪論（上）》，修訂5版，頁453，台北：自印。
[579] 林山田（2005），《刑法各罪論（上）》，修訂5版，頁455，台北：自印。

二、侵害之客體

本條規定為「合法舉行之集會、遊行」；刑法第152條規定為「合法之集會」。條文中有無「舉行」二字，於文義並無影響，無須贅言。須說明者是前者包括「集會、遊行」，而後者只規定「集會」。「遊行」一般是理解為多數人具有共同目的的暫時性的集體行進的表現形式。[580] 與集會的不同，在於空間的變換，即動態與靜態的差別。[581] 不過，學說上一般是將「遊行」視為「動態的集會」，而與「集會」同受集會自由的保障[582]。基此，刑法第152條所稱之集會，在解釋上就有可能包括「動態的集會」，即「遊行」。當然，如果這樣解釋，也留有牴觸罪刑法定原則之憂慮。

此外，應注意者是我國集會遊行法第2條對於集會、遊行分別作了如下的解釋性規定：「本法所稱集會，係指於公共場所或公眾得出入之場所舉行會議、演說或其他聚眾活動。本法所稱遊行，係指於市街、道路、巷弄或其他公共場所或公眾得出入之場所之集體行進。」基此，作為本條保護的客體，應受第2條對集會遊行所作解釋性規定的拘束，亦即僅限於第2條所指之集會、遊行。第2條所指集會遊行以外之集會、遊行，即非本條保護的客體。此乃因立法解釋具有強制的作用，不容司法作不同的解釋。

但刑法第152條所稱之集會，是否須與集會遊行法第2條第1項作相同的解釋，則不無司法解釋的空間。因為上述第2條第1項解釋性規定的效力並不及於刑法，而刑法也未對集會作解釋性規定，司法自得依解釋論自為適當之解釋。因此，如果將刑法第152條所稱之集會，依學理

580 阪本昌成（1992），〈第一章精神活動の自由〉，佐藤幸治編，《憲法Ⅱ—基本的人權》，頁249，日本：成文堂。
581 吳庚（2003），《憲法的解釋與適用》，初版，頁236-237，台北：自印。
582 阪本昌成（1992），〈第一章精神活動の自由〉，佐藤幸治編，《憲法Ⅱ—基本的人權》，頁250，日本：成文堂。

解釋爲特定或不特定的多數人暫時聚集在某個地方，形成具有共同目的的集體意思的活動。則其範圍將較上述第2條對於集會之解釋性規定寬廣，甚至可能包括動態的集會即遊行。因爲現實的集會並非只有第2條所指之情形。亦即現實社會中的集會並不以舉行會議、發表演說或其他類似活動爲限，只要是爲了共同目的而聚集人群或靜止一處或集體行進就是一種表達意願的方法，就是所謂的集會。場所也無限制，在私人莊園、在非公眾得出入的地方聚眾，仍然是集會的一種。[583] 如此，非屬第2條所指之集會、遊行，雖非本條保護的客體，但仍爲刑法第152條所保護的客體，如有侵害，應適用刑法第152條處罰之。有關第2條所稱集會、遊行之解說，請參閱本書第2條相關之解說，茲不贅述。

其次，就法律的適用而言，本條所保護的合法的「集會遊行」，因有第1條第2項「本法未規定者，適用其他法令」及第2條對集會遊行的定義性規定，所以所保護的合法的「集會遊行」僅限於第2條所指的集會遊行，在此限度內本條具有特別法的性質應優先適用，而具有普通法性質的刑法第152條則隱而不適用。至於非屬第2條所指的集會遊行，就不在本條保護的範圍，而應仍屬刑法第152條所保護的範圍。

三、侵害行爲之目的

本條規定爲「對於合法舉行之集會、遊行……予以妨害」，即妨害合法舉行之集會、遊行；刑法第152條規定爲「阻止或擾亂合法之集會」。前者是「對於……予以妨害」，後者是「阻止或擾亂」。從語意來說，二者應該都是行爲，是對於什麼予以妨害或阻止、擾亂的行爲。至於是什麼樣的妨害行爲，前者並未如後者限定爲「阻止或擾亂」，而只規定「予以妨害」。

不過，本罪及刑法第152條之妨害合法集會罪之犯罪行爲與強盜、

---

[583] 吳庚（2003），《憲法的解釋與適用》，初版，頁236-237，台北：自印。

強制性交等罪之犯罪行為不同。前者為單行為犯，而後者為雙行為犯。換言之，本罪只要有強暴、脅迫等行為，而此行為是為了妨害合法的集會、遊行，而且也足以達到妨害合法集會、遊行的目的即可，是否另有妨害的行為，則在所不問。因為強暴、脅迫等行為本身就可以是妨害合法集會、遊行之行為，例如為了阻止某一群人集會而分別予以關押，並不必另有何妨害的行為，即可達到妨害合法集會的目的（當然也造成阻止集會的結果）。此與強盜罪、強制性交罪必須另有取財或性交之行為不同。換言之，妨害合法舉行之集會、遊行應可理解為強暴、脅迫等行為之目的。亦即只要為了妨害合法的集會、遊行，而為強暴、脅迫等行為，而此等行為也足以達到妨害合法集會、遊行的目的即可構成本罪。

至於刑法第152條之「阻止或擾亂合法之集會」似乎也可作相同的理解。即只要有強暴、脅迫、詐術之行為，而此行為是為了阻止、擾亂合法的集會，而且也足以達到阻止、擾亂合法集會的目的即可構成犯罪，是否另有阻止或擾亂的行為則在所不問[584]。因為強暴、脅迫、詐術之行為本身就可以是阻止、擾亂合法集會之行為，而不必如強盜罪、強制性交罪一樣必須另有第二個行為。基此，所謂「阻止或擾亂合法之集會」理應是作為強暴、脅迫、詐術等行為之目的[585]，以及量度強暴、脅迫、詐術等行為在客觀上是否足以達到致使合法集會不能開始或使已開始的合法集會未能繼續，或足以騷擾或紊亂合法集會場所之秩序而使合法集會不能順利進行的目的。

司法實務有下級法院認為：「必須行為人基於妨害合法集會之目的，而實行強暴脅迫或詐術之行為，並因之發生阻止或擾亂該合法集會之結果，始成立妨害合法集會罪。」[586]一方面將妨害合法集會看成是實

---

[584] 學說有認為刑法第152條之犯罪行為是以強暴脅迫或詐術，而阻止或擾亂合法集會的行為。林山田（2005），《刑法各罪論（下）》，修訂5版，頁188，台北：自印。

[585] 梁恆昌（1988），《刑法各論》，修正12版，頁94，台北：自印，亦採此見解，認為強暴、脅迫、詐術等各項方法，均以阻止集會之舉行，或擾亂集會之順利進行為目的。

[586] 臺灣高雄地方法院96年度簡上字第477號判決。

行強暴脅迫或詐術行為之目的，另一方面又認為須因強暴脅迫或詐術而發生阻止或擾亂合法集會之結果。如此，顯然是將目的與結果混為一談，而使「阻止或擾亂合法集會」的性質混淆不清。其影響所及，是妨害合法集會罪究竟是結果犯還是行為犯分不清楚。因為如認為妨害合法集會罪是結果犯，則必須因強暴脅迫等行為而在現實上有造成阻止或擾亂合法集會之結果，且二者之間必須有因果關係才能構成犯罪；如認為阻止或擾亂合法集會是強暴脅迫等行為所要達到的目的，則在現實上就未必一定要有阻止或擾亂合法集會的結果[587]。例如：行為人出於阻止、擾亂合法集會之故意，而為強暴、脅迫、詐術之行為，也有阻止、擾亂合法集會的行為，但最終仍未能阻止集會的進行，是否構成本罪？如合法集會罪是結果犯，則本案將不構成犯罪，反之，則可能構成犯罪。

　　另有判決認為：「本次臨時股東會之所以流會，係因公司派所掌握之股權僅有百分之二十三，經公司董事長己○○於會場外自行宣告流會，亦非因被告等有何阻止、擾亂行為而造成流會。衝突與流會間並不具因果關係，自與刑法妨害合法集會之構成要件不符。」[588]換言之，本判決是認為雖有流會的結果，但並非因阻止、擾亂行為而造成流會的結果，其間沒有因果關係，所以不構成犯罪。但問題是妨害合法集會罪並無導致流會結果之明文，而只規定「以強暴、脅迫或詐術，阻止或擾亂合法之集會」。如此，重點應不在於有沒有流會的結果存在，也不在於阻止或擾亂行為與流會之間有沒有因果關係，而是在於有沒有阻止、擾亂合法集會的行為存在。

四、法定刑

　　本條為「二年以下有期徒刑、拘役或科或併科新臺幣三萬元以下罰

---

[587] 實務上亦有判決不以有阻止或擾亂合法集會之結果為必要者，例如臺灣高等法院101年度上訴字第2209號；臺灣高等法院臺南分院91年度上易字第1148號判決。
[588] 臺灣臺南地方法院89年度易字第1170號判決。

金」；而刑法第152條為「二年以下有期徒刑」。可見本條法定刑中的低度刑較刑法第152條的低度刑輕。也就是本條的不法內涵中應有比刑法第152條來得輕的情形。

　　但是如果比較二罪的不法構成要件，除了妨害在概念上與阻止及擾亂並無太大的差異之外，本條之犯罪行為必須是強暴、脅迫及其他與強暴、脅迫相類似之非法行為始可構成犯罪，而刑法第152條之犯罪行為除了強暴、脅迫之外，即使以詐術之方法來阻止或擾亂合法之集會也可構成犯罪。如此，顯然後者之構成要件才包含有詐術這種較輕不法內涵之情形，前者則無，但前者的法定刑中的低度刑卻反而較低，而有罪刑不相當之情形，允宜修法調整之。

叁、與刑法第304條之關係

　　本條保障每個人都有合法集會、遊行之自由，一方面人人都有發起或加入集會的自由，進行中的集會遊行任何人都有權利加入，警察或原發起者均不得拒絕；另一方面任何人都有權消極的不參加集會，或隨時從集會遊行隊伍中退出。集會、遊行自由不僅是個人主動或被動行使的權利，同時也是集體行使的權利。[589]

　　本條之犯罪行為必須是強暴、脅迫及其他與強暴、脅迫相類似之非法行為始可構成本罪，換言之，本罪之犯罪行為必須具有強制被害人意思決定或意思活動的作用。這一點與刑法第304條之妨害自由罪有關。

　　刑法第304條規定：「以強暴、脅迫使人行無義務之事或妨害人行使權利者，處三年以下有期徒刑、拘役或三百元以下罰金。」依此規定，行為人只要對他人施以強暴或脅迫，且所用的強暴脅迫手段只要能

---

[589] 吳庚（2003），《憲法的解釋與適用》，初版，頁239，台北：自印。

夠強制他人行無義務之事，或足以妨害他人行使權利，即為已足。至於被害人的人身自由是否完全受到壓制，則非所問[590]。施暴的程度也不必如強盜罪一樣必須至使被害人不能抗拒的程度。也不以對於他人的身體施以暴力為限，即使對物施暴，未直接對人施暴而使被害人屈服，亦可謂之強暴。[591]行為是否屬於刑法第304條的強暴，判斷的關鍵乃在於施暴有無發生強制作用，行為若具有強制的作用，自可評價為刑法第304條的強暴。可以該當刑法第304條的施暴包括直接對被害人或間接對被害人、與被害人的身體有所接觸或毫無接觸，只要使被害人感到心理上或生理上的強制，即為已足。換言之，行為人的行為能否發生強制作用，係判定行為能否該當刑法第304條的關鍵依據。有時行為雖無暴力外形，但仍會發生強制作用，此情形仍屬刑法第304條的強暴。例如在交通樞紐集體和平靜坐，因發生阻塞交通的強制作用，而仍屬刑法第304條的強暴。[592]

　　由於刑法第304條妨害自由罪所稱強暴的範圍極為寬廣，所以該當本條之罪者也常常會該當刑法第304條的強制罪。即使不構成本條之罪者，有時也會構成刑法第304條之罪。例如行為人以強暴、脅迫妨害某特定個人參加合法的集會、遊行，或強制其參加合法的或不合法的集會、遊行，雖不構成本條以強暴、脅迫或其他非法方法妨害合法舉行之集會、遊行罪，卻仍該當刑法第304條以強暴、脅迫使人行無義務之事或妨害人行使權利之罪。

　　由此可見，刑法第304條是用以保護個人的自由法益，而本條則是

---

[590] 最高法院28年上字第3650號判例：「刑法第三百零四條之強暴、脅迫，祇以所用之強脅手段足以妨害他人行使權利，或足使他人行無義務之事為已足，並非以被害人之自由完全受其壓制為必要。如果上訴人雇工挑取積沙，所使用之工具確為被告強行取走，縱令雙方並無爭吵，而其攜走工具，既足以妨害他人工作之進行，要亦不得謂非該條之強暴、脅迫行為。」

[591] 林山田（2005），《刑法各罪論（上）》，修訂5版，頁200，台北：自印。

[592] 林山田（2005），《刑法各罪論（上）》，修訂5版，頁200-201，台北：自印。

用以保護集會遊行自由。雖然妨害集會遊行自由的行為也是侵害個人的基本權利，但是，如前所述，集會、遊行是集體行使的權利，通常是多數人參與，所以本條之妨害對象常常是特定或不特定的多數人，其妨害行為也往往會伴隨有公共秩序的妨害。如此，本條之犯罪行為除了以強暴、脅迫等方法妨害個人的自由之外，也往往同時伴隨有公共秩序的妨害，其不法內涵相對於刑法第304條毋寧應認為是具有更高的不法內涵。但是本條之法定刑為「二年以下有期徒刑、拘役或科或併科新臺幣三萬元以下罰金」，比起刑法第304條「三年以下有期徒刑、拘役或三百元以下罰金」之法定刑還來得低，顯然有罪刑不相當之嫌，宜修法加以調整。

其次，刑法第304條是用以保護個人的自由法益，而本條則是用以保護集會遊行自由，二者所保護的法益同屬自由權，但如前所述，集會、遊行是集體行使的權利，其妨害行為往往伴隨有公共秩序的妨害，故本條所保護者是著重在社會法益而非僅限於個人的自由法益。刑法第152條妨害合法集會罪被置於保護社會法益的妨害秩序罪章，而非置於保護個人法益的妨害自由罪章，也是基於這個道理。如此，本條所保護的法益與刑法第304條所保護的法益應屬不同。換言之，本條所妨害者是一群人的法益，所侵害的是社會法益，而第304條所妨害者是一個或數個人的法益，所侵害的是個人法益。所以行為如果同時該當本條與刑法第304條之不法構成要件，因二者侵害的法益不同，理應分別成立本條之妨害合法集會罪與刑法第304條之強制罪。此等構成要件該當之行為如果是出於一個行為，則應依刑法第55條想像競合之規定，從一重罪之刑處斷。如果是出於數個行為，則應依刑法第50條實質競合之規定，數罪併合處罰之。

司法實務有下級法院之判決認為：「按以強暴方法妨害合法集會之行為，當然含有妨害人行使集會權等妨害自由之性質，自無另行成立刑法第三百零四條強制罪之餘地。又集會遊行法第三十一條就以強暴方

法妨害合法集會之行為既有處罰之特別規定，應優先適用特別法處斷，不另論刑法第一百五十二條之罪。是核被告所為，係違反集會遊行法第五條對於合法舉行之集會，不得以強暴予以妨害之規定，而依同法第三十一條之規定論處。」[593] 此判決得出這樣的結論顯然是將本條妨害合法集會罪與刑法第304條之強制罪當成是法規單一的關係，也就是在本條與刑法第304條之間處於相互競爭之關係，而競爭的結果最終只適用本條，而刑法第304條則捨棄不適用。然而，得出這樣的結論並不合理。因為：一、如前所述，本條與刑法第304條所保護的法益不同，並不存在法規單一的關係；二、同樣都是該當刑法第304條不法構成要件之行為，如果沒有同時該當本條之不法構成要件，則應依刑法第304條之規定處三年以下有期徒刑、拘役或300元以下罰金；如果同時又該當本條之不法構成要件即另外侵害本條之社會法益，則反而可以依本條之規定處二年以下有期徒刑、拘役或科或併科新臺幣3萬元以下罰金，不法內涵高者反而適用較低之法定刑，既不公平也不合理。

---

[593] 臺灣臺北地方法院94年度易字第1924號。臺灣臺中地方法院101年度簡上字第386號。

> **第32條**（負責人之連帶賠償責任）
> 集會、遊行時，糾察員不法侵害他人之權利者，由負責人與行為人連帶負損害賠償責任。但行為人基於自己意思之行為而引起損害者，由行為人自行負責。

壹、集會遊行中糾察員不法侵害他人權利及其賠償責任

集會遊行法於第18條課予非公權力主體之集會遊行負責人負有維持秩序之義務，即使危害非由負責人或其所指定、監督之人所引起，亦負有防止或排除危害之義務，是將本屬國家所獨占行使之公權力轉嫁給非公權力主體，此理應是一種例外情形，而有一定之界限[594]。負責人為維持秩序，同法第20條規定：「集會、遊行之負責人，得指定糾察員協助維持秩序。」糾察員於維持秩序時，難免會有侵害他人權利之情形，此種權利之侵害如果係因故意或過失而不法侵害他人之權利，則依民法第184條第1項之規定，糾察員應負損害賠償責任，自不待言。負責人依集會遊行法第32條之規定，也與行為人連帶負損害賠償責任。集會遊行法第32條所謂糾察員不法侵害他人之權利，在解釋上應僅限於故意和過失之責任，即民法第184條第1項所稱之「因故意或過失不法侵害他人之權利」，以下約略就其成立之要件及法律效果加以說明。

一、不法侵害他人權利之成立要件

（一）主觀要件

侵害權利之行為以行為人主觀上有故意或過失為必要，而且只要是侵權行為，無論是出於故意或過失均應負損害賠償之責。此所謂之故

---

[594] 有關課予集會遊行負責人維持秩序義務之評論，請參閱李震山（2002），《警察法論－警察任務編》，初版，頁272-274，台南：正典。

意，包括直接故意和間接故意，過失則包括無認識過失和有認識過失。至於過失之注意程度，一般是以行為人是否怠於善良管理人之注意為基準，若非怠於此等注意之程度，即不得認為有過失，亦即行為人應負抽象輕過失之注意義務[595]。所謂善良管理人之注意程度，是假設一個與行為人處於相同之客觀情況、立場而具有相當之經驗且誠實、謹慎、理性之正常合理人，以該正常合理人應有之注意程度為標準，只要行為人的注意程度低於此注意程度，即可認為違反善良管理人之注意義務，而具有抽象之輕過失。[596]

（二）客觀要件

1. 須有不法之侵害他人權利或利益之行為

即必須以自己有意識之不法行為去侵害他人的權利或利益。所謂自己之行為，不以自己身體之行為為限，利用他人無知或被強制之行為，亦屬加害行為。所謂侵害行為，即指妨害權利之行使或享有之行為，包括作為和不作為，不作為之侵害行為必須行為人於法律上有作為義務存在。

所謂不法行為，係指行為必須具有違法性。所謂違法性係指行為對於法律規範具有對立否定的本質。就整體法規範的價值觀來評價該行為，而可認定該行為在本質上與法律規範的整體價值觀相對立衝突者，該行為即具違法性。基此，行為只是沒有牴觸法律明文之強制或禁止規定，未必當然合法[597]，而尚須依法律精神與目的加以判斷之，例如有違

---

[595] 最高法院19年上字第2746號判例。林誠二（2012），《債編總則新解－體系化解說（上冊）》，初版，頁301-302，台北：瑞興圖書。

[596] 林誠二（2012），《債編總則新解－體系化解說（上冊）》，初版，頁301-302，台北：瑞興圖書。

[597] 最高法院83年台上字第2197號判例：「工廠排放空氣污染物雖未超過主管機關依空氣污染防制法公告之排放標準，如造成鄰地農作用發生損害，仍不阻卻其違法。」林誠二（2012），《債編總則新解－體系化解說（上冊）》，初版，頁313，台北：瑞興圖書。

背公序良俗者，仍具實質違法性。此由民法第184條第1項後段：「故意以背於善良風俗之方法，加損害於他人者亦同。」之規定可知，這一點與刑法必須有明文的不法構成要件，才有可能判斷為具有違法性者不同。

另一方面，在法規範中，因容許規範而產生阻卻違法或合法化的作用，所以行為即使具有侵害他人權利或利益的本質，也因為同時符合容許規範，而使原本的禁止規範或誠命規範所形成的法義務因而消失。換言之，由於容許規範的存在，而使原本侵害權利或利益的行為，例外的成為法律所容許的行為。

侵害他人權利的行為本身如果違反法律明文之強制或禁止規定，且無法定的阻卻違法事由存在，則只要從法律的形式規定（即法定的禁止和誠命規定與法定阻卻違法事由），即可判斷其違法性，而具有形式的違法性。不過，侵害他人權利的行為若不符合法定阻卻違法事由，尚可進一步就整體法律規範的價值觀，判斷這種具有形式違法性的行為在整體法律規範的價值體系上是否具有實質違法性。若在這種實質違法性的判斷上，可以判定該行為因具有社會相當性，或行為係屬為了達到正當目的的適當手段，或因行為的社會有益性遠超過社會損害性等，而符合超法規的阻卻違法事由，致不具實質的違法性者，則該行為亦有可能判斷為不具違法性。[598] 有關阻卻違法事由，包括正當防衛、緊急避難、自助行為、無因管理、權利行使、被害人允諾等。[599]

其次，侵害之對象須為他人之權利或利益。此所謂之權利，原則上不包括公權，而僅指私權而言，私權包括人身權及財產權。人身權包括人格權和身分權，在集會遊行中糾察員為了維持秩序較可能侵害之權利主要是人格權，包括生命、身體、自由、名譽等權利。財產權則包括

[598] 林山田（2006），《刑法通論（上冊）》，9版，頁297，台北：自印。
[599] 鄭玉波（1988），《民法債編總論》，12版，頁144-145，台北：三民。

物權、債權、無體財產權等，例如侵奪他人之所有物，或妨礙其使用，或加以破壞而減少其價值等。此外，占有依民法第940條之規定，僅為一事實上之管領力，並非權利，故其性質僅係法律上保護之利益。但因民法第943條規定，占有人於占有物上，行使之權利，推定其適法有此權利。故關於占有之侵害，應仍可主張民法第184條之侵權行為損害賠償。

2. 須因而造成權利或利益之損害

即須因自己故意或過失之不法侵害行為而造成他人權利或利益之損害，且該損害之結果與行為人故意或過失之不法侵害行為之間有相當之因果關係。所謂損害係指於財產上或其他法益上受有不利益而言，包括財產上損害與非財產上損害（精神損害）。[600] 不論是積極的損害或消極的損害均屬之，但必須現實上已發生，始得請求賠償。故賠償之請求，必須現實上已發生損害而後可，若無損害即無賠償之可言[601]。不過，損害雖已發生但尚未確定，未必均得為賠償之請求。例如集會遊行時，因糾察員之不法侵害行為使停在路邊已經作為動產擔保交易抵押物之汽車的價值減少時，若其剩餘價額尚較被擔保之債權額為多，則因無損害可言，自不得請求賠償；若其剩餘價額較被擔保之債權額為少，則其差額似應視為損害。然而此種情形，若債務人已為清償，或另提供其他之擔保，則其差額未必當然成為損害額。又作為抵押物之汽車價值減少，若債務人尚有其他財產而不清償時，因抵押權人之受清償，得先就抵押物為之，故抵押物價值之減少，致債權不得滿足，即得向侵權行為人請求賠償。[602]

非財產上損害因多係心理上、精神上損害，其損害範圍、額度多

---

[600] 林誠二（2012），《債編總則新解－體系化解說（上冊）》，初版，頁307，台北：瑞興圖書。

[601] 最高法院19年上字第363號判例。

[602] 鄭玉波（1988），《民法債編總論》，12版，頁155，台北：三民。

少，多由法院依具體實際情形加以判斷。[603] 至於忍受支出之代價，例如被害人因被毆打受傷住院，本應僱請看護特別照料，惟因家貧，家屬於工作操勞之餘自己照顧，勞心勞力，此種忍受損害之部分，學者有認為仍應得請求賠償較合理[604]，實務上亦有採肯定見解[605]。

所謂相當因果關係，首先必須認定若無此行為則不生此損害，其次須確認若有此行為通常即生此損害，始可認為有因果關係。亦即以行為人之作為或不作為所造成之客觀存在事實為觀察，依吾人知識經驗判斷，無此行為，必不發生此損害；有此行為，通常即足發生此種損害者，為有因果關係；但若有此行為，通常亦不生此種損害者，即無因果關係[606]。

其次，不作為對於某種結果之釀成，亦有可能認為有因果關係，但並非像作為那樣，與其結果有物質上的因果關係，而只是在法理上認為有因果關係而已。因不作為並無現實的動作，只在無此不作為，即無結果之發生時，其法律上之價值與作為相等，因而認為有因果關係。不過不作為與某種結果，雖有因果關係，但若無作為義務時，則因欠缺違法性，亦不能成立侵權行為。[607]

二、損害他人權利或利益之賠償責任

成立上述之侵權行為者，即負有賠償損害之責任。關於損害之賠

---

[603] 林誠二（2012），《債編總則新解－體系化解說（上冊）》，初版，頁307，台北：瑞興圖書。

[604] 邱聰智（2000），《新訂民法債編通則（上）》，新訂1版，頁163，台北：自刊。

[605] 最高法院94年上字第1543號判決：「親屬看護所付出之勞力並非不能評價為金錢，雖因二者身分關係而免除被害人之支付義務，惟此種基於身分關係之恩惠，自不能加惠於加害人。故由親屬看護時雖無現實看護費之支付，仍應認被害人受有相當於看護費之損害，得向上訴人請求賠償，始符公平原則。」

[606] 最高法院100年度台上字第1088號判決。王伯琦（1956），《民法債篇總論》，初版，頁77，台北：自刊。鄭玉波（1988），《民法債編總論》，12版，頁157，台北：三民。

[607] 鄭玉波（1988），《民法債編總論》，12版，頁157，台北：三民。

償，以回復原狀為原則，以金錢賠償為例外。詳言之，負損害賠償責任者，除法律另有規定或契約另有訂定外，應回復他方損害發生前之原狀，此為民法第213條第1項之規定。依上開規定應回復原狀者，如經債權人定相當期限催告後，逾期仍不為回復時，債權人得請求以金錢賠償其損害（民法第214條）。如不能回復原狀或回復顯有重大困難者，則應以金錢賠償其損害（民法第215條）。此外，侵權行為如係不法毀損他人之物者，被害人得請求賠償其物因毀損所減少之價額（民法第196條），亦即得不請求回復原狀。若不法侵害他人之身體或健康者，對於被害人因此喪失或減少勞動能力或增加生活上之需要時，應負損害賠償責任（民法第193條）。如不法侵害他人致死者，對於支出醫療及增加生活上需要之費用或殯葬費之人，亦應負損害賠償責任。已死之被害人對於第三人負有法定扶養義務者，加害人對於該第三人亦應負損害賠償責任（民法第192條）。

有關非財產權之損害，民法第18條規定，人格權受侵害時，得請求法院除去其侵害，有受侵害之虞時，得請求防止之，並以法律有特別規定者為限，得請求損害賠償或慰撫金。所謂法律有特別規定者，諸如姓名權受侵害者，得請求法院除去其侵害，並得請求損害賠償（民法第19條）；不法侵害他人致死者，被害人之父、母、子、女及配偶，雖非財產上之損害，亦得請求賠償相當之金額（民法第194條）；不法侵害他人之身體、健康、名譽、自由、信用、隱私，或不法侵害其他人格法益而情節重大者，被害人雖非財產上之損害，亦得請求賠償相當之金額。其名譽被侵害者，並得請求回復名譽之適當處分（民法第195條）。

至於賠償之範圍，除法律另有規定或契約另有訂定外，應以填補債權人所受損害及所失利益為限。依通常情形，或依已定之計畫、設備或其他特別情事，可得預期之利益，視為所失利益（民法第216條）。基於同一原因事實受有損害並受有利益者，其請求之賠償金額，應扣除

所受之利益（民法第216條之1）。若損害之發生或擴大，被害人與有過失，則法院得減輕賠償金額或免除之。重大之損害原因，如為加害人所不及知，而被害人不預促其注意或怠於避免或減少損害者，為與有過失（民法第217條），法院得審酌與有過失之比例，減輕賠償金額或免除之。若損害非因故意或重大過失所致，而其賠償導致賠償義務人之生計有重大影響時，法院得減輕其賠償金額（民法第218條）。此外，關於物或權利之喪失或損害，負賠償責任之人，得向損害賠償請求權人，請求讓與基於其物之所有權或基於其權利對於第三人之請求權。

貳、集會遊行中負責人與行為人之連帶賠償責任

　　集會遊行法第32條規定：「集會、遊行時，糾察員不法侵害他人之權利者，由負責人與行為人連帶負損害賠償責任。但行為人基於自己意思之行為而引起損害者，由行為人自行負責。」此規定在解釋上應可認為是民法侵權行為損害賠償的特別規定，有符合本條之情形者，理應優先適用。本條沒有規定而符合民法有關侵權行為損害賠償規定之情形者，則應適用民法侵權行為損害賠償之規定。

　　據此，集會、遊行時，糾察員不法侵害他人之權利者，不論其與負責人之間是否有共同侵權之關係，也不論其與負責人之間是否有受僱人與僱用人之關係，只要糾察員是依負責人之意思所為之執行職務行為，均應依集會遊行法第32條之規定，由負責人與行為人連帶負損害賠償責任。所謂連帶損害賠償責任，係連帶債務之一種。以下就連帶損害賠償之債務略作說明。

一、連帶賠償之外部效力

　　民法第272條規定：「數人負同一債務，明示對於債權人各負全部

給付之責任者，爲連帶債務。無前項之明示時，連帶債務之成立，以法律有規定者爲限」，此即所謂的連帶債務。民法第273條規定：「連帶債務之債權人，得對於債務人中之一人或數人或其全體，同時或先後請求全部或一部之給付。連帶債務未全部履行前，全體債務人仍負連帶責任。」可知連帶賠償債務之債權人在請求債務人履行債務時，其請求權得運用自如。既可向債務人全體請求，亦可向債務人中之一人或數人請求。向任何一個債務人均得請求全部，亦得請求一部之給付。請求一部時，被請求者雖已履行，但在連帶賠償債務未全部履行前，仍與其他債務人就未履行之部分負連帶責任。而且，在時間上既可同時請求，亦可先後請求。

　　不僅如此，即使對一債務人（例如集會遊行之糾察員某甲）提起訴訟，於訴訟繫屬之後，更對他債務人（例如集會遊行之負責人某乙）提起訴訟者，他債務人（負責人某乙）也不得以同一債務已訴訟繫屬而爲抗辯。甚至於判決確定之後，又向他債務人（負責人某乙）起訴，依民法第275條「連帶債務人中之一人受確定判決，而其判決非基於該債務人之個人關係者，爲他債務人之利益，亦生效力」之規定，他債務人（負責人某乙）原則上也不得主張同一債務已經確定判決而爲抗辯，只有在該確定判決有利於該債務人（例如糾察員某甲勝訴），且其有利判決之理由非基於該債務人之個人關係（例如糾察員某甲勝訴之理由是因業已清償）者，始生絕對效力而及於他債務人（負責人某乙），此時，他債務人（負責人某乙）始得主張該確定判決之利益（例如某甲因已清償而勝訴，所以自己亦無須賠償）。換言之，該確定判決若不利於該債務人（例如糾察員某甲敗訴），或該確定判決雖有利於該債務人（例如某甲勝訴），但其有利判決之理由係基於該債務人之個人關係（例如糾察員某甲勝訴的理由是因第三人某丙已承擔某甲之債務）者，則其效力不及於其他債務人，故他債務人（負責人某乙）即不得主張該確定判決之利益（例如不得主張某甲已因有某丙承擔其債務而勝訴所以自己亦無

須賠償）。

其次，由於連帶賠償債務具有一個共同之目的，因此凡滿足此目的之事項，即使發生在連帶債務人中之一人與債權人之間，例如連帶債務人中之一人清償或有視同清償之事項，均應生絕對效力而使其效力及於其他債務人。民法第274條「因連帶債務人中之一人為清償、代物清償、提存、抵銷或混同而債務消滅者，他債務人亦同免其責任」之規定，即此之謂。

連帶賠償債務，不僅各債務人均有單獨清償全部債務之義務，他債務人亦皆得因一債務人之清償而同免責任。所以當一債務人提出給付而債權人受領遲延時，則不僅該債務人之義務未能消滅，他債務人也必同受其累，故債權人對於連帶債務人中之一人有受領遲延時，依民法第278條之規定，為他債務人之利益，亦生效力。亦即債權人對於連帶債務人中之一人有受領遲延時，對其他債務人生絕對效力。

此外，為避免連帶債務人間及連帶債務人與債權人間之循環求償，民法第277條規定，連帶債務人中之一人（例如糾察員某甲），對於債權人有債權者，他債務人（例如負責人某乙）得以該債務人（某甲）應分擔之部分為限，主張抵銷。此外，債權人向連帶債務人中之一人免除債務，而無消滅全部債務之意思表示者，依民法第276條第1項之規定，除該債務人應分擔之部分外，他債務人仍不免其責任。亦即僅就該債務人應分擔之部分，他債務人始同免責任。例如集會遊行中被糾察員某甲毆打之被害人某丙僅免除負責人某乙之賠償債務，而無消滅全部債務之意思表示，則除負責人某乙應分擔之部分外，糾察員某甲仍不免其賠償之責任。反之，某丙如免除全部之連帶賠償債務，則不論是向全體債務人，或僅向甲或乙表示免除之意思，均生絕對效力，即所有債務人均同免賠償之責任。連帶債務人中之一人消滅時效完成者，亦準用民法第276條第1項之規定（民法第276條第2項）。

除了上述情形外，就連帶債務人中之一人所生之事項，其效力原則

上不及於其他債務人，亦即僅生相對效力。此即民法第279條規定「就連帶債務人中之一人所生之事項，除前五條規定或契約另有訂定者外，其利益或不利益，對他債務人不生效力」，例如連帶債務人中之一人給付遲延或給付不能，僅生相對效力，對他債務人不生效力。

二、連帶賠償後之內部分擔

　　集會遊行法第32條對於負責人與行為人連帶負損害賠償責任之後，其內部應如何分擔並未規定，而須依民法連帶債務之規定定之。

　　在連帶賠償債務，各債務人就外部關係固然各負全部給付之義務，但於內部關係，則仍各有其分擔部分，因而一債務人之給付如超過其應分擔之部分，致他債務人同免其責任時，法律上自應使該債務人對他債務人，依其各自應分擔之部分請求償還。[608]故民法第281條第1項規定：「連帶債務人中之一人，因清償、代物清償、提存、抵銷或混同，致他債務人同免責任者，得向他債務人請求償還各自分擔之部分，並自免責時起之利息。」換言之，債務人有清償或其他視同清償之情形，而使他債務人同免責任，且同免責任之數額超過自己之分擔部分時，即有求償權。[609]此外，求償權人於求償範圍內，承受債權人之權利。但不得有害於債權人之利益（民法第281條第2項）。

　　關於連帶債務各債務人分擔部分之決定，依民法第280條規定，除法律另有規定或契約另有訂定外，應平均分擔義務。換言之，如無其他法律規定可據，而當事人又未約定時，則應依本條規定平均分擔。但因債務人中之一人應單獨負責之事由所致之損害及支付之費用，由該債務人負擔。

　　因此，求償權之範圍，包括：（一）超過自己分擔部分之給付額；（二）自免責時起之利息；（三）非因該債務人應單獨負責事由所

608 鄭玉波（1988），《民法債編總論》，12版，頁427，台北：三民。
609 鄭玉波（1988），《民法債編總論》，12版，頁428-429，台北：三民。

致之損害；（四）非因該債務人應單獨負責事由所支付之費用。求償權人得按各債務人各自分擔部分之比例，對之求償。

如他債務人中有不能償還者（例如該債務人行蹤不明），則其分擔數額自不能使求償權人獨自負擔其損失，必須使他債務人亦參與分擔，始昭公允。故民法第282條第1項規定：「連帶債務人中之一人，不能償還其分擔額者，其不能償還之部分，由求償權人與他債務人按照比例分擔之。但其不能償還，係由求償權人之過失所致者，不得對於他債務人請求其分擔。」他債務人中之一人應分擔之部分已因債務免除而免責，或因時效完成而得拒絕給付者，仍應依前項比例分擔之規定，負其責任（民法第282條第2項）。

參、負責人與糾察員共同侵權之賠償責任

集會、遊行時，糾察員不法侵害他人之權利，如負責人也參與其中，則除了依集會遊行法第32條之規定，應由負責人與行為人連帶負損害賠償責任之外，因有可能符合民法第185條「數人共同不法侵害他人權利」之情形，此時亦有可能依民法第185條之規定，成立共同侵權行為之連帶損害賠償責任，而與集會遊行法第32條之規定形成競合關係。以下就此種共同侵權行為之連帶損害賠償責任略作說明。

民法第185條規定：「數人共同不法侵害他人之權利者，連帶負損害賠償責任。不能知其中孰為加害人者，亦同。造意人及幫助人，視為共同行為人。」可知共同侵權行為包括：一、共同加害行為（狹義的共同侵權行為）；二、共同危險行為（準共同侵權行為）；三、造意及幫助行為（視為共同侵權行為）等三種情形。此三種共同侵權行為，無論何者，一經成立，其行為人即應連帶負損害賠償責任。

所謂共同加害行為係指數人共同不法侵害他人權利之行為而言。

其成立除須數人均有不法加害行為之外，尚須有共同關係，若無共同關係，則應分別負責，而不負連帶賠償責任。所謂共同關係，有認為行為人間不只須有行為之分擔，且必須有主觀上之意思聯絡或互相謀議，而基於行為人間之意思聯絡使侵權行為發生，如各行為人並無意思上之聯絡，而僅客觀上之行為偶然的共同造成被害人之損害者，只能由加害人各就其所加害之部分，分別負賠償責任（主觀說）[610]。亦有認為各加害人間，不須有意思聯絡，只要數人之行為，客觀上發生同一結果，即應成立共同侵權行為，其主觀上有無意思聯絡，在所不問（客觀說）[611]。

我國實務早期採主觀說之見解，其後變更判例之見解，認為：「共同侵權行為人間不以有意思聯絡為必要，數人因過失不法侵害他人之權利，苟各行為人之過失行為均為其所生損害之共同原因，即所謂行為關連共同，亦足成立共同侵權行為。」[612]亦即行為人間有意思聯絡固可成立共同侵權行為，縱無主觀意思聯絡，若各行為人之過失行為，均為其所生損害之共同原因，亦足成立共同侵權行為[613]。

共同危險行為，係指各行為人之行為對於損害結果之發生均具有危險性，但事實上僅有其中之一或一部分人之行為構成侵權行為，其餘人之行為對於損害結果根本完全沒有因果關係，此時為避免被害人因無法證明誰為真正加害人及真正的加害行為而導致求償無門，乃令所有「可能」的加害人對於受害人均負共同侵權行為責任。[614]可知此種共同侵權

[610] 最高法院20年上字第1960號判例。鄭玉波（1988），《民法債編總論》，12版，頁166，台北：三民。
[611] 王伯琦（1956），《民法債篇總論》，初版，頁80，台北：自刊。林誠二（2012），《債編總則新解－體系化解說（上冊）》，初版，頁347-349，台北：瑞興圖書。
[612] 司法院於1977年6月1日召開變更判例會議，作成（66）院臺參字第578號令例變字第1號之見解。
[613] 最高法院67年台上字第1737號判例。林誠二（2012），《債編總則新解－體系化解說（上冊）》，初版，頁347-348，台北：瑞興圖書。
[614] 林誠二（2012），《債編總則新解－體系化解說（上冊）》，初版，頁353，台北：瑞興圖書。

行爲行爲人間既無須有意思聯絡[615]，也不必每人的行爲均對損害結果具有原因力，只由一人或一部分人造成損害但究竟誰爲加害人並不知悉即可（若能知悉則應由該人單獨負責）。[616]又，因共同危險行爲中，各行爲人之危險行爲僅係「可能」造成損害結果發生之原因，於事實上有可能其中部分行爲人之行爲並未造成損害之發生，因此這種情形在解釋上應賦予各行爲人有舉證免責之可能性。[617]

所謂造意人者，即教唆他人使生爲侵權行爲決意之人；幫助人係指予他人以物理上或心理上之助力，使易於爲侵權行爲之人。二者均非自爲加害行爲，但或教人爲惡或助人爲虐，法律乃將其視爲共同侵權行爲人。不過，二者之責任均無獨立性，而必須從屬於所教唆或幫助之侵權行爲，僅於受教唆或受幫助者構成侵權行爲時，始負連帶賠償責任。[618]

負責人與糾察員間若成立共同侵權行爲，依民法第185條第1項前段規定，亦應由各行爲人對被害人負連帶賠償責任。此時於外部關係上，受害人固可向行爲人中之一人或數人或其全體，同時或先後請求全部或一部之損害賠償（民法第273條第1項）。但於各行爲人之內部關係中應如何決定各自之分擔比例？有認爲應類推適用民法第217條與有過失之規定，即按各行爲人之過失比例決定內部分擔額[619]，有認爲應直接適用民法第280條但書之規定，即各行爲人就其單獨負責之事由（過失比例）所致之損害及支付之費用，爲該行爲人之分擔比例。[620]總之，即應按各自所造成之損害比例分擔之，如無法確知所造成之損害比例（例如共同危險行爲），則平均分擔之。

---

[615] 鄭玉波（1988），《民法債編總論》，12版，頁168，台北：三民。
[616] 鄭玉波（1988），《民法債編總論》，12版，頁168，台北：三民。
[617] 林誠二（2012），《債編總則新解─體系化解說（上冊）》，初版，頁355-356，台北：瑞興圖書。
[618] 鄭玉波（1988），《民法債編總論》，12版，頁169，台北：三民。
[619] 王澤鑑（2009），《侵權行爲法》，頁468，台北：自刊。
[620] 林誠二（2012），《債編總則新解─體系化解說（上冊）》，初版，頁350，台北：瑞興圖書。

肆、負責人本於僱用人地位之賠償責任

集會遊行時，糾察員非執行職務而不法侵害他人權利者，應由行為人自行負責，而無負責人連帶損害賠償之問題。糾察員非執行職務而依負責人之意思為侵權行為者，則純屬共同侵權行為之問題，應由各行為人依民法第185條之規定連帶負損害賠償責任，而無集會遊行法第32條連帶負損害賠償責任之問題，先予敘明。

集會遊行中糾察員依負責人之意思執行職務，因故意或過失行為而不法侵害他人權利時，應如何處理？此尚涉及負責人和糾察員之間的指定或選任、監督關係。如負責人與糾察員間有選任或監督，而具有民法第188條僱用人與受僱人之關係，則除了集會遊行法第32條之連帶損害賠償責任之外，亦有可能依民法第188條之規定，由負責人本於僱用人之地位與行為人連帶負損害賠償責任。此種情形，如行為人基於自己意思之行為而引起損害者，依集會遊行法第32條但書之規定，應由行為人自行負責。此外，僱用人於選任受僱人及監督其職務之執行，已盡相當之注意或縱加以相當之注意而仍不免發生損害者，依民法第188條第1項但書之規定，僱用人得不負賠償責任。其間交錯適用，較為複雜。

一、負責人本於僱用人地位之連帶賠償責任

集會遊行法第20條規定：「集會、遊行之負責人，得指定糾察員協助維持秩序。前項糾察員在場協助維持秩序時，應佩戴『糾察員』字樣臂章。」同法第13條第1項規定：「室外集會、遊行許可之通知書，應載明左列事項：一、負責人姓名、出生年月日、住居所；有代理人者，其姓名、出生年月日、住居所。……六、糾察員人數及其姓名。」依上開規定，可知糾察員係指經負責人指定，報經主管機關許可，在集會遊行現場協助負責人維持集會遊行秩序之人員。所以糾察員在性質上，除了是集會遊行法第32條負責人所指定之糾察員之外，未必不能認為也是民法第188條僱用人所選任監督之受僱人。

　　因民法第188條第1項規定：「受僱人因執行職務，不法侵害他人之權利者，由僱用人與行為人連帶負損害賠償責任。但選任受僱人及監督其職務之執行，已盡相當之注意或縱加以相當之注意而仍不免發生損害者，僱用人不負賠償責任。」依此規定，僱用人責任之成立，除了必須受僱人之行為構成侵權行為之外，還必須：（一）加害人為僱用人之受僱人；（二）受僱人因執行職務而為侵權行為，茲就這二點分述如下：

（一）加害人須為僱用人之受僱人

　　所謂受僱人，係受僱用人之選任監督，而為其服勞務之人。即凡為僱用人執行職務並受僱用人指揮監督者，皆為民法第188條所規定之受僱人。僱用人所以就其自己所僱用之受僱人的行為負責，即因其彼此間有選任與監督之關係。此之受僱人不以與僱用人訂有僱傭契約或委任契約為限。[621] 是否為民法第188條之受僱人，係以僱用人對行為人有無選任監督關係為決定標準，凡客觀上被他人使用為之服勞務而受其監督者均係受僱人[622]，而不論其期間、報酬如何，均包括在內。易言之，只要有事實上之選任監督關係即可，其他關係如何，則非所問。[623] 從集會遊行法第20條第1項「集會、遊行之負責人，得『指定』糾察員協助維持秩序」之規定，可知負責人與糾察員之間仍可能有事實上之選任和監督關係。

　　至於有無選任和監督關係之判斷，有認為應由外觀上執行職務加以認定，即凡外觀上有執行職務之客觀事實者，即可推定選任監督之關係存在。[624]實務上甚至有認為此處之選任監督關係，僅須客觀上有選任監

---

[621] 最高法院45年台上字第1599號判例。最高法院56年台上字第1612號判例。鄭玉波（1988），《民法債編總論》，12版，頁183，台北：三民。

[622] 最高法院57年台上字第1663號判例。

[623] 鄭玉波（1988），《民法債編總論》，12版，頁183，台北：三民。

[624] 林誠二（2012），《債編總則新解－體系化解說（上冊）》，初版，頁370-371，台北：瑞興圖書。

督之可能即為已足[625]。集會遊行法第20條第2項規定：「前項糾察員在場協助維持秩序時，應佩戴『糾察員』字樣臂章。」如此，從外觀上不難判斷其有執行職務之客觀事實，而可推認有選任監督之關係存在。

（二）須受僱人因執行職務而為侵權行為

受僱人之侵權行為，倘與執行職務無關，即不應責令僱用人負責。也就是僱用人責任之成立，必以受僱人之侵權行為與執行職務有關者，始得要求僱用人連帶負責。然何謂「執行職務」？學說及實務有不同見解[626]：主觀說有認為以僱用人之意思為斷，即職務之範圍，應以僱用人所命辦之事項為準，受僱人擅自行動，雖有利於僱用人，亦不能認為執行職務。[627]有認為應以受僱人之意思為斷，只要受僱人是基於僱用人利益所為之行為皆屬之。[628]客觀說則認為執行職務應依客觀事實決定，凡行為之外觀苟具有執行職務之形式，即係因執行職務所為之行為，不問僱用人或受僱人之意思如何。實務亦有判例認為是否執行職務，應以行為之外觀為準定之，即在客觀上苟認為係執行職務，則不問僱用人與受僱人之意思如何，均為執行職務[629]。

具備上述之要件後，則僱用人須與受僱人連帶負賠償責任。被害人可依連帶債務之規定，向僱用人或受僱人請求損害賠償，僱用人與受僱

---

[625] 最高法院87年度台上字第86號判決：「該靠行之車輛，在外觀上既屬經營人所有，乘客又無從分辨該車輛是否他人靠行營運，乘客於搭乘時，只能從外觀上判斷該車輛係某經營人所有，該車輛之司機係為該經營人服勞務，自應認該司機係為該經營人服勞務，而使該經營人負僱用人之責任，以保護交易之安全。」孫森焱（2008），《民法債編總論（上）冊》，修訂版，頁296，台北：自刊。

[626] 鄭玉波著，陳榮隆修訂（2002），《民法債編總論》，修訂2版，頁208，台北：三民。孫森焱（2008），《民法債編總論（上）冊》，修訂版，頁297，台北：自刊。林誠二（2012），《債編總則新解－體系化解說（上冊）》，初版，頁373，台北：瑞興圖書。

[627] 鄭玉波（1988），《民法債編總論》，12版，頁184，台北：三民。

[628] 林誠二（2012），《債編總則新解－體系化解說（上冊）》，初版，頁373，台北：瑞興圖書。

[629] 最高法院42年台上字第1224號判例。鄭玉波（1988），《民法債編總論》，12版，頁184，台北：三民。

人任何一方，不得以他方既負責任爲由，脫卸自己之責任。[630]

二、兼具僱用人地位之負責人免責之事由

集會遊行時，糾察員於執行職務中依負責人之意思爲侵權行爲者，除了依集會遊行法第32條之規定，應由負責人與行爲人連帶負損害賠償責任之外，因亦屬共同侵權之情形，被害人亦得依民法第185條之規定，向負責人或行爲人請求連帶損害賠償。

集會遊行時，糾察員依負責人之意思執行職務，並因過失而不法侵害他人權利者，因過失係注意義務之違反而非有意之行爲，在解釋上應認爲非「行爲人基於自己意思之行爲」。亦即集會遊行法第32條但書所謂「基於自己意思之行爲」，應限於行爲人自己有意之行爲，即應限於故意行爲而不包括過失行爲。故此種情形依集會遊行法第32條之規定，應由負責人與行爲人連帶負損害賠償責任。再者，此種情形，若負責人於選任糾察員或監督其職務之執行上有過失，則負責人本於僱用人之地位，依民法第188條之規定，亦應連帶負損害賠償責任。若負責人於選任糾察員或監督其職務之執行上已盡相當之注意，或有縱加以相當之注意仍不免發生損害之情形，負責人本於僱用人之地位，依民法第188條但書之規定，理應不負賠償責任。但是，如上所述，過失並非有意之行爲而應認爲行爲人非「基於自己意思之行爲」，故依集會遊行法第32條之特別規定，仍應由負責人與行爲人連帶負損害賠償責任。總之，糾察員因過失而不法侵害他人權利者，不論負責人有無選任與監督上之過失，均應與行爲人連帶負損害賠償責任。

若糾察員依負責人之意思執行職務，並故意不法侵害他人權利，此種情形，因故意不法侵害他人權利之行爲，在解釋上應認爲係行爲人「基於自己意思之行爲」，故依集會遊行法第32條但書之規定，應由行爲人自行負責，亦即負責人不負連帶賠償責任。但若負責人於選任糾

---

[630] 鄭玉波（1988），《民法債編總論》，12版，頁184，台北：三民。

察員或監督其職務之執行上未盡相當之注意，亦無縱加以相當之注意仍不免發生損害之情形，則負責人本於僱用人之地位，依民法第188條之規定，仍應連帶負損害賠償責任。換言之，被害人雖不得依集會遊行法第32條之規定請求負責人負連帶損害賠償責任，但仍得依民法第188條之規定請求負責人本於僱用人之地位負連帶損害賠償責任。反之，若負責人於選任糾察員或監督其職務之執行上已盡相當之注意，或有縱加以相當之注意仍不免發生損害之情形，則負責人依民法第188條但書之規定，仍得不負賠償責任。故負責人欲主張免責，除了須證明行為人係基於自己之意思故意不法侵害他人權利之外，尚須舉證其選任糾察員及監督其職務之執行已盡相當之注意或縱加以相當之注意而仍不免發生損害始可，[631] 如下表所示。

負責人本於僱用人地位之責任	糾察員執行職務中自行故意不法侵害他人權利（基於自己之意思）	糾察員執行職務中因過失不法侵害他人權利（非基於自己之意思）	糾察員執行職務中依負責人之意思不法侵害他人權利
作為僱用人於選任和監督上無過失	依集會遊行法第32條但書規定免責 依民法第188條但書規定免責	依集會遊行法第32條連帶負損害賠償責任	依集會遊行法第32條連帶負損害賠償責任 （依民法第185條亦連帶負損害賠償責任）*
作為僱用人於選任和監督上有過失	依民法第188條連帶負損害賠償責任（雖依集會遊行法第32條但書規定免責）	依集會遊行法第32條連帶負損害賠償責任（依民法第188條亦連帶負損害賠償責任）	依集會遊行法第32條連帶負損害賠償責任（依民法第185條亦連帶負損害賠償責任）*

*共同侵權與僱用人之選任和監督無關。

---

[631] 林誠二（2012），《債編總則新解－體系化解說（上冊）》，初版，頁376，台北：瑞興圖書。

　　順便一提，負責人本於僱用人之地位所必須注意者，係預防受僱人執行業務發生危害，故所謂注意，須於選任監督二方面均行注意始可，否則若任何一方面有過失，即不能免責。至於所謂相當之注意，一般認爲應以善良管理人之注意爲準。[632]注意範圍，除受僱人之能力外，尚須就其人之性格是否謹愼精細亦加注意[633]。此項責任並不因受僱人在被選任以前，是否已得官廳之准許而有差異，其人之謹愼或疏忽，仍屬於僱用人之選任監督範圍。僱用人若不注意，竟選任性情疏忽之人，執行業務，是亦顯有過失，由此過失所生之侵權行爲，當然不能免責（採中間責任說）[634]。總之，僱用人於選任受僱人時，應衡量其將從事之職務，選擇能力、品德及性格適合者任用之，並於其任職期間，隨時予以監督，俾預防受僱人執行職務發生不法侵害他人權利之情事[635]，始盡相當之注意。[636]

三、負責人本於僱用人地位之求償權

　　集會遊行負責人本於民法第188條僱用人之地位與受僱人（糾察員）連帶負損害賠償責任之後，得依民法第188條第3項之規定向受僱人求償。民法第188條第3項規定：「僱用人賠償損害時，對於爲侵權行爲之受僱人有求償權。」一般認爲本項是爲了保護受害人，基於社會政策而使僱用人亦負連帶賠償責任，係民法第281條連帶債務人內部分擔額之「特別規定」，亦即僱用人所負的責任是代替受僱人賠償的代位責任，僱用人外部對於受害人爲全額賠償後，內部對於受僱人有全額之求償權，而非依民法第281條平均分擔求償。[637]因此，如被害人對於受僱

---

[632] 鄭玉波（1988），《民法債編總論》，12版，頁185，台北：三民。
[633] 最高法院20年台上字第568號判例。
[634] 最高法院18年台上字第2041號判例。
[635] 最高法院99年度台上字第2024號判決。
[636] 林誠二（2012），《債編總則新解－體系化解說（上冊）》，初版，頁376-377，台北：瑞興圖書。
[637] 最高法院108年度台上字第1989號判決。林誠二（2012），《債編總則新解－體系化解

人免除債務，而無消滅全部債務之意思表示者，因僱用人內部本無分擔額可言，故僱用人可援用受僱人之免除債務而拒絕被害人之全部請求賠償[638]。同理，倘被害人對於受僱人之侵權行為損害賠償請求權消滅時效業已完成者，依民法第276條第2項之規定，僱用人亦可援用受僱人之消滅時效抗辯而拒絕全部之給付[639]。

不過，本書認為從個人主義的自己責任原理來看，僱用人所負的賠償責任未必是代替受僱人來負損害賠償責任，而有可能認為僱用人所負的是自己責任，即自己在選任或監督上有過失的責任，而不是代替受僱人賠償的代位責任。至於其因連帶賠償關係所付的賠償金額如果超過其選任或監督上之過失所應負的責任，自得於連帶賠償之後向受僱人請求返還。換言之，僱用人對受僱人雖有求償權，但此求償權未必是全額的，而應扣除僱用人自己本身在選任或監督上的過失責任才合理。

伍、結論

集會、遊行時，糾察員不法侵害他人之權利者，不論其與負責人之間是否有共同侵權之關係，也不論其與負責人之間是否有受僱人與僱用人之關係，只要糾察員是依負責人之意思所為之執行職務行為，均應依集會遊行法第32條之規定，由負責人與行為人連帶負損害賠償責任。

集會遊行法第32條對於負責人與行為人連帶負損害賠償責任之後，其內部應如何分擔並未規定，而須依民法連帶債務之規定定之。關

説（上冊）》，初版，頁378-379，台北：瑞興圖書。鄭玉波（1988），《民法債編總論》，12版，頁186，台北：三民。

[638] 最高法院73年度台上字第2966號判決。林誠二（2012），《債編總則新解－體系化解説（上冊）》，初版，頁379-380，台北：瑞興圖書。

[639] 最高法院95年度台上字第1235號判決。最高法院106年度台上字第1835號判決。林誠二（2012），《債編總則新解－體系化解説（上冊）》，初版，頁378-379，台北：瑞興圖書。

於連帶債務各債務人分擔部分之決定，依民法第280條規定，除法律另有規定或契約另有訂定外，應平均分擔義務。但因債務人中之一人應單獨負責之事由所致之損害及支付之費用，由該債務人負擔。

集會遊行時，糾察員不法侵害他人之權利，如負責人也參與其中，則除了依集會遊行法第32條之規定，應由負責人與行為人連帶負損害賠償責任之外，因有可能符合民法第185條「數人共同不法侵害他人權利」之情形，此時亦有可能依民法第185條之規定，成立共同侵權行為之連帶損害賠償責任，而與集會遊行法第32條之規定形成競合關係。於各行為人之內部關係中應按各自所造成之損害比例分擔之，如無法確知所造成之損害比例（例如共同危險行為），則平均分擔之。

集會遊行時，糾察員執行職務，因過失而不法侵害他人權利者，因過失係注意義務之違反而非有意之行為，在解釋上應認為非「行為人基於自己意思之行為」。故此種情形依集會遊行法第32條之規定，應由負責人與行為人連帶負損害賠償責任。再者，此種情形，若負責人於選任糾察員或監督其職務之執行上有過失，則負責人本於僱用人之地位，依民法第188條之規定，亦應連帶負損害賠償責任。若負責人於選任糾察員或監督其職務之執行上已盡相當之注意，或有縱加以相當之注意仍不免發生損害之情形，負責人本於僱用人之地位，依民法第188條但書之規定，理應不負賠償責任。但是，過失並非有意之行為而應認為行為人非「基於自己意思之行為」，故依集會遊行法第32條之特別規定，仍應由負責人與行為人連帶負損害賠償責任。總之，糾察員因過失而不法侵害他人權利者，不論負責人有無選任與監督上之過失，均應與行為人連帶負損害賠償責任。

若糾察員執行職務，故意不法侵害他人權利，依集會遊行法第32條但書之規定，應由行為人自行負責。但若負責人於選任糾察員或監督其職務之執行上未盡相當之注意，亦無縱加以相當之注意仍不免發生損害之情形，則負責人本於僱用人之地位，依民法第188條之規定，仍應

連帶負損害賠償責任。換言之，被害人雖不得依集會遊行法第32條之規定請求負責人負連帶損害賠償責任，但仍得依民法第188條之規定請求負責人本於僱用人之地位負連帶損害賠償責任。反之，若負責人於選任糾察員或監督其職務之執行上已盡相當之注意，或有縱加以相當之注意仍不免發生損害之情形，則負責人依民法第188條但書之規定，仍得不負賠償責任。故負責人欲主張免責，除了須證明行為人係基於自己之意思故意不法侵害他人權利之外，尚須舉證其選任糾察員及監督其職務之執行已盡相當之注意或縱加以相當之注意而仍不免發生損害始可。

集會遊行負責人本於民法第188條僱用人之地位與受僱人（糾察員）連帶負損害賠償責任之後，得依民法第188條第3項之規定向受僱人求償。一般認為本項僱用人所負的責任是代替受僱人賠償的代位責任，僱用人外部對於受害人為全額賠償後，內部對於受僱人有全額之求償權，而非依民法第281條平均分擔求償。

不過，從個人主義的自己責任原理來看，僱用人所負的賠償責任未必是代替受僱人來負損害賠償責任，而有可能認為僱用人所負的是自己責任，即自己在選任或監督上有過失的責任，而不是代替受僱人賠償的代位責任。至於其因連帶賠償關係所付的賠償金額如果超過其選任或監督上之過失所應負的責任，自得於連帶賠償之後向受僱人請求返還。換言之，僱用人對受僱人雖有求償權，但此求償權未必是全額的，而應扣除僱用人自己本身在選任或監督上的過失責任才合理。

第33條（危險物品之扣留）
第二十三條規定之物品，不問屬於何人所有，均得扣留並依法處理。

壹、扣留之授權依據

集會遊行固然是憲法所保障之基本權利，但也必須在和平的原則下舉行，以暴力相向之非和平集會遊行不但會對社會秩序造成破壞，也有可能妨礙他人之自由權利。在符合比例原則，且有法律之明文授權，自得予以限制。集會遊行法第23條就是為了確保集會遊行的和平進行，禁止集會、遊行之負責人，其代理人或糾察員及參加人攜帶足以危害他人生命、身體、自由或財產安全之物品參加集會遊行。本條規定則是於有違反時進一步予以扣留，並依法處理。不論是禁止其攜帶，或是予以扣留，都是對其物之使用支配權之限制。對於此等財產權之限制，必須符合憲法第23條所規定之條件，包括法律明文授權。

本條即限制參與集會遊行之人民攜帶足以危害他人生命、身體、自由或財產安全之物品，並予以扣留之法律授權規定。詳言之，警察為了確保集會遊行能夠和平的進行，對於足以危害他人生命、身體、自由或財產安全之物品得依集會遊行法第23條之規定禁止集會遊行負責人、代理人、糾察員及參加人攜帶參加集會遊行，如有違反，甚至得依集會遊行法第33條之規定，予以扣留。不論該物是否已造成危害之發生，亦不問屬於何人所有，均得予以扣留，並依法處理。但並非只要一有攜帶，即予以扣留，而仍須為合目的之裁量。

貳、扣留之決定與執行之程序

所扣留之物以足以危害他人生命、身體、自由或財產安全之物品為限，扣留物之處理應依照一定法律程序。所謂扣留，係由警察暫時剝奪權利人（物之所有權人、占有人等）對物之管領，並取得對該物之占有，而形成一種公法上之保管關係。其並未改變所有權人對物之所有權的關係，而只是改變實際占有人對物之占有關係。此所謂之危害，係指依人的行為或物的狀況繼續進行的話，極有可能對他人的生命、身體、自由或財產造成損害的一種情況。其包含危險和實害，危險是發生損害的高可能性，而實害是指實際上發生損害以及損害的繼續和擴大而言。

所謂足以危害他人生命、身體、自由或財產安全之物品，在解釋上應包括警察職權行使法第21條及行政執行法第38條第1項所稱之「軍器、凶器及其他危險物品」[640]。只要在集會遊行中適合於危害他人生命、身體、自由、財產之物品，不論是固體、液體、氣體均屬之。例如各式槍械、彈藥、刀劍、棍等武器屬之，汽油彈、火藥等易燃爆裂物屬之，硫酸、鹽酸、氯氣、二氧化硫、沙林等強烈的、腐蝕性的或有毒的氣體、液體等化學物品亦屬之，甚至某些在用法上可能成為危害生命、身體、自由、財產之物品亦屬之，這類物品諸如球棒、金屬角材、鐵管、鋤頭、起子等，在集會遊行的場合中，如非屬該集會遊行所必要之物品，而有大量攜帶進入集會遊行中之情形，即有可能評價為足以危害他人生命、身體、自由或財產安全之物品，而得予以扣留。換言之，除了物本身之危險性之外，尚應參酌具體個案之時間、地點、場合等因素，依人的行為及物的特性、其存在是否合於常理、有無顯然造成立即危害之可能性加以判斷，例如參加集會遊行之人，攜帶木棍、磚塊、石

---

[640] 有關軍器、凶器、危險物品等之解釋，請參閱蔡庭榕、簡建章、許義寶、李錫棟（2018），《警察職權行使法逐條釋論》，2版，頁448以下，台北：五南。

頭等物,而有預作活動中之攻擊物品之虞,即可能評價爲足以危害他人生命、身體、自由、財產之物品。此等物品與持有是否已受許可、是否屬於合法持有的狀態、是否爲有權者持有等無關,其所考量者,在於該物造成危害之可能性。[641]

所謂依法處理,集會遊行法並無扣留及其後應如何處理之具體程序規定,在解釋上,一般應可依警察職權行使法及行政執行法之規定處理。由於警察依本條扣留只是使物品之持有人暫時喪失對該物之管領力,其所有權仍屬該物之所有權人,並未發生改變,故除非該物爲違禁物、查禁物而被依法沒收、沒入者外,應於危害之狀況消失時,發還原持有人。警察爲扣留之決定時,應衡量該物有無扣留之必要性、扣留後可能造成當事人之損害、扣留時間長短之影響等,爲合理之扣留及事後之發還,不得超過必要的限度。警察合法執行扣留時,物之持有人自不得抗拒或主張該物之權利。

扣留時須履行一定之法定程序,使行政程序透明化,人民可以預知相關處理過程,適時請求警察發回被扣留之物品。[642]依警察職權行使法第22條之規定,警察對於依法扣留之物,應簽發扣留物清單,載明扣留之時間、處所、扣留物之名目及其他必要之事項,交付該物之所有人、持有人或保管人;依情況無法交付清單時,應製作紀錄,並敘明理由附卷(第1項)。據此,在執行程序上必須製作扣留物清單,交予所有權人、持有人或保管人。扣留物清單之內容,包括扣留之時間、處所、扣留物之名稱、數量、特徵、現狀等,理論上應儘量詳細,且應註明所有人、持有人、保管人,以免因扣留程序之不明確,使該物遺失、無法辨別,造成保管缺失而損害人民之財產權[643]。如所有人、持有人及保管人

---

[641] 蔡庭榕、簡建章、許義寶、李錫棟(2018),《警察職權行使法逐條釋論》,2版,頁450,台北:五南。

[642] 蔡庭榕、簡建章、許義寶、李錫棟(2018),《警察職權行使法逐條釋論》,2版,頁457,台北:五南。

[643] 蔡庭榕、簡建章、許義寶、李錫棟(2018),《警察職權行使法逐條釋論》,2版,頁457,台北:五南。

均不在現場，或其他無法交付保管清單等情形，應製作紀錄，並敘明理由附卷，以供查考。

參、扣留後之處置

對於扣留之物，應加封緘或其他標示，以確保所有扣留物品正確無誤，並應妥善保管，以便在扣留原因消失後發還所有人、持有人或保管人，確保不致損壞。如所扣留之物為刑法所規定之違禁物而應予沒收者，例如未受允准之炸藥、雷汞等相類之爆裂物或軍用槍砲、子彈，則此種情形除了違反集會遊行法第23條得依同法第33條之規定予以扣留之外，同時也已涉嫌犯罪，故其後續之處理應轉換為刑事訴訟程序，將持有人及扣留之違禁物移送檢察官。如所扣留之物為社會秩序維護法所規定之查禁物而應予沒入者，例如經主管機關公告查禁之鏢刀、十字弓等器械，則除了違反本法規定而得予扣留之外，也已同時違反社會秩序維護法，而應依該法第22條及第43條之規定予以沒入。

在具體個案中，如因物之特性不適於由警察保管者，例如由警察保管該扣留物，在事實或專業上顯有困難或時間、金錢均花費過鉅時，得委託其他機關（構）或私人保管，此時並應通知該物之所有人、持有人或保管人（警察職權行使法第22條第2項）。

警察所扣留之物，其扣留原因已消失，不再有造成危害之虞時，即應將該扣留物，發還給所有人、持有人或保管人。但依物之性質，如在發還前該物有事實上無法保管或其保管之費用過鉅等原因，則須為即時處置，以免造成更大之損害。警察行使法第23條第1項規定有下列情形之一者，扣留之物得予變賣：一、有腐壞或價值重大減損之虞；二、保管、照料或持有所費過鉅或有其困難；三、扣留期間逾6個月，無法返還所有人、持有人或保管人，且不再合於扣留之要件；四、經通知3個

月內領取，且註明未於期限內領取，將予變賣，而所有人、持有人或保管人未於期限內領取。此種處置，係為了避免擴大被扣留人財產之損害所採取之不得已的方法。

變賣是將扣留物出售而獲取相當之價款。其出售之方式依警察職權行使法第23條第3項之規定，應採公開方式為之。但因物之性質認為難以賣出，或估計變賣之費用超出變賣所得時，得不經公開方式逕行處置之。變賣前，應將變賣之程序、時間及地點通知所有人、持有人或保管人。但情況急迫者，不在此限（警察職權行使法第23條第2項）。扣留期間逾6個月而無法返還且不再合於扣留要件之扣留物，及經通知3個月內領取且註明未於期限內領取將予變賣而仍未於期限內領取之扣留物，如無法返還於所有人時，或於6個月內未賣出，其所有權歸屬各該級政府所有，依其性質亦可提供公益使用。對於後者並應將處理情形通知所有人、持有人或保管人（警察職權行使法第23條第3項）。如扣留之物有腐壞、腐敗等理由而不能變賣時，並得予以銷毀（警察職權行使法第23條第4項）；此時並應通知物之所有人、持有人或保管人有關實施銷毀之時間、地點。但情況急迫者，不在此限（警察職權行使法第23條第5項）。

若扣留物之所有權人並非扣留時之相對人時，因本條規定「不問屬於何人所有」，均得扣留並依法處理。扣留物如遇有上述須予變賣之情形，將損及扣留時之相對人以外之第三人（物之所有權人）的權利。此時，依行政程序法第23條規定，因程序之進行將影響第三人之權利或法律上利益者，行政機關得依職權或依申請，通知其參加為當事人。亦即應允許該第三人（扣留物之所有權人）以當事人之地位參與程序。扣留物如為違禁物、查禁物，則應予沒收或沒入，無變賣返還價金或提存之問題。

肆、扣留物之發還

　　扣留之物，除依法應沒收、沒入、毀棄或應變價發還者外，扣留物之所有人並不喪失其對該物之所有權。因此，於扣留之原因消失，而無繼續扣留之必要時，應將該物返還所有人、持有人或保管人。所有人、持有人或保管人不明時，得返還其他能證明對該物有權利之人（警察職權行使法第24條第1項）。於集會遊行中對物之扣留原因，無非是為了確保集會遊行之和平性，即為了防止該物或以該物危害他人生命、身體、自由或財產之安全，因此，從具體個案之時間、處所、場合、當事人、事件性質等事實狀況判斷，已不再存在扣留之原因時，例如集會遊行已結束，所扣留之木棍、磚塊不再有造成危害之虞時，除物本身有應予沒收、沒入、已變賣或移作證據之用者外，即應將該物發還給所有人、持有人或保管人等。扣留期間不得逾30日；扣留原因未消失時，得延長其扣留之期間，但其延長期間不得逾2個月（警察職權行使法第22條第3項）。執行時應附記其認定理由，以供查考、監督或當事人提起救濟時之審查依據。[644]

　　扣留及保管費用，依警察職權行使法第24條第2項之規定，由物之所有人、持有人或保管人負擔，並得於返還時收取之。扣留物經變賣後，於扣除扣留費、保管費、變賣費及其他必要費用後，應返還其價金予扣留物之所有人、持有人或保管人。扣留物之權利人不明時，經公告一年期滿無人申請發還者，繳交各該級政府之公庫（警察職權行使法第24條第3項）。另依行政執行法第38條第3項亦有類似之規定，併此敘明。

---

[644] 蔡庭榕、簡建章、許義寶、李錫棟（2018），《警察職權行使法逐條釋論》，2版，頁458，台北：五南。

伍、扣留及其後續處置之救濟

　　警察依本條規定扣留可能構成危害之物品時，義務人或利害關係人對警察實施扣留之方法、應遵守之程序或其他侵害利益之情事，得於警察實施扣留當場陳述理由，表示異議。警察對此異議認為有理由者，應立即停止或更正執行行為；若認為無理由，則得繼續執行，經義務人或利害關係人請求時，應將異議之理由製作紀錄交付之，以便其據以為後續之救濟。若義務人或利害關係人因警察之扣留有違法或不當情事，致損害其權益時，並得依法提起訴願及行政訴訟（警察職權行使法第29條）。有國家賠償法所定國家負賠償責任之情事，亦得依法請求損害賠償。

　　警察依法所為之扣留，若因而造成權利人生命、身體或財產遭受特別犧牲時，得依警察職權行使法第31條之規定請求國家補償。但人民有可歸責之事由時，法院得減免其金額。此等損失補償，應以金錢為之，並以補償實際所受之特別損失為限。對於警察機關所為損失補償之決定不服者，仍得依法提起訴願及行政訴訟。損失補償應於知有損失後二年內向警察機關提出請求，逾期即不得再請求補償。但如受害人不知有損失，則自損失發生後，經過五年，不得再請求補償，以避免法律關係始終處於不穩定之狀態。

第34條（罰鍰之強制執行）
依本法所處罰鍰，經通知繳納逾期不繳納者，移送法院強制執行。

壹、前言

　　集會遊行法第27條、第28條對於集會、遊行之負責人、代理人或主持人於違反集會遊行法相關規定時，得處以最高15萬元以下不等之罰鍰。同法第34條並規定：「依本法所處罰鍰，經通知繳納逾期不繳納者，移送法院強制執行。」依此規定，處分機關對於經通知繳納而逾期不繳納罰鍰者，應移送普通法院強制執行，此為過去一般之解釋與實務之作法。但是依強制執行法第1條之規定，民事強制執行事務，於地方法院設民事執行處執行之。如此，地方法院民事執行處得依強制執行法執行者理應僅限於民事強制執行事件，同法第4條第6款所謂之「其他依法律規定得為強制執行名義者」，也理應僅限於民事強制執行事件，而不包括屬於公法上金錢給付義務之罰鍰。然而，除此之外並無法院得為罰鍰強制執行之其他法律規定。可知本條規定是在行政強制執行之法律規定不完備的情況下所為之便宜規定。因為集會遊行法於1988年制定時，行政執行法對於公法上之金錢給付義務並無強制執行之相關程序規定。當時關於強制執行之程序規定較為完備者，應屬民事之強制執行法。所以當時多數行政法規有關罰鍰之強制執行多便宜地規定得移送法院強制執行，諸如人民團體法第63條、水土保持法第36條、保全業法第21條等等不勝枚舉，集會遊行法第34條也是這類規定的其中之一。

　　其後，1998年修正行政執行法時，增訂公法上金錢給付義務強制執行之執行機關、要件、程序等相關規定，並於同法第42條規定：「法律有公法上金錢給付義務移送法院強制執行之規定者，自本法修正條文

施行之日起，不適用之。」同法第1條規定：「行政執行，依本法之規定。」第4條規定：「行政執行，由原處分機關或該管行政機關爲之。但公法上金錢給付義務逾期不履行者，移送法務部行政執行署所屬行政執行處執行之。」所謂公法上金錢給付義務，當然包括罰鍰在內（行政執行法施行細則第2條第2款）。基此，本條規定自1988年修正之行政執行法施行之日（1991年1月1日）起即不再適用。亦即有關集會遊行法罰鍰之強制執行，不再依本條規定移送法院強制執行，而依行政執行法第4條但書之規定移送行政執行處（自2012年1月1日起改由行政執行分署管轄，行政執行處亦同步更名爲行政執行分署）強制執行。因此，本條雖然形式上仍然存在，但實際上已形同廢止。將來修法時，自應予以廢止，方屬正辦。以下擬就集會遊行法之罰鍰移送行政執行分署強制執行之相關規定說明之。

貳、罰鍰之執行機關

依集會遊行法所處之罰鍰，依行政執行法第4條之規定，應由原處分機關或該管行政機關爲之。逾期不履行者，移送法務部行政執行署所屬行政執行分署執行之。所謂原處分機關，於多階段行政處分易生疑義，行政執行法施行細則第4條規定以實施行政處分時之名義機關爲準，但上級機關本於法定職權所爲之行政處分，交由下級機關執行者，以該上級機關爲原處分機關。所謂該管行政機關，係指相關法令之主管機關。基此，不論集會遊行之主管機關，還是依集會遊行法所處罰鍰之原處分機關，都是警察分局或警察局。換言之，罰鍰之執行應由警察分局或警察局爲之，逾期仍不繳納罰鍰者，則移送該管行政執行分署（原行政執行處）執行之，但於移送行政執行分署執行前，應盡量催繳（行政執行法施行細則第19條）。

參、罰鍰移送強制執行之要件與程序

一、移送強制執行之要件

受處分人有下列情形之一，逾期不履行，經主管機關移送者，由行政執行分署就其財產執行之：（一）其處分文書或裁定書定有履行期間或有法定履行期間者；（二）其處分文書或裁定書未定履行期間，經以書面限期催告履行者；（三）依法令負有義務，經以書面通知限期履行者。法院依法律規定就罰鍰為假扣押、假處分之裁定經主管機關移送者，亦同（行政執行法第11條）。

二、移送強制執行之程序

移送機關於移送行政執行處執行時，應檢附下列文件：（一）移送書；（二）處分文書、裁定書或義務人依法令負有義務之證明文件；（三）義務人之財產目錄。但移送機關不知悉義務人之財產者，免予檢附；（四）義務人經限期履行而逾期仍不履行之證明文件；（五）其他相關文件。移送書應載明義務人姓名、年齡、性別、職業、住居所，如係法人或其他設有管理人或代表人之團體，其名稱、事務所或營業所，及管理人或代表人之姓名、性別、年齡、職業、住居所；義務發生之原因及日期；應納金額（行政執行法第13條）。

三、移送之撤回

移送該管行政執行分署後，移送機關得於執行終結前撤回之。但於拍定後拍賣物所有權移轉前撤回者，應得拍定人之同意（行政執行法施行細則第24條）。

肆、強制執行之程序

一、自動清繳或分期繳納與查封拍賣

行政執行分署為辦理執行事件，得通知義務人到場或自動清繳應納金額、報告其財產狀況或為其他必要之陳述（行政執行法第14條）。義務人死亡遺有財產者，得逕對其遺產強制執行（行政執行法第15條）。義務人依其經濟狀況或因天災、事變致遭受重大財產損失，無法一次完納者，行政執行分署於徵得移送機關同意後，得酌情核准其分期繳納。經核准分期繳納，而未依限繳納者，行政執行分署得廢止之（行政執行法施行細則第27條）。

執行人員於查封前，發見義務人之財產業經其他機關查封者，不得再行查封。行政執行分署已查封之財產，其他機關不得再行查封（行政執行法第16條）。行政執行分署就已查封之財產不再繼續執行時，如有執行法院函送併辦之事件，應維持已實施之執行程序原狀，並依強制執行法第33條之1第3項規定將有關卷宗送由執行法院繼續執行（行政執行法施行細則第25條）。行政執行分署依強制執行法第33條之2第1項規定將執行事件函送執行法院併辦時，應敘明如執行法院就已查封之財產不再繼續執行時，應依同條第2項規定維持已實施之執行程序原狀，並將有關卷宗送由行政執行處繼續執行（行政執行法施行細則第26條）。

拍賣、鑑價、估價、查詢、登報、保管及其他因強制執行所支出之必要費用，移送機關應代為預納，並依行政執行法第25條但書規定向義務人取償（行政執行法施行細則第30條）。

二、命提供擔保與限制住居

依行政執行法第17條之規定，受處分人有下列情形之一者，行政執行分署得命其提供相當擔保，限期履行，並得限制其住居：（一）顯有履行義務之可能，故不履行；（二）顯有逃匿之虞；（三）就應供強

制執行之財產有隱匿或處分之情事；（四）於調查執行標的物時，對於執行人員拒絕陳述；（五）經命其報告財產狀況，不為報告或為虛偽之報告；（六）經合法通知，無正當理由而不到場（行政執行法第17條第1項）。但義務人有下列情形之一者，不得限制住居：（一）滯欠金額合計未達新臺幣10萬元。但義務人已出境達二次者，不在此限；（二）已按其法定應繼分繳納遺產稅款、罰鍰及加徵之滯納金、利息，但其繼承所得遺產超過法定應繼分，而未按所得遺產比例繳納者，不在此限（行政執行法第17條第2項）。擔保人於擔保書狀載明義務人逃亡或不履行義務由其負清償責任者，行政執行分署於義務人逾期仍不履行時，得逕就擔保人之財產執行之（行政執行法第18條）。

三、拘提與管收

（一）拘提與管收之要件

1. 拘提之要件

　　受處分人經行政執行署依上述規定命其提供相當擔保，限期履行，屆期不履行亦未提供相當擔保，有下列情形之一，而有強制其到場之必要者，行政執行處得聲請法院裁定拘提之：(1)顯有逃匿之虞；(2)經合法通知，無正當理由而不到場（行政執行法第17條第3項）。

　　拘提後，有下列情形之一者，應即釋放義務人：(1)義務已全部履行；(2)義務人就義務之履行已提供相當擔保；(3)不符合聲請管收之要件（行政執行法第19條第2項）。

2. 管收之要件

　　義務人經拘提到場，行政執行官應即訊問其人有無錯誤，並應命義務人據實報告其財產狀況或為其他必要調查。行政執行官訊問義務人後，認有下列各款情形之一，而有管收必要者，行政執行分署應自拘提時起24小時內，聲請法院裁定管收之：(1)顯有履行義務之可能，

故不履行；(2)顯有逃匿之虞；(3)就應供強制執行之財產有隱匿或處分之情事；(4)已發見之義務人財產不足清償其所負義務，於審酌義務人整體收入、財產狀況及工作能力，認有履行義務之可能，別無其他執行方法，而拒絕報告其財產狀況或為虛偽之報告（行政執行法第17條第6項）。

義務人經通知或自行到場，經行政執行官訊問後，認有聲請管收必要者，行政執行處得將義務人暫予留置。其訊問及暫予留置時間合計不得逾24小時（行政執行法第17條第7項）。

行政執行時，除了應考慮所須具備之事由外，尚須依公平合理之原則，兼顧公共利益與人民權益之維護，以適當之方法為之，不得逾達成執行目的之必要限度（行政執行法第3條）。亦即所採取之執行方法須有助於執行目的之達成。有多種同樣能達成執行目的之執行方法時，應選擇對義務人、應受執行人及公眾損害最少之方法為之。採取之執行方法所造成之損害不得與欲達成執行目的之利益顯失均衡（行政執行法施行細則第3條）。

（二）聲請拘提、管收之程序

聲請拘提、管收，應具聲請書及聲請拘提、管收所必要之相關證明文件影本，並釋明之。聲請管收時，應將被聲請管收人一併送交法院（行政執行法施行細則第29條）。

法院受理管收之聲請後，應即訊問義務人並為裁定，必要時得通知行政執行處指派執行人員到場為一定之陳述或補正（行政執行法第17條第9項）。

有關拘提、管收，除行政執行法另有規定外，準用強制執行法、管收條例及刑事訴訟法有關訊問、拘提、羈押之規定（行政執行法第17條第12項）。

（三）拘提、管收之救濟

行政執行分署或義務人不服法院關於拘提、管收之裁定者，得於10日內提起抗告；其程序準用民事訴訟法有關抗告程序之規定（行政執行法第17條第10項）。

抗告無停止拘提或管收執行之效力，但准予拘提或管收之原裁定經抗告法院裁定廢棄者，其執行應即停止，並將被拘提或管收人釋放（行政執行法第17條第11項）。

（四）管收之執行

法院為管收之裁定後，應將管收票交由行政執行處派執行員將被管收人送交管收所；法院核發管收票時義務人不在場者，行政執行處得派執行員持管收票強制義務人同行並送交管收所（行政執行法第19條第3項）。管收期限，自管收之日起算，不得逾3個月（行政執行法第19條第4項前段）。管收期間，行政執行分署應隨時提詢被管收人，每月不得少於三次（行政執行法第20條）。其次，義務人所負公法上金錢給付義務，並不因管收而免除（行政執行法第19條第5項）。

（五）管收之停止與撤銷

義務人有下列情形之一者，應停止管收：1. 因管收而其一家生計有難以維持之虞者；2. 懷胎五月以上或生產後二月未滿者；3. 現罹疾病，恐因管收而不能治療者（行政執行法第21條）。停止原因消滅或後有管收新原因發生時，始得再行管收，但以一次為限（行政執行法第19條第4項後段）。

有下列情形之一者，視為已撤銷管收，應即釋放被管收人：1. 義務已全部履行或執行完畢者；2. 行政處分或裁定經撤銷或變更確定致不得繼續執行者；3. 管收期限屆滿者；4. 義務人就義務之履行已提供確實之擔保者（行政執行法第22條）。

四、禁奢命令

行政執行法第17條之1禁奢條款規定，義務人滯欠合計達一定金額，已發現之財產不足清償其所負義務，且生活逾越一般人通常程度者，行政執行處得依職權或利害關係人之申請對其核發下列各款之禁止命令，並通知應予配合之第三人：（一）禁止購買、租賃或使用一定金額以上之商品或服務；（二）禁止搭乘特定之交通工具；（三）禁止為特定之投資；（四）禁止進入特定之高消費場所消費；（五）禁止贈與或借貸他人一定金額以上之財物；（六）禁止每月生活費用超過一定金額；（七）其他必要之禁止命令。所謂滯欠合計達一定金額，經法務部公告，係指義務人滯欠各類公法上金錢給付義務執行事件之金額合計達新臺幣1,000萬元。

依集會遊行法所處罰鍰最高金額為15萬元，除非受處分人與其他公法上金錢給付義務執行事件合計達新臺幣1,000萬元，否則尚無採取禁奢措施之可能，併予敘明。

伍、行政執行之終止與執行期間之限制

有下列情形之一者，執行機關應依職權或因義務人、利害關係人之申請終止執行：一、義務已全部履行或執行完畢者；二、行政處分或裁定經撤銷或變更確定者；三、義務之履行經證明為不可能者（行政執行法第8條第1項）。行政處分或裁定經部分撤銷或變更確定者，執行機關應就原處分或裁定經撤銷或變更部分終止執行（行政執行法第8條第2項）。執行機關執行時，應依職權調查有無上述各款情形。有上述各款所情形之一者，義務人或利害關係人亦得陳明理由並檢附有關文件，申請執行機關終止執行。執行機關終止執行時，應通知義務人及利害關係人（行政執行法施行細則第14條）。

行政執行，自處分、裁定確定之日或其他依法令負有義務經通知限期履行之文書所定期間屆滿之日起，五年內未經執行者，不再執行；其於五年期間屆滿前已開始執行者，仍得繼續執行。但自五年期間屆滿之日起已逾五年尚未執行終結者，不得再執行（行政執行法第7條第1項）。所謂已開始執行，如已移送執行機關者，係指下列情形之一：一、通知義務人到場或自動清繳應納金額、報告其財產狀況或為其他必要之陳述；二、已開始調查程序（行政執行法第7條第3項）。

陸、行政執行之救濟

義務人或利害關係人對執行命令、執行方法、應遵守之程序或其他侵害利益之情事，得於執行程序終結前，向執行機關聲明異議（行政執行法第9條第1項）。執行機關認為聲明異議有理由者，應即停止執行，並撤銷或更正已為之執行行為；認其無理由者，應於10日內加具意見，送直接上級主管機關於30日內決定之（行政執行法第9條第2項）。直接上級主管機關對於執行機關所送請決定之聲明異議事件，認其異議有理由者，應命執行機關停止執行，並撤銷或更正已為之執行行為；認其異議無理由者，應附理由駁回之，並以書面通知原執行機關及異議人（行政執行法施行細則第17條前段）。聲明異議除法律另有規定外，並不生停止執行之效力。但執行機關因必要情形，得依職權或申請停止執行（行政執行法第9條第3項）。其有國家賠償法所定國家應負賠償責任之情事者，受損害人得依國家賠償法請求損害賠償（行政執行法第10條），自不待言。

此外，第三人就執行標的物認有足以排除執行之權利時，得於執行程序終結前，依強制執行法第15條規定向管轄法院提起民事訴訟（行政執行法施行細則第18條）。

參考文獻

一、中文部分

書籍期刊

1. Cass R. Sunstein著，商千儀、高忠義譯（2001），《司法極簡主義，一次一案的精神與民主政治》，台北：商周。
2. H. Scholler, B. Schoer合著，李震山譯（1995），《德國警察與秩序法原理》，中譯2版，高雄：登文書局。
3. Hans-Heinrich, Trute, Leonard, Biebrach著，王韻茹譯（2015.4），〈德國極右派集會遊行的法律問題〉，《國立中正大學法學集刊》，第47期。
4. 內政部警政署（2003），《警察職權行使法逐條釋義》。
5. 王伯琦（1956），《民法債編總論》，初版，台北：自印。
6. 王泰升（1999），《台灣日治時期的法律改革》，台北：聯經。
7. 王澤鑑（2009），《侵權行為法》，台北：自刊。
8. 丘宏達（1996），《現代國際法基本文件》，台北：三民。
9. 甘添貴（1987），《刑法各論（上）》，台北：五南。
10. 甘添貴（2007），《體系刑法各論（第1卷）—侵害個人專屬法益之犯罪》，修訂再版，台北：自印。
11. 石幼珊譯，張隆溪校（1988），《名人演說一百篇》，台北：臺灣商務印書
12. 朱金池（2018），〈我國警察集會遊行執法之爭議研究〉，《執法新知論衡》，14卷1期。
13. 行政院勞委會編印（2007.6），〈罷工糾察線作為預防犯罪的警察權發動對象—警察法觀點〉，《勞資爭議行為論文集》。
14. 吳庚（2003），《憲法的解釋與適用》，初版，台北：自印。
15. 吳庚（2017），《行政法之理論與實用》，增訂15版，台北：三民。

16. 吳庚、張文郁（2018），《行政爭訟法論》，台北：元照。

17. 吳豪人（2017），《殖民地的法學者—「現代」樂園的漫遊者群像》，台北：國立臺灣大學出版中心。

18. 李永義（2016），〈我國集會遊行法之評述：以釋憲字第445號及釋憲字第718號〉，《樹德科技大學學報》，18卷2期。

19. 李奇芳（2018），〈在集會遊行權的漫漫長路上走著〉，《全國律師》，22卷6期。

20. 李建良（2008），〈為「笨總統」上一堂憲法實例課—1106圓山事件案〉，《臺灣法學雜誌》，第117期。

21. 李建良（2008），〈論行政法上「責任」概念及責任人的選擇問題—兼評最高行政法院93年度判字第628號、95年度判字第1421號判決及其相關判決〉，《2007行政管制與行政爭訟》，台北：中央研究院法律學研究所籌備處。

22. 李建良（2014），〈集會自由與群眾運動的憲法保障—釋字第718號解釋〉，《臺灣法學雜誌》，第246期。

23. 李惠宗（2004），《憲法要義》，台北：元照。

24. 李惠宗（2005），〈職業自由主觀要件限制之違憲審查—司法院大法官釋字第584號解釋評析〉，《憲政時代》，30卷3期。

25. 李惠宗（2010），《行政法要義》，5版，台北：元照。

26. 李惠宗（2016），《行政法要義》，7版，台北：元照。

27. 李翔甫（2007），〈警察下令抽血檢驗酒精濃度值正當性問題之探討（上）〉，《台灣本土法學》，第92期。

28. 李寧修（2015），〈保護抑或箝制？集會遊行之強制解散及其效果／桃園地院98簡上111判決〉，《台灣法學雜誌》，第276期。

29. 李寧修（2016），〈國家蒐集集會遊行資料的憲法界限：德國聯邦憲法法院「巴伐利亞邦集遊法部分暫停適用」裁定之反思〉，《東吳法律學報》，27卷3期。

30. 李震山（1990），《警察任務法論》，高雄：登文書局。

31. 李震山（1995），〈論集會自由與公物使用間之法律問題—以集會遊行場所選用為例〉，《東海大學法學研究》，第9期。

32. 李震山（2001），〈論行政管束與人身自由之保障〉，《人性尊嚴與人權

保障》，修訂再版，台北：元照。

33. 李震山（2002），《警察法論－警察任務編》，1版，台南：正典。

34. 李震山（2007），《多元、寬容與人權保障－以憲法未列舉權之保障爲中心》，第2版，台北：元照。

35. 李震山（2009），〈從憲法觀點回顧並展望集會遊行法〉，《中央警察大學集會遊行與警察執行集會遊行法國際學術研討會論文集》。

36. 李震山（2010.1），〈論集會自由之事前抑制〉，《政治思潮與國家法學：吳庚教授七秩華誕祝壽論文集》，台北：元照。

37. 李震山（2020），〈民主法治國家與集會自由〉，《人性尊嚴與人權保障》，5版，台北：元照。

38. 李震山（2015），〈人權發展與警察職權－以司法院大法官解釋爲例〉，《中央警察大學學報》，第52期。

39. 李震山（2016），《警察行政法論－自由與秩序之折衝》，4版，台北：元照。

40. 李震山（2019），《行政法導論》，修訂11版，台北：三民。

41. 李震山（2019），〈從保障人權觀點論「認眞善待新移民」〉，《民主法治的經驗與見證：江義雄教授七秩晉五華誕祝壽論文集》，台北：新學林。

42. 李震山（2020），《人性尊嚴與人權保障》，5版，台北：元照。

43. 李震山主持研究（1992），《我國集會遊行法執行之研究》，行政院研究發展考核委員會。

44. 李憲人（2014），〈命令解散之法律性質暨權責歸屬〉，《警政論叢》，第14期。

45. 李錫棟（2020），〈集會遊行法與案例研究〉，《警察法學與案例研究》，台北：五南。

46. 周宗憲譯（2001），《憲法（下）－基本人權》，台北：元照。

47. 周治平（2016），〈日本法院對警備公安情報收集立場之分析〉，《中央警察大學法學論集》，第31期。

48. 林子儀（1999），〈言論自由的限制與雙軌理論〉，《言論自由與新聞自由》，台北：元照。

49. 林山田（2005），《刑法各罪論（上）》，修訂5版，台北：自印。

50. 林山田（2005），《刑法各罪論（下）》，修訂5版，台北：自印。

51. 林山田（2006），《刑法通論（上冊）》，9版，台北：自印。

52. 林佳和（2016），〈集會遊行上的警察權發動〉，《月旦法學教室》，第166期。

53. 林明鏘（2014），《行政法講義》，台北：新學林。

54. 林誠二（2012），《債編總則新解—體系化解說（上冊）》，1版，台北：瑞興圖書。

55. 林鈺雄（2003），〈論詐欺罪之施用詐術〉，《台大法學論叢》，32卷3期。

56. 林漢堂（1997），〈論基本人權之保障與限制—兼論集會遊行立法之必要性與適切性〉，《警學叢刊》，27卷5期。

57. 林錫堯（2012），《行政罰法》，2版，台北：元照。

58. 林錫堯（2018），《行政法要義》，台北：元照。

59. 邱聰智（2000），《新訂民法債編通則（上）》，新訂1版，台北：自刊。

60. 孫森焱（2008），《民法債編總論（上）冊》，修訂版，台北：自刊。

61. 翁岳生（1990），〈論不確定法律概念與行政裁量之關係〉，《行政法與現代法治國家》，11版，台北：台大。

62. 翁萃芳（2013），〈集會遊行主管機關的執行困境與未來出路〉，《中央警察大學警政論叢》，第13期。

63. 張維容（2013），〈我國集會遊行法政策之研究—以2012年各修正草案為中心〉，《警學叢刊》，44卷1期。

64. 張維容（2013），〈德、日、韓集會遊行法制之研究〉，《警學叢刊》，44卷3期。

65. 梁恆昌（1988），《刑法各論》，修正12版，台北：自印。

66. 許志雄（1998），〈集會遊行規制立法的違憲審查基準（上）（下）〉，《月旦法學雜誌》，第37、39期。

67. 許志雄等（2012），〈防制衝突或製造衝突？集會遊行法立法與執行之檢討〉，《台灣法學》，第117期。

68. 許育典（2008），《憲法》，台北：元照。

69. 許育典（2014），〈緊急性及偶發性集會遊行須申請許可？〉，《月旦法學教室》，第146期。

70. 許宗力（2007），〈比例原則之操作試論〉，《法與國家權力（二）》，台北：元照。

71. 許宗力（2007），〈談言論自由的幾個問題〉，《法與國家權力（二）》，台北：元照。

72. 許家源（2016），〈當記者遇上警察—論集會遊行之新聞取材界限〉，《月旦法學》，第251期。

73. 許義寶（1997），〈論未經許可集會遊行之命令解散〉，《中央警察大學學報》，第31期。

74. 許義寶（2010），〈論集會自由與警察職權—兼論法院對警察解散命令之審查〉，《警察法學》，第9期。

75. 許義寶（2019），〈集會遊行中糾察員之行為與其相關法律問題〉，《集會遊行法之回顧與前瞻學術研討會》，台北：文化。

76. 陳正根（2012），〈集會遊行許可與命令解散—評最高行政法院100年度3050號裁定〉，《月旦裁判時報》，第15期。

77. 陳正根（2018），《警察與秩序法（三）—任務與作用法制發展新趨勢》，台北：五南。

78. 陳正根（2019），〈集會遊行許可與否之行政判斷〉，《華岡法粹》，第67期。

79. 陳立中著，曾英哲修訂（2017），《警察法規（一）》，6版，台北：臺灣警察專科學校。

80. 陳宗駿（2017），〈美國憲法下集會遊行自由之界線—兼論我國集會遊行與公共秩序之折衝問題〉，東吳大學法學院法律學系碩士論文。

81. 陳宗駿，（2017），〈美國集會遊行自由權保障之歷史發展—兼論我國集會遊行與公共秩序之折衝〉，《憲政時代》，42卷4期。

82. 陳英淙（2016.4），〈警察公共安全與公共秩序之探討〉，《軍法專刊》，62卷2期。

83. 陳敏（2019），《行政法總論》，台北：新學林。

84. 陳景發（2018），〈論集會遊行「禁制區」〉，《中央警察大學法學論集》，第34期。

85. 陳景發（2018），〈論機場航廈作為集會處所之利用規制課題〉，《中央警察大學國土安全與國境管理學報》，第29期。

86. 陳慈陽（2005），《憲法學》，台北：元照。

87. 陳煥生、劉秉鈞（2013），《刑法分則實用》，4版，台北：一品文化。

88. 陳聰富（2019），《民法概要》，13版，台北：元照。

89. 湯德宗（2009），〈違憲審查基準體系建構初探－「階層式比例原則」構想〉，廖福特編，《憲法解釋理論與實務》，第6輯，台北：中央研究院法律研究所。

90. 黃元民（2016），〈兩岸勞資爭議與集會遊行處理法制論〉，《靜宜人文社會學報》，10卷2期。

91. 黃俊杰（2010），《行政程序法》，2版，台北：元照。

92. 黃俊杰（2013），《行政救濟法》，台北：三民。

93. 黃清德（1991），《論集會遊行之限制與禁止》，中央警官學校警政研究所碩士論文。

94. 黃清德（1992），〈我國動員勘亂時期集會遊行法中「禁止」與「解散」條款之評釋〉，《警政學報》，第21期。

95. 黃清德（2018），〈大法官解釋與集會遊行法制〉，《警專論壇》，第27期。

96. 黃清德（2019），〈集會遊行的事中管制－集會遊行中的資料蒐集〉，《警專論壇》，第31期。

97. 黃舒芃（2013），〈立法者對社會福利政策的形成自由及其界限－以釋字第649號解釋為例〉，《框架秩序下的國家權力》，台北：新學林。

98. 黃舒芃著，張之萍譯（2009），〈再訪「抗多數困境」－從Dworkin憲法理論的角度檢視Bickel的司法審查理論〉，《民主國家的憲法及其守護者》，台北：元照。

99. 黃榮堅（2003），《刑法問題與利益思考》，1版，台北：元照。

100. 黃榮堅（2008），〈問題不在暴力，問題在正當性〉，《臺灣法學雜誌》，第117期。

101. 楊子慧（2016），〈淺論德國法上之警告性裁判，法律哲理與制度－公法理論〉，《馬漢寶教授八秩華誕祝壽論文集》，台北：元照。

102. 楊智傑（2017），〈公民不服從作為阻卻違法事由：評台北地方法院104年度囑訴字第1號刑事判決〉，《台灣法學雜誌》，第33期。

103. 廖元豪（2006），〈把街頭還給基層異議者！重省集會自由與集會遊行

法〉，《台灣法學雜誌》，第85期。

104. 廖元豪（2007），〈敵視集會遊行權之集會遊行法〉，《月旦法學教室》，第58期。

105. 管歐（2006），《憲法新論》，台北：五南。

106. 褚劍鴻（1995），《刑法分則釋論（上）》，增訂版，台北：台灣商務印書館。

107. 劉幸義（2015），〈法治國家、反抗權與人民不服從〉，《月旦法學雜誌》，第237期。

108. 劉嘉發、蔡庭榕、蔡震榮、鄭善印、李錫棟、洪文玲、黃清德、鄧學仁、傅美惠、許福生（2020），《警察法學與案例研究》，台北：五南。

109. 劉靜怡（1999），〈臺灣民主轉型的「人權保障」未竟志業—「言論自由」和「集會遊行自由」往何處去〉，《臺灣民主季刊》，6卷3期。

110. 劉靜怡（2018），〈當律師出現在夜深但不平靜的街頭〉，《臺灣法學雜誌》，第335期。

111. 劉靜怡，（2012），〈歐洲人權法院近年主要集會遊行相關判決評析〉，《臺灣法學雜誌》，第204期。

112. 蔡志方（2001），《行政救濟法新論》，台北：元照。

113. 蔡良文（2018），《人事行政學：論現行考銓制度》，台北：五南。

114. 蔡茂寅（2013），《行政程序法實用》，台北：新學林。

115. 蔡庭榕（2009），〈論集會遊行權利與規範〉，《集會遊行與警察執法國際學術研討會論文集》，中央警察大學行政警察學系。

116. 蔡庭榕（2015），〈群眾活動處理機制與集會自由保障〉，《中央警察大學學報》，第52期。

117. 蔡庭榕、簡建章、許義寶、李錫棟（2018），《警察職權行使法逐條釋論》，2版，台北：五南。

118. 蔡震榮（2014），〈從釋字718號解釋探討集會遊行之修正方向〉，《警察法學》，第13期。

119. 蔡震榮、黃清德（2019），《警察職權行使法概論》，4版，台北：五南。

120. 蔡震榮主編（2009），《警察法總論》，台北：一品文化。

121. 蔣次寧（1988），〈動員勘亂時期集會遊行法評介〉，《軍法專刊》，34卷6期。

122. 鄭玉波（1988），《民法債編總論》，12版，台北：三民。

123. 鄭玉波著，陳榮隆修訂（2002），《民法債編總論》，修訂2版，台北：三民

124. 鄭善印（2009.11），〈集會遊行法修正之研究〉，《警察法學》，第8期。

125. 盧映潔（2010），《刑法分則新論》，修訂3版，台北：新學林。

126. 館。

127. 薛智仁（2015），〈刑法觀點下的公民不服從〉，《中研院法學期刊》，第17期。

128. 謝榮堂（2015），〈中央與地方之警察指揮權限劃分—以大型集會遊行為例〉，《警察法學》，第14期。

129. 韓忠謨（1976），《刑法各論》，3版，台北：自印。

130. 簡士淳（2016），〈私人逮捕現行犯之客觀前提要件—由德國刑事訴訟法第127條暫時逮捕之規定出發〉，《臺北大學法學論叢》，第98期。

網路資料

1. 監察院調查報告，人民於行使言論自由及集會遊行權利，疑遭受地方政府警察人員刻意箝制與打壓案，cybsbox.cy.gov.tw › CYBSBoxSSL › edoc › download（最後瀏覽日：2020.1.17）。

2. 集會遊行法部分條文修正草案總說明，行政院，https://www.ey.gov.tw/File/88329439C02A7E7C?A=C（最後瀏覽日：2018.12.11）。

3. 台灣新聞記者協會聲明，針對《台北市警察局執行集會遊行與媒體協調之工作守則》，苦勞網，2015年1月1日，https://www.coolloud.org.tw/node/81286（最後瀏覽日：2020.2.21）。

4. 人民火大行動聯盟，集遊法受害者聯合要求修法，記者會參考資料，2008年11月13日，https://www.coolloud.org.tw/node/29963（最後瀏覽日：2019.12.26）。

5. 空服員工會桃園徹夜靜坐，繳證施壓長榮，中央社，2019年6月20日，https://taronews.tw/2019/06/20/378064/（最後瀏覽日：2020.1.4）。

6. 內政部警政署舉辦，「集會遊行法修法及相關處理作業」公聽會，國際特赦組織台灣分會發言，2013年9月27日，https://www.amnesty.tw/node/1284（最後瀏覽日：2018.12.11）。

7. 分層負責明細表相關法規與實務（上），file:///C:/Users/acer/Down-

loads/10512.pdf（最後瀏覽日：2020.2.23）。

8. 內政部，有關公職人員選舉候選人於競選期間是否仍應遵循集會遊行法之規定？ https://www.moi.gov.tw/chi/chi_faq/faq_detail.aspx?t=2&n=3589&p=32&f=（最後瀏覽日：2020.2.23）。

9. 李天河，淺釋國內法律之制裁（下），http://www.twce.org.tw/info/%E6%8A%80%E5%B8%AB%E5%A0%B1/406-2-1.htm（最後瀏覽日：2019.2.12）。

10. 李彥賦（2015.1.9），〈這一次，內政部的創意又讓法律人驚呆了！〉，新境界智庫，http://www.dppnff.tw/group_data.php?id=247&data=comment（最後瀏覽日：2017.5.30）。

11. 林佳和（2015.12.20），〈424華光擋拆案〉， https://pnn.pts.org.tw/project/inpage/1094/35/165（最後瀏覽日：2019.1.26）。

12. 偶發性及緊急性集會遊行處理原則，http://www.rootlaw.com.tw/LawArticle.aspx?LawID=A040040111046500-1031229（最後瀏覽日：2020.3.5）

13. 處理聚眾活動作業標準程序，類別：保防宣導，2015年12月17日， https://www.chpb.gov.tw/beidou/hom=201510290013（最後瀏覽日：2020.1.21）。

14. 陳貴德，〈談行政處分（四）—行政處分的種類〉，台灣法律網，http://www.lawtw.com/article.php?template=article_content&area=&job_id=7964&article_category_id=205&article_id=7744（最後瀏覽日：2019.10.28）。

15. 黃胤欣（2018.10.19），〈發動罷工要符合哪些條件？要怎麼罷工才合法？罷工期間可以領薪水嗎？〉，法律百科，https://www.legis-pedia.com/article/labor-work/349（最後瀏覽日：2020.2.21）。

16. 監察院調查報告，對於臺北市政府警察局於2017年12月23日執行當日「反對勞基法惡法修法、保障勞工權益」之集會遊行維序事件，頁32-33，https://cybsbox.cy.gov.tw › CYBSBoxSSL › edoc › download（最後瀏覽日：2020.1.15）。

17. 監察院新聞稿，多起警察機關集會遊行管制失當案件，監委促請警政署及國家安全局強化執法人員人權教育訓練及溝通技巧並重視集會遊行法之修正，以建立友善與良好之集會環境，2019年6月6日，https://www.cy.gov.tw/News_Content.aspx?n=124&sms=8912&s=13450（最後瀏覽日：2020.3.5）

18. 劉孟錦、楊春吉（2007），〈行政法律問題〉，台灣法律網，http://www.

lawtw.com/article.php?template=article_content&area=free_browse&parent_path=,1,784,&job_id=127018&article_category_id=856&article_id=62287（最後瀏覽日：2019.9.25）。

19. 鄧中道（2016），〈群眾運動應有的法律知識〉，https://www.facebook.com/notes（最後瀏覽日：2019.10.28）。

20. 魏千峯（2008.12），〈集會遊行法的三個面向問題〉，《全國律師》，12卷12期，www.hrp.scu.edu.tw/userfiles/.../04（最後瀏覽日：2020.2.24）。

21. 警政署刑事局，警察的任務，https://www.cib.gov.tw/Crime/Detail/990（最後瀏覽日：2018.12.21）。

二、外文部分

日文

書籍期刊

1. Stein, Ekkehart著，浦田賢治等譯（1993），《ドイツ憲法》，日本：早稲田大学比較法研究所。

2. 内田文昭（1977），《刑法Ⅰ（総論）》，日本：青林書院。

3. 内田文昭（1997），《刑法各論》，3版，日本：青林書院。

4. 渥美東洋（1985），〈無届デモに対する解散措置等の適法性〉，《警察関係基本判例100，別冊判例タイムズ9号別冊》，9号。

5. 芦部信喜（1974），《現代人権論—違憲判 の基準》，日本：有斐閣。

6. 芦部信喜（2002），《憲法学Ⅲ人権各論（1）》，増補版，日本：有斐閣。

7. 安達光治（2016），〈街頭表現活動への監視に対する抗議と威力業務妨害罪：大阪駅事件を機縁として〉，《法学セミナー》，61卷11期。

8. 井上典之（2006），〈判例にみる憲法実体論（16），集会の自由と場所の使用規制〉，《法学セミナー》，51卷7期。

9. 井上祐司（1994），〈憲法31条と公安条例〉，《Journal of business laws》，第6期。

10. 井田良（2007），《新論点講義シリーズ2—刑法各論》，初版，日本：弘

文堂。

11. 羽根一成（2017），〈徳島市公安条例事件条例と法律の関係—最高裁昭和50.9.10判決〉，《自治体法務研究》，第51期。

12. 浦部法穂（1994），《憲法学教室Ⅰ》，新版。

13. 浦部法穂（1994），〈言論の自由と名誉毀損における真実性の証明〉，《憲法判例百選Ⅰ》，3版。

14. 奥平康弘（1991），〈指導者の私事の公益性〉，《宗教判例百選》，2版，日本：有斐閣。

15. 奥平康弘（1997），《ジャーナリズムと法》，日本：新世社。

16. 戒能通孝編（1960），《警察権》，日本：岩波書店。

17. 吉田竜一（2018），〈姫路市駅前広場事件：躊躇せず訴訟を提起して、早期解決を獲得—2018年権利討論集会特集号〉，《民主法律》，第305期。

18. 宮城浩蔵（1893），《刑法正義下卷》，日本：明治法律學校講法會。

19. 金原宏明（2017），〈集会の自由と「場所」の代替性，大阪高裁平成26.11.27判決〉，《関西大学大学院法務研究科法科大学院ジャーナル》，第12期。

20. 戸松秀典、高木光，（2003），〈集会の自由の保障と訴え提起の方法〉，《月刊法学教室》，第272期。

21. 五十嵐清、田宮裕（1968），《名誉とプライバシー》，日本：有斐閣。

22. 五十嵐清（1986），〈人格権の侵害と差止請求権〉，《ジュリスト》，867号。

23. 高橋義人（2011），〈「公共空間」の民営化と「パブリックフォーラム」論〉，《琉球大学法学》，第85期。

24. 佐々木俊雄（1990），〈規制対象としての集団行動—下—（1）〉，《警察学論集》，43卷11期。

25. 佐藤幸治（1995），《憲法》，3版，日本：青林書院。

26. 佐藤幸治編著（1992），《憲法Ⅱ基本的人権》，初版，日本：成文堂。

27. 佐伯仁志（1984），〈月刊ペン事件〉，《刑法判例百選Ⅱ》，2版，日本：有斐閣。

28. 阪口正二郎（2016），〈「国家と法」の主要問題：「隔離」される集

会、デモ行進と試される表現の自由〉，《法律時報》，88卷9期。

29. 阪本昌成（1992），〈第一章精神活動の自由〉，佐藤幸治編，《憲法II－基本的人権》，日本：成文堂。

30. 阪本昌成（1993），《憲法理論II》。

31. 三宅裕一郎（2013），〈憲法－威力業務妨害罪と集団行動の自由〉，《法学セミナー》，58卷9期。

32. 市川正人（2017），〈公共施設における集会の自由に関する一考察：金沢市役所前広場訴訟を素材に〉，《立命館法学》，第373期。

33. 志田陽子（2017），〈地方自治体と市民の「基礎体力」：「集会の自由」の意味を考える〉，《（特集表現の自由と地方自治体・住民運動）議会と自治体》，第234期。

34. 治安判例研究会（2016），〈ヘイトスピーチ解消法の施行を契機とした公安条例に係る一考察〉，《治安フォーラム》，22卷12期，日本：立花書房。

35. 宍戸基男等（1983），《警察官権限法注解（上卷）》，初版，日本：立花書房。

36. 種谷春洋（1978），〈生命・自由および幸福追求権〉，《憲法II人権（1）》。

37. 出口かおり，（2019），〈公安警察：日本型監視社会の担い手〉，《世界》，第921期。

38. 初宿正典（2010），《憲法2－基本權》，日本：成文堂。

39. 勝本勘三郎（1900），《刑法析義各論之部下卷》，日本：明治法律學校出版部講法會。

40. 小野清一郎（1970），《刑法に於ける名誉の保護》，增補初版，日本：有斐閣；

41. 小林博志（2000），《行政組織と行政訴訟》，初版，日本：成文堂。

42. 松井茂記（1983），〈名誉毀損と表現の自由（三）〉，《民商法雜誌》，87卷6号。

43. 上村貞美（2011），〈《論説》集会の自由に関する3つの判決〉，《名城ロースクール・レビュー》，第22期。

44. 上田健介（2019），〈利益衡量論と審査基準論のあいだ：「集会の自

由」領域の調査官解説を読む〉，《法律時報》，91卷5期。

45. 石埼学（2016），〈表現の自由と駅：JR大阪駅前事件─大阪高判平成27年9月28日〉，《法学セミナー》，61卷11期。

46. 石村修（2010），〈判例研究─集会の自由への取消処分によって生じた社会的な評価の低下に対する慰謝料─3.1節記念,在日朝鮮人連合会中央集会事件〉，《Senshu law journal》，第5期。

47. 石村善治（1983），〈公安條例と集會・結社の自由〉，《憲法100講》。

48. 赤坂正浩（1996），〈基本法八条の集会の自由と集会法による規制〉，《ドイツの憲法判例》。

49. 倉富勇三郎、平沼騏一郎、花井卓蔵（1923），《刑法沿革綜覽》。

50. 早稲田司法試驗（1988），《憲法─基本構造2─人權》。

51. 大森貴弘譯（2015），〈集会の自由に関するドイツ連邦憲法裁判所判例〉，《常葉大学外国語学部紀要》，第31期。

52. 大塚仁（1974），《刑法概説（各論）》，日本：有斐閣。

53. 団藤重光（1972），《刑法綱要各論》，増補版，日本：創文社。

54. 地方自治職員研修（2006），〈徳島市公安条例事件〉，《自治判例から公法を読む》，第38期。

55. 中山研一（1992），〈月刊ペン事件〉，《刑法判例百選II》，3版，日本：有斐閣。

56. 中川律（2016），〈駅前の表現の自由─特集市民の政治的表現の自由とプライバシー〉，《法学セミナー》，61卷11期。

57. 田宮裕、河上和雄編（1993），《大コンメンタール─警察官職務執行法》，青林書院。

58. 田中圭二（1997），〈月刊ペン事件〉，《刑法判例百選II》，日本：有斐閣。

59. 土井明人（2009），〈告発公安警察が反戦・平和集会の参加者をビデオカメラで盗撮していた！：「集会の自由」の侵害を許さず国家賠償請求裁判を提訴〉，《あごら》，第322期。

60. 藤木英雄（1969），〈事実の眞実性の誤信と名誉毀損罪〉，《法学協会雑誌》，86卷10号。

61. 藤木英雄（1976），《刑法講義各論》，日本：弘文堂。

62. 內田雅敏（2010），〈公安警察の暴走と脅かされる言論社会—立川自衛隊宿 イラク反戰ビラ入れ事件〉，《法と民主主義》，第453期。
63. 內田文昭（1977），《刑法Ⅰ（総論）爭点ノート》，日本：法学書院。
64. 二木信（2011），〈警察権力の暴走を問う（1），反原発デモへの不当な彈圧，市民の自発的デモを、なぜ「扇動」できるのか！？〉，《マスコミ市民》，第515期。
65. 塙浩譯（1968），〈カルル五世刑事裁判例（カロリナ）〉，《神戸法学雑誌》，18卷2号。
66. 樋口陽一、佐藤幸治、中村睦男、浦部法穂（1994），《憲法Ⅰ》。
67. 福田平（1972），《刑法各論》，新版，日本：評論社。
68. 福田平（1985），〈記事內容の眞實性に関する錯誤〉，《マスコミ判例百選》，2版，日本：有斐閣。
69. 平川宗信（1983），《名誉毀損罪と表現の自由》，日本：有斐閣。
70. 平川宗信（1985），〈公共ノ利害ニ関スル事實〉，《マルコミ判例百選》，2版，日本：有斐閣。
71. 平野龍一（1977），《刑法概要》，日本：日本大学出版社。
72. 堀部政男（1996），〈名誉毀損と言論自由〉，《英米判例百選》，3版，日本：有斐閣。
73. 木村亀二（1959），《刑法各論》，復刊，日本：法文社。
74. 木村静子（1997），〈名誉毀損罪における事實の眞實性に関する錯誤〉，《刑法判例百選Ⅱ各論》，4版，日本：有斐閣。
75. 野坂泰司（2006），〈公安条例による集団行動の規制—德島市公安条例事件判決〉，《法学教室》，第310期。
76. 關根謙一（1981），〈警察の概念と警察権の限界（四）〉，《警察學論集》，34卷1號，日本：立花書房。

德文

1. Amadeus Wolff/Decker, VwGO/VwVfG, 2012.
2. Drews/Wacke/Vogel/Marten, Gefahrenabwehr, 9. Auflage, 1985.
3. Dürig, Günter, in: Maunz/Dürig, Kommentar GG, Art. 2, Abs. II. 42, 1. Auflage, 2003.

4. Dürig-Friedl, in: Dürig-Friedl/Enders, Versammlingsrecht, 2016.

5. Ehlers/Pünder, Allgemeines Verwaltungsrecht, 2015.

6. Götz, Volkmar, Vor 60 Jahren- Preußisches Polizeiverwaltungsgesetz, JuS 1991.

7. Kaufmann, Rechtsphliosophie, 2.Auflage, 1997.

8. Lorenz, Dieter, in: Isensee/Kirchhof, Handbuch des Staatsrechts, VI, § 128, 1989.

9. Maurer, Allemeines Verwaltungsrecht, 19. Auflage, 2017.

10. Neuner, Claudia, Zulässigkeit und Grenzen polizeilicher Verweisungsmaßnahmen, 2003.

11. Pewestorf/Söllner/Tölle, Polizei-und Ordnungsrecht-Berliner Kommentar, 2009.

12. Pieroth/Schlink/Kniesel, Polizei-und Ordnungsrecht, 2. Auflage, 2004.

13. Pieroth/Schlink/Kniesel, Polizei-und Ordnungsrecht mit Versammlungsrecht, 9. Aufl., 2016.

14. Schenke, Wolf-Rüdiger, Polizei-und Ordnungsrecht, 10. Auflage, 2018.

15. Schenke, Wolf-Rüdiger, Polizei-und Ordungsrecht, 8. Auflage, 2013.

16. Sodan, in: Sodan, Grundgesetz, 2009, Art.1 Vorb. Rn. 66.

17. Steiner/Brinktrine(Hrsg), Besonderes Verwaltungsrecht, 2018.

18. Tettinge/Erbguth/Mann, Besonderes Verwaltungsrecht, 10. Auflage, 2009.

19. Thiel, Markus, Polizei-und Ordnungsrecht, 2. Auflage, 2013.

20. Würtenberger/Heckmann/Riggert, Polizeirecht in Baden-Württemberg, 5. Auflage, 2002.

家圖書館出版品預行編目資料

集會遊行法逐條釋義／李震山等著. －－初
版.－－臺北市：五南，2020.07
面；　公分
SBN 978-986-522-062-4（平裝）

1.集會遊行自由　2.論述分析

1.97　　　　　　　　　　109008092

1RB6

集會遊行法逐條釋義

作　　　者 ― 李震山、黃清德、李錫棟、李寧修

　　　　　　　陳正根、許義寶（232.7）

發 行 人 ― 楊榮川

總 經 理 ― 楊士清

總 編 輯 ― 楊秀麗

副總編輯 ― 劉靜芬

責任編輯 ― 林佳瑩

封面設計 ― 王麗娟

出 版 者 ― 五南圖書出版股份有限公司

地　　　址：106台北市大安區和平東路二段339號4樓

電　　　話：(02)2705-5066　　傳　　　真：(02)2706-6100

網　　　址：http://www.wunan.com.tw

電子郵件：wunan@wunan.com.tw

劃撥帳號：01068953

戶　　　名：五南圖書出版股份有限公司

法律顧問　林勝安律師事務所　林勝安律師

出版日期　2020 年 7 月初版一刷

定　　　價　新臺幣550元